常用语言文字规范手册

教育部语言文字信息管理司 组编

图书在版编目(CIP)数据

常用语言文字规范手册/教育部语言文字信息管理司组编.—北京:商务印书馆,2016(2024.10重印)
ISBN 978-7-100-11874-3

Ⅰ.①常… Ⅱ.①教… Ⅲ.①汉语规范化—手册
Ⅳ.①H102-62

中国版本图书馆 CIP 数据核字(2015)第 301348 号

权利保留,侵权必究。

CHÁNGYÒNG YǓYÁN WÉNZÌ GUĪFÀN SHǑUCÈ
常用语言文字规范手册

教育部语言文字信息管理司　组编

商　务　印　书　馆　出　版
(北京王府井大街 36 号　邮政编码 100710)
商　务　印　书　馆　发　行
北京市十月印刷有限公司印刷
ISBN 978-7-100-11874-3

2016 年 1 月第 1 版　　　开本 880×1230　1/32
2024 年 10 月北京第 11 次印刷　印张 14⅞
定价:58.00 元

出 版 说 明

语言文字是人类智慧和文明的结晶,是文化传承的重要载体,是推动历史发展和社会进步的重要力量。《中华人民共和国国家通用语言文字法》确立了普通话和规范汉字作为国家通用语言文字的法律地位。制定与该法实施相配套的语言文字规范标准,加强国家通用语言文字的推广和普及,是维护国家主权与尊严、体现国家核心利益的战略举措。

新中国成立以来,我国语言文字规范标准建设取得了丰硕成果。20世纪五六十年代,《汉字简化方案》《汉语拼音方案》《简化字总表》等相继颁布,为扫除文盲、普及文化教育做出了重大贡献。八十年代以后,《普通话异读词审音表》《标点符号用法》《出版物上数字用法的规定》等陆续发布实施,充分保障了语言文字在社会生活中更好地发挥作用。进入21世纪,《标点符号用法》等若干重要规范标准修订发布,特别是国务院公布《通用规范汉字表》,为加强语言文字规范管理,促进依法行政,提升政府公共管理服务水平提供了基本依据。

《通用规范汉字表》是贯彻《中华人民共和国国家通用语言文字法》,适应信息时代社会各领域汉字应用需要的重要汉字规范,是对五十多年来汉字规范整合优化后的最新成果,是新中国成立以来汉字规范的总结、继承和提升。《通用规范汉字表》公布后,社会一般应用领域的汉字使用都应以《通用规范汉字表》为准,原有相关字表停止使用。因此,做好字表在教育教学、信息处理、新闻出版等领域的贯彻落实工作,确保教材、计算机字库、汉语工具书等平稳有序地实施字表,有利于汉字的规范、发展和汉语国际传播,有利于国家信息化建设和教育、文化、科技事业发展,是利国便民的重要工程。

为便于读者查检,我们编辑出版了《常用语言文字规范手册》,主要遴选在语文教学、编辑出版、中文信息处理等领域中常用的规范标准,主要包括:国家语言文字政策和政府各种有关的管理规定,如《中华人民共和国国家通用语言文字法》等;国家、地方、行业制定的语言文字规范标准,如《普通话异读词审音表》等;政府主管部门发布的语言文字方面的引导性规范等。

本书由教育部语言文字信息管理司组编,中国社会科学院语言研究所、教育部语言文字应用研究所、北京市语言文字工作委员会和商务印书馆等相关专家参与编选,分简版《常用语言文字规范手册》和详版《语言文字规范标准》两个版本。所收文件大体按类排列,目录文件名称后的时间一般为发布(或发表)的日期。希望读者多多提出宝贵意见。

商务印书馆编辑部

2015年10月

目 录

中华人民共和国国家通用语言文字法（2000年10月） ………… 1
汉语拼音方案（1958年2月） ………………………………… 6
通用规范汉字表（2013年6月） ……………………………… 9
    国务院关于公布《通用规范汉字表》的通知 ………………… 9
    说明 ………………………………………………………… 10
    一级字表 …………………………………………………… 12
    二级字表 …………………………………………………… 30
    三级字表 …………………………………………………… 45
    附件1　规范字与繁体字、异体字对照表 …………………… 54
    附件2　《通用规范汉字表》笔画检字表 …………………… 125
汉字部首表（2009年1月） …………………………………… 162
新旧字形对照表 ………………………………………………… 171
普通话异读词审音表（1985年12月） ………………………… 173
汉语拼音正词法基本规则（2012年6月） ……………………… 204
中国人名汉语拼音字母拼写规则（2011年10月） …………… 225
中国地名汉语拼音字母拼写规则（汉语地名部分）
  （1984年12月） …………………………………………… 230
第一批异形词整理表（2001年12月） ………………………… 234

标点符号用法(2011年12月) ……………………… 249
夹用英文的中文文本的标点符号用法(草案)
　(2014年6月) ……………………………………287
出版物上数字用法(2011年7月) …………………297
国际单位制及其应用(1993年12月) ……………307
有关量、单位和符号的一般原则(1993年12月) ……340
校对符号及其用法(1993年11月) ………………375
图书编校质量差错认定细则(修订版)(2005年6月) …………379
报纸编校质量评比差错认定细则(1997年4月) …………410
公共服务领域英文译写规范 第1部分：通则(2013年12月) …425
党政机关公文格式(2012年6月) …………………448

中华人民共和国
国家通用语言文字法

(2000年10月31日第九届全国人民代表大会常务委员会第十八次会议通过)

第一章 总则

第一条 为推动国家通用语言文字的规范化、标准化及其健康发展,使国家通用语言文字在社会生活中更好地发挥作用,促进各民族、各地区经济文化交流,根据宪法,制定本法。

第二条 本法所称的国家通用语言文字是普通话和规范汉字。

第三条 国家推广普通话,推行规范汉字。

第四条 公民有学习和使用国家通用语言文字的权利。

国家为公民学习和使用国家通用语言文字提供条件。

地方各级人民政府及其有关部门应当采取措施,推广普通话和推行规范汉字。

第五条 国家通用语言文字的使用应当有利于维护国家主权和民族尊严,有利于国家统一和民族团结,有利于社会主义物质文明建设和精神文明建设。

第六条 国家颁布国家通用语言文字的规范和标准,管理国家通用语言文字的社会应用,支持国家通用语言文字的教学和科学研究,促进国家通用语言文字的规范、丰富和发展。

第七条　国家奖励为国家通用语言文字事业做出突出贡献的组织和个人。

第八条　各民族都有使用和发展自己的语言文字的自由。

少数民族语言文字的使用依据宪法、民族区域自治法及其他法律的有关规定。

第二章　国家通用语言文字的使用

第九条　国家机关以普通话和规范汉字为公务用语用字。法律另有规定的除外。

第十条　学校及其他教育机构以普通话和规范汉字为基本的教育教学用语用字。法律另有规定的除外。

学校及其他教育机构通过汉语文课程教授普通话和规范汉字。使用的汉语文教材，应当符合国家通用语言文字的规范和标准。

第十一条　汉语文出版物应当符合国家通用语言文字的规范和标准。

汉语文出版物中需要使用外国语言文字的，应当用国家通用语言文字作必要的注释。

第十二条　广播电台、电视台以普通话为基本的播音用语。

需要使用外国语言为播音用语的，须经国务院广播电视部门批准。

第十三条　公共服务行业以规范汉字为基本的服务用字。因公共服务需要，招牌、广告、告示、标志牌等使用外国文字并同时使用中文的，应当使用规范汉字。

提倡公共服务行业以普通话为服务用语。

第十四条　下列情形，应当以国家通用语言文字为基本的用语用字：

（一）广播、电影、电视用语用字；

（二）公共场所的设施用字；

（三）招牌、广告用字；

（四）企业事业组织名称；

（五）在境内销售的商品的包装、说明。

第十五条 信息处理和信息技术产品中使用的国家通用语言文字应当符合国家的规范和标准。

第十六条 本章有关规定中，有下列情形的，可以使用方言：

（一）国家机关的工作人员执行公务时确需使用的；

（二）经国务院广播电视部门或省级广播电视部门批准的播音用语；

（三）戏曲、影视等艺术形式中需要使用的；

（四）出版、教学、研究中确需使用的。

第十七条 本章有关规定中，有下列情形的，可以保留或使用繁体字、异体字：

（一）文物古迹；

（二）姓氏中的异体字；

（三）书法、篆刻等艺术作品；

（四）题词和招牌的手书字；

（五）出版、教学、研究中需要使用的；

（六）经国务院有关部门批准的特殊情况。

第十八条 国家通用语言文字以《汉语拼音方案》作为拼写和注音工具。

《汉语拼音方案》是中国人名、地名和中文文献罗马字母拼写法的统一规范，并用于汉字不便或不能使用的领域。

初等教育应当进行汉语拼音教学。

第十九条 凡以普通话作为工作语言的岗位，其工作人员应当具备说普通话的能力。

以普通话作为工作语言的播音员、节目主持人和影视话剧演员、教师、国家机关工作人员的普通话水平，应当分别达到国家规定的等级标准；对尚未达到国家规定的普通话等级标准的，分别情况进行培训。

第二十条 对外汉语教学应当教授普通话和规范汉字。

第三章　管理和监督

第二十一条 国家通用语言文字工作由国务院语言文字工作部门负责规划指导、管理监督。

国务院有关部门管理本系统的国家通用语言文字的使用。

第二十二条 地方语言文字工作部门和其他有关部门，管理和监督本行政区域内的国家通用语言文字的使用。

第二十三条 县级以上各级人民政府工商行政管理部门依法对企业名称、商品名称以及广告的用语用字进行管理和监督。

第二十四条 国务院语言文字工作部门颁布普通话水平测试等级标准。

第二十五条 外国人名、地名等专有名词和科学技术术语译成国家通用语言文字，由国务院语言文字工作部门或者其他有关部门组织审定。

第二十六条 违反本法第二章有关规定，不按照国家通用语言文字的规范和标准使用语言文字的，公民可以提出批评和建议。

本法第十九条第二款规定的人员用语违反本法第二章有关规定的，有关单位应当对直接责任人员进行批评教育；拒不改正的，由有关单位作出处理。

城市公共场所的设施和招牌、广告用字违反本法第二章有关规定的,由有关行政管理部门责令改正;拒不改正的,予以警告,并督促其限期改正。

第二十七条 违反本法规定,干涉他人学习和使用国家通用语言文字的,由有关行政管理部门责令限期改正,并予以警告。

第四章 附则

第二十八条 本法自2001年1月1日起施行。

汉语拼音方案

(1958年2月11日第一届全国人民代表大会第五次会议通过)

一　字母表

字母名称	Aa	Bb	Cc	Dd	Ee	Ff	Gg
	ㄚ	ㄅㄝ	ㄘㄝ	ㄉㄝ	ㄜ	ㄝㄈ	ㄍㄝ
	Hh	Ii	Jj	Kk	Ll	Mm	Nn
	ㄏㄚ	ㄧ	ㄐㄧㄝ	ㄎㄝ	ㄝㄌ	ㄝㄇ	ㄋㄝ
	Oo	Pp	Qq	Rr	Ss	Tt	
	ㄛ	ㄆㄝ	ㄑㄧㄡ	ㄚㄦ	ㄝㄙ	ㄊㄝ	
	Uu	Vv	Ww	Xx	Yy	Zz	
	ㄨ	ㄪㄝ	ㄨㄚ	ㄒㄧ	ㄧㄚ	ㄗㄝ	

V 只用来拼写外来语、少数民族语言和方言。
字母的手写体依照拉丁字母的一般书写习惯。

二　声母表

b	p	m	f	d	t	n	l
ㄅ玻	ㄆ坡	ㄇ摸	ㄈ佛	ㄉ得	ㄊ特	ㄋ讷	ㄌ勒
g	k	h		j	q	x	
ㄍ哥	ㄎ科	ㄏ喝		ㄐ基	ㄑ欺	ㄒ希	
zh	ch	sh	r	z	c	s	
ㄓ知	ㄔ蚩	ㄕ诗	ㄖ日	ㄗ资	ㄘ雌	ㄙ思	

在给汉字注音的时候，为了使拼式简短，zh ch sh 可以省作 ẑ ĉ ŝ。

三　韵母表

	i 丨　　衣	u ㄨ　　乌	ü ㄩ　　迂
a ㄚ　　啊	ia 丨ㄚ　　呀	ua ㄨㄚ　　蛙	
o ㄛ　　喔		uo ㄨㄛ　　窝	
e ㄜ　　鹅	ie 丨ㄝ　　耶		üe ㄩㄝ　　约
ai ㄞ　　哀		uai ㄨㄞ　　歪	
ei ㄟ　　欸		uei ㄨㄟ　　威	
ao ㄠ　　熬	iao 丨ㄠ　　腰		
ou ㄡ　　欧	iou 丨ㄡ　　忧		
an ㄢ　　安	ian 丨ㄢ　　烟	uan ㄨㄢ　　弯	üan ㄩㄢ　　冤
en ㄣ　　恩	in 丨ㄣ　　因	uen ㄨㄣ　　温	ün ㄩㄣ　　晕
ang ㄤ　　昂	iang 丨ㄤ　　央	uang ㄨㄤ　　汪	
eng ㄥ　　亨的韵母	ing 丨ㄥ　　英	ueng ㄨㄥ　　翁	
ong (ㄨㄥ)　轰的韵母	iong ㄩㄥ　　雍		

(1)"知、蚩、诗、日、资、雌、思"等七个音节的韵母用i，即：知、蚩、诗、日、资、雌、思等字拼作zhi, chi, shi, ri, zi, ci, si。

(2)韵母ㄦ写成er，用作韵尾的时候写成r。例如："儿童"拼作ertong，"花儿"拼作huar。

(3)韵母ㄝ单用的时候写成ê。

(4)i行的韵母，前面没有声母的时候，写成yi（衣），ya（呀），ye（耶），yao（腰），you（忧），yan（烟），yin（因），yang

（央），ying（英），yong（雍）。

u行的韵母，前面没有声母的时候，写成wu（乌），wa（蛙），wo（窝），wai（歪），wei（威），wan（弯），wen（温），wang（汪），weng（翁）。

ü行的韵母，前面没有声母的时候，写成yu（迂），yue（约），yuan（冤），yun（晕）；ü上两点省略。

ü行的韵母跟声母j，q，x拼的时候，写成ju（居），qu（区），xu（虚），ü上两点也省略；但是跟声母n，l拼的时候，仍然写成nü（女），lü（吕）。

(5) iou，uei，uen前面加声母的时候，写成iu，ui，un。例如niu（牛），gui（归），lun（论）。

(6) 在给汉字注音的时候，为了使拼式简短，ng可以省作ŋ。

四　声调符号

阴平	阳平	上声	去声
ˉ	ˊ	ˇ	ˋ

声调符号标在音节的主要母音上。轻声不标。例如：

妈mā	麻má	马mǎ	骂mà	吗ma
（阴平）	（阳平）	（上声）	（去声）	（轻声）

五　隔音符号

a，o，e开头的音节连接在其他音节后面的时候，如果音节的界限发生混淆，用隔音符号（'）隔开，例如：pi'ao（皮袄）。

通用规范汉字表

国务院关于公布《通用规范汉字表》的通知

国发〔2013〕23号

各省、自治区、直辖市人民政府,国务院各部委、各直属机构:

国务院同意教育部、国家语言文字工作委员会组织制定的《通用规范汉字表》,现予公布。

《通用规范汉字表》是贯彻《中华人民共和国国家通用语言文字法》,适应新形势下社会各领域汉字应用需要的重要汉字规范。制定和实施《通用规范汉字表》,对提升国家通用语言文字的规范化、标准化、信息化水平,促进国家经济社会和文化教育事业发展具有重要意义。《通用规范汉字表》公布后,社会一般应用领域的汉字使用应以《通用规范汉字表》为准,原有相关字表停止使用。

国务院
2013年6月5日

说　明

一、为了贯彻《中华人民共和国国家通用语言文字法》，提升国家通用语言文字的规范化、标准化水平，满足信息时代语言生活和社会发展的需要，教育部、国家语言文字工作委员会组织制定《通用规范汉字表》。

二、本表收字8105个，分为三级：一级字表为常用字集，收字3500个，主要满足基础教育和文化普及的基本用字需要。二级字表收字3000个，使用度仅次于一级字。一、二级字表合计6500字，主要满足出版印刷、辞书编纂和信息处理等方面的一般用字需要。三级字表收字1605个，是姓氏人名、地名、科学技术术语和中小学语文教材文言文用字中未进入一、二级字表的较通用的字，主要满足信息化时代与大众生活密切相关的专门领域的用字需要。

三、本表在整合《第一批异体字整理表》（1955年）、《简化字总表》（1986年）、《现代汉语常用字表》（1988年）、《现代汉语通用字表》（1988年）的基础上制定。一、二级字表通过语料库统计和人工干预方法，主要依据字的使用度进行定量、收字和分级。三级字表主要通过向有关部门和群众征集用字等方法，收录音义俱全且有一定使用度的字。

四、本表一、二级字表的研制，主要使用了国家语言文字工作委员会现代汉语平衡语料库（收录1919—2002年人文和社会科学、自然科学、综合等三大类的55个学科门类的语料，9100万字符）、现代新闻媒体动态流通语料库（收录2001—2002年15种报刊的语料，3.5亿字符）、教育科普综合语料库（收录1951—2003年中小学通用教材及科普读物的语料，518万字符）、儿童文学语料库（收录1949—2007年适合义务教育第一、二学段阅读的儿童文学的语料，570万字符）、《现代汉语词典》（第五版）、《新华字典》（第十版），参考了其他语料库和工具书。

五、本表三级字的具体来源是：（1）姓氏人名用字，主要来源于1982年全国人口普查18省市抽样统计姓氏人名用字、公安部提供的姓氏用字及部分人名用字、群众提供的姓氏人名用字、一些古代姓氏用字和有影响的古代人名用字；（2）地名用字，主要来源于民政部和国家测绘地理信息局提供的乡镇以上地名用字、部分村级地名和部分自然实体名称的用字、主要汉语工具书中标明为"地名"的用字；（3）科学技术术语用字，主要来源于全国科学技术名词审定委员会提供的56个门类、中国社会科学院语言研究所提供的33个门类的科学技术与人文社会科学的术语用字；（4）中小学语文教材的文言文用字，主要来源于中小学语文教材文言文语料库（收录1949—2008年中小学语文教材中的文言文和普及性文言文的语料，65万字符）。

六、本表对社会上出现的在《简化字总表》和《现代汉语通用字表》之外的类推简化字进行了严格甄别，仅收录了符合本表收字原则且已在社会语言生活中广泛使用的"闫、铨、颍"等226个简化字。

七、本表在以往相关规范文件对异体字调整的基础上，又将《第一批异体字整理表》中"皙、喆、淼、昇、邨"等45个异体字调整为规范字。

八、本表的字形依据《现代汉语通用字表》确定，字序遵循《GB 13000.1字符集汉字字序（笔画序）规范》的规定。

九、为方便使用，本表后附《规范字与繁体字、异体字对照表》和《〈通用规范汉字表〉笔画检字表》两个附表。

十、本表可根据语言生活的发展变化和实际需要适时进行必要补充和调整。

一级字表

0001	一	0030	下	0059	尸	0088	五	0117	水	0146	分
0002	乙	0031	寸	0060	己	0089	支	0118	见	0147	乏
0003	二	0032	大	0061	已	0090	厅	0119	午	0148	公
0004	十	0033	丈	0062	巳	0091	不	0120	牛	0149	仓
0005	丁	0034	与	0063	弓	0092	犬	0121	手	0150	月
0006	厂	0035	万	0064	子	0093	太	0122	气	0151	氏
0007	七	0036	上	0065	卫	0094	区	0123	毛	0152	勿
0008	卜	0037	小	0066	也	0095	历	0124	壬	0153	欠
0009	八	0038	口	0067	女	0096	歹	0125	升	0154	风
0010	人	0039	山	0068	刃	0097	友	0126	夭	0155	丹
0011	入	0040	巾	0069	飞	0098	尤	0127	长	0156	匀
0012	儿	0041	千	0070	习	0099	匹	0128	仁	0157	乌
0013	匕	0042	乞	0071	叉	0100	车	0129	什	0158	勾
0014	几	0043	川	0072	马	0101	巨	0130	片	0159	凤
0015	九	0044	亿	0073	乡	0102	牙	0131	仆	0160	六
0016	刁	0045	个	0074	丰	0103	屯	0132	化	0161	文
0017	了	0046	夕	0075	王	0104	戈	0133	仇	0162	亢
0018	刀	0047	久	0076	开	0105	比	0134	币	0163	方
0019	力	0048	么	0077	井	0106	互	0135	仍	0164	火
0020	乃	0049	勺	0078	天	0107	切	0136	仅	0165	为
0021	又	0050	凡	0079	夫	0108	瓦	0137	斤	0166	斗
0022	三	0051	丸	0080	元	0109	止	0138	爪	0167	忆
0023	干	0052	及	0081	无	0110	少	0139	反	0168	计
0024	于	0053	广	0082	云	0111	日	0140	介	0169	订
0025	亏	0054	亡	0083	专	0112	日	0141	父	0170	户
0026	工	0055	门	0084	丐	0113	中	0142	从	0171	认
0027	土	0056	丫	0085	扎	0114	贝	0143	仑	0172	冗
0028	士	0057	义	0086	艺	0115	冈	0144	今	0173	讥
0029	才	0058	之	0087	木	0116	内	0145	凶	0174	心

0175	尺	0208	古	0241	叮	0274	仪	0307	半	0340	圣
0176	引	0209	节	0242	电	0275	白	0308	汁	0341	对
0177	丑	0210	本	0243	号	0276	仔	0309	汇	0342	台
0178	巴	0211	术	0244	田	0277	他	0310	头	0343	矛
0179	孔	0212	可	0245	由	0278	斥	0311	汉	0344	纠
0180	队	0213	丙	0246	只	0279	瓜	0312	宁	0345	母
0181	办	0214	左	0247	叭	0280	乎	0313	穴	0346	幼
0182	以	0215	厉	0248	史	0281	丛	0314	它	0347	丝
0183	允	0216	石	0249	央	0282	令	0315	讨	0348	邦
0184	予	0217	右	0250	兄	0283	用	0316	写	0349	式
0185	邓	0218	布	0251	叽	0284	甩	0317	让	0350	迁
0186	劝	0219	夯	0252	叼	0285	印	0318	礼	0351	刑
0187	双	0220	戊	0253	叫	0286	尔	0319	训	0352	戎
0188	书	0221	龙	0254	叩	0287	乐	0320	议	0353	动
0189	幻	0222	平	0255	叨	0288	句	0321	必	0354	扛
0190	玉	0223	灭	0256	另	0289	匆	0322	讯	0355	寺
0191	刊	0224	轧	0257	叹	0290	册	0323	记	0356	吉
0192	未	0225	东	0258	冉	0291	卯	0324	永	0357	扣
0193	末	0226	卡	0259	皿	0292	犯	0325	司	0358	考
0194	示	0227	北	0260	凹	0293	外	0326	尼	0359	托
0195	击	0228	占	0261	囚	0294	处	0327	民	0360	老
0196	打	0229	凸	0262	四	0295	冬	0328	弗	0361	巩
0197	巧	0230	卢	0263	生	0296	鸟	0329	弘	0362	圾
0198	正	0231	业	0264	矢	0297	务	0330	出	0363	执
0199	扑	0232	旧	0265	失	0298	包	0331	辽	0364	扩
0200	卉	0233	帅	0266	乍	0299	饥	0332	奶	0365	扫
0201	扒	0234	归	0267	禾	0300	主	0333	奴	0366	地
0202	功	0235	旦	0268	丘	0301	市	0334	召	0367	场
0203	扔	0236	目	0269	付	0302	立	0335	加	0368	扬
0204	去	0237	且	0270	仗	0303	冯	0336	皮	0369	耳
0205	甘	0238	叶	0271	代	0304	玄	0337	边	0370	芋
0206	世	0239	甲	0272	仙	0305	闪	0338	孕	0371	共
0207	艾	0240	申	0273	们	0306	兰	0339	发	0372	芒

0373	亚	0406	尧	0439	岂	0472	华	0505	名	0538	江
0374	芝	0407	划	0440	则	0473	仰	0506	各	0539	汛
0375	朽	0408	迈	0441	刚	0474	仿	0507	多	0540	池
0376	朴	0409	毕	0442	网	0475	伙	0508	争	0541	汝
0377	机	0410	至	0443	肉	0476	伪	0509	色	0542	汤
0378	权	0411	此	0444	年	0477	自	0510	壮	0543	忙
0379	过	0412	贞	0445	朱	0478	伊	0511	冲	0544	兴
0380	臣	0413	师	0446	先	0479	血	0512	妆	0545	宇
0381	吏	0414	尘	0447	丢	0480	向	0513	冰	0546	守
0382	再	0415	尖	0448	廷	0481	似	0514	庄	0547	宅
0383	协	0416	劣	0449	舌	0482	后	0515	庆	0548	字
0384	西	0417	光	0450	竹	0483	行	0516	亦	0549	安
0385	压	0418	当	0451	迁	0484	舟	0517	刘	0550	讲
0386	厌	0419	早	0452	乔	0485	全	0518	齐	0551	讳
0387	戍	0420	吁	0453	迄	0486	会	0519	交	0552	军
0388	在	0421	吐	0454	伟	0487	杀	0520	衣	0553	讶
0389	百	0422	吓	0455	传	0488	合	0521	次	0554	许
0390	有	0423	虫	0456	乒	0489	兆	0522	产	0555	讹
0391	存	0424	曲	0457	乓	0490	企	0523	决	0556	论
0392	而	0425	团	0458	休	0491	众	0524	亥	0557	讼
0393	页	0426	吕	0459	伍	0492	爷	0525	充	0558	农
0394	匠	0427	同	0460	伏	0493	伞	0526	妄	0559	讽
0395	夸	0428	吊	0461	优	0494	创	0527	闭	0560	设
0396	夺	0429	吃	0462	臼	0495	肌	0528	问	0561	访
0397	灰	0430	因	0463	伐	0496	肋	0529	闯	0562	诀
0398	达	0431	吸	0464	延	0497	朵	0530	羊	0563	寻
0399	列	0432	吗	0465	仲	0498	杂	0531	并	0564	那
0400	死	0433	吆	0466	件	0499	危	0532	关	0565	迅
0401	成	0434	屿	0467	任	0500	旬	0533	米	0566	尽
0402	夹	0435	屹	0468	伤	0501	旨	0534	灯	0567	导
0403	夷	0436	岁	0469	价	0502	旭	0535	州	0568	异
0404	轨	0437	帆	0470	伦	0503	负	0536	汗	0569	弛
0405	邪	0438	回	0471	份	0504	匈	0537	污	0570	孙

0571	阵	0604	形	0637	抢	0670	芳	0703	否	0736	串
0572	阳	0605	进	0638	孝	0671	严	0704	还	0737	员
0573	收	0606	戒	0639	坎	0672	芦	0705	尬	0738	呐
0574	阶	0607	吞	0640	均	0673	芯	0706	歼	0739	听
0575	阴	0608	远	0641	抑	0674	劳	0707	来	0740	吟
0576	防	0609	违	0642	抛	0675	克	0708	连	0741	吩
0577	妍	0610	韧	0643	投	0676	芭	0709	轩	0742	呛
0578	如	0611	运	0644	坟	0677	苏	0710	步	0743	吻
0579	妇	0612	扶	0645	坑	0678	杆	0711	卤	0744	吹
0580	妃	0613	抚	0646	抗	0679	杠	0712	坚	0745	呜
0581	好	0614	坛	0647	坊	0680	杜	0713	肖	0746	吭
0582	她	0615	技	0648	抖	0681	材	0714	旱	0747	吧
0583	妈	0616	坏	0649	护	0682	村	0715	盯	0748	邑
0584	戏	0617	抠	0650	壳	0683	杖	0716	呈	0749	吼
0585	羽	0618	扰	0651	志	0684	杏	0717	时	0750	囤
0586	观	0619	扼	0652	块	0685	杉	0718	吴	0751	别
0587	欢	0620	拒	0653	扭	0686	巫	0719	助	0752	吮
0588	买	0621	找	0654	声	0687	极	0720	县	0753	岖
0589	红	0622	批	0655	把	0688	李	0721	里	0754	岗
0590	驮	0623	址	0656	报	0689	杨	0722	呆	0755	帐
0591	纤	0624	扯	0657	拟	0690	求	0723	吱	0756	财
0592	驯	0625	走	0658	却	0691	甫	0724	吠	0757	针
0593	约	0626	抄	0659	抒	0692	匣	0725	呕	0758	钉
0594	级	0627	贡	0660	劫	0693	更	0726	园	0759	牡
0595	纪	0628	汞	0661	芙	0694	束	0727	旷	0760	告
0596	驰	0629	坝	0662	芫	0695	吾	0728	围	0761	我
0597	纫	0630	攻	0663	苇	0696	豆	0729	呀	0762	乱
0598	巡	0631	赤	0664	芽	0697	两	0730	吨	0763	利
0599	寿	0632	折	0665	花	0698	酉	0731	足	0764	秃
0600	弄	0633	抓	0666	芹	0699	丽	0732	邮	0765	秀
0601	麦	0634	扳	0667	芥	0700	医	0733	男	0766	私
0602	玖	0635	抡	0668	芬	0701	辰	0734	困	0767	每
0603	玛	0636	扮	0669	苍	0702	励	0735	吵	0768	兵

0769	估	0802	岔	0835	吝	0868	沟	0901	即	0934	纳
0770	体	0803	肝	0836	应	0869	沪	0902	层	0935	驳
0771	何	0804	肛	0837	这	0870	沈	0903	屁	0936	纵
0772	佐	0805	肚	0838	冷	0871	沉	0904	尿	0937	纷
0773	佑	0806	肘	0839	庐	0872	沁	0905	尾	0938	纸
0774	但	0807	肠	0840	序	0873	怀	0906	迟	0939	纹
0775	伸	0808	龟	0841	辛	0874	忧	0907	局	0940	纺
0776	佃	0809	甸	0842	弃	0875	忱	0908	改	0941	驴
0777	作	0810	免	0843	冶	0876	快	0909	张	0942	纽
0778	伯	0811	狂	0844	忘	0877	完	0910	忌	0943	奉
0779	伶	0812	犹	0845	闰	0878	宋	0911	际	0944	玩
0780	佣	0813	狈	0846	闲	0879	宏	0912	陆	0945	环
0781	低	0814	角	0847	间	0880	牢	0913	阿	0946	武
0782	你	0815	删	0848	闷	0881	究	0914	陈	0947	青
0783	住	0816	条	0849	判	0882	穷	0915	阻	0948	责
0784	位	0817	彤	0850	兑	0883	灾	0916	附	0949	现
0785	伴	0818	卵	0851	灶	0884	良	0917	坠	0950	玫
0786	身	0819	灸	0852	灿	0885	证	0918	妓	0951	表
0787	皂	0820	岛	0853	灼	0886	启	0919	妙	0952	规
0788	伺	0821	刨	0854	弟	0887	评	0920	妖	0953	抹
0789	佛	0822	迎	0855	汪	0888	补	0921	姊	0954	卦
0790	囱	0823	饭	0856	沐	0889	初	0922	妨	0955	坷
0791	近	0824	饮	0857	沛	0890	社	0923	妒	0956	坯
0792	彻	0825	系	0858	汰	0891	祀	0924	努	0957	拓
0793	役	0826	言	0859	沥	0892	识	0925	忍	0958	拢
0794	返	0827	冻	0860	沙	0893	诈	0926	劲	0959	拔
0795	余	0828	状	0861	汽	0894	诉	0927	矣	0960	坪
0796	希	0829	亩	0862	沃	0895	罕	0928	鸡	0961	拣
0797	坐	0830	况	0863	沦	0896	诊	0929	纬	0962	坦
0798	谷	0831	床	0864	汹	0897	词	0930	驱	0963	担
0799	妥	0832	库	0865	泛	0898	译	0931	纯	0964	坤
0800	含	0833	庇	0866	沧	0899	君	0932	纱	0965	押
0801	邻	0834	疗	0867	没	0900	灵	0933	纲	0966	抽

0967	拐	1000	昔	1033	枕	1066	歧	1099	呼	1132	季
0968	拖	1001	苛	1034	丧	1067	肯	1100	鸣	1133	委
0969	者	1002	若	1035	或	1068	齿	1101	咏	1134	秉
0970	拍	1003	茂	1036	画	1069	些	1102	呢	1135	佳
0971	顶	1004	苹	1037	卧	1070	卓	1103	咄	1136	侍
0972	拆	1005	苗	1038	事	1071	虎	1104	咖	1137	岳
0973	拎	1006	英	1039	刺	1072	虏	1105	岸	1138	供
0974	拥	1007	苟	1040	枣	1073	肾	1106	岩	1139	使
0975	抵	1008	苑	1041	雨	1074	贤	1107	帖	1140	例
0976	拘	1009	苞	1042	卖	1075	尚	1108	罗	1141	侠
0977	势	1010	范	1043	郁	1076	旺	1109	帜	1142	侥
0978	抱	1011	直	1044	矾	1077	具	1110	帕	1143	版
0979	拄	1012	茁	1045	矿	1078	味	1111	岭	1144	侄
0980	垃	1013	茄	1046	码	1079	果	1112	凯	1145	侦
0981	拉	1014	茎	1047	厕	1080	昆	1113	败	1146	侣
0982	拦	1015	苔	1048	奈	1081	国	1114	账	1147	侧
0983	幸	1016	茅	1049	奔	1082	哎	1115	贩	1148	凭
0984	拌	1017	枉	1050	奇	1083	咕	1116	贬	1149	侨
0985	拧	1018	林	1051	奋	1084	昌	1117	购	1150	佩
0986	拂	1019	枝	1052	态	1085	呵	1118	贮	1151	货
0987	拙	1020	杯	1053	欧	1086	畅	1119	图	1152	侈
0988	招	1021	枢	1054	殴	1087	明	1120	钓	1153	依
0989	坡	1022	柜	1055	垄	1088	易	1121	制	1154	卑
0990	披	1023	枚	1056	妻	1089	咙	1122	知	1155	的
0991	拨	1024	析	1057	轰	1090	昂	1123	迭	1156	迫
0992	择	1025	板	1058	顷	1091	迪	1124	氛	1157	质
0993	抬	1026	松	1059	转	1092	典	1125	垂	1158	欣
0994	拇	1027	枪	1060	斩	1093	固	1126	牧	1159	征
0995	拗	1028	枫	1061	轮	1094	忠	1127	物	1160	往
0996	其	1029	构	1062	软	1095	呻	1128	乖	1161	爬
0997	取	1030	杭	1063	到	1096	咒	1129	刮	1162	彼
0998	茉	1031	杰	1064	非	1097	咋	1130	秆	1163	径
0999	苦	1032	述	1065	叔	1098	咐	1131	和	1164	所

1165	舍	1198	狗	1231	卷	1264	治	1297	诞	1330	姆
1166	金	1199	狞	1232	单	1265	怔	1298	诡	1331	迢
1167	刹	1200	备	1233	炬	1266	怯	1299	询	1332	驾
1168	命	1201	饰	1234	炒	1267	怖	1300	该	1333	叁
1169	肴	1202	饱	1235	炊	1268	性	1301	详	1334	参
1170	斧	1203	饲	1236	炕	1269	怕	1302	建	1335	艰
1171	爸	1204	变	1237	炎	1270	怜	1303	肃	1336	线
1172	采	1205	京	1238	炉	1271	怪	1304	录	1337	练
1173	觅	1206	享	1239	沫	1272	怡	1305	隶	1338	组
1174	受	1207	庞	1240	浅	1273	学	1306	帚	1339	绅
1175	乳	1208	店	1241	法	1274	宝	1307	屉	1340	细
1176	贪	1209	夜	1242	泄	1275	宗	1308	居	1341	驶
1177	念	1210	庙	1243	沽	1276	定	1309	届	1342	织
1178	贫	1211	府	1244	河	1277	宠	1310	刷	1343	驹
1179	忿	1212	底	1245	沾	1278	宜	1311	屈	1344	终
1180	肤	1213	疟	1246	泪	1279	审	1312	弧	1345	驻
1181	肺	1214	疠	1247	沮	1280	宙	1313	弥	1346	绊
1182	肢	1215	疚	1248	油	1281	官	1314	弦	1347	驼
1183	肿	1216	剂	1249	泊	1282	空	1315	承	1348	绍
1184	胀	1217	卒	1250	沿	1283	帘	1316	孟	1349	绎
1185	朋	1218	郊	1251	泡	1284	宛	1317	陋	1350	经
1186	股	1219	庚	1252	注	1285	实	1318	陌	1351	贯
1187	肮	1220	废	1253	泣	1286	试	1319	孤	1352	契
1188	肪	1221	净	1254	泞	1287	郎	1320	陕	1353	贰
1189	肥	1222	盲	1255	泻	1288	诗	1321	降	1354	奏
1190	服	1223	放	1256	泌	1289	肩	1322	函	1355	春
1191	胁	1224	刻	1257	泳	1290	房	1323	限	1356	帮
1192	周	1225	育	1258	泥	1291	诚	1324	妹	1357	玷
1193	昏	1226	氓	1259	沸	1292	衬	1325	姑	1358	珍
1194	鱼	1227	闸	1260	沼	1293	衫	1326	姐	1359	玲
1195	兔	1228	闹	1261	波	1294	视	1327	姓	1360	珊
1196	狐	1229	郑	1262	泼	1295	祈	1328	妮	1361	玻
1197	忽	1230	券	1263	泽	1296	话	1329	始	1362	毒

1363	型	1396	挥	1429	栋	1462	轴	1495	贵	1528	钟
1364	拭	1397	挪	1430	相	1463	轻	1496	界	1529	钢
1365	挂	1398	拯	1431	查	1464	鸦	1497	虹	1530	钠
1366	封	1399	某	1432	柏	1465	皆	1498	虾	1531	钥
1367	持	1400	甚	1433	栅	1466	韭	1499	蚁	1532	钦
1368	拷	1401	荆	1434	柳	1467	背	1500	思	1533	钧
1369	拱	1402	茸	1435	柱	1468	战	1501	蚂	1534	钩
1370	项	1403	革	1436	柿	1469	点	1502	虽	1535	钮
1371	垮	1404	荏	1437	栏	1470	虐	1503	品	1536	卸
1372	挎	1405	荐	1438	柠	1471	临	1504	咽	1537	缸
1373	城	1406	巷	1439	树	1472	览	1505	骂	1538	拜
1374	挟	1407	带	1440	勃	1473	竖	1506	勋	1539	看
1375	挠	1408	草	1441	要	1474	省	1507	哗	1540	矩
1376	政	1409	茧	1442	柬	1475	削	1508	咱	1541	毡
1377	赴	1410	茵	1443	咸	1476	尝	1509	响	1542	氢
1378	赵	1411	茶	1444	威	1477	昧	1510	哈	1543	怎
1379	挡	1412	荒	1445	歪	1478	眈	1511	哆	1544	牲
1380	拽	1413	茫	1446	研	1479	是	1512	咬	1545	选
1381	哉	1414	荡	1447	砖	1480	盼	1513	咳	1546	适
1382	挺	1415	荣	1448	厘	1481	眨	1514	咪	1547	秒
1383	括	1416	荤	1449	厚	1482	哇	1515	哪	1548	香
1384	垢	1417	荧	1450	砌	1483	哄	1516	哟	1549	种
1385	拴	1418	故	1451	砂	1484	哑	1517	炭	1550	秋
1386	拾	1419	胡	1452	泵	1485	显	1518	峡	1551	科
1387	挑	1420	荫	1453	砚	1486	冒	1519	罚	1552	重
1388	垛	1421	荔	1454	砍	1487	映	1520	贱	1553	复
1389	指	1422	南	1455	面	1488	星	1521	贴	1554	竿
1390	垫	1423	药	1456	耐	1489	昨	1522	贻	1555	段
1391	挣	1424	标	1457	耍	1490	咧	1523	骨	1556	便
1392	挤	1425	栈	1458	牵	1491	昭	1524	幽	1557	俩
1393	拼	1426	柑	1459	鸥	1492	畏	1525	钙	1558	贷
1394	挖	1427	枯	1460	残	1493	趴	1526	钝	1559	顺
1395	按	1428	柄	1461	殃	1494	胃	1527	钞	1560	修

1561	俏	1594	胜	1627	疫	1660	烂	1693	举	1726	费
1562	保	1595	胞	1628	疤	1661	剃	1694	觉	1727	陡
1563	促	1596	胖	1629	咨	1662	洼	1695	宣	1728	逊
1564	俄	1597	脉	1630	姿	1663	洁	1696	宦	1729	眉
1565	俐	1598	胎	1631	亲	1664	洪	1697	室	1730	孩
1566	侮	1599	勉	1632	音	1665	洒	1698	宫	1731	陨
1567	俭	1600	狭	1633	帝	1666	柒	1699	宪	1732	除
1568	俗	1601	狮	1634	施	1667	浇	1700	突	1733	险
1569	俘	1602	独	1635	闺	1668	浊	1701	穿	1734	院
1570	信	1603	狰	1636	闻	1669	洞	1702	窃	1735	娃
1571	皇	1604	狡	1637	闽	1670	测	1703	客	1736	姥
1572	泉	1605	狱	1638	阀	1671	洗	1704	诚	1737	姨
1573	鬼	1606	狠	1639	阁	1672	活	1705	冠	1738	姻
1574	侵	1607	贸	1640	差	1673	派	1706	诬	1739	娇
1575	禹	1608	怨	1641	养	1674	洽	1707	语	1740	姚
1576	侯	1609	急	1642	美	1675	染	1708	扁	1741	娜
1577	追	1610	饵	1643	姜	1676	洛	1709	袄	1742	怒
1578	俊	1611	饶	1644	叛	1677	浏	1710	祖	1743	架
1579	盾	1612	蚀	1645	送	1678	济	1711	神	1744	贺
1580	待	1613	饺	1646	类	1679	洋	1712	祝	1745	盈
1581	徊	1614	饼	1647	迷	1680	洲	1713	祠	1746	勇
1582	衍	1615	峦	1648	籽	1681	浑	1714	误	1747	怠
1583	律	1616	弯	1649	娄	1682	浓	1715	诱	1748	癸
1584	很	1617	将	1650	前	1683	津	1716	诲	1749	蚤
1585	须	1618	奖	1651	首	1684	恃	1717	说	1750	柔
1586	叙	1619	哀	1652	逆	1685	恒	1718	诵	1751	垒
1587	剑	1620	亭	1653	兹	1686	恢	1719	垦	1752	绑
1588	逃	1621	亮	1654	总	1687	恍	1720	退	1753	绒
1589	食	1622	度	1655	炼	1688	恬	1721	既	1754	结
1590	盆	1623	迹	1656	炸	1689	恤	1722	屋	1755	绕
1591	胚	1624	庭	1657	烁	1690	恰	1723	昼	1756	骄
1592	胧	1625	疮	1658	炮	1691	恼	1724	屏	1757	绘
1593	胆	1626	疯	1659	炫	1692	恨	1725	屎	1758	给

1759	绚	1792	捍	1825	莉	1858	配	1891	唠	1924	贼
1760	骆	1793	捏	1826	荷	1859	翅	1892	鸭	1925	贿
1761	络	1794	埋	1827	获	1860	辱	1893	晃	1926	赂
1762	绝	1795	捉	1828	晋	1861	唇	1894	哺	1927	赃
1763	绞	1796	捆	1829	恶	1862	夏	1895	晌	1928	钱
1764	骇	1797	捐	1830	莹	1863	砸	1896	剔	1929	钳
1765	统	1798	损	1831	莺	1864	砰	1897	晕	1930	钻
1766	耕	1799	袁	1832	真	1865	砾	1898	蚌	1931	钾
1767	耘	1800	捌	1833	框	1866	础	1899	畔	1932	铁
1768	耗	1801	都	1834	梆	1867	破	1900	蚣	1933	铃
1769	耙	1802	哲	1835	桂	1868	原	1901	蚊	1934	铅
1770	艳	1803	逝	1836	桔	1869	套	1902	蚪	1935	缺
1771	泰	1804	捡	1837	栖	1870	逐	1903	蚓	1936	氧
1772	秦	1805	挫	1838	档	1871	烈	1904	哨	1937	氨
1773	珠	1806	换	1839	桐	1872	殊	1905	哩	1938	特
1774	班	1807	挽	1840	株	1873	殉	1906	圃	1939	牺
1775	素	1808	挚	1841	桥	1874	顾	1907	哭	1940	造
1776	匿	1809	热	1842	桦	1875	轿	1908	哦	1941	乘
1777	蚕	1810	恐	1843	栓	1876	较	1909	恩	1942	敌
1778	顽	1811	捣	1844	桃	1877	顿	1910	鸯	1943	秤
1779	盏	1812	壶	1845	格	1878	毙	1911	唤	1944	租
1780	匪	1813	捅	1846	桩	1879	致	1912	唁	1945	积
1781	捞	1814	埃	1847	校	1880	柴	1913	哼	1946	秧
1782	栽	1815	挨	1848	核	1881	桌	1914	唧	1947	秩
1783	捕	1816	耻	1849	样	1882	虑	1915	啊	1948	称
1784	埂	1817	耿	1850	根	1883	监	1916	唉	1949	秘
1785	捂	1818	耽	1851	索	1884	紧	1917	唆	1950	透
1786	振	1819	聂	1852	哥	1885	党	1918	罢	1951	笔
1787	载	1820	恭	1853	速	1886	逞	1919	峭	1952	笑
1788	赶	1821	莽	1854	逗	1887	晒	1920	峨	1953	笋
1789	起	1822	莱	1855	栗	1888	眠	1921	峰	1954	债
1790	盐	1823	莲	1856	贾	1889	晓	1922	圆	1955	借
1791	捎	1824	莫	1857	酌	1890	哮	1923	峻	1956	值

1957	倚	1990	颁	2023	席	2056	兼	2089	涌	2122	谁
1958	俺	1991	颂	2024	准	2057	烤	2090	悖	2123	调
1959	倾	1992	翁	2025	座	2058	烘	2091	悟	2124	冤
1960	倒	1993	胰	2026	症	2059	烦	2092	悄	2125	谅
1961	倘	1994	脆	2027	病	2060	烧	2093	悍	2126	谆
1962	俱	1995	脂	2028	疾	2061	烛	2094	悔	2127	谈
1963	倡	1996	胸	2029	斋	2062	烟	2095	悯	2128	谊
1964	候	1997	胳	2030	疹	2063	烙	2096	悦	2129	剥
1965	赁	1998	脏	2031	疼	2064	递	2097	害	2130	恳
1966	俯	1999	脐	2032	疲	2065	涛	2098	宽	2131	展
1967	倍	2000	胶	2033	脊	2066	浙	2099	家	2132	剧
1968	倦	2001	脑	2034	效	2067	涝	2100	宵	2133	屑
1969	健	2002	脓	2035	离	2068	浦	2101	宴	2134	弱
1970	臭	2003	逛	2036	紊	2069	酒	2102	宾	2135	陵
1971	射	2004	狸	2037	唐	2070	涉	2103	窍	2136	崇
1972	躬	2005	狼	2038	瓷	2071	消	2104	窄	2137	陶
1973	息	2006	卿	2039	资	2072	涡	2105	容	2138	陷
1974	倔	2007	逢	2040	凉	2073	浩	2106	宰	2139	陪
1975	徒	2008	鸵	2041	站	2074	海	2107	案	2140	娱
1976	徐	2009	留	2042	剖	2075	涂	2108	请	2141	娟
1977	殷	2010	鸳	2043	竞	2076	浴	2109	朗	2142	恕
1978	舰	2011	皱	2044	部	2077	浮	2110	诸	2143	娥
1979	舱	2012	饿	2045	旁	2078	涣	2111	诺	2144	娘
1980	般	2013	馁	2046	旅	2079	涤	2112	读	2145	通
1981	航	2014	凌	2047	畜	2080	流	2113	扇	2146	能
1982	途	2015	凄	2048	阅	2081	润	2114	诽	2147	难
1983	拿	2016	恋	2049	羞	2082	涧	2115	袜	2148	预
1984	爹	2017	浆	2050	羔	2083	涕	2116	袖	2149	桑
1985	爹	2018	浆	2051	瓶	2084	浪	2117	袍	2150	绢
1986	舀	2019	衰	2052	拳	2085	浸	2118	被	2151	绣
1987	爱	2020	衷	2053	粉	2086	涨	2119	祥	2152	验
1988	豺	2021	高	2054	料	2087	烫	2120	课	2153	继
1989	豹	2022	郭	2055	益	2088	涩	2121	冥	2154	骏

2155	球	2188	探	2221	梦	2254	彪	2287	唾	2320	笙
2156	琐	2189	据	2222	婪	2255	雀	2288	唯	2321	符
2157	理	2190	掘	2223	梗	2256	堂	2289	啤	2322	第
2158	琉	2191	掺	2224	梧	2257	常	2290	啥	2323	敏
2159	琅	2192	职	2225	梢	2258	眶	2291	啸	2324	做
2160	捧	2193	基	2226	梅	2259	匙	2292	崖	2325	袋
2161	堵	2194	聆	2227	检	2260	晨	2293	崎	2326	悠
2162	措	2195	勘	2228	梳	2261	睁	2294	崭	2327	偿
2163	描	2196	聊	2229	梯	2262	眯	2295	逻	2328	偶
2164	域	2197	娶	2230	桶	2263	眼	2296	崔	2329	偎
2165	捺	2198	著	2231	梭	2264	悬	2297	帷	2330	偷
2166	掩	2199	菱	2232	救	2265	野	2298	崩	2331	您
2167	捷	2200	勒	2233	曹	2266	啪	2299	崇	2332	售
2168	排	2201	黄	2234	副	2267	啦	2300	崛	2333	停
2169	焉	2202	菲	2235	票	2268	曼	2301	婴	2334	偏
2170	掉	2203	萌	2236	酝	2269	晦	2302	圈	2335	躯
2171	捶	2204	萝	2237	酗	2270	晚	2303	铐	2336	兜
2172	赦	2205	菌	2238	厢	2271	啄	2304	铠	2337	假
2173	堆	2206	萎	2239	戚	2272	啡	2305	铝	2338	衅
2174	推	2207	菜	2240	硅	2273	距	2306	铜	2339	徘
2175	埠	2208	萄	2241	硕	2274	趾	2307	铭	2340	徙
2176	掀	2209	菊	2242	奢	2275	啃	2308	铲	2341	得
2177	授	2210	菩	2243	盔	2276	跃	2309	银	2342	衔
2178	捻	2211	萍	2244	爽	2277	略	2310	矫	2343	盘
2179	教	2212	菠	2245	聋	2278	蚯	2311	甜	2344	舶
2180	掏	2213	萤	2246	袭	2279	蛀	2312	秸	2345	船
2181	掐	2214	营	2247	盛	2280	蛇	2313	梨	2346	舵
2182	掠	2215	乾	2248	匾	2281	唬	2314	犁	2347	斜
2183	掂	2216	萧	2249	雪	2282	累	2315	秽	2348	盒
2184	培	2217	萨	2250	辅	2283	鄂	2316	移	2349	鸽
2185	接	2218	菇	2251	辆	2284	唱	2317	笨	2350	敛
2186	掷	2219	械	2252	颅	2285	患	2318	笼	2351	悉
2187	控	2220	彬	2253	虚	2286	啰	2319	笛	2352	欲

2353	彩	2386	庸	2419	淌	2452	寅	2485	颈	2518	揽
2354	领	2387	鹿	2420	混	2453	寄	2486	绩	2519	堤
2355	脚	2388	盗	2421	淮	2454	寂	2487	绪	2520	提
2356	脖	2389	章	2422	淆	2455	宿	2488	续	2521	博
2357	脯	2390	竟	2423	渊	2456	窒	2489	骑	2522	揭
2358	豚	2391	商	2424	淫	2457	窑	2490	绰	2523	喜
2359	脸	2392	族	2425	渔	2458	密	2491	绳	2524	彭
2360	脱	2393	旋	2426	淘	2459	谋	2492	维	2525	揣
2361	象	2394	望	2427	淳	2460	谍	2493	绵	2526	插
2362	够	2395	率	2428	液	2461	谎	2494	绷	2527	揪
2363	逸	2396	阎	2429	淤	2462	谐	2495	绸	2528	搜
2364	猜	2397	阐	2430	淡	2463	袱	2496	综	2529	煮
2365	猪	2398	着	2431	淀	2464	祷	2497	绽	2530	援
2366	猎	2399	羚	2432	深	2465	祸	2498	绿	2531	搀
2367	猫	2400	盖	2433	涮	2466	谓	2499	缀	2532	裁
2368	凰	2401	眷	2434	涵	2467	谚	2500	巢	2533	搁
2369	猖	2402	粘	2435	婆	2468	谜	2501	琴	2534	搓
2370	猛	2403	粗	2436	梁	2469	逮	2502	琳	2535	搂
2371	祭	2404	粒	2437	渗	2470	敢	2503	琢	2536	搅
2372	馅	2405	断	2438	情	2471	尉	2504	琼	2537	壹
2373	馆	2406	剪	2439	惜	2472	屠	2505	斑	2538	握
2374	凑	2407	兽	2440	惭	2473	弹	2506	替	2539	搔
2375	减	2408	焊	2441	悼	2474	隋	2507	揍	2540	揉
2376	毫	2409	焕	2442	惧	2475	堕	2508	款	2541	斯
2377	烹	2410	清	2443	惕	2476	随	2509	堪	2542	期
2378	庶	2411	添	2444	惟	2477	蛋	2510	塔	2543	欺
2379	麻	2412	鸿	2445	惊	2478	隅	2511	搭	2544	联
2380	庵	2413	淋	2446	惦	2479	隆	2512	堰	2545	葫
2381	痊	2414	涯	2447	悴	2480	隐	2513	揩	2546	散
2382	痒	2415	淹	2448	惋	2481	婚	2514	越	2547	惹
2383	痕	2416	渠	2449	惨	2482	婶	2515	趁	2548	葬
2384	廊	2417	渐	2450	惯	2483	婉	2516	趋	2549	募
2385	康	2418	淑	2451	寇	2484	颇	2517	超	2550	葛

2551	董	2584	棘	2617	鼎	2650	赋	2683	策	2716	腕
2552	葡	2585	酣	2618	喷	2651	赌	2684	筛	2717	鲁
2553	敬	2586	酥	2619	喳	2652	赎	2685	筒	2718	猩
2554	葱	2587	厨	2620	晶	2653	赐	2686	筏	2719	猬
2555	蒋	2588	厦	2621	喇	2654	赔	2687	答	2720	猾
2556	蒂	2589	硬	2622	遇	2655	黑	2688	筋	2721	猴
2557	落	2590	硝	2623	喊	2656	铸	2689	筝	2722	訇
2558	韩	2591	确	2624	遏	2657	铺	2690	傲	2723	然
2559	朝	2592	硫	2625	晾	2658	链	2691	傅	2724	馈
2560	辜	2593	雁	2626	景	2659	销	2692	牌	2725	馋
2561	葵	2594	殖	2627	畴	2660	锁	2693	堡	2726	装
2562	棒	2595	裂	2628	践	2661	锄	2694	集	2727	蛮
2563	棱	2596	雄	2629	跋	2662	锅	2695	焦	2728	就
2564	棋	2597	颊	2630	跌	2663	锈	2696	傍	2729	敦
2565	椰	2598	雳	2631	跑	2664	锋	2697	储	2730	斌
2566	植	2599	暂	2632	跛	2665	锌	2698	皓	2731	痘
2567	森	2600	雅	2633	遗	2666	锐	2699	皖	2732	痢
2568	焚	2601	翘	2634	蛙	2667	甥	2700	粤	2733	痪
2569	椅	2602	辈	2635	蛛	2668	掰	2701	奥	2734	痛
2570	椒	2603	悲	2636	蜓	2669	短	2702	街	2735	童
2571	棵	2604	紫	2637	蜒	2670	智	2703	惩	2736	竣
2572	棍	2605	凿	2638	蛤	2671	氮	2704	御	2737	阔
2573	椎	2606	辉	2639	喝	2672	毯	2705	循	2738	善
2574	棉	2607	敞	2640	鹃	2673	氯	2706	艇	2739	翔
2575	棚	2608	棠	2641	喂	2674	鹅	2707	舒	2740	羡
2576	棕	2609	赏	2642	喘	2675	剩	2708	逾	2741	普
2577	椁	2610	掌	2643	喉	2676	稍	2709	番	2742	粪
2578	椟	2611	晴	2644	喻	2677	程	2710	释	2743	尊
2579	楠	2612	睐	2645	啼	2678	稀	2711	禽	2744	奠
2580	惠	2613	暑	2646	喧	2679	税	2712	腊	2745	道
2581	惑	2614	最	2647	嵌	2680	筐	2713	脾	2746	遂
2582	逼	2615	晰	2648	幅	2681	等	2714	腋	2747	曾
2583	粟	2616	量	2649	帽	2682	筑	2715	腔	2748	焰

2749	港	2780	寒	2811	媚	2842	搞	2873	酪	2904	嗉				
2750	滞	2781	富	2812	婿	2843	塘	2874	酬	2905	愚				
2751	湖	2782	寓	2813	登	2844	摊	2875	感	2906	暖				
2752	湘	2783	窜	2814	缅	2845	聘	2876	碍	2907	盟				
2753	渣	2784	窝	2815	缆	2846	斟	2877	碘	2908	歇				
2754	渤	2785	窖	2816	缉	2847	蒜	2878	碑	2909	暗				
2755	渺	2786	窗	2817	缎	2848	勤	2879	碎	2910	暇				
2756	湿	2787	窘	2818	缓	2849	靴	2880	碰	2911	照				
2757	温	2788	遍	2819	缔	2850	靶	2881	碗	2912	畸				
2758	渴	2789	雇	2820	缕	2851	鹊	2882	碌	2913	跨				
2759	溃	2790	裕	2821	骗	2852	蓝	2883	尴	2914	跷				
2760	溅	2791	裤	2822	编	2853	墓	2884	雷	2915	跳				
2761	滑	2792	裙	2823	骚	2854	幕	2885	零①	2916	跺				
2762	湃	2793	禅	2824	缘	2855	蓬	2886	雾	2917	跪				
2763	渝	2794	禄	2825	瑟	2856	蓄	2887	雹	2918	路				
2764	湾	2795	谢	2826	鹉	2857	蒲	2888	辐	2919	跤				
2765	渡	2796	谣	2827	瑞	2858	蓉	2889	辑	2920	跟				
2766	游	2797	谤	2828	瑰	2859	蒙	2890	输	2921	遣				
2767	滋	2798	谦	2829	瑙	2860	蒸	2891	督	2922	蜈				
2768	渲	2799	犀	2830	魂	2861	献	2892	频	2923	蜗				
2769	溉	2800	属	2831	肆	2862	椿	2893	龄	2924	蛾				
2770	愤	2801	屡	2832	摄	2863	禁	2894	鉴	2925	蜂				
2771	慌	2802	强	2833	摸	2864	楚	2895	睛	2926	蜕				
2772	惰	2803	粥	2834	填	2865	楷	2896	睹	2927	嗅				
2773	愕	2804	疏	2835	搏	2866	榄	2897	睦	2928	嗡				
2774	愣	2805	隔	2836	塌	2867	想	2898	瞄	2929	嗓				
2775	惶	2806	隙	2837	鼓	2868	槐	2899	睫	2930	署				
2776	愧	2807	隘	2838	摆	2869	榆	2900	睡	2931	置				
2777	愉	2808	媒	2839	携	2870	楼	2901	睬	2932	罪				
2778	慨	2809	絮	2840	搬	2871	概	2902	嗜	2933	罩				
2779	割	2810	嫂	2841	摇	2872	赖	2903	鄙	2934	蜀				

① 零：与表数目的汉字"一二三四五六七八九"连用时可用"〇"替代。

2935	幌	2968	腻	3001	塑	3034	谬	3067	暮	3100	颗
2936	错	2969	腰	3002	慈	3035	群	3068	摹	3101	瞅
2937	锚	2970	腥	3003	煤	3036	殿	3069	蔓	3102	墅
2938	锡	2971	腮	3004	煌	3037	辟	3070	蔑	3103	嗽
2939	锣	2972	腹	3005	满	3038	障	3071	蔡	3104	踊
2940	锤	2973	腺	3006	漠	3039	媳	3072	蔗	3105	靖
2941	锥	2974	鹏	3007	滇	3040	嫉	3073	蔽	3106	蜡
2942	锦	2975	腾	3008	源	3041	嫌	3074	薨	3107	蝇
2943	键	2976	腿	3009	滤	3042	嫁	3075	熙	3108	蜘
2944	锯	2977	鲍	3010	滥	3043	叠	3076	蔚	3109	蝉
2945	锰	2978	猿	3011	滔	3044	缚	3077	兢	3110	嘛
2946	矮	2979	颖	3012	溪	3045	缝	3078	模	3111	嘀
2947	辞	2980	触	3013	溜	3046	缠	3079	槛	3112	赚
2948	稚	2981	解	3014	漓	3047	缤	3080	榴	3113	锹
2949	稠	2982	煞	3015	滚	3048	剿	3081	榜	3114	锻
2950	颓	2983	雏	3016	溢	3049	静	3082	榨	3115	镀
2951	愁	2984	馍	3017	溯	3050	碧	3083	榕	3116	舞
2952	筹	2985	馏	3018	滨	3051	璃	3084	歌	3117	舔
2953	签	2986	酱	3019	溶	3052	赘	3085	遭	3118	稳
2954	简	2987	禀	3020	溺	3053	熬	3086	酵	3119	熏
2955	筷	2988	痹	3021	粱	3054	墙	3087	酷	3120	箕
2956	毁	2989	廓	3022	滩	3055	墟	3088	酿	3121	算
2957	舅	2990	痴	3023	慎	3056	嘉	3089	酸	3122	箩
2958	鼠	2991	痰	3024	誉	3057	摧	3090	碟	3123	管
2959	催	2992	廉	3025	塞	3058	赫	3091	碱	3124	箫
2960	傻	2993	靖	3026	寞	3059	截	3092	碳	3125	舆
2961	像	2994	新	3027	窥	3060	誓	3093	磁	3126	僚
2962	躲	2995	韵	3028	窟	3061	境	3094	愿	3127	僧
2963	魁	2996	意	3029	寝	3062	摘	3095	需	3128	鼻
2964	衙	2997	誊	3030	谨	3063	摔	3096	辖	3129	魄
2965	微	2998	粮	3031	褂	3064	撇	3097	辗	3130	魅
2966	愈	2999	数	3032	裸	3065	聚	3098	雌	3131	貌
2967	遥	3000	煎	3033	福	3066	慕	3099	裳	3132	膜

3133	膊	3166	漾	3199	播	3232	瞒	3265	箱
3134	膀	3167	演	3200	擒	3233	题	3266	篓
3135	鲜	3168	漏	3201	墩	3234	暴	3267	箭
3136	疑	3169	慢	3202	撞	3235	瞎	3268	篇
3137	孵	3170	慷	3203	撤	3236	嘻	3269	僵
3138	馒	3171	寨	3204	增	3237	嘶	3270	躺
3139	裹	3172	赛	3205	撰	3238	嘲	3271	僻
3140	敲	3173	寡	3206	聪	3239	嘹	3272	德
3141	豪	3174	察	3207	鞋	3240	影	3273	艘
3142	膏	3175	蜜	3208	鞍	3241	踢	3274	膝
3143	遮	3176	寥	3209	蕉	3242	踏	3275	膛
3144	腐	3177	谭	3210	蕊	3243	踩	3276	鲤
3145	瘩	3178	肇	3211	蔬	3244	踪	3277	鲫
3146	瘟	3179	褐	3212	蕴	3245	蝶	3278	熟
3147	瘦	3180	褪	3213	横	3246	蝴	3279	摩
3148	辣	3181	谱	3214	槽	3247	蝠	3280	褒
3149	彰	3182	隧	3215	樱	3248	蝎	3281	瘪
3150	竭	3183	嫩	3216	橡	3249	蚪	3282	瘤
3151	端	3184	翠	3217	樟	3250	蝗	3283	瘫
3152	旗	3185	熊	3218	橄	3251	蝙	3284	凛
3153	精	3186	凳	3219	敷	3252	嘿	3285	颜
3154	粹	3187	骡	3220	豌	3253	嘱	3286	毅
3155	歉	3188	缩	3221	飘	3254	幢	3287	糊
3156	弊	3189	慧	3222	醋	3255	墨	3288	遵
3157	熄	3190	撵	3223	醇	3256	镇	3289	憋
3158	熔	3191	撕	3224	醉	3257	镐	3290	潜
3159	煽	3192	撒	3225	磕	3258	镑	3291	澎
3160	潇	3193	撩	3226	磊	3259	靠	3292	潮
3161	漆	3194	趣	3227	磅	3260	稽	3293	潭
3162	漱	3195	趟	3228	碾	3261	稻	3294	鲨
3163	漂	3196	撑	3229	震	3262	黎	3295	澳
3164	漫	3197	撮	3230	霄	3263	稿	3296	潘
3165	滴	3198	撬	3231	霉	3264	稼	3297	澈

3298	澜		
3299	澄		
3300	懂		
3301	憔		
3302	懊		
3303	憎		
3304	额		
3305	翩		
3306	褥		
3307	谴		
3308	鹤		
3309	憨		
3310	慰		
3311	劈		
3312	履		
3313	豫		
3314	缭		
3315	撼		
3316	擂		
3317	操		
3318	擅		
3319	燕		
3320	蕾		
3321	薯		
3322	薛		
3323	薇		
3324	擎		
3325	薪		
3326	薄		
3327	颠		
3328	翰		
3329	噩		
3330	橱		

3331	橙	3360	篱	3389	擦	3418	簇	3447	鹰	3476	耀
3332	橘	3361	儒	3390	藉	3419	繁	3448	瀑	3477	躁
3333	整	3362	邀	3391	鞠	3420	徽	3449	襟	3478	蠕
3334	融	3363	衡	3392	藏	3421	爵	3450	壁	3479	嚼
3335	瓢	3364	膨	3393	薮	3422	朦	3451	戳	3480	嚷
3336	醒	3365	雕	3394	檬	3423	臊	3452	孽	3481	巍
3337	霍	3366	鲸	3395	檐	3424	鳄	3453	警	3482	籍
3338	霎	3367	磨	3396	檀	3425	癌	3454	蘑	3483	鳞
3339	辙	3368	瘾	3397	礁	3426	辫	3455	藻	3484	魔
3340	冀	3369	瘸	3398	磷	3427	赢	3456	攀	3485	糯
3341	餐	3370	凝	3399	霜	3428	糟	3457	曝	3486	灌
3342	嘴	3371	辨	3400	霞	3429	糠	3458	蹲	3487	譬
3343	踱	3372	辩	3401	瞭	3430	燥	3459	蹭	3488	蠢
3344	蹄	3373	糙	3402	瞧	3431	懦	3460	蹬	3489	霸
3345	蹂	3374	糖	3403	瞬	3432	豁	3461	巅	3490	露
3346	蟆	3375	糕	3404	瞳	3433	臀	3462	簸	3491	霹
3347	螃	3376	燃	3405	瞩	3434	臂	3463	簿	3492	躏
3348	器	3377	濒	3406	瞪	3435	翼	3464	蟹	3493	黯
3349	噪	3378	澡	3407	曙	3436	骤	3465	颠	3494	髓
3350	鹦	3379	激	3408	蹋	3437	藕	3466	靡	3495	赣
3351	赠	3380	懒	3409	蹈	3438	鞭	3467	癣	3496	囊
3352	默	3381	憾	3410	螺	3439	藤	3468	瓣	3497	镶
3353	黔	3382	懈	3411	蟋	3440	覆	3469	羹	3498	瓤
3354	镜	3383	窿	3412	蟀	3441	瞻	3470	鳖	3499	罐
3355	赞	3384	壁	3413	嚎	3442	蹦	3471	爆	3500	矗
3356	穆	3385	避	3414	赡	3443	嚣	3472	疆		
3357	篮	3386	缰	3415	穗	3444	镰	3473	鬓		
3358	篡	3387	缴	3416	魏	3445	翻	3474	壤		
3359	篷	3388	戴	3417	簧	3446	鳍	3475	馨		

二级字表

3501	乂	3532	札	3563	匡	3594	屺	3625	汐	3656	扞
3502	乜	3533	叵	3564	耒	3595	凼	3626	汲	3657	抉
3503	兀	3534	匝	3565	玎	3596	囡	3627	氾	3658	扭
3504	弋	3535	丕	3566	玑	3597	钇	3628	汊	3659	芫
3505	孑	3536	匜	3567	邢	3598	缶	3629	忖	3660	邯
3506	孓	3537	劢	3568	圩	3599	氘	3630	忏	3661	芸
3507	幺	3538	卟	3569	圬	3600	氖	3631	讴	3662	苈
3508	亓	3539	叱	3570	圭	3601	牝	3632	讵	3663	苊
3509	韦	3540	叻	3571	扦	3602	伎	3633	祁	3664	苣
3510	廿	3541	仨	3572	圪	3603	伛	3634	讷	3665	芷
3511	丏	3542	仕	3573	圳	3604	伢	3635	聿	3666	芮
3512	卅	3543	仟	3574	圹	3605	佤	3636	艮	3667	苋
3513	仄	3544	亿	3575	扪	3606	仵	3637	丑	3668	苌
3514	厄	3545	仫	3576	圮	3607	伥	3638	阱	3669	苁
3515	仃	3546	伢	3577	圯	3608	伧	3639	阮	3670	苡
3516	仉	3547	卮	3578	芊	3609	伉	3640	阪	3671	苓
3517	仂	3548	氐	3579	芍	3610	伫	3641	丞	3672	芪
3518	兮	3549	犰	3580	芄	3611	囟	3642	奼	3673	苶
3519	刈	3550	刍	3581	芨	3612	佘	3643	牟	3674	苤
3520	爻	3551	邝	3582	芑	3613	刖	3644	纡	3675	苎
3521	卞	3552	邙	3583	芎	3614	凤	3645	纣	3676	苣
3522	闩	3553	汀	3584	芗	3615	旮	3646	纥	3677	苡
3523	讣	3554	讦	3585	亘	3616	刎	3647	纨	3678	杌
3524	尹	3555	讧	3586	厍	3617	犷	3648	玕	3679	枸
3525	夬	3556	讪	3587	夼	3618	犸	3649	玙	3680	杞
3526	爿	3557	讫	3588	戍	3619	舛	3650	抟	3681	杈
3527	毋	3558	尻	3589	戌	3620	凫	3651	抔	3682	忐
3528	邗	3559	阡	3590	乩	3621	邬	3652	圻	3683	孛
3529	邛	3560	氽	3591	旯	3622	饧	3653	坂	3684	邴
3530	艽	3561	弁	3592	曳	3623	汕	3654	坍	3685	邳
3531	芎	3562	驭	3593	岌	3624	汔	3655	坞	3686	矶

3687	衾	3720	囵	3753	饫	3786	忤	3819	甬	3852	坳
3688	豕	3721	钊	3754	饬	3787	忾	3820	邰	3853	耶
3689	忒	3722	钋	3755	亨	3788	怅	3821	纭	3854	苷
3690	忻	3723	钉	3756	庑	3789	忻	3822	纰	3855	苯
3691	忉	3724	迕	3757	庋	3790	忪	3823	纴	3856	苤
3692	迓	3725	氙	3758	疔	3791	怆	3824	纶	3857	茏
3693	邯	3726	氚	3759	疖	3792	忴	3825	纾	3858	苫
3694	志	3727	牡	3760	肓	3793	忸	3826	玮	3859	苜
3695	卣	3728	佞	3761	闱	3794	诂	3827	珏	3860	苴
3696	邺	3729	邱	3762	闶	3795	诃	3828	玳	3861	苒
3697	旰	3730	攸	3763	闵	3796	诅	3829	玢	3862	苘
3698	呋	3731	佚	3764	羌	3797	诋	3830	玢	3863	茌
3699	呒	3732	佝	3765	炀	3798	诌	3831	玥	3864	荷
3700	呓	3733	佟	3766	沣	3799	诏	3832	玦	3865	苓
3701	呔	3734	佗	3767	沅	3800	诒	3833	盂	3866	茚
3702	呖	3735	伽	3768	沔	3801	孜	3834	忝	3867	茆
3703	呃	3736	彷	3769	沤	3802	陇	3835	瓯	3868	茑
3704	旸	3737	佘	3770	沌	3803	陀	3836	坩	3869	芫
3705	呲	3738	佥	3771	沏	3804	陂	3837	抨	3870	茎
3706	町	3739	孚	3772	沚	3805	陉	3838	拤	3871	茕
3707	虬	3740	豸	3773	汩	3806	妍	3839	坫	3872	茀
3708	呗	3741	坌	3774	汩	3807	妩	3840	拈	3873	苕
3709	吽	3742	肟	3775	沂	3808	妪	3841	垆	3874	枥
3710	呃	3743	邸	3776	汾	3809	妣	3842	抻	3875	枇
3711	呦	3744	奂	3777	沨	3810	妊	3843	劼	3876	杪
3712	帏	3745	劬	3778	汴	3811	妗	3844	拃	3877	杳
3713	岐	3746	狄	3779	汶	3812	妫	3845	拊	3878	枧
3714	岈	3747	狁	3780	沆	3813	妞	3846	坼	3879	杵
3715	岘	3748	鸠	3781	沩	3814	妤	3847	坻	3880	枨
3716	岑	3749	邹	3782	泐	3815	妗	3848	抠	3881	枞
3717	岚	3750	饨	3783	怃	3816	邵	3849	坨	3882	枋
3718	兕	3751	饩	3784	怄	3817	劭	3850	坭	3883	杻
3719	囱	3752	饪	3785	忡	3818	刭	3851	抿	3884	杷

3885	杅	3918	咛	3951	佬	3984	郆	4017	泺	4050	衹
3886	矸	3919	呶	3952	佰	3985	狙	4018	泖	4051	诛
3887	砀	3920	咻	3953	侑	3986	狎	4019	泫	4052	诜
3888	刵	3921	呦	3954	佮	3987	狍	4020	泮	4053	诟
3889	奄	3922	咝	3955	臾	3988	狒	4021	沱	4054	诠
3890	瓯	3923	峁	3956	岱	3989	炰	4022	泯	4055	诣
3891	殁	3924	峀	3957	侗	3990	炙	4023	泓	4056	诤
3892	郏	3925	岬	3958	侃	3991	枭	4024	泾	4057	诧
3893	轭	3926	岫	3959	侏	3992	饯	4025	怗	4058	诨
3894	郅	3927	帙	3960	侩	3993	饴	4026	怅	4059	诩
3895	鸢	3928	岣	3961	佻	3994	冽	4027	怦	4060	戕
3896	盱	3929	峁	3962	佾	3995	冼	4028	怛	4061	孢
3897	昊	3930	剁	3963	侪	3996	庖	4029	怏	4062	亟
3898	昙	3931	迥	3964	佼	3997	疠	4030	怍	4063	陔
3899	杲	3932	岷	3965	佯	3998	疝	4031	怙	4064	妲
3900	昃	3933	剀	3966	侬	3999	疡	4032	怩	4065	妯
3901	咂	3934	帔	3967	帛	4000	兖	4033	怫	4066	姗
3902	呸	3935	峄	3968	阜	4001	妾	4034	怪	4067	帑
3903	昕	3936	沓	3969	侔	4002	劼	4035	宕	4068	弩
3904	昀	3937	囹	3970	徂	4003	炜	4036	穹	4069	孥
3905	旻	3938	囿	3971	剑	4004	妪	4037	宓	4070	驽
3906	昉	3939	钍	3972	郓	4005	炖	4038	诓	4071	虱
3907	炅	3940	钎	3973	怂	4006	炘	4039	谏	4072	迦
3908	咔	3941	钏	3974	籴	4007	炝	4040	诖	4073	迨
3909	畀	3942	钒	3975	瓮	4008	炔	4041	诘	4074	绀
3910	虮	3943	钕	3976	戗	4009	泔	4042	戾	4075	绁
3911	咀	3944	钗	3977	肼	4010	沭	4043	诙	4076	绂
3912	呷	3945	邾	3978	胗	4011	泷	4044	厗	4077	驷
3913	黾	3946	迮	3979	肽	4012	泸	4045	郓	4078	驸
3914	呱	3947	牦	3980	肱	4013	泱	4046	祋	4079	绉
3915	呤	3948	竺	3981	肫	4014	泗	4047	袄	4080	绌
3916	咚	3949	迤	3982	剁	4015	泗	4048	袆	4081	驿
3917	咆	3950	佶	3983	迩	4016	泠	4049	祉	4082	骀

4083	甾	4116	荣	4149	柚	4182	轸	4215	哆	4248	氟
4084	珏	4117	莛	4150	枳	4183	蚕	4216	剐	4249	牯
4085	珐	4118	荞	4151	柞	4184	惡	4217	鄅	4250	邾
4086	珂	4119	茯	4152	柝	4185	觇	4218	咻	4251	秕
4087	珑	4120	荏	4153	栀	4186	籴	4219	囿	4252	秭
4088	玳	4121	荇	4154	柢	4187	喱	4220	咿	4253	竽
4089	珀	4122	荃	4155	栎	4188	哂	4221	哌	4254	笈
4090	顼	4123	荟	4156	枸	4189	呕	4222	哙	4255	笃
4091	珉	4124	荀	4157	桦	4190	哪	4223	哚	4256	俦
4092	珈	4125	茗	4158	柁	4191	郢	4224	咯	4257	俨
4093	拮	4126	荠	4159	枷	4192	眇	4225	咩	4258	俅
4094	垭	4127	茭	4160	柽	4193	眊	4226	咤	4259	俪
4095	挝	4128	茨	4161	刺	4194	眈	4227	哝	4260	叟
4096	垣	4129	垩	4162	酊	4195	禺	4228	哏	4261	垡
4097	挞	4130	荣	4163	郦	4196	哂	4229	哞	4262	牮
4098	垤	4131	荤	4164	甫	4197	咴	4230	峙	4263	俣
4099	赳	4132	荨	4165	砗	4198	曷	4231	峣	4264	俚
4100	贲	4133	茛	4166	砘	4199	昴	4232	罘	4265	舣
4101	挡	4134	荆	4167	砒	4200	昱	4233	帧	4266	俑
4102	垌	4135	荪	4168	斫	4201	昵	4234	峒	4267	俟
4103	郝	4136	茹	4169	砭	4202	咦	4235	峤	4268	逅
4104	垧	4137	荬	4170	砜	4203	哓	4236	峋	4269	徇
4105	垓	4138	荮	4171	奎	4204	哔	4237	峥	4270	徉
4106	挦	4139	奈	4172	耷	4205	眬	4238	贶	4271	舡
4107	垠	4140	栉	4173	虺	4206	毗	4239	钚	4272	俞
4108	茜	4141	柯	4174	虹	4207	呲	4240	钛	4273	郗
4109	荚	4142	柘	4175	殇	4208	胄	4241	钡	4274	俎
4110	荑	4143	栊	4176	殄	4209	畋	4242	钣	4275	邰
4111	贳	4144	枢	4177	殆	4210	畈	4243	铃	4276	爰
4112	荜	4145	枰	4178	轱	4211	虼	4244	钨	4277	郛
4113	莒	4146	栌	4179	轲	4212	虻	4245	钫	4278	瓴
4114	茼	4147	柙	4180	轳	4213	盅	4246	钯	4279	陈
4115	茴	4148	枵	4181	轶	4214	咣	4247	氡	4280	胪

4281	胛	4314	彦	4347	泾	4380	陛	4413	埔	4446	莼
4282	胂	4315	飒	4348	洇	4381	陡	4414	埕	4447	栲
4283	胙	4316	闼	4349	恸	4382	娅	4415	埘	4448	栳
4284	胍	4317	闾	4350	恓	4383	姮	4416	埙	4449	郴
4285	胗	4318	闿	4351	恹	4384	娆	4417	埚	4450	桓
4286	胝	4319	阕	4352	恫	4385	姝	4418	挹	4451	桡
4287	朐	4320	羑	4353	恺	4386	姣	4419	耆	4452	桎
4288	胫	4321	迸	4354	恻	4387	姘	4420	耄	4453	桢
4289	鸨	4322	籼	4355	恂	4388	姹	4421	埒	4454	桤
4290	匍	4323	酉	4356	恪	4389	怼	4422	挶	4455	梃
4291	狨	4324	炳	4357	恽	4390	羿	4423	赀	4456	栝
4292	狯	4325	炻	4358	宥	4391	敻	4424	垸	4457	柏
4293	飑	4326	炽	4359	扃	4392	矜	4425	捃	4458	桁
4294	狩	4327	炯	4360	衲	4393	绔	4426	盍	4459	桧
4295	狲	4328	烀	4361	衽	4394	骁	4427	荸	4460	桅
4296	訇	4329	炷	4362	衿	4395	骅	4428	莆	4461	栟
4297	逄	4330	烃	4363	袂	4396	绗	4429	莳	4462	桉
4298	昝	4331	洱	4364	袪	4397	绛	4430	莴	4463	栩
4299	饷	4332	洹	4365	祜	4398	骈	4431	莪	4464	逑
4300	饸	4333	洧	4366	袯	4399	秣	4432	莠	4465	逋
4301	饹	4334	洌	4367	柞	4400	挈	4433	莓	4466	彧
4302	胤	4335	浃	4368	诮	4401	珥	4434	莜	4467	鬲
4303	孪	4336	洇	4369	祇	4402	珙	4435	莅	4468	豇
4304	娈	4337	洄	4370	祢	4403	顼	4436	荼	4469	酐
4305	弈	4338	洙	4371	诰	4404	珰	4437	莩	4470	逦
4306	奕	4339	涎	4372	诳	4405	珩	4438	菱	4471	厝
4307	庥	4340	洎	4373	鸩	4406	珧	4439	莸	4472	孬
4308	疬	4341	洫	4374	昶	4407	珣	4440	获	4473	砝
4309	疣	4342	浍	4375	郡	4408	珞	4441	莘	4474	砹
4310	疥	4343	洮	4376	咫	4409	琤	4442	莎	4475	砺
4311	疭	4344	洵	4377	弭	4410	珲	4443	莞	4476	砧
4312	庠	4345	浒	4378	胢	4411	敖	4444	莨	4477	砷
4313	竑	4346	浔	4379	胥	4412	恚	4445	鸪	4478	砟

4479	砼	4512	蚝	4545	铍	4578	臬	4611	栾	4644	涑
4480	砥	4513	蚧	4546	铍	4579	皋	4612	挛	4645	浯
4481	砣	4514	唢	4547	铎	4580	郫	4613	亳	4646	涞
4482	剞	4515	圊	4548	氩	4581	倨	4614	疳	4647	涟
4483	砻	4516	唣	4549	氪	4582	衄	4615	疴	4648	娑
4484	轼	4517	唏	4550	氦	4583	颀	4616	疸	4649	涅
4485	轾	4518	盉	4551	毪	4584	徕	4617	疽	4650	涠
4486	辂	4519	唑	4552	舐	4585	舫	4618	痈	4651	泿
4487	鸹	4520	崂	4553	秣	4586	釜	4619	疱	4652	涓
4488	趸	4521	崃	4554	秫	4587	奚	4620	痂	4653	浥
4489	龀	4522	罡	4555	盉	4588	衾	4621	痉	4654	涔
4490	鸻	4523	罟	4556	筇	4589	胯	4622	衮	4655	浜
4491	虔	4524	峪	4557	笕	4590	胱	4623	凋	4656	浠
4492	逍	4525	觊	4558	笊	4591	胴	4624	颃	4657	浣
4493	眬	4526	赆	4559	笏	4592	胭	4625	恣	4658	浚
4494	唛	4527	钰	4560	笆	4593	脍	4626	旆	4659	悚
4495	晟	4528	钲	4561	俸	4594	胼	4627	旄	4660	悭
4496	眩	4529	钴	4562	倩	4595	朕	4628	旃	4661	悝
4497	眙	4530	钵	4563	俵	4596	脒	4629	阃	4662	悃
4498	哧	4531	钹	4564	偌	4597	胺	4630	阄	4663	悌
4499	哽	4532	钺	4565	俳	4598	鸱	4631	訚	4664	悛
4500	唔	4533	钽	4566	俶	4599	玺	4632	阆	4665	宸
4501	晁	4534	钼	4567	倬	4600	鸲	4633	恙	4666	窈
4502	晏	4535	钿	4568	倏	4601	狷	4634	粑	4667	剜
4503	鸮	4536	铀	4569	恁	4602	狲	4635	朔	4668	诹
4504	趵	4537	铂	4570	倭	4603	豺	4636	郸	4669	冢
4505	趿	4538	铄	4571	倪	4604	狳	4637	烜	4670	诼
4506	畛	4539	铆	4572	俾	4605	狴	4638	烨	4671	祖
4507	蚨	4540	铈	4573	倜	4606	逡	4639	烩	4672	祥
4508	蚜	4541	铉	4574	隼	4607	桀	4640	烊	4673	祯
4509	蚍	4542	铊	4575	隽	4608	袅	4641	剡	4674	诿
4510	蚋	4543	铋	4576	倌	4609	饽	4642	郯	4675	谀
4511	蚬	4544	铌	4577	倥	4610	凇	4643	烬	4676	谂

4677	诣	4710	秬	4743	掇	4776	梓	4809	眭	4842	啁
4678	谇	4711	秫	4744	掼	4777	梲	4810	眦	4843	啕
4679	屐	4712	舂	4745	聃	4778	桫	4811	喷	4844	嗯
4680	屙	4713	琏	4746	菁	4779	梡	4812	晡	4845	啐
4681	陬	4714	琇	4747	萁	4780	啬	4813	晤	4846	唼
4682	勐	4715	麸	4748	菘	4781	郾	4814	眺	4847	唪
4683	奘	4716	揶	4749	堇	4782	匮	4815	眵	4848	唵
4684	牂	4717	埴	4750	荼	4783	敕	4816	眸	4849	唿
4685	蛋	4718	埯	4751	萋	4784	豉	4817	圊	4850	啶
4686	陲	4719	捯	4752	菽	4785	鄄	4818	喏	4851	唰
4687	姬	4720	掳	4753	菖	4786	酞	4819	喵	4852	唳
4688	娠	4721	捆	4754	萜	4787	酚	4820	啉	4853	唎
4689	娌	4722	埸	4755	萸	4788	戛	4821	勖	4854	啜
4690	娉	4723	埵	4756	萑	4789	硎	4822	晞	4855	帻
4691	娲	4724	赦	4757	菝	4790	硭	4823	唵	4856	崚
4692	娩	4725	埤	4758	菔	4791	硒	4824	晗	4857	崦
4693	娴	4726	捭	4759	菟	4792	硖	4825	冕	4858	帼
4694	娣	4727	逵	4760	莨	4793	硗	4826	啭	4859	崮
4695	娓	4728	埝	4761	萃	4794	硐	4827	畦	4860	崤
4696	婀	4729	堋	4762	菏	4795	硇	4828	趺	4861	崆
4697	畚	4730	堍	4763	苴	4796	硌	4829	啮	4862	赇
4698	逯	4731	掬	4764	若	4797	鸸	4830	跄	4863	赈
4699	绠	4732	鸷	4765	菅	4798	瓠	4831	蚶	4864	赊
4700	骊	4733	掖	4766	菀	4799	匏	4832	蛄	4865	铑
4701	绡	4734	捽	4767	萦	4800	厩	4833	蛎	4866	铒
4702	骋	4735	掊	4768	菰	4801	龚	4834	蛆	4867	铗
4703	绥	4736	堉	4769	菡	4802	殒	4835	蚰	4868	铙
4704	绦	4737	掸	4770	梵	4803	殓	4836	蛊	4869	铟
4705	绨	4738	捩	4771	桴	4804	殍	4837	圉	4870	铠
4706	骎	4739	掮	4772	梏	4805	赉	4838	蚱	4871	铡
4707	邕	4740	悫	4773	觋	4806	雩	4839	蛉	4872	铢
4708	鸶	4741	埭	4774	桲	4807	辄	4840	蛏	4873	铣
4709	彗	4742	埽	4775	桷	4808	堑	4841	蚴	4874	铤

4875	铧	4908	傀	4941	翊	4974	湦	5007	谙	5040	缁
4876	铨	4909	傯	4942	旌	4975	淦	5008	谛	5041	秸
4877	铩	4910	偻	4943	旎	4976	淝	5009	谝	5042	琫
4878	铪	4911	皑	4944	袤	4977	淬	5010	逯	5043	琵
4879	铫	4912	皎	4945	阇	4978	涪	5011	鄅	5044	琶
4880	铬	4913	鸺	4946	阈	4979	淙	5012	隈	5045	琪
4881	铮	4914	徜	4947	阉	4980	涫	5013	粜	5046	瑛
4882	铯	4915	舸	4948	阊	4981	渌	5014	隍	5047	琦
4883	铰	4916	舻	4949	阋	4982	淄	5015	陨	5048	琥
4884	铱	4917	舴	4950	阌	4983	惬	5016	婧	5049	琨
4885	铳	4918	舷	4951	阍	4984	悻	5017	婊	5050	靓
4886	铵	4919	龛	4952	羟	4985	悱	5018	婕	5051	琰
4887	铷	4920	翎	4953	粝	4986	惝	5019	娼	5052	琮
4888	氪	4921	脖	4954	粕	4987	惘	5020	婢	5053	琯
4889	悟	4922	脘	4955	敝	4988	悻	5021	婵	5054	琬
4890	鸽	4923	脲	4956	焐	4989	惆	5022	胬	5055	琛
4891	秾	4924	匐	4957	烯	4990	惚	5023	袈	5056	琚
4892	逶	4925	猗	4958	焓	4991	悼	5024	翌	5057	辇
4893	笺	4926	猡	4959	烽	4992	惮	5025	恿	5058	鼋
4894	笪	4927	猞	4960	焖	4993	窒	5026	欸	5059	揳
4895	笡	4928	猝	4961	烷	4994	谌	5027	绫	5060	堞
4896	笪	4929	斛	4962	焗	4995	谏	5028	骐	5061	搭
4897	笮	4930	猕	4963	渍	4996	扈	5029	绮	5062	揸
4898	笠	4931	馗	4964	渚	4997	皲	5030	绯	5063	摁
4899	笥	4932	馃	4965	淇	4998	谑	5031	绱	5064	埂
4900	笤	4933	馄	4966	淅	4999	裆	5032	骒	5065	赳
4901	笳	4934	鸾	4967	淞	5000	祫	5033	绲	5066	揿
4902	笾	4935	孰	4968	渎	5001	裉	5034	骓	5067	颉
4903	笞	4936	庹	4969	涿	5002	谒	5035	绶	5068	塄
4904	偾	4937	庾	4970	淖	5003	谓	5036	绺	5069	揪
4905	偃	4938	痔	4971	挲	5004	谕	5037	绻	5070	耋
4906	偕	4939	痍	4972	涠	5005	谖	5038	绾	5071	揄
4907	偈	4940	疵	4973	涸	5006	逸	5039	骖	5072	蛩

5073	蛰	5106	鹉	5139	跎	5172	嵯	5205	筀	5238	颍
5074	塆	5107	覃	5140	跏	5173	嵝	5206	筵	5239	猢
5075	摒	5108	酤	5141	跆	5174	嵫	5207	筌	5240	猹
5076	揆	5109	酢	5142	蛱	5175	崞	5208	傣	5241	猥
5077	搋	5110	酡	5143	蛲	5176	嵋	5209	傈	5242	飓
5078	聒	5111	鹂	5144	蛭	5177	赕	5210	舄	5243	觞
5079	葑	5112	厥	5145	蛳	5178	铻	5211	牒	5244	觚
5080	葚	5113	殚	5146	蚰	5179	铼	5212	傥	5245	猱
5081	靰	5114	殂	5147	蛔	5180	铿	5213	傧	5246	颎
5082	靸	5115	雯	5148	蛞	5181	锃	5214	遑	5247	飧
5083	葳	5116	雱	5149	蛴	5182	锂	5215	傩	5248	馇
5084	葺	5117	辊	5150	蛟	5183	锆	5216	遁	5249	馊
5085	葸	5118	辋	5151	蛘	5184	锇	5217	徨	5250	亵
5086	萼	5119	椠	5152	喁	5185	锉	5218	媭	5251	脔
5087	葆	5120	辍	5153	喟	5186	铜	5219	畲	5252	裒
5088	葩	5121	辎	5154	啾	5187	锑	5220	弑	5253	痣
5089	葶	5122	斐	5155	嗖	5188	锒	5221	颌	5254	瘆
5090	蒌	5123	晴	5156	喑	5189	锔	5222	翕	5255	痦
5091	萱	5124	睑	5157	嗟	5190	铟	5223	釉	5256	痞
5092	戟	5125	睇	5158	喽	5191	掣	5224	鹆	5257	痤
5093	葭	5126	睃	5159	嗞	5192	矬	5225	舜	5258	痫
5094	楮	5127	戢	5160	喀	5193	氰	5226	貂	5259	痧
5095	棼	5128	喋	5161	喔	5194	毳	5227	腈	5260	赓
5096	楱	5129	嗒	5162	喙	5195	毽	5228	腌	5261	竦
5097	棹	5130	喃	5163	嵘	5196	犊	5229	腓	5262	瓿
5098	椤	5131	喱	5164	嵖	5197	犄	5230	腴	5263	啻
5099	棰	5132	喹	5165	崴	5198	犋	5231	腙	5264	颏
5100	赍	5133	晷	5166	遄	5199	鹄	5232	腚	5265	鹇
5101	椋	5134	啮	5167	詈	5200	犍	5233	腔	5266	阑
5102	椁	5135	跖	5168	崾	5201	毵	5234	腱	5267	阒
5103	椪	5136	跗	5169	嵌	5202	黍	5235	鱿	5268	阕
5104	棣	5137	跞	5170	嵬	5203	稃	5236	鲀	5269	粞
5105	椐	5138	跚	5171	崤	5204	稂	5237	鲂	5270	遒

5271	挈	5302	寐	5333	纱	5364	毂	5395	楝	5426	龃
5272	焯	5303	谟	5334	缌	5365	搊	5396	楫	5427	龅
5273	焜	5304	扉	5335	缑	5366	搡	5397	楸	5428	訾
5274	焙	5305	裢	5336	缒	5367	蓁	5398	椴	5429	粲
5275	焱	5306	裎	5337	缗	5368	戡	5399	槌	5430	虞
5276	鹇	5307	裥	5338	飧	5369	蓍	5400	楯	5431	睚
5277	湛	5308	祾	5339	耢	5370	鄞	5401	皙①	5432	嗪
5278	溇	5309	祺	5340	瑚	5371	靳	5402	榈	5433	韪
5279	湮	5310	谠	5341	瑁	5372	蓐	5403	槎	5434	嗷
5280	湎	5311	幂	5342	瑜	5373	蓦	5404	榉	5435	嗉
5281	湜	5312	谡	5343	瑗	5374	鹋	5405	楦	5436	睨
5282	渭	5313	谥	5344	瑄	5375	蒽	5406	楣	5437	睢
5283	湍	5314	谧	5345	瑕	5376	蓓	5407	椴	5438	雎
5284	湫	5315	遐	5346	遨	5377	蓖	5408	椽	5439	睥
5285	溲	5316	孱	5347	骜	5378	蓊	5409	裘	5440	嘟
5286	湟	5317	弼	5348	韫	5379	蒯	5410	剽	5441	嗑
5287	溆	5318	巽	5349	髡	5380	蓟	5411	甄	5442	嗫
5288	湲	5319	鹭	5350	塬	5381	蓑	5412	酮	5443	嗬
5289	渨	5320	媪	5351	鄢	5382	蒿	5413	酰	5444	嗔
5290	湉	5321	媛	5352	趑	5383	蒺	5414	酯	5445	嗝
5291	渥	5322	婷	5353	趔	5384	蓠	5415	酩	5446	戥
5292	湄	5323	巯	5354	摅	5385	蒟	5416	蜃	5447	嗄
5293	滁	5324	犟	5355	摁	5386	蒡	5417	碛	5448	煦
5294	愠	5325	敫	5356	蜇	5387	蒹	5418	碓	5449	暄
5295	惺	5326	嫠	5357	摛	5388	蒴	5419	硼	5450	遢
5296	愦	5327	骛	5358	搪	5389	蒗	5420	碉	5451	暌
5297	惴	5328	缂	5359	搐	5390	蓥	5421	碚	5452	跬
5298	愀	5329	缃	5360	搛	5391	颐	5422	碇	5453	跶
5299	愎	5330	缄	5361	捌	5392	楔	5423	碜	5454	跸
5300	惰	5331	彘	5362	搌	5393	楠	5424	鹌	5455	跐
5301	嵛	5332	缇	5363	毂	5394	楂	5425	辏	5456	跣

① 皙：义为人的皮肤白。不再作为"晰"的异体字。

5457	跹	5490	锩	5523	䐴	5556	豗	5589	愬	5622	瑶
5458	跻	5491	锭	5524	詹	5557	粳	5590	慊	5623	瑭
5459	蛸	5492	锱	5525	鲅	5558	猷	5591	鲎	5624	瑷
5460	蜊	5493	雉	5526	鲆	5559	煳	5592	骞	5625	觏
5461	蜍	5494	氲	5527	鲇	5560	煜	5593	窦	5626	慝
5462	蜉	5495	犏	5528	鲈	5561	煨	5594	窠	5627	嫠
5463	蜣	5496	歃	5529	鲊	5562	煅	5595	窣	5628	韬
5464	畹	5497	稞	5530	鲋	5563	煊	5596	裱	5629	叆
5465	蛹	5498	稗	5531	鲐	5564	煸	5597	褚	5630	髦
5466	嗣	5499	稔	5532	肄	5565	煺	5598	裨	5631	骠
5467	嗯	5500	筠	5533	鸽	5566	滟	5599	裾	5632	骝
5468	嗥	5501	筢	5534	飕	5567	溱	5600	裰	5633	摞
5469	嗲	5502	筮	5535	觥	5568	溘	5601	禊	5634	撄
5470	嗳	5503	筲	5536	遛	5569	漭	5602	谩	5635	撄
5471	嗌	5504	筱	5537	馐	5570	滢	5603	谪	5636	嘉
5472	嗍	5505	牒	5538	鹑	5571	溥	5604	媾	5637	趑
5473	嗨	5506	煲	5539	亶	5572	溧	5605	嫫	5638	撖
5474	嗐	5507	敫	5540	瘃	5573	溽	5606	媲	5639	墉
5475	嗤	5508	徭	5541	痱	5574	裟	5607	媛	5640	墒
5476	嗵	5509	愆	5542	痼	5575	漓	5608	嫔	5641	榖
5477	罨	5510	艄	5543	痿	5576	涠	5609	媸	5642	綦
5478	嵊	5511	觎	5544	瘐	5577	滗	5610	缙	5643	蔫
5479	嵩	5512	毹	5545	痹	5578	滫	5611	缜	5644	蔷
5480	嶂	5513	貊	5546	瘆	5579	溴	5612	缛	5645	靿
5481	骰	5514	貅	5547	麂	5580	滏	5613	辔	5646	鞑
5482	锗	5515	貉	5548	裔	5581	滃	5614	骟	5647	鞅
5483	锛	5516	颔	5549	歆	5582	滦	5615	缟	5648	勒
5484	锜	5517	腠	5550	旒	5583	溏	5616	缡	5649	薨
5485	锝	5518	腩	5551	雍	5584	滂	5617	缢	5650	苑
5486	锞	5519	腼	5552	阖	5585	滓	5618	缣	5651	蔟
5487	锟	5520	腭	5553	阗	5586	溟	5619	骗	5652	蔺
5488	锢	5521	腧	5554	阙	5587	溟	5620	耥	5653	戬
5489	锨	5522	塍	5555	羧	5588	愫	5621	璈	5654	蕖

5655	蔻	5688	裵	5721	嗾	5754	毹	5787	旖	5820	褙			
5656	蓿	5689	翡	5722	嘧	5755	僖	5788	膂	5821	褛			
5657	斡	5690	龇	5723	罴	5756	儆	5789	阚	5822	褊			
5658	鹕	5691	龈	5724	罱	5757	僳	5790	鄯	5823	褴			
5659	蓼	5692	睿	5725	幔	5758	僭	5791	銎	5824	谯			
5660	榛	5693	睽	5726	嶂	5759	劁	5792	粿	5825	谰			
5661	榧	5694	瞀	5727	嶍	5760	僬	5793	粼	5826	谲			
5662	榻	5695	嘞	5728	赙	5761	魆	5794	粽	5827	暨			
5663	榫	5696	嘈	5729	罂	5762	魃	5795	糁	5828	屣			
5664	榭	5697	嘌	5730	骱	5763	睾	5796	槊	5829	鹛			
5665	榱	5698	嘁	5731	骶	5764	舔	5797	鹚	5830	嫣			
5666	槔	5699	嘎	5732	鹘	5765	鄱	5798	熘	5831	嫱			
5667	槁	5700	暧	5733	锲	5766	膈	5799	熥	5832	嫖			
5668	槟	5701	暝	5734	锴	5767	膑	5800	潢	5833	嫦			
5669	槠	5702	踌	5735	锶	5768	鲑	5801	漕	5834	嫚			
5670	榷	5703	跽	5736	锷	5769	鲔	5802	滹	5835	嫘			
5671	僰	5704	蜞	5737	锸	5770	鲛	5803	漯	5836	嫡			
5672	酽	5705	蜥	5738	锵	5771	鲟	5804	漶	5837	鼐			
5673	酶	5706	蜮	5739	镁	5772	犸	5805	潋	5838	翟			
5674	酹	5707	蝈	5740	镂	5773	獐	5806	潴	5839	耄			
5675	厮	5708	蜴	5741	犒	5774	觎	5807	漪	5840	鹜			
5676	碡	5709	蜱	5742	箐	5775	雒	5808	漉	5841	骠			
5677	碴	5710	蜩	5743	箦	5776	夤	5809	漳	5842	缥			
5678	碣	5711	蜷	5744	箧	5777	馑	5810	漩	5843	缦			
5679	碲	5712	蜿	5745	箍	5778	銮	5811	澉	5844	缧			
5680	磋	5713	蝌	5746	箸	5779	塾	5812	潍	5845	缨			
5681	臧	5714	蜢	5747	箬	5780	麽	5813	慵	5846	骢			
5682	豨	5715	嘘	5748	箅	5781	瘌	5814	寨	5847	缪			
5683	殡	5716	嘡	5749	箪	5782	瘊	5815	窨	5848	缫			
5684	霆	5717	鹗	5750	箔	5783	瘘	5816	窭	5849	耦			
5685	霁	5718	嘣	5751	箜	5784	瘙	5817	綮	5850	耧			
5686	辕	5719	嘤	5752	箢	5785	廖	5818	谮	5851	瑾			
5687	蜚	5720	嘚	5753	箓	5786	韶	5819	褡	5852	璜			

5853	璀	5883	槿	5913	踟	5943	骺	5973	鲦	6003	潟
5854	璎	5884	樯	5914	跞	5944	骼	5974	鲩	6004	潼
5855	瑽	5885	槭	5915	踬	5945	骸	5975	獗	6005	澎
5856	璋	5886	樗	5916	跽	5946	镂	5976	獠	6006	憬
5857	璇	5887	樘	5917	踔	5947	镉	5977	觯	6007	憧
5858	奭	5888	樊	5918	踺	5948	镌	5978	馓	6008	寮
5859	髫	5889	槲	5919	踞	5949	镍	5979	馔	6009	窳
5860	髻	5890	醌	5920	蝽	5950	镏	5980	麾	6010	谳
5861	撷	5891	醅	5921	蝾	5951	镒	5981	廛	6011	褴
5862	撅	5892	靥	5922	蝻	5952	镓	5982	瘪	6012	褐
5863	赭	5893	魇	5923	蝰	5953	镔	5983	瘼	6013	褫
5864	撸	5894	餍	5924	蝮	5954	稷	5984	瘢	6014	谵
5865	鋬	5895	磔	5925	蝼	5955	箴	5985	瘠	6015	熨
5866	撙	5896	磙	5926	蝓	5956	篑	5986	齑	6016	屦
5867	撺	5897	霈	5927	蝣	5957	篁	5987	羯	6017	嬉
5868	墀	5898	辘	5928	蝼	5958	篌	5988	羰	6018	瑟
5869	聩	5899	龉	5929	噗	5959	篆	5989	柤	6019	戮
5870	觐	5900	龊	5930	嘬	5960	牖	5990	遴	6020	蝥
5871	鞑	5901	觑	5931	颚	5961	僬	5991	糌	6021	缬
5872	蕙	5902	瞌	5932	噍	5962	徵	5992	糍	6022	缮
5873	蕲	5903	瞋②	5933	噢	5963	磬	5993	糅	6023	缯
5874	蕈	5904	瞑	5934	噙	5964	虢	5994	熠	6024	骣
5875	蕨	5905	嘭	5935	噜	5965	鹞	5995	熵	6025	畿
5876	蕤	5906	噎	5936	噌	5966	膘	5996	熳	6026	耩
5877	蕞	5907	噶	5937	噔	5967	滕	5997	澍	6027	耨
5878	蕺	5908	颙	5938	颛	5968	鲠	5998	澌	6028	耪
5879	瞢	5909	暹	5939	幞	5969	鲡	5999	潸	6029	璞
5880	蕃	5910	噘③	5940	幡	5970	鲢	6000	潦	6030	璟
5881	蕲	5911	踔	5941	嶙	5971	鲣	6001	潲	6031	靛
5882	赜	5912	踝	5942	嶝	5972	鲥	6002	鋬	6032	璠

② 瞋：义为发怒时睁大眼睛。不再作为"嗔"的异体字。

③ 噘：义为噘嘴。不再作为"撅"的异体字。

6033	璘	6066	橐	6099	螈	6132	魈	6165	壅	6198	璪
6034	暬	6067	翮	6100	螅	6133	魉	6166	羲	6199	螯
6035	蝥	6068	醛	6101	螭	6134	徼	6167	糗	6200	擤
6036	髻	6069	醐	6102	螗	6135	歙	6168	瞥	6201	壕
6037	髭	6070	醍	6103	螟	6136	膳	6169	甑	6202	觳
6038	髹	6071	醚	6104	噱	6137	媵	6170	燎	6203	磬
6039	擗	6072	碛	6105	噬	6138	膙	6171	燠	6204	擢
6040	熹	6073	赝	6106	噫	6139	鲮	6172	燔	6205	薹
6041	髫	6074	飙	6107	噻	6140	鲱	6173	燧	6206	鞡
6042	擤	6075	殪	6108	噼	6141	鲲	6174	濑	6207	鞞
6043	縠	6076	霖	6109	罹	6142	鲳	6175	濉	6208	薷
6044	磬	6077	霏	6110	圜	6143	鲴	6176	潞	6209	薰
6045	颓	6078	霓	6111	锗	6144	鲵	6177	澧	6210	薛
6046	蕻	6079	錾	6112	镖	6145	鲷	6178	澹	6211	藁
6047	鞘	6080	辚	6113	镗	6146	鲻	6179	澥	6212	檄
6048	颠	6081	臻	6114	镘	6147	獴	6180	澶	6213	檩
6049	蕹	6082	邅	6115	镚	6148	獭	6181	濂	6214	檖
6050	薨	6083	氅	6116	镛	6149	獬	6182	褰	6215	醢
6051	橥	6084	瞟	6117	镝	6150	邂	6183	寰	6216	翳
6052	薏	6085	瞠	6118	镞	6151	鹧	6184	窸	6217	磴
6053	薮	6086	瞰	6119	镠	6152	廨	6185	褶	6218	磙
6054	薜	6087	噻	6120	氇	6153	赟	6186	禧	6219	鹩
6055	薅	6088	嚆	6121	氆	6154	瘰	6187	嬖	6220	龋
6056	樾	6089	噤	6122	憩	6155	廪	6188	犟	6221	醒
6057	橛	6090	暾	6123	穑	6156	瘿	6189	隳	6222	罱
6058	橇	6091	踱	6124	篝	6157	瘵	6190	嬗	6223	壑
6059	樵	6092	踹	6125	篥	6158	瘴	6191	颡	6224	藏
6060	檎	6093	踵	6126	篚	6159	癃	6192	缱	6225	噤
6061	橹	6094	踽	6127	篱	6160	瘳	6193	缲	6226	嚅
6062	樽	6095	蹉	6128	篙	6161	斓	6194	缳	6227	蹉
6063	樨	6096	蹁	6129	盥	6162	麇	6195	璨	6228	蹒
6064	橼	6097	螨	6130	劓	6163	麈	6196	璩	6229	蹊
6065	墼	6098	蟒	6131	翮	6164	嬴	6197	璐	6230	螨

6231	蟕	6262	僢	6293	濡	6324	礶	6355	鳐	6386	蹼
6232	蟓	6263	鹪	6294	濮	6325	礴	6356	癞	6387	蹴
6233	螳	6264	鼾	6295	濞	6326	燹	6357	癔	6388	蹾
6234	螃	6265	皤	6296	濠	6327	餮	6358	癜	6389	蹲
6235	蟑	6266	魍	6297	濯	6328	瞿	6359	癖	6390	蠖
6236	嚓	6267	龠	6298	蹇	6329	曛	6360	糨	6391	蠓
6237	羁	6268	繇	6299	謇	6330	颢	6361	蹩	6392	蟾
6238	鬫	6269	貘	6300	邃	6331	曜	6362	鎏	6393	嚼
6239	嘼	6270	邈	6301	襁	6332	蹧	6363	懵	6394	夔
6240	嶷	6271	貔	6302	檗	6333	蹚④	6364	彝	6395	髋
6241	黜	6272	膪	6303	擘	6334	鹭	6365	邋	6396	髌
6242	黝	6273	膻	6304	孺	6335	蟛	6366	鬏	6397	镣
6243	髁	6274	臆	6305	隳	6336	蟪	6367	攉	6398	籀
6244	髀	6275	臃	6306	嬷	6337	蟠	6368	攒	6399	籁
6245	镡	6276	鲭	6307	孟	6338	蟮	6369	鞲	6400	鼩
6246	镢	6277	鲽	6308	鹬	6339	鹨	6370	鞴	6401	魑
6247	镣	6278	鲲	6309	鍪	6340	黠	6371	藿	6402	艨
6248	镦	6279	鳁	6310	鏊	6341	黟	6372	蘧	6403	鳓
6249	镧	6280	鳅	6311	鳌	6342	髅	6373	蘅	6404	鳔
6250	镩	6281	鳇	6312	鬈	6343	髂	6374	麓	6405	鳕
6251	镪	6282	鳊	6313	鬃	6344	镀	6375	醮	6406	鳗
6252	镫	6283	螽	6314	瞽	6345	镭	6376	醯	6407	鳙
6253	罅	6284	燮	6315	鞯	6346	镯	6377	鄹	6408	麒
6254	黏	6285	鹫	6316	鞨	6347	馥	6378	霪	6409	鏖
6255	簌	6286	襄	6317	鞫	6348	簠	6379	霭	6410	羸
6256	簋	6287	糜	6318	鞭	6349	簪	6380	鬒	6411	爊
6257	箬	6288	縻	6319	鞣	6350	鼬	6381	黼	6412	瀚
6258	簖	6289	膺	6320	藜	6351	雠	6382	嚯	6413	瀣
6259	簦	6290	癍	6321	藠	6352	艟	6383	蹰	6414	瀛
6260	谿	6291	麋	6322	藩	6353	鳎	6384	蹶	6415	襦
6261	黛	6292	懑	6323	醪	6354	鳏	6385	蹽	6416	谶

④ 蹚：义为蹚水、蹚地，读tāng。不再作为"趟（tàng）"的异体字。

6417	襞	6431	巉	6445	獾	6459	灏	6473	镳	6487	蠹
6418	骥	6432	黩	6446	孺	6460	禳	6474	穰	6488	躜
6419	缵	6433	黥	6447	骧	6461	鐾	6475	饕	6489	衢
6420	瓒	6434	黪	6448	瓘	6462	羼	6476	鼙	6490	鑫
6421	攘	6435	镰	6449	鼙	6463	蠡	6477	鬓	6491	灞
6422	蘩	6436	镴	6450	醺	6464	糟	6478	趱	6492	襻
6423	蘖	6437	鳌	6451	礤	6465	懿	6479	攥	6493	蠹
6424	醴	6438	纂	6452	颦	6466	蘸	6480	攮	6494	鬣
6425	黢	6439	壐	6453	曩	6467	鹳	6481	颥	6495	攥
6426	鄹	6440	龉	6454	鳢	6468	霾	6482	躜	6496	囔
6427	矍	6441	臜	6455	癫	6469	氍	6483	鼹	6497	馕
6428	曦	6442	鳜	6456	麝	6470	饔	6484	瘫	6498	戆
6429	躅	6443	鳝	6457	夔	6471	躔	6485	麟	6499	爨
6430	氅	6444	鳟	6458	爝	6472	髑	6486	蠲	6500	齉

三级字表

6501	亍	6516	汈	6531	吒	6546	闫	6561	圻	6576	芀
6502	兀	6517	氾	6532	吖	6547	汧	6562	坉	6577	芁
6503	彳	6518	刌	6533	岘	6548	汭	6563	坫	6578	杕
6504	卬	6519	宄	6534	屾	6549	诉	6564	坈	6579	杙
6505	殳	6520	讦	6535	迊	6550	讻	6565	坋	6580	杅
6506	囟	6521	刎	6536	钆	6551	讧	6566	坻	6581	杋
6507	毌	6522	扞	6537	伙	6552	孖	6567	扰	6582	枃
6508	邘	6523	圩	6538	倪	6553	纰	6568	毐	6583	旹
6509	戋	6524	圬	6539	伈	6554	纩	6569	芝	6584	龙
6510	彳	6525	芏	6540	乩	6555	玒	6570	苤	6585	钬
6511	气	6526	芃	6541	甪	6556	玓	6571	苊	6586	轪
6512	伋	6527	杚	6542	邠	6557	玘	6572	芭	6587	坒
6513	全	6528	杊	6543	犴	6558	玚	6573	芘	6588	芈
6514	江	6529	郏	6544	迒	6559	划	6574	芴	6589	旴
6515	氿	6530	邨	6545	阧	6560	呕	6575	芝	6590	昷

6591	呙	6624	祸	6657	郲	6690	钊	6723	泃	6756	籽
6592	咉	6625	诇	6658	苋	6691	钖	6724	泇	6757	梨
6593	岍	6626	邲	6659	苊	6692	牥	6725	怊	6758	邳
6594	岖	6627	诎	6660	苧	6693	俚	6726	怡	6759	坥
6595	岠	6628	诐	6661	苁	6694	坌	6727	岁	6760	珅
6596	岜	6629	员	6662	苠	6695	佹	6728	役	6761	珠
6597	杏	6630	驱	6663	枅	6696	佂	6729	祊	6762	聊
6598	囘	6631	㠪	6664	枫	6697	佸	6730	诇	6763	玹
6599	岊	6632	阽	6665	枘	6698	佺	6731	退	6764	珌
6600	吞	6633	邮	6666	枔	6699	佳	6732	郓	6765	珆
6601	伾	6634	阼	6667	矼	6700	侠	6733	鸧	6766	玻
6602	侴	6635	妧	6668	矻	6701	侊	6734	癹	6767	垚
6603	佋	6636	妦	6669	匦	6702	饮	6735	弨	6768	垯
6604	伈	6637	邥	6670	纸	6703	侘	6736	陑	6769	垙
6605	伲	6638	纮	6671	旰	6704	郈	6737	陉	6770	垱
6606	佁	6639	驲	6672	眀	6705	刎	6738	陈	6771	垌
6607	飑	6640	驳	6673	旴	6706	郃	6739	阼	6772	垍
6608	狙	6641	纻	6674	昇	6707	郂	6740	叁	6773	者
6609	闶	6642	纼	6675	贩	6708	攽	6741	㚻	6774	垞
6610	沂	6643	驶	6676	吻	6709	肦	6742	妭	6775	垎
6611	汫	6644	纽	6677	驴	6710	肸	6743	妗	6776	垴
6612	沅	6645	玤	6678	映	6711	肷	6744	妶	6777	垟
6613	沣	6646	玞	6679	咇	6712	狉	6745	迓	6778	垞
6614	沄	6647	玱	6680	哈	6713	狋	6746	叕	6779	拕
6615	沘	6648	玫	6681	岵	6714	饴	6747	驽	6780	垵
6616	沩	6649	邦	6682	岽	6715	忞	6748	驵	6781	埚
6617	汭	6650	邫	6683	岨	6716	於	6749	驷	6782	拶
6618	汋	6651	坦	6684	岞	6717	炉	6750	绚	6783	苎
6619	沇	6652	坰	6685	岭	6718	炆	6751	驺	6784	苴
6620	忮	6653	坻	6686	峒	6719	泙	6752	驱	6785	苤
6621	忳	6654	坽	6687	囷	6720	泏	6753	绋	6786	苋
6622	忺	6655	奔	6688	钋	6721	泂	6754	绐	6787	苉
6623	诖	6656	盯	6689	钐	6722	泜	6755	耆	6788	苆

6789	菱	6822	昀	6855	异	6888	洸	6921	绽	6954	茔
6790	莞	6823	哷	6856	俤	6889	洑	6922	绖	6955	莠
6791	茼	6824	咺	6857	侾	6890	汧	6923	彖	6956	茖
6792	荓	6825	昳	6858	俍	6891	洈	6924	彠	6957	栻
6793	茳	6826	眕	6859	垔	6892	泽	6925	恝	6958	桠
6794	茀	6827	哒	6860	衎	6893	洺	6926	珪	6959	梜
6795	莨	6828	昤	6861	舣	6894	浍	6927	珥	6960	栿
6796	茌	6829	昫	6862	弇	6895	泞	6928	珹	6961	栂
6797	枯	6830	昡	6863	俞	6896	浕	6929	琊	6962	梅
6798	枕	6831	哐	6864	鸰	6897	浑	6930	珋	6963	梃
6799	柃	6832	昇	6865	胅	6898	洣	6931	珖	6964	栒
6800	柊	6833	轩	6866	肶	6899	恔	6932	勋	6965	酎
6801	柉	6834	好	6867	胋	6900	恲	6933	珽	6966	酏
6802	柊	6835	响	6868	胅	6901	窀	6934	珦	6967	顿
6803	柖	6836	峘	6869	胏	6902	㞭	6935	琉	6968	砗
6804	郚	6837	峝	6870	脍	6903	祎	6936	聿	6969	砠
6805	剐	6838	峛	6871	胐	6904	祐	6937	玚	6970	硅
6806	鸤	6839	峬	6872	飐	6905	祐	6938	琅	6971	砬
6807	迆	6840	峍	6873	尀	6906	祕	6939	珑	6972	砣
6808	庬	6841	峧	6874	侬	6907	叚	6940	珝	6973	恶
6809	砭	6842	帡	6875	庤	6908	阧	6941	垮	6974	翃
6810	砑	6843	钘	6876	疢	6909	陛	6942	垕	6975	郪
6811	砆	6844	铁	6877	炯	6910	娀	6943	埠	6976	轵
6812	彤	6845	钜	6878	炟	6911	姞	6944	垼	6977	轫
6813	厼	6846	铵	6879	炳	6912	姱	6945	垹	6978	轾
6814	癸	6847	钪	6880	洭	6913	姼	6946	垟	6979	殆
6815	轵	6848	轮	6881	浧	6914	姶	6947	垠	6980	荆
6816	轷	6849	钪	6882	涑	6915	姽	6948	埔	6981	赀
6817	轹	6850	钦	6883	浔	6916	枲	6949	垵	6982	哢
6818	轺	6851	钭	6884	浤	6917	纼	6950	茛	6983	眍
6819	昺	6852	矧	6885	泚	6918	骃	6951	荫	6984	眐
6820	晲	6853	秬	6886	浈	6919	绚	6952	郗	6985	喷
6821	昽	6854	俫	6887	浉	6920	骎	6953	荃	6986	哳

6987	哱	7020	侥	7053	炜	7086	烝	7119	柠	7152	鸳
6988	哥	7021	倧	7054	浡	7087	甮	7120	菝	7153	龁
6989	晔	7022	㑇	7055	浖	7088	甬	7121	萚	7154	遉
6990	晐	7023	虎	7056	浭	7089	哿	7122	菥	7155	啍
6991	晖	7024	舭	7057	浬	7090	翀	7123	莿	7156	啫
6992	眍	7025	舯	7058	浶	7091	翂	7124	荳	7157	翈
6993	蚄	7026	肥	7059	涓	7092	剟	7125	勖	7158	眼
6994	蚆	7027	朏	7060	浅	7093	骉	7126	草	7159	晙
6995	鄌	7028	邕	7061	浰	7094	绤	7127	萆	7160	時
6996	恎	7029	鸰	7062	浟	7095	绤	7128	茵	7161	颉
6997	埳	7030	脎	7063	浛	7096	驿	7129	荙	7162	跰
6998	崞	7031	胱	7064	浣	7097	绽	7130	荚	7163	跂
6999	崒	7032	胲	7065	泽	7098	珸	7131	萣	7164	蜗
7000	崯	7033	虒	7066	浽	7099	斑	7132	蕾	7165	蛘
7001	悦	7034	刎	7067	悈	7100	珸	7133	菉	7166	蛛
7002	崀	7035	狌	7068	悃	7101	珵	7134	菹	7167	蚰
7003	赆	7036	猁	7069	悢	7102	珛	7135	桪	7168	啴
7004	钋	7037	狻	7070	䒼	7103	珵	7136	梽	7169	翉
7005	钜	7038	智	7071	宧	7104	珨	7137	柠	7170	崧
7006	铲	7039	诔	7072	宿	7105	珺	7138	梾	7171	崟
7007	钟	7040	勍	7073	宊	7106	捘	7139	桯	7172	崞
7008	铇	7041	疰	7074	窎	7107	埈	7140	椊	7173	崒
7009	铒	7042	洼	7075	廖	7108	埕	7141	椋	7174	崛
7010	眚	7043	疼	7076	宸	7109	埼	7142	桹	7175	嵎
7011	甡	7044	㳓	7077	袪	7110	掎	7143	敔	7176	铏
7012	笫	7045	殺	7078	衿	7111	埫	7144	廅	7177	铓
7013	偞	7046	靶	7079	袚	7112	堌	7145	硔	7178	铓
7014	倴	7047	桼	7080	桃	7113	晢	7146	硊	7179	铕
7015	脩	7048	敉	7081	雀	7114	埠	7147	砬	7180	铊
7016	偨	7049	烠	7082	聖	7115	掞	7148	硚	7181	铖
7017	偁	7050	烔	7083	㗊	7116	控	7149	硵	7182	铘
7018	倞	7051	烶	7084	睆	7117	壸	7150	硍	7183	铚
7019	偅	7052	烻	7085	陣	7118	壄	7151	勔	7184	铞

7185	铥	7219	蒽	7253	裋	7287	琔	7321	楛	7355	蛼
7186	铴	7220	廞	7254	諟	7288	琭	7322	棽	7356	睃
7187	牻	7221	庼	7255	謏	7289	堹	7323	棫	7357	罼
7188	牾	7222	庳	7256	諝	7290	塈	7324	楺	7358	喤
7189	稆	7223	痓	7257	觟	7291	堪	7325	椑	7359	尌
7190	筎	7224	鸡	7258	䎃	7292	塶	7326	楒	7360	嵁
7191	筴	7225	䄮	7259	弰	7293	塸	7327	鹀	7361	崼
7192	傒	7226	堥	7260	隝	7294	喆	7328	椆	7362	嵝
7193	傯	7227	阒	7261	隃	7295	喝	7329	棓	7363	崴
7194	鸺	7228	羠	7262	婞	7296	塅	7330	棬	7364	崿
7195	傌	7229	羢	7263	媆	7297	堎	7331	椀	7365	嵌
7196	偲	7230	焆	7264	媗	7298	蒘	7332	椀	7366	翙
7197	傉	7231	烺	7265	媖	7299	塿	7333	楗	7367	颋
7198	皒	7232	焌	7266	媢	7300	堨	7334	鹇	7368	圌
7199	鄈	7233	溴	7267	婍	7301	葜	7335	甦	7369	圐
7200	偓	7234	湎	7268	媦	7302	惎	7336	酦	7370	赑
7201	徛	7235	湮	7269	娸	7303	萳	7337	觌	7371	淼
7202	徜	7236	溯	7270	婣	7304	葙	7338	鼎	7372	赒
7203	舾	7237	淴	7271	媠	7305	軒	7339	皕	7373	铓
7204	舲	7238	涽	7272	媎	7306	葴	7340	硋	7374	锊
7205	鹋	7239	涖	7273	婧	7307	葳	7341	欼	7375	铖
7206	惫	7240	涴	7274	婰	7308	葖	7342	耷	7376	铢
7207	鄃	7241	湺	7275	騑	7309	鄟	7343	毲	7377	铽
7208	瓿	7242	悷	7276	驹	7310	黄	7344	辌	7378	销
7209	狉	7243	悑	7277	绚	7311	葺	7345	斐	7379	铞
7210	胹	7244	忴	7278	综	7312	萩	7346	斮	7380	铳
7211	脞	7245	惊	7279	绰	7313	蒐	7347	龁	7381	铜
7212	脬	7246	愶	7280	骍	7314	葰	7348	湍	7382	铱
7213	脎	7247	寋	7281	骎	7315	葎	7349	掌	7383	锓
7214	魫	7248	遃	7282	絜	7316	鄨	7350	睎	7384	犇
7215	猅	7249	谭	7283	斌	7317	蒞	7351	晬	7385	颎
7216	猊	7250	諴	7284	琲	7318	葵	7352	晪	7386	稌
7217	猄	7251	詻	7285	瑂	7319	蔻	7353	晱	7387	笙
7218	觖	7252	裈	7286	琟	7320	萹	7354	跖	7388	笤

7389	篁	7420	旎	7451	媓	7482	搒	7513	辌	7544	箚
7390	笪	7421	阘	7452	媂	7483	搌	7514	韶	7545	筅
7391	笕	7422	焯	7453	媄	7484	蒱	7515	觜	7546	笸
7392	傃	7423	焜	7454	毲	7485	蒨	7516	鄧	7547	傺
7393	僄	7424	欻	7455	喬	7486	蒝	7517	睞	7548	鸭
7394	鉟	7425	渍	7456	骜	7487	蒟	7518	鹃	7549	僇
7395	俣	7426	湝	7457	骎	7488	萠	7519	噁②	7550	艅
7396	催	7427	溁	7458	缊	7489	蓂	7520	暴	7551	艉
7397	舳	7428	湝	7459	缐	7490	蒻	7521	嗮	7552	餀
7398	奝	7429	渰	7460	骎	7491	蒇	7522	跱	7553	貊
7399	颉	7430	溢	7461	瑃	7492	椹	7523	蚴	7554	腽
7400	膑	7431	淰	7462	琅	7493	椉	7524	蜎	7555	腨
7401	腘	7432	渟	7463	瑅	7494	替	7525	嶀	7556	腊
7402	腪	7433	淟	7464	珵	7495	椢	7526	赗	7557	媵
7403	腙	7434	渼	7465	鹊	7496	椩	7527	骱	7558	舳
7404	腒	7435	湊	7466	瑕	7497	楞	7528	锖	7559	鲊
7405	颀	7436	潛	7467	瑝	7498	梗	7529	锗	7560	鲌
7406	鈀	7437	渻	7468	瑔	7499	楤	7530	锘	7561	鲫
7407	猰	7438	溘	7469	瑀	7500	椸	7531	锳	7562	鲍
7408	鹭	7439	愊	7470	琦	7501	楸	7532	锶	7563	鲍
7409	猯	7440	愃	7471	瑳	7502	歆	7533	锬	7564	鲏
7410	猹	7441	敉	7472	瑂	7503	酜	7534	錞	7565	雏
7411	馇	7442	甯	7473	敖	7504	碃	7535	锫	7566	猺
7412	凓①	7443	榮	7474	琜	7505	硞	7536	錟	7567	飓
7413	鄐	7444	廄	7475	遒	7506	碃	7537	铍	7568	艐
7414	廞	7445	捡	7476	氌	7507	碚	7538	桯	7569	馅
7415	廌	7446	裸	7477	塥	7508	碑	7539	稙	7570	裒
7416	廲	7447	楠	7478	墀	7509	碇	7540	穆	7571	廞
7417	鄘	7448	媛	7479	赪	7510	鄂	7541	筼	7572	瘀
7418	粱	7449	媞	7480	摘	7511	辐	7542	筻	7573	瘁
7419	遄	7450	媤	7481	搒	7512	辒	7543	筼	7574	廊

① 凓: 义为寒冷。不再作为"栗"的异体字。
② 噁: 化学名词用字, 读è, 如"二噁英"等。

7575	鹓	7607	褖	7639	鞯	7671	鹝	7703	鲥	7735	窭
7576	廓	7608	谫	7640	鞴	7672	鬃	7704	鲉	7736	椠
7577	麀	7609	鹔	7641	蕻	7673	赵	7705	鲙	7737	谡
7578	鄡	7610	颐	7642	蕙	7674	蜾	7706	鲱	7738	褕
7579	阓	7611	愍	7643	蒝	7675	幖	7707	鲍	7739	禎
7580	阗	7612	嫄	7644	蒌	7676	嶍	7708	鲛	7740	禚
7581	煤	7613	媱	7645	蓒	7677	嵒	7709	奠	7741	隩
7582	煃	7614	戤	7646	椵	7678	锗	7710	獗	7742	嬷
7583	煴	7615	勥③	7647	楛	7679	锤	7711	飔	7743	嫭
7584	煋	7616	戮	7648	榑	7680	锼	7712	鹜	7744	嫜
7585	煟	7617	骠	7649	槚	7681	锽	7713	漸	7745	嫪
7586	煓	7618	骒	7650	楒	7682	锞	7714	廑	7746	缤
7587	潈	7619	缞	7651	槏	7683	锾	7715	廎	7747	璕
7588	潽	7620	耤	7652	榍	7684	锿	7716	瘥	7748	麹
7589	滦	7621	瑧	7653	毫	7685	镒	7717	瘘	7749	璆
7590	滆	7622	璃	7654	鸥	7686	镄	7718	瘕	7750	斄
7591	溷	7623	瑨	7655	酺	7687	锢	7719	鲞	7751	犍
7592	潋	7624	瑱	7656	酾	7688	秘	7720	鄽	7752	墣
7593	潋	7625	瑗	7657	醒	7689	鹙	7721	熇	7753	墦
7594	潬	7626	瑢	7658	酦	7690	箬	7722	漒	7754	墡
7595	潋	7627	斠	7659	碑	7691	箂	7723	漷	7755	劂
7596	滔	7628	摬	7660	磅	7692	剷	7724	漻	7756	奭
7597	漄	7629	墕	7661	磁	7693	僬	7725	溇	7757	蕰
7598	惛	7630	墈	7662	碨	7694	僦	7726	漮	7758	蔃
7599	慆	7631	墐	7663	碍	7695	僔	7727	潍	7759	蒹
7600	慆	7632	墘	7664	碹	7696	僎	7728	漺	7760	樀
7601	望	7633	撂	7665	碥	7697	槃	7729	暬	7761	鹝
7602	禚	7634	鋆	7666	厮	7698	铨	7730	潆	7762	碾
7603	裼	7635	墝	7667	鲎	7699	鲒	7731	潏	7763	磙
7604	裡	7636	墚	7668	鹗	7700	鲕	7732	潩	7764	殣
7605	禔	7637	撖	7669	夥	7701	鲖	7733	憕	7765	憗
7606	褅	7638	摎	7670	睽	7702	铜	7734	寙	7766	霅

③ 勥: 义为合力、齐力。不再作为"戮"的异体字。

7767	暯	7800	鯈	7833	璲	7866	螗	7899	燊	7932	瞫				
7768	暲	7801	鲲	7834	璒	7867	曈	7900	燚	7933	瞵				
7769	暾	7802	鮪	7835	憙	7868	嶸	7901	燏	7934	蹐				
7770	踦	7803	獘	7836	撋	7869	嶸	7902	濩	7935	蟎				
7771	踣	7804	觭	7837	毂	7870	嶽	7903	濋	7936	嘲				
7772	蜯	7805	鹒	7838	遼	7871	嶦	7904	澪	7937	镮				
7773	蝘	7806	鹓	7839	鞍	7872	锴	7905	濾	7938	镁				
7774	蜊	7807	粿	7840	黇	7873	锁	7906	澴	7939	镙				
7775	蜐	7808	糈	7841	蒺	7874	锹	7907	瀟	7940	镚				
7776	噇	7809	穄	7842	蕗	7875	醇	7908	澼	7941	镛				
7777	噂	7810	鹝	7843	薛	7876	稼	7909	懈	7942	镩				
7778	嘿	7811	鹡	7844	蕹	7877	篚	7910	憯	7943	磷				
7779	罶	7812	嫖	7845	槷	7878	箋	7911	懔	7944	镈				
7780	罵	7813	滵	7846	樛	7879	篬	7912	嬛	7945	镕				
7781	嶓	7814	澈	7847	橦	7880	魝	7913	嬽	7946	磲				
7782	嵉	7815	濒	7848	醋	7881	衡	7914	鹡	7947	矰				
7783	嶂	7816	澄	7849	膥	7882	盦	7915	嘼	7948	樸				
7784	嶒	7817	澶	7850	磝	7883	滕	7916	繐	7949	橦				
7785	镆	7818	鎏	7851	碴	7884	滕	7917	璈	7950	穄				
7786	铺	7819	潸	7852	磔	7885	鲭	7918	璊	7951	箣				
7787	锐	7820	潾	7853	獚	7886	鲯	7919	璬	7952	篨				
7788	锋	7821	潏	7854	鏇	7887	鲰	7920	壇	7953	篦				
7789	镠	7822	憭	7855	崎	7888	鲴	7921	髽	7954	儦				
7790	镕	7823	憕	7856	齯	7889	鲹	7922	擿	7955	魃				
7791	稹	7824	骞	7857	齰	7890	馓	7923	蕻	7956	膉				
7792	僞	7825	戭	7858	麍	7891	弹	7924	藻	7957	艚				
7793	皞	7826	褯	7859	暿	7892	瘙	7925	檑	7958	鹩				
7794	皛	7827	禡	7860	墅	7893	瘭	7926	樾	7959	貕				
7795	鹛	7828	諐	7861	瞳	7894	鹚	7927	檞	7960	鳝				
7796	腥	7829	嬟	7862	瞰	7895	䴖	7928	醐	7961	鲡				
7797	艏	7830	遥	7863	踳	7896	糈	7929	繋	7962	鳊				
7798	鹞	7831	骠	7864	踶	7897	燋	7930	磾	7963	鲦				
7799	鲍	7832	璬	7865	螃	7898	燏	7931	磻	7964	鳌				

7965	鲳	7989	藦	8013	臑	8037	翶	8061	雗	8085	爟
7966	鳂	7990	薽	8014	䲢	8038	鳌	8062	鳍	8086	爚
7967	鳆	7991	蘮	8015	鳑	8039	儦	8063	鏒	8087	灈
7968	鳒	7992	檫	8016	鳒	8040	儳	8064	爌	8088	韂
7969	獯	7993	鬳	8017	䲠	8041	簋	8065	爔	8089	虋
7970	廬	7994	礤	8018	鹡	8042	鲸	8066	灏	8090	蘼
7971	鹹	7995	礌	8019	瘭	8043	鳞	8067	瀹	8091	礵
7972	襕	7996	磔	8020	翱	8044	鳚	8068	瀔	8092	鹯
7973	襏	7997	蹢	8021	旗	8045	鳛	8069	瀵	8093	躐
7974	醟	7998	踳	8022	翖	8046	麿	8070	襫	8094	蹾
7975	蝱	7999	蟫	8023	輾	8047	麇	8071	孅	8095	龢
7976	鼗	8000	蜢	8024	翩	8048	嬴	8072	骟	8096	鳠
7977	嬬	8001	罱	8025	潒	8049	護	8073	繈	8097	亹
7978	嬥	8002	髑	8026	潓	8050	嬿	8074	穣	8098	籥
7979	缪	8003	锾	8027	潞	8051	鬂	8075	璎	8099	躞
7980	缫	8004	镱	8028	襜	8052	蘘	8076	瓌	8100	鱲
7981	瑸	8005	镧	8029	鹏	8053	樿	8077	髽	8101	玃
7982	聱	8006	稒	8030	缊	8054	醲	8078	趡	8102	醿
7983	鹙	8007	薀	8031	罽	8055	颟	8079	趦	8103	鱸
7984	螯	8008	簝	8032	樆	8056	瓢	8080	曧	8104	鱺
7985	鞳	8009	簰	8033	䣫	8057	鄑	8081	鶄	8105	蠮
7986	鞮	8010	舩	8034	醛	8058	巇	8082	鱠
7987	藺	8011	鲍	8035	踏	8059	鄯	8083	鱥
7988	藟	8012	皦	8036	蜀	8060	髎	8084	鱣

附件1 规范字与繁体字、异体字对照表

说　明

一、本表的编制是为了指导正确使用《通用规范汉字表》、方便古籍阅读、促进海峡两岸及港澳地区交流。繁体字和异体字的使用,遵循《中华人民共和国国家通用语言文字法》的规定。

二、本表列出了《通用规范汉字表》中的3120个规范字及相应的繁体字、异体字。分三栏编排：第一栏是规范字及其序号。第二栏是繁体字,用圆括号括注。第三栏是异体字,用方括号括注。

三、本表收录了与2546个规范字相对应的2574个繁体字。对96组一个规范字对应多个繁体字（或传承字）的字际关系进行了分解。表中的"～"代表与规范字相同的传承字。依据《简化字总表》的规定,对在部分义项和用法上不简化的"瞭、乾、藉、麽"等字,加注予以说明。

四、本表对《第一批异体字整理表》进行了调整,收录了794组共计1023个异体字。对在部分义项和用法上可作规范字使用的"仝、甦、堃、脩"等异体字,加注说明其使用范围和用法。

规范字	繁体字	异体字
0006 厂	（廠）	
0008 卜	～ （蔔）	
0012 儿	（兒）	
0014 几	～ （幾）	
0017 了	～ （瞭①）	
0020 乃		［迺廼②］
0023 干	～ （乾③） （幹）	［乹乾］ ［榦］
0025 亏	（虧）	
0029 才	～ （纔）	
0034 与	（與）	

规范字	繁体字	异体字
0035 万	～ （萬）	
0041 千	～ （韆）	
0044 亿	（億）	
0045 个	（個）	［箇］
0048 么	（麽④）	
0050 凡		［凢］
0053 广	（廣）	
0054 亡		［亾］
0055 门	（門）	
0056 丫		［枒椏⑤］
0057 义	（義）	
0059 尸		［屍］
0065 卫	（衛）	
0069 飞	（飛）	

---

① 瞭：读liǎo时不简化作"了"，如"瞭望""瞭哨"。
② 迺：可用于姓氏人名、地名。
③ 乾：读qián时不简化作"干"，如"乾坤""乾隆"。
④ 麽：读mó时不简化作"么"，如"幺麽小丑"。
⑤ 椏：可用于姓氏人名、地名和科学技术术语，但须类推简化作"桠"（参见本表序号6958），如"五桠果科"。

规范字		繁体字	异体字
0070	习	（習）	
0072	马	（馬）	
0073	乡	（鄉）	
0074	丰	～	
		（豐）	
0076	开	（開）	
0081	无	（無）	
0082	云	～	
		（雲）	
0083	专	（專）	［耑⑥］
0084	丐		［匃匄］
0085	扎		［紥紮］
0086	艺	（藝）	
0090	厅	（廳）	
0094	区	（區）	
0095	历	（歷）	［歴曆］
		（曆）	［厤］
0099	匹		［疋］
0100	车	（車）	

规范字		繁体字	异体字
0101	巨		［鉅⑦］
0114	贝	（貝）	
0115	冈	（岡）	
0118	见	（見）	
0122	气	（氣）	
0125	升		［昇⑧陞⑨］
0126	夭		［殀］
0127	长	（長）	
0131	仆	～	
		（僕）	
0133	仇		［讐讎⑩］
0134	币	（幣）	
0136	仅	（僅）	
0137	斤		［觔］
0142	从	（從）	
0143	仑	（侖）	［崙崘］
0145	凶		［兇］
0149	仓	（倉）	
0154	风	（風）	

⑥ 耑：可用于姓氏人名，读duān。读zhuān时用"专"。
⑦ 鉅：可用于姓氏人名、地名，但须类推简化作"钜"（参见本表序号6845）。
⑧ 昇：可用于姓氏人名，如"毕昇"。
⑨ 陞：可用于姓氏人名、地名。
⑩ 讎：用于"校讎""讎定""仇讎"等，但须类推简化作"雠"（参见本表序号6351）。其他意义用"仇"。

规范字		繁体字	异体字
0157	乌	(烏)	
0159	凤	(鳳)	
0165	为	(爲)	
0166	斗	~ (鬥)	[鬦鬪鬭]
0167	忆	(憶)	
0168	计	(計)	
0169	订	(訂)	
0171	认	(認)	
0172	冗		[宂]
0173	讥	(譏)	
0177	丑	~ (醜)	
0180	队	(隊)	
0181	办	(辦)	
0182	以		[㕥㠯]
0185	邓	(鄧)	
0186	劝	(勸)	
0187	双	(雙)	
0188	书	(書)	
0191	刊		[栞]
0195	击	(擊)	
0199	扑	(撲)	

规范字		繁体字	异体字
0209	节	(節)	
0211	术	~ (術)	
0215	厉	(厲)	
0218	布		[佈]
0221	龙	(龍)	
0223	灭	(滅)	
0224	轧	(軋)	
0225	东	(東)	
0228	占		[佔]
0230	卢	(盧)	
0231	业	(業)	
0232	旧	(舊)	
0233	帅	(帥)	
0234	归	(歸)	
0238	叶	~ (葉)	
0242	电	(電)	
0243	号	(號)	
0246	只	(祇) (隻)	[衹[11]秖]
0251	叽	(嘰)	
0253	叫		[呌]

⑪ 祇:用于表示地神,读qí。读zhǐ时用"只"。

规范字		繁体字	异体字
0254	叩		[敂]
0257	叹	（嘆）	[歎]
0258	冉		[冄]
0268	丘		[坵]
0272	仙		[僊]
0273	们	（們）	
0274	仪	（儀）	
0281	丛	（叢）	
0286	尔	（爾）	[尒]
0287	乐	（樂）	
0289	匆		[忽怱]
0290	册		[冊]
0291	卯		[夘戼]
0294	处	（處）	
0295	冬	～ （鼕）	
0296	鸟	（鳥）	
0297	务	（務）	
0299	饥	（飢） （饑）	
0303	冯	（馮）	
0305	闪	（閃）	
0306	兰	（蘭）	

规范字		繁体字	异体字
0309	汇	（匯） （彙）	[滙]
0310	头	（頭）	
0311	汉	（漢）	
0312	宁	（寧）	[寍甯⑫]
0314	它		[牠]
0315	讨	（討）	
0316	写	（寫）	
0317	让	（讓）	
0318	礼	（禮）	
0319	训	（訓）	
0320	议	（議）	
0322	讯	（訊）	
0323	记	（記）	
0330	出	～ （齣）	
0331	辽	（遼）	
0332	奶		[妳嬭]
0337	边	（邊）	
0339	发	（發） （髮）	
0340	圣	（聖）	
0341	对	（對）	

⑫ 甯：可用于姓氏人名。

规范字		繁体字	异体字
0342	台	~	
		（臺）	
		（颱）	
		（檯）	
0344	纠	（糾）	［糺］
0347	丝	（絲）	
0353	动	（動）	［働］
0354	扛		［摃］
0357	扣		［釦］
0358	考		［攷］
0359	托		［託］
0361	巩	（鞏）	
0363	执	（執）	
0364	扩	（擴）	
0365	扫	（掃）	
0367	场	（場）	［塲］
0368	扬	（揚）	［敭颺⑬］
0373	亚	（亞）	
0376	朴	~	
		（樸）	
0377	机	（機）	

规范字		繁体字	异体字
0378	权	（權）	
0379	过	（過）	
0382	再		［再再］
0383	协	（協）	
0385	压	（壓）	
0386	厌	（厭）	
0393	页	（頁）	
0395	夸	~	
		（誇）	
0396	夺	（奪）	
0398	达	（達）	
0402	夹	（夾）	［袷⑭袂］
0404	轨	（軌）	
0405	邪		［衺］
0406	尧	（堯）	
0407	划	~	
		（劃）	
0408	迈	（邁）	
0409	毕	（畢）	
0412	贞	（貞）	
0413	师	（師）	

⑬ 颺：可用于姓氏人名，但须类推简化作"飏"（参见本表序号6607）。

⑭ 袷：用于"袷袢"，读qiā。读jiá时用"夹"。

规范字		繁体字	异体字
0414	尘	（塵）	
0418	当	（當）	
		（噹）	
0420	吁	～	
		（籲）	
0422	吓	（嚇）	
0423	虫	（蟲）	
0424	曲	～	
		（麯）	[麴]⑮
0425	团	（團）	
		（糰）	
0427	同		[仝⑯衕]
0428	吊		[弔]
0429	吃		[喫]
0430	因		[囙]
0432	吗	（嗎）	
0434	屿	（嶼）	
0436	岁	（歲）	[崴]
0437	帆		[帆颿]
0438	回	～	
		（迴）	[廻逥]

规范字		繁体字	异体字
0439	岂	（豈）	
0440	则	（則）	
0441	刚	（剛）	
0442	网	（網）	
0444	年		[秊]
0445	朱	～	
		（硃）	
0451	迁	（遷）	
0452	乔	（喬）	
0454	伟	（偉）	
0455	传	（傳）	
0461	优	（優）	
0468	伤	（傷）	
0469	价	（價）	
0470	伦	（倫）	
0472	华	（華）	
0474	仿		[倣髣]
0475	伙	～	
		（夥）⑰	
0476	伪	（偽）	

---

⑮ 麴：可用于姓氏人名，但须类推简化作"麹"（参见本表序号7748）。

⑯ 仝：可用于姓氏人名。

⑰ 夥：作"多"解时不简化作"伙"。

规范字		繁体字	异体字
0480	向	～	
		(嚮)	[曏]
0481	似		[侣]
0482	后	～	
		(後)	
0486	会	(會)	
0487	杀	(殺)	
0488	合	～	
		(閤)	
0491	众	(衆)	[眾]
0492	爷	(爺)	
0493	伞	(傘)	[繖]
0494	创	(創)	[剏剙]
0497	朵		[朶]
0498	杂	(雜)	[襍]
0503	负	(負)	
0510	壮	(壯)	
0511	冲	～	
		(衝)	
0512	妆	(妝)	[粧]
0513	冰		[氷]
0514	庄	(莊)	
0515	庆	(慶)	
0517	刘	(劉)	

规范字		繁体字	异体字
0518	齐	(齊)	
0522	产	(產)	
0523	决		[決]
0527	闭	(閉)	
0528	问	(問)	
0529	闯	(闖)	
0531	并		[併並竝]
0532	关	(關)	
0534	灯	(燈)	
0537	污		[汙洿]
0542	汤	(湯)	
0544	兴	(興)	
0550	讲	(講)	
0551	讳	(諱)	
0552	军	(軍)	
0553	讶	(訝)	
0554	许	(許)	
0555	讹	(訛)	[譌]
0556	论	(論)	
0557	讼	(訟)	
0558	农	(農)	[辳]
0559	讽	(諷)	
0560	设	(設)	
0561	访	(訪)	

规范字		繁体字	异体字
0562	诀	(訣)	
0563	寻	(尋)	[尋]
0566	尽	(盡)	
		(儘)	
0567	导	(導)	
0568	异		[異]
0570	孙	(孫)	
0571	阵	(陣)	
0572	阳	(陽)	
0574	阶	(階)	[堦]
0575	阴	(陰)	[隂]
0577	奷		[姦]
0579	妇	(婦)	[媍]
0583	妈	(媽)	
0584	戏	(戲)	[戯]
0586	观	(觀)	
0587	欢	(歡)	[懽讙驩]
0588	买	(買)	
0589	红	(紅)	
0590	驮	(馱)	[䭾]
0591	纤	(縴)	
		(纖)	
0592	驯	(馴)	
0593	约	(約)	

规范字		繁体字	异体字
0594	级	(級)	
0595	纪	(紀)	
0596	驰	(馳)	
0597	纫	(紉)	
0598	巡		[廵]
0599	寿	(壽)	
0600	弄		[挊衖]
0601	麦	(麥)	
0603	玛	(瑪)	
0605	进	(進)	
0608	远	(遠)	
0609	违	(違)	
0610	韧	(韌)	[靭靱韌]
0611	运	(運)	
0613	抚	(撫)	
0614	坛	(壇)	
		(罎)	[罈壜]
0616	坏	(壞)	
0617	抠	(摳)	
0618	扰	(擾)	
0619	抦		[搇]
0623	址		[阯]
0624	扯		[撦]
0627	贡	(貢)	

规范字	繁体字	异体字
0629 坝	(垻)	
	(壩)	
0632 折	～	
	(摺)	
0635 抡	(掄)	
0637 抢	(搶)	
0639 坎		[埳]
0644 坟	(墳)	
0645 坑		[阬]
0649 护	(護)	
0650 壳	(殼)	
0651 志		[誌]
0652 块	(塊)	
0654 声	(聲)	
0656 报	(報)	
0657 拟	(擬)	[儗]
0658 却		[卻御]
0660 劫		[刦刧刼]
0662 芜	(蕪)	
0663 苇	(葦)	
0665 花		[苍蘤]

规范字	繁体字	异体字
0669 苍	(蒼)	
0671 严	(嚴)	
0672 芦	(蘆)	
0674 劳	(勞)	
0675 克	～	
	(剋[18])	[尅]
0677 苏	(蘇)	[甦[19]蘓]
	(囌)	
0678 杆		[桿]
0679 杠		[槓]
0682 村		[邨[20]]
0687 极	(極)	
0689 杨	(楊)	
0696 豆		[荳]
0697 两	(兩)	
0699 丽	(麗)	
0700 医	(醫)	
0702 励	(勵)	
0704 还	(還)	
0706 歼	(殲)	
0707 来	(來)	

⑱ 剋：表示训斥、打人时读kēi，不简化作"克"。
⑲ 甦：可用于姓氏人名。
⑳ 邨：可用于姓氏人名。

规范字		繁体字	异体字
0708	连	（連）	
0709	轩	（軒）	
0711	卤	（鹵）	
		（滷）	
0712	坚	（堅）	
0717	时	（時）	[旹]
0720	县	（縣）	
0721	里	～	
		（裏）	[裡]
0722	呆		[獃]
0725	呕	（嘔）	
0726	园	（園）	
0727	旷	（曠）	
0728	围	（圍）	
0730	吨	（噸）	
0732	邮	（郵）	
0734	困	～	
		（睏）	
0737	员	（員）	
0739	听	（聽）	
0740	吟		[唫]
0742	呛	（嗆）	
0743	吻		[脗]
0745	呜	（嗚）	

规范字		繁体字	异体字
0751	别	～	
		（彆）	
0753	岖	（嶇）	
0754	岗	（崗）	
0755	帐	（帳）	
0756	财	（財）	
0757	针	（針）	[鍼]
0758	钉	（釘）	
0762	乱	（亂）	
0770	体	（體）	
0780	佣	（傭）	
0782	你		[妳]
0787	皂		[皁]
0789	佛		[彿髴]
0792	彻	（徹）	
0795	余	～	
		（餘）	
0798	谷	～	
		（穀）	
0801	邻	（鄰）	[隣]
0804	肛		[疘]
0807	肠	（腸）	[膓]
0808	龟	（龜）	
0812	犹	（猶）	

规范字		繁体字	异体字
0813	狈	（狽）	
0815	删		［刪］
0816	条	（條）	
0820	岛	（島）	［㠀］
0821	刨		［鉋鑤］
0823	饭	（飯）	
0824	饮	（飲）	［歓］
0825	系	〜 （係） （繫）	
0827	冻	（凍）	
0828	状	（狀）	
0829	亩	（畝）	［畆畞畂畒畮］
0830	况		［況］
0831	床		［牀］
0832	库	（庫）	
0834	疗	（療）	
0835	吝		［悋］
0836	应	（應）	
0837	这	（這）	
0839	庐	（廬）	
0842	弃		［棄］

规范字		繁体字	异体字
0845	闰	（閏）	
0846	闲	（閑）	［閒］
0847	间	（間）	
0848	闷	（悶）	
0851	灶	（竈）	
0852	灿	（燦）	
0859	沥	（瀝）	
0863	沦	（淪）	
0864	汹		［洶］
0865	泛		［氾㉑汎］
0866	沧	（滄）	
0868	沟	（溝）	
0869	沪	（滬）	
0870	沈	〜 （瀋）	
0873	怀	（懷）	
0874	忧	（憂）	
0882	穷	（窮）	
0883	灾		［災烖菑］
0885	证	（證）	
0886	启	（啓）	［啟啟］
0887	评	（評）	
0888	补	（補）	

㉑　氾：可用于姓氏人名，读fán。读fàn时用"泛"。

规范字	繁体字	异体字
0891 祀		［禩］
0892 识	（識）	
0893 诈	（詐）	
0894 诉	（訴）	［愬］
0896 诊	（診）	
0897 词	（詞）	［䛐］
0898 译	（譯）	
0900 灵	（靈）	
0902 层	（層）	
0906 迟	（遲）	
0907 局		［侷跼］
0909 张	（張）	
0911 际	（際）	
0912 陆	（陸）	
0914 陈	（陳）	
0916 附		［坿］
0917 坠	（墜）	
0919 妙		［玅］
0921 姊		［姉］
0923 妒		［妬］
0926 劲	（勁）	
0928 鸡	（鷄）	［雞］
0929 纬	（緯）	

规范字	繁体字	异体字
0930 驱	（驅）	［駈敺］
0931 纯	（純）	
0932 纱	（紗）	
0933 纲	（綱）	
0934 纳	（納）	
0935 驳	（駁）	［駮］
0936 纵	（縱）	
0937 纷	（紛）	
0938 纸	（紙）	［帋］
0939 纹	（紋）	
0940 纺	（紡）	
0941 驴	（驢）	
0942 纽	（紐）	
0944 玩		［翫］
0945 环	（環）	
0948 责	（責）	
0949 现	（現）	
0951 表	〜（錶）	
0952 规	（規）	［槼］
0957 拓		［搨］
0958 拢	（攏）	
0961 栋	（棟）	

规范字		繁体字	异体字
0963	担	（擔）	
0964	坤		[堃㉒]
0967	拐		[柺]
0968	拖		[扡]
0971	顶	（頂）	
0974	拥	（擁）	
0975	抵		[牴觝]
0977	势	（勢）	
0982	拦	（攔）	
0983	幸		[倖]
0985	拧	（擰）	
0991	拨	（撥）	
0992	择	（擇）	
0995	拗		[抝]
1004	苹	（蘋㉓）	
1010	范	～ （範）	
1014	茎	（莖）	
1020	杯		[盃梧]
1021	枢	（樞）	
1022	柜	（櫃）	

规范字		繁体字	异体字
1025	板	～ （闆）	
1026	松	～ （鬆）	
1027	枪	（槍）	[鎗]
1028	枫	（楓）	
1029	构	（構）	[搆]
1031	杰		[傑]
1034	丧	（喪）	
1036	画	（畫）	
1040	枣	（棗）	
1042	卖	（賣）	
1043	郁	～ （鬱）	[欎鬱]
1044	矾	（礬）	
1045	矿	（礦）	[鑛]
1046	码	（碼）	
1047	厕	（廁）	[廁]
1049	奔		[奔逩犇㉔]
1051	奋	（奮）	
1052	态	（態）	

㉒ 堃：可用于姓氏人名。
㉓ 蘋：用于表示植物名时简化作"蘋"（参见本表序号7841），不简化作"苹"。
㉔ 犇：可用于姓氏人名。

规范字		繁体字	异体字
1053	欧	（歐）	
1054	殴	（毆）	
1055	垄	（壟）	
1057	轰	（轟）	
1058	顷	（頃）	
1059	转	（轉）	
1060	斩	（斬）	
1061	轮	（輪）	
1062	软	（軟）	［輭］
1067	肯		［肎］
1068	齿	（齒）	
1072	虏	（虜）	［虜］
1073	肾	（腎）	
1074	贤	（賢）	
1079	果		［菓］
1080	昆		［崐崑］
1081	国	（國）	
1086	畅	（暢）	
1089	咙	（嚨）	
1096	咒		［呪］
1099	呼		［虖嘑謼］
1100	鸣	（鳴）	
1101	咏		［詠］

规范字		繁体字	异体字
1105	岸		［岍］
1106	岩		［嵒巖巗］
1108	罗	（羅）	
1109	帜	（幟）	
1111	岭	（嶺）	
1112	凯	（凱）	
1113	败	（敗）	
1114	账	（賬）	
1115	贩	（販）	
1116	贬	（貶）	
1117	购	（購）	
1118	贮	（貯）	
1119	图	（圖）	
1120	钓	（釣）	
1121	制	～ （製）	
1124	氛		［雰］
1129	刮	～ （颳）	
1130	秆		［稈］
1131	和		［咊龢㉕］
1137	岳		［嶽］
1141	侠	（俠）	

㉕ 龢：可用于姓氏人名。

规范字		繁体字	异体字
1142	侥	（僥）	［僥］
1144	侄		［姪妷］
1145	侦	（偵）	［遉］
1147	侧	（側）	
1148	凭	（憑）	［凴］
1149	侨	（僑）	
1151	货	（貨）	
1156	迫		［廹］
1157	质	（質）	
1158	欣		［訢］㉖
1159	征	～ （徵）㉗	
1160	往		［徃］
1163	径	（徑）	［逕］㉘
1165	舍	～ （捨）	
1168	命		［肏］
1169	肴		［餚］
1172	采		［採寀］
1173	觅	（覓）	［覔］
1176	贪	（貪）	

规范字		繁体字	异体字
1177	念		［唸］
1178	贫	（貧）	
1180	肤	（膚）	
1183	肿	（腫）	
1184	胀	（脹）	
1187	肮	（骯）	
1191	胁	（脅）	［脇］
1192	周		［週］
1193	昏		［昬］
1194	鱼	（魚）	
1195	兔		［兎兔］
1199	狞	（獰）	
1200	备	（備）	［俻］
1201	饰	（飾）	
1202	饱	（飽）	
1203	饲	（飼）	［飤］
1204	变	（變）	
1206	享		［亯］
1207	庞	（龐）	
1209	夜		［亱］
1210	庙	（廟）	

㉖ 訢：可用于姓氏人名，但须类推简化作"䜣"（参见本表序号6549）。
㉗ 徵：用于表示"宫商角徵羽"五音之一时读zhǐ，不简化作"征"。
㉘ 逕：可用于姓氏人名、地名，但须类推简化作"迳"（参见本表序号6745）。

规范字		繁体字	异体字
1213	疟	（瘧）	
1216	剂	（劑）	
1217	卒		［卆］
1220	废	（廢）	［癈］
1221	净		［淨］
1227	闸	（閘）	［牐］
1228	闹	（鬧）	［閙］
1229	郑	（鄭）	
1230	券		［劵］
1231	卷	～（捲）	
1232	单	（單）	
1236	炕		［匟］
1238	炉	（爐）	［鑪㉙］
1240	浅	（淺）	
1241	法		［灋灋］
1242	泄		［洩］
1245	沾		［霑］
1246	泪		［淚］
1252	注		［註］
1254	泞	（濘）	
1255	泻	（瀉）	

规范字		繁体字	异体字
1262	泼	（潑）	
1263	泽	（澤）	
1270	怜	（憐）	
1271	怪		［恠］
1273	学	（學）	
1274	宝	（寶）	［寳］
1277	宠	（寵）	
1279	审	（審）	
1283	帘	～（簾）	
1285	实	（實）	［実］
1286	试	（試）	
1288	诗	（詩）	
1291	诚	（誠）	
1292	衬	（襯）	
1294	视	（視）	［眎眡］
1296	话	（話）	［話］
1297	诞	（誕）	
1298	诡	（詭）	
1299	询	（詢）	
1300	该	（該）	
1301	详	（詳）	

㉙ 鑪:用于科学技术术语,指一种人造的放射性元素(符号为Rf),但须类推简化作"𬭛"(参见本表序号7006)。

通用规范汉字表

规范字		繁体字	异体字
1303	肃	（肅）	
1304	录	（錄）	
1305	隶	（隸）	［隷隷］
1306	帚		［箒］
1309	届		［屆］
1313	弥	（彌）	
		（瀰）	
1314	弦		［絃］
1320	陕	（陝）	
1322	函		［圅］
1332	驾	（駕）	
1334	参	（參）	［叅葠蔘］
1335	艰	（艱）	
1336	线	（綫）	［線㉚］
1337	练	（練）	
1338	组	（組）	
1339	绅	（紳）	
1340	细	（細）	
1341	驶	（駛）	
1342	织	（織）	
1343	驹	（駒）	
1344	终	（終）	

规范字		繁体字	异体字
1345	驻	（駐）	
1346	绊	（絆）	
1347	驼	（駝）	［馳］
1348	绍	（紹）	
1349	绎	（繹）	
1350	经	（經）	
1351	贯	（貫）	
1353	贰	（貳）	
1355	春		［旾］
1356	帮	（幫）	［幇幚］
1358	珍		［珎］
1360	珊		［珊］
1365	挂		［掛掛］
1370	项	（項）	
1374	挟	（挾）	
1375	挠	（撓）	
1378	赵	（趙）	
1379	挡	（擋）	［攩］
1383	括		［挎］
1388	垛		［垜］
1390	垫	（墊）	
1392	挤	（擠）	

㉚ 線：可用于姓氏人名，但须类推简化作"线"（参见本表序号7459）。

规范字		繁体字	异体字
1396	挥	（揮）	
1405	荐	（薦）	
1407	带	（帶）	
1408	草		［艸］
1409	茧	（繭）	［蠒］
1414	荡	（蕩）	［盪］
1415	荣	（榮）	
1416	荤	（葷）	
1417	荧	（熒）	
1419	胡	～ （鬍）	［衚］
1420	荫	（蔭）	［廕］
1421	荔		［茘］
1423	药	（藥）	
1424	标	（標）	
1425	栈	（棧）	
1429	栋	（棟）	
1431	查		［查］
1432	柏		［栢］
1433	栅		［柵］
1434	柳		［栁桺］
1436	柿		［枾］
1437	栏	（欄）	

规范字		繁体字	异体字
1438	柠	（檸）	
1439	树	（樹）	
1443	咸	～ （鹹）	
1447	砖	（磚）	［塼甎］
1448	厘		［釐㉛］
1453	砚	（硯）	
1455	面	～ （麵）	［麪］
1458	牵	（牽）	
1459	鸥	（鷗）	
1460	残	（殘）	
1462	轴	（軸）	
1463	轻	（輕）	
1464	鸦	（鴉）	［鵶］
1466	韭		［韮］
1467	背		［揹］
1468	战	（戰）	
1469	点	（點）	
1471	临	（臨）	
1472	览	（覽）	
1473	竖	（豎）	［竪］
1476	尝	（嘗）	［甞嚐］

㉛ 釐：可用于姓氏人名，读 xī。读 lí 时用"厘"。

规范字		繁体字	异体字
1479	是		〔昰〕
1483	哄		〔閧鬨〕
1484	哑	（啞）	
1485	显	（顯）	
1486	冒		〔冐〕
1487	映		〔暎〕
1495	贵	（貴）	
1498	虾	（蝦）	
1499	蚁	（蟻）	
1501	蚂	（螞）	
1502	虽	（雖）	
1504	咽		〔嚥〕
1505	骂	（罵）	〔傌駡〕
1506	勋	（勛）	〔勳〕
1507	哗	（嘩）	〔譁〕
1508	咱		〔俗㑺偺喒〕
1509	响	（響）	
1512	咬		〔齩〕
1513	咳		〔欬〕
1516	哟	（喲）	
1518	峡	（峽）	
1519	罚	（罰）	〔罸〕
1520	贱	（賤）	

规范字		繁体字	异体字
1521	贴	（貼）	
1522	贻	（貽）	
1525	钙	（鈣）	
1526	钝	（鈍）	
1527	钞	（鈔）	
1528	钟	（鍾㉜）	
		（鐘）	
1529	钢	（鋼）	
1530	钠	（鈉）	
1531	钥	（鑰）	
1532	钦	（欽）	
1533	钧	（鈞）	
1534	钩	（鈎）	〔鉤〕
1535	钮	（鈕）	
1540	矩		〔榘〕
1541	毡	（氈）	〔氊〕
1542	氢	（氫）	
1545	选	（選）	
1546	适	（適）	
1549	种	～	
		（種）	
1550	秋	～	〔秌穐〕
		（鞦）	

㉜ 鍾:用于姓氏人名时可简化作"锺"（参见本表序号7679）。

规范字		繁体字	异体字
1553	复	（復）	
		（複）	
1557	俩	（倆）	
1558	贷	（貸）	
1559	顺	（順）	
1560	修		［脩㉝］
1567	俭	（儉）	
1578	俊		［儁儁］
1585	须	（須）	
		（鬚）	
1586	叙		［敍敘］
1587	剑	（劍）	［劒］
1591	胚		［肧］
1592	胧	（朧）	
1593	胆	（膽）	
1594	胜	（勝）	
1597	脉		［脈衇䘑］
1600	狭	（狹）	［陿］
1601	狮	（獅）	
1602	独	（獨）	
1605	狱	（獄）	
1607	贸	（貿）	
1610	饵	（餌）	

规范字		繁体字	异体字
1611	饶	（饒）	
1612	蚀	（蝕）	
1613	饺	（餃）	
1614	饼	（餅）	
1615	峦	（巒）	
1616	弯	（彎）	
1617	将	（將）	
1618	奖	（獎）	［奬］
1623	迹		［跡蹟］
1625	疮	（瘡）	
1626	疯	（瘋）	
1631	亲	（親）	
1635	闺	（閨）	
1636	闻	（聞）	
1637	闽	（閩）	
1638	阀	（閥）	
1639	阁	（閣）	［閤］
1641	养	（養）	
1643	姜	～	
		（薑）	
1646	类	（類）	
1649	娄	（婁）	
1654	总	（總）	

㉝ 脩：用于表示干肉，如"束脩"。其他意义用"修"。

规范字	繁体字	异体字		规范字	繁体字	异体字
1655	炼	(煉)	[鍊]	1704	诚	(誠)	
1657	烁	(爍)		1706	诓	(誆)	
1658	炮		[砲礮]	1707	语	(語)	
1660	烂	(爛)		1709	袄	(襖)	
1661	剃		[薙鬀]	1714	误	(誤)	
1662	洼	(窪)		1715	诱	(誘)	
1663	洁	(潔)	[絜㉞]	1716	诲	(誨)	
1665	洒	(灑)		1717	说	(説)	
1667	浇	(澆)		1718	诵	(誦)	
1668	浊	(濁)		1719	垦	(墾)	
1670	测	(測)		1723	昼	(晝)	
1677	浏	(瀏)		1726	费	(費)	
1678	济	(濟)		1728	逊	(遜)	
1681	浑	(渾)		1731	陨	(隕)	
1682	浓	(濃)		1733	险	(險)	
1685	恒		[恆]	1738	姻		[婣]
1687	恍		[怳]	1739	娇	(嬌)	
1689	恤		[卹邮賉]	1744	贺	(賀)	
1691	恼	(惱)		1751	垒	(壘)	
1693	举	(舉)	[擧]	1752	绑	(綁)	
1694	觉	(覺)		1753	绒	(絨)	[毡羢]
1699	宪	(憲)		1754	结	(結)	
1702	窃	(竊)		1755	绕	(繞)	[遶]

㉞ 絜：读xié或jié时均可用于姓氏人名。

规范字		繁体字	异体字
1756	骄	（驕）	
1757	绘	（繪）	
1758	给	（給）	
1759	绚	（絢）	
1760	骆	（駱）	
1761	络	（絡）	
1762	绝	（絕）	
1763	绞	（絞）	
1764	骇	（駭）	
1765	统	（統）	
1766	耕		［畊］
1770	艳	（艷）	［豓豔］
1777	蚕	（蠶）	
1778	顽	（頑）	
1779	盏	（盞）	［琖醆］
1781	捞	（撈）	
1787	载	（載）	
1788	赶	（趕）	
1790	盐	（鹽）	
1792	捍		［扞㉟］
1793	捏		［揑］
1796	捆		［綑］

规范字		繁体字	异体字
1798	损	（損）	
1802	哲		［喆㊱］
1804	捡	（撿）	
1807	挽		［輓］
1808	挚	（摯）	
1809	热	（熱）	
1811	捣	（搗）	［擣搗］
1812	壶	（壺）	
1816	耻		［恥］
1818	耽		［躭］
1819	聂	（聶）	
1822	莱	（萊）	
1823	莲	（蓮）	
1827	获	（獲）	
		（穫）	
1828	晋		［晉］
1829	恶	（惡）	
		（噁）	
1830	莹	（瑩）	
1831	莺	（鶯）	［鸎］
1837	栖		［棲］
1838	档	（檔）	

㉟ 扞：用于表示相互抵触，如"扞格"。其他意义用"捍"。
㊱ 喆：可用于姓氏人名。

规范字		繁体字	异体字
1841	桥	（橋）	
1842	桦	（樺）	
1846	桩	（樁）	
1848	核		［覈］
1849	样	（樣）	
1855	栗		［慄］
1856	贾	（賈）	
1859	翅		［翄］
1861	唇		［脣］
1865	砾	（礫）	
1866	础	（礎）	
1874	顾	（顧）	
1875	轿	（轎）	
1876	较	（較）	
1877	顿	（頓）	
1878	毙	（斃）	［獘］
1879	致	～ （緻）	
1881	桌		［槕］
1882	虑	（慮）	
1883	监	（監）	
1884	紧	（緊）	［繄］
1885	党	～ （黨）	

规范字		繁体字	异体字
1887	晒	（曬）	
1889	晓	（曉）	
1891	唠	（嘮）	
1892	鸭	（鴨）	
1893	晃		［提］
1897	晕	（暈）	
1901	蚊		［螡蟁］
1909	恩		［㤙］
1910	莺	（鶯）	
1918	罢	（罷）	
1919	峭		［陗］
1920	峨		［峩］
1921	峰		［峯］
1922	圆	（圓）	
1924	贼	（賊）	
1925	贿	（賄）	
1926	赂	（賂）	
1927	赃	（臟）	
1928	钱	（錢）	
1929	钳	（鉗）	
1930	钻	（鑽）	［鑚］
1931	钾	（鉀）	
1932	铁	（鐵）	
1933	铃	（鈴）	

规范字		繁体字	异体字
1934	铅	（鉛）	[鈆]
1939	牺	（犧）	
1941	乘		[乗椉]
1942	敌	（敵）	
1945	积	（積）	
1948	称	（稱）	
1949	秘		[祕㊲]
1951	笔	（筆）	
1952	笑		[咲]
1953	笋		[筍]
1954	债	（債）	
1955	借	～（藉㊳）	
1959	倾	（傾）	
1965	赁	（賃）	
1966	俯		[俛頫㊴]
1968	倦		[勌]
1971	射		[躲]
1972	躬		[躳]
1977	殷		[慇]
1978	舰	（艦）	
1979	舱	（艙）	
1983	拿		[拏挐挼]
1984	耸	（聳）	
1987	爱	（愛）	
1990	颁	（頒）	
1991	颂	（頌）	
1994	脆		[脃]
1996	胸		[胷]
1997	胳		[肐]
1998	脏	（臟）	
		（髒）	
1999	脐	（臍）	
2000	胶	（膠）	
2001	脑	（腦）	
2002	脓	（膿）	
2004	狸		[貍]
2008	鸵	（鴕）	
2009	留		[畄畱㽞]
2010	鸳	（鴛）	

㊲ 祕：可用于姓氏人名。
㊳ 藉：读jí或用于慰藉、衬垫义时不简化作"借"，如"狼藉（jí）""枕藉（jiè）"。
㊴ 頫：可用于姓氏人名，但须类推简化作"頫"（参见本表序号7399），如"赵孟頫"。

规范字		繁体字	异体字
2011	皱	（皺）	
2012	饿	（餓）	
2013	馁	（餒）	
2015	凄		［淒悽］
2016	恋	（戀）	
2017	桨	（槳）	
2018	浆	（漿）	
2023	席		［蓆］
2024	准	～ （準）	
2026	症	～ （癥）	
2029	斋	（齋）	［亝］
2034	效		［効俲］
2035	离	（離）	
2039	资	（資）	［貲］[40]
2040	凉		［涼］
2043	竞	（競）	
2048	阅	（閱）	
2051	瓶		［缾］
2059	烦	（煩）	
2060	烧	（燒）	
2061	烛	（燭）	

规范字		繁体字	异体字
2062	烟		［菸煙］
2064	递	（遞）	
2065	涛	（濤）	
2066	浙		［淛］
2067	涝	（澇）	
2072	涡	（渦）	
2075	涂	～ （塗）	
2079	涤	（滌）	
2081	润	（潤）	
2082	涧	（澗）	
2086	涨	（漲）	
2087	烫	（燙）	
2088	涩	（澀）	［澁濇］
2089	涌		［湧］
2090	悖		［誖］
2093	悍		［猂］
2095	悯	（憫）	
2098	宽	（寬）	
2099	家	～ （傢）	
2101	宴		［醼讌］
2102	宾	（賓）	

[40] 貲：可用于姓氏人名和表示计量义，但须类推简化作"赀"（参见本表序号6981）。

规范字	繁体字	异体字
2103 窍	（竅）	
2108 请	（請）	
2110 诸	（諸）	
2111 诺	（諾）	
2112 读	（讀）	
2114 诽	（誹）	
2115 袜	（襪）	［韈韤］
2120 课	（課）	
2121 冥		［冥冥］
2122 谁	（誰）	
2123 调	（調）	
2124 冤		［寃寃］
2125 谅	（諒）	
2126 谆	（諄）	
2127 谈	（談）	
2128 谊	（誼）	
2130 恳	（懇）	
2132 剧	（劇）	
2144 娘		［孃］
2147 难	（難）	
2148 预	（預）	
2149 桑		［桒］
2150 绢	（絹）	
2151 绣	（綉）	［繡］

规范字	繁体字	异体字
2152 验	（驗）	［騐］
2153 继	（繼）	
2154 骏	（駿）	
2155 球		［毬］
2156 琐	（瑣）	［璅］
2158 琉		［瑠瑠］
2159 琅		［瑯］
2167 捷		［倢］
2171 捶		［搥］
2180 掏		［搯］
2186 掷	（擲）	
2189 据	～ （據）	［擄］
2191 掺	（摻）	
2192 职	（職）	
2199 菱		［蓤］
2204 萝	（蘿）	
2213 萤	（螢）	
2214 营	（營）	
2216 萧	（蕭）	
2217 萨	（薩）	
2221 梦	（夢）	
2222 婪		［惏］
2226 梅		［楳槑］

规范字		繁体字	异体字
2227	检	（檢）	
2232	救		［捄］
2236	酝	（醞）	
2238	厢		［廂］
2239	戚		［慼慽］
2241	硕	（碩）	
2245	聋	（聾）	
2246	袭	（襲）	
2250	辅	（輔）	
2251	辆	（輛）	
2252	颅	（顱）	
2262	眽		［䀹］
2264	悬	（懸）	
2265	野		［埜壄］
2276	跃	（躍）	
2277	略		［畧］
2280	蛇		［虵］
2282	累	～	
		（纍）	
2286	啰	（囉）	
2291	啸	（嘯）	
2294	崭	（嶄）	［嶃］
2295	逻	（邏）	

规范字		繁体字	异体字
2301	婴	（嬰）	
2303	铐	（銬）	
2304	铛	（鐺）	
2305	铝	（鋁）	
2306	铜	（銅）	
2307	铭	（銘）	
2308	铲	（鏟）	［剷］
2309	银	（銀）	
2310	矫	（矯）	
2312	秸		［稭］
2313	梨		［棃］
2314	犁		［犂］
2315	秽	（穢）	
2316	移		［迻］
2318	笼	（籠）	
2327	偿	（償）	
2330	偷		［媮］
2335	躯	（軀）	
2336	兜		［兠］
2337	假		［叚[41]］
2338	衅	（釁）	
2342	衔	（銜）	［啣衘］
2343	盘	（盤）	

---

[41] 叚：可用于姓氏人名，读xiá。读jiǎ时用"假"。

规范字		繁体字	异体字
2345	船		[舩]
2349	鸽	(鴿)	
2350	敛	(斂)	[歛]
2352	欲		[慾]
2353	彩		[綵]
2354	领	(領)	
2355	脚		[腳]
2356	脖		[頸]
2359	脸	(臉)	
2362	够		[夠]
2365	猪		[豬]
2366	猎	(獵)	
2367	猫		[貓]
2372	馅	(餡)	
2373	馆	(館)	[舘]
2374	凑		[湊]
2375	减		[減]
2378	庶		[庻]
2379	麻		[蔴]
2380	庵		[菴]
2382	痒	(癢)	
2393	旋	～ (鏇)	
2394	望		[朢]

规范字		繁体字	异体字
2396	阁	(閣)	
2397	闸	(閘)	
2400	盖	(蓋)	
2401	眷		[睠]
2403	粗		[觕麤]
2405	断	(斷)	
2407	兽	(獸)	
2408	焊		[釬銲]
2412	鸿	(鴻)	
2413	淋		[痳]
2417	渐	(漸)	
2422	淆		[殽]
2423	渊	(淵)	
2424	淫		[婬滛]
2425	渔	(漁)	
2427	淳		[湻]
2431	淀	～ (澱)	
2432	深		[滨]
2436	梁		[樑]
2437	渗	(滲)	
2440	惭	(慚)	[慙]
2442	惧	(懼)	
2445	惊	(驚)	

规范字		繁体字	异体字
2447	悴		[顇]
2449	惨	(慘)	
2450	惯	(慣)	
2451	寇		[冦寇]
2455	宿		[宿]
2457	窑		[窰窯]
2459	谋	(謀)	
2460	谍	(諜)	
2461	谎	(謊)	
2462	谐	(諧)	
2464	祷	(禱)	
2465	祸	(禍)	[旤]
2466	谓	(謂)	
2467	谚	(諺)	
2468	谜	(謎)	
2473	弹	(彈)	
2475	堕	(墮)	
2476	随	(隨)	
2480	隐	(隱)	
2482	婶	(嬸)	
2484	颇	(頗)	
2485	颈	(頸)	

规范字		繁体字	异体字
2486	绩	(績)	[勣㊷]
2487	绪	(緒)	
2488	续	(續)	
2489	骑	(騎)	
2490	绰	(綽)	
2491	绳	(繩)	
2492	维	(維)	
2493	绵	(綿)	[緜]
2494	绷	(繃)	[繃]
2495	绸	(綢)	[紬]
2496	综	(綜)	
2497	绽	(綻)	
2498	绿	(綠)	[菉㊸]
2499	缀	(綴)	
2501	琴		[琹]
2504	琼	(瓊)	
2508	款		[欵]
2510	塔		[墖]
2515	趁		[趂]
2516	趋	(趨)	
2518	揽	(攬)	
2519	堤		[隄]

㊷ 勣：可用于姓氏人名，但须类推简化作"勣"（参见本表序号6932）。

㊸ 菉：可用于姓氏人名、地名。

规范字		繁体字	异体字
2521	博		[愽]
2526	插		[挿]
2527	揪		[揫]
2528	搜		[蒐⁴⁴]
2529	煮		[煑]
2531	搀	（攙）	
2533	搁	（擱）	
2535	搂	（摟）	
2536	搅	（攪）	
2542	期		[朞]
2544	联	（聯）	
2546	散		[㪔]
2548	葬		[塟葵]
2554	葱		[蔥]
2555	蒋	（蔣）	
2556	蒂		[蔕]
2558	韩	（韓）	
2563	棱		[稜]
2564	棋		[碁棊]
2576	棕		[椶]
2579	椭	（橢）	
2582	逼		[偪]
2587	厨		[廚厨]

规范字		繁体字	异体字
2588	厦		[廈]
2591	确	（確）	
2593	雁		[鴈]
2597	颊	（頰）	
2598	雳	（靂）	
2599	暂	（暫）	[蹔]
2601	翘	（翹）	
2602	辈	（輩）	
2605	凿	（鑿）	
2606	辉	（輝）	[煇]
2609	赏	（賞）	
2612	睐	（睞）	
2614	最		[冣㝡]
2615	晰		[晳]
2618	喷	（噴）	
2627	畴	（疇）	
2628	践	（踐）	
2633	遗	（遺）	
2634	蛙		[䵷]
2640	鹃	（鵑）	
2641	喂		[餧餵]
2645	啼		[嗁]
2646	喧		[諠]

⁴⁴ 蒐：用于表示草名和春天打猎。其他意义用"搜"。

规范字	繁体字	异体字
2649 帽		[帽]
2650 赋	(賦)	
2651 赌	(賭)	
2652 赎	(贖)	
2653 赐	(賜)	
2654 赔	(賠)	
2656 铸	(鑄)	
2657 铺	(鋪)	[舖]
2658 链	(鏈)	
2659 销	(銷)	
2660 锁	(鎖)	[鏁]
2661 锄	(鋤)	[鉏耡]
2662 锅	(鍋)	
2663 锈	(銹)	[鏽]
2664 锋	(鋒)	
2665 锌	(鋅)	
2666 锐	(鋭)	
2674 鹅	(鵝)	[鵞䳘]
2675 剩		[賸]
2682 筑	～ (築)	
2683 策		[筴筞]
2684 筛	(篩)	

规范字	繁体字	异体字
2685 筒		[筩]
2686 筏		[栰]
2697 储	(儲)	
2698 皓		[暠皜]
2703 惩	(懲)	
2704 御	～ (禦)	
2708 逾		[踰]
2710 释	(釋)	
2712 腊	(臘)	[臈]
2717 鲁	(魯)	
2719 猬		[蝟]
2722 愆	(憊)	
2724 馈	(饋)	[餽]
2725 馋	(饞)	
2726 装	(裝)	
2727 蛮	(蠻)	
2729 敦		[敺]
2737 阔	(闊)	[濶]
2742 粪	(糞)	
2748 焰		[燄]
2750 滞	(滯)	
2755 渺		[淼⑮淼]

⑮ 淼：可用于姓氏人名、地名。

规范字		繁体字	异体字
2756	湿	（濕）	［溼］
2759	溃	（潰）	
2760	溅	（濺）	
2764	湾	（灣）	
2766	游		［遊］
2770	愤	（憤）	
2776	愧		［媿］
2778	慨		［嘅］
2782	寓		［庽］
2783	窜	（竄）	
2784	窝	（窩）	
2786	窗		［窓窻牕牎窻］
2788	遍		［徧］
2789	雇		［僱］
2791	裤	（褲）	［袴］
2792	裙		［帬裠］
2793	禅	（禪）	
2795	谢	（謝）	
2796	谣	（謠）	
2797	谤	（謗）	
2798	谦	（謙）	
2800	属	（屬）	
2801	屡	（屢）	

规范字		繁体字	异体字
2802	强		［強彊］
2804	疏		［疎］
2812	婿		［壻］
2814	缅	（緬）	
2815	缆	（纜）	
2816	缉	（緝）	
2817	缎	（緞）	
2818	缓	（緩）	
2819	缔	（締）	
2820	缕	（縷）	
2821	骗	（騙）	
2822	编	（編）	
2823	骚	（騷）	
2824	缘	（緣）	
2826	鹉	（鵡）	
2828	瑰		［瓌］
2830	魂		［䰟］
2832	摄	（攝）	
2837	鼓		［皷］
2838	摆	（擺）	
		（襬）	
2839	携		［攜擕㩦攜］
2844	摊	（攤）	

规范字	繁体字	异体字		规范字	繁体字	异体字
2848	勤		[懃]	2889	辑	（輯）	
2849	靴		[鞾]	2890	输	（輸）	
2851	鹊	（鵲）		2892	频	（頻）	
2852	蓝	（藍）		2893	龄	（齡）	
2854	幕		[幙]	2894	鉴	（鑒）	[鍳鑑]
2859	蒙	～		2896	睹		[覩]
		（濛）		2901	睬		[保]
		（懞）		2906	暖		[㬉煖煗]
		（矇）		2909	暗		[晻闇]
2861	献	（獻）		2911	照		[炤]
2866	榄	（欖）		2914	跷	（蹺）	[蹻]
2870	楼	（樓）		2916	跺		[跥]
2871	概		[槩]	2923	蜗	（蝸）	
2872	赖	（賴）	[頼]	2925	蜂		[蠭䗬]
2874	酬		[酧詶醻]	2931	置		[寘]
2876	碍	（礙）		2932	罪		[辠]
2880	碰		[掽踫]	2936	错	（錯）	
2881	碗		[盌盋椀㊻]	2937	锚	（錨）	
2882	碌		[硠]	2938	锡	（錫）	
2883	尴	（尷）		2939	锣	（鑼）	
2886	雾	（霧）		2940	锤	（錘）	[鎚]
2888	辐	（輻）		2941	锥	（錐）	
				2942	锦	（錦）	

㊻ 椀：用于科学技术术语，如"橡椀"。其他意义用"碗"。

规范字		繁体字	异体字
2943	键	（鍵）	
2944	锯	（鋸）	
2945	锰	（錳）	
2947	辞	（辭）	［辝］
2948	稚		［稺穉］
2950	颓	（頹）	［穨］
2952	筹	（籌）	
2953	签	（簽）	
		（籤）	
2954	简	（簡）	
2956	毁		［燬譭］
2966	愈		［瘉癒］
2968	腻	（膩）	
2971	腮		［顋］
2974	鹏	（鵬）	
2975	腾	（騰）	
2976	腿		［骽］
2977	鲍	（鮑）	
2978	猿		［猨蝯］
2979	颖	（穎）	［頴］
2980	触	（觸）	
2983	雏	（雛）	
2984	馍	（饃）	［饝］

规范字		繁体字	异体字
2985	馏	（餾）	
2986	酱	（醬）	
2987	禀		［稟］
2988	痹		［痺］
2990	痴		［癡］
2992	廉		［亷磏］
2995	韵		［韻］
2997	誊	（謄）	
2998	粮	（糧）	
2999	数	（數）	
3005	满	（滿）	
3009	滤	（濾）	
3010	滥	（濫）	
3012	溪		［谿㊼］
3014	漓	～	
		（灕）	
3017	溯		［泝遡］
3018	滨	（濱）	
3022	滩	（灘）	
3023	慎		［昚］
3024	誉	（譽）	
3027	窥	（窺）	［闚］
3029	寝	（寢）	［寑］

㊼ 谿：可用于姓氏人名。

规范字	繁体字	异体字
3030 谨	（謹）	
3032 裸		［躶赢］
3034 谬	（謬）	
3035 群		［羣］
3037 辟	～ （闢）	
3043 叠		［疊疊疊］
3044 缚	（縛）	
3045 缝	（縫）	
3046 缠	（纏）	
3047 缤	（繽）	
3048 剿		［勦剿］
3051 璃		［瓈瓈］
3052 赘	（贅）	
3054 墙	（墻）	［牆］
3070 蒇	～ （蕆）	
3074 蔼	（藹）	
3075 熙		［熈熙］
3079 槛	（檻）	
3081 榜		［牓］
3082 榨		［搾］
3084 歌		［謌］

规范字	繁体字	异体字
3088 酿	（釀）	
3091 碱		［堿鹼鹻］
3094 愿	（願）	
3096 辖	（轄）	
3097 辗	（輾）	
3100 颗	（顆）	
3101 瞅		［䩄瞅］
3103 嗽		［嗽］
3104 踊	（踴）	
3106 蜡	（蠟）	
3107 蝇	（蠅）	
3109 蝉	（蟬）	
3112 赚	（賺）	
3113 锹	（鍬）	［鏊］
3114 锻	（鍛）	
3115 镀	（鍍）	
3118 稳	（穩）	
3119 熏		［燻］
3122 箩	（籮）	
3123 管		［筦］㊽
3124 箫	（簫）	
3125 舆	（輿）	
3134 膀		［髈］

㊽ 筦：可用于姓氏人名。

规范字	繁体字	异体字
3135 鲜	（鮮）	［尠尟鱻］
3138 馒	（饅）	
3145 瘩		［瘖］
3148 辣		［辢］
3152 旗		［旂］
3156 弊		［獘］
3160 潇	（瀟）	
3162 漱		［潄］
3171 寨		［砦］
3172 赛	（賽）	
3174 察		［詧］
3177 谭	（譚）	
3181 谱	（譜）	
3183 嫩		［嫰］
3186 凳		［櫈］
3187 骡	（騾）	［羸］
3188 缩	（縮）	
3190 撵	（攆）	
3196 撑		［撐］
3201 墩		［墪］
3205 撰		［譔］
3206 聪	（聰）	
3207 鞋		［鞵］
3208 鞍		［鞌］

规范字	繁体字	异体字
3210 蕊		［蕋橤蘂］
3212 蕴	（蘊）	
3215 樱	（櫻）	
3221 飘	（飄）	［飃］
3223 醇		［醕］
3231 霉	（黴）	
3232 瞒	（瞞）	
3233 题	（題）	
3236 嘻		［譆］
3243 踩		［跴］
3244 踪		［蹤］
3245 蝶		［蜨］
3248 蝎		［蠍］
3253 嘱	（囑）	
3256 镇	（鎮）	
3257 镐	（鎬）	
3258 镑	（鎊）	
3263 稿		［稾］
3266 篓	（簍）	
3269 僵		［殭］
3272 德		［悳］
3274 膝		［厀］
3276 鲤	（鯉）	
3277 鲫	（鯽）	

规范字	繁体字	异体字
3280 褒		[襃]
3281 瘘	(瘻)	[瘺]
3282 瘤		[癅]
3283 瘫	(癱)	
3285 颜	(顏)	
3287 糊		[粘餬]
3290 潜		[潛]
3294 鲨	(鯊)	
3298 澜	(瀾)	
3299 澄		[澂⑭]
3301 憔		[顦顇]
3304 额	(額)	[頟]
3307 谴	(譴)	
3308 鹤	(鶴)	
3314 缭	(繚)	
3317 操		[捺捙]
3319 燕		[鷰]
3321 薯		[藷]
3327 颠	(顛)	
3330 橱		[櫥]
3334 融		[螎]
3339 辙	(轍)	
3344 蹄		[蹏]

规范字	繁体字	异体字
3346 螟		[蟇]
3349 噪		[譟]
3350 鹦	(鸚)	
3351 赠	(贈)	
3354 镜	(鏡)	
3355 赞	(贊)	[賛讚]
3357 篮	(籃)	
3358 篡		[簒]
3360 篱	～(籬)	
3365 雕		[彫琱鵰]
3366 鲸	(鯨)	
3368 瘾	(癮)	
3372 辩	(辯)	
3374 糖		[餹]
3375 糕		[餻]
3377 濒	(瀕)	
3380 懒	(懶)	[嬾]
3386 缰	(繮)	[韁]
3387 缴	(繳)	
3395 檐		[簷]
3398 磷		[粦燐]
3405 瞩	(矚)	

⑭ 澂：可用于姓氏人名。

规范字	繁体字	异体字
3414 赡	（贍）	
3419 繁		[緐]
3420 徽		[徽]
3424 鳄	（鰐）	[鱷]
3426 辫	（辮）	
3427 赢	（贏）	
3428 糟		[蹧]
3429 糠		[粇穅]
3433 臀		[臋]
3436 骤	（驟）	
3439 藤		[籐]
3443 嚣	（囂）	
3444 镰	（鐮）	[鎌鐮]
3445 翻		[繙飜]
3446 鳍	（鰭）	
3447 鹰	（鷹）	
3452 孽		[孼]
3461 巅	（巔）	
3464 蟹		[蠏]
3465 颤	（顫）	
3467 癣	（癬）	
3470 鳖	（鱉）	[鼈]
3473 鬓	（鬢）	

规范字	繁体字	异体字
3476 耀		[燿]
3478 蠕		[蝡]
3483 鳞	（鱗）	
3485 糯		[稬穤]
3488 蠢		[惷]
3489 霸		[覇]
3492 躏	（躪）	
3495 赣	（贛）	[贑灨]
3497 镶	（鑲）	
3499 罐		[鑵]
3509 韦	（韋）	
3514 厄		[戹阨]
3522 闩	（閂）	
3523 卟	（訃）	
3532 札		[劄剳]⑤⁰
3534 匝		[帀]
3537 劢	（勱）	
3547 卮		[巵]
3550 刍	（芻）	
3551 邝	（鄺）	
3554 讦	（訐）	
3555 讧	（訌）	
3556 讪	（訕）	

---

⑤⁰ 剳：用于科学技术术语，如中医学中的"目剳"。其他意义用"札"。

规范字		繁体字	异体字	规范字		繁体字	异体字
3557	讫	（訖）		3644	纤	（紆）	
3562	驭	（馭）		3645	纣	（紂）	
3566	玑	（璣）		3646	纥	（紇）	
3574	圹	（壙）		3647	纨	（紈）	
3575	扪	（捫）		3649	玙	（璵）	
3584	芗	（薌）		3650	抟	（摶）	
3585	亘		[亙]	3653	坂		[阪㊼岅]
3586	厍	（厙）		3655	坞	（塢）	[隖]
3597	钇	（釔）		3658	扻	（攼）	
3603	伛	（傴）		3661	芸	～（蕓）	
3607	伥	（倀）		3663	苈	（藶）	
3608	伧	（傖）		3667	苋	（莧）	
3610	仨		[佇竚]	3669	苌	（萇）	
3617	犷	（獷）		3670	苁	（蓯）	
3618	犸	（獁）		3676	苎	（苧）	
3620	凫	（鳧）		3686	矶	（磯）	
3621	邬	（鄔）		3687	㲋	（匎）	[匲匳籢]
3622	饧	（餳）		3690	欤	（歟）	
3630	忏	（懺）		3691	轫	（軔）	[靭]
3631	讴	（謳）		3696	邺	（鄴）	
3632	诅	（詎）		3699	呒	（嘸）	
3634	讷	（訥）		3700	呓	（囈）	
3638	阩		[㚟]				

㊼ 阪：可用于地名，如"大阪"。

规范字		繁体字	异体字
3702	呖	(嚦)	
3704	旸	(暘)	
3707	虬		[蚪]
3708	呗	(唄)	
3712	帏	(幃)	
3715	岘	(峴)	
3717	岚	(嵐)	
3719	囵	(圇)	
3721	钊	(釗)	
3722	钋	(釙)	
3723	钉	(釘)	
3738	佥	(僉)	
3748	鸠	(鳩)	
3749	邹	(鄒)	
3750	饨	(飩)	
3751	饩	(餼)	
3752	饪	(飪)	[餁]
3753	饫	(飫)	
3754	饬	(飭)	
3756	庑	(廡)	
3759	疖	(癤)	
3761	闱	(闈)	
3762	闵	(閔)	
3763	闷	(悶)	

规范字		繁体字	异体字
3764	羌		[羗羌]
3765	炀	(煬)	
3766	沣	(灃)	
3769	沤	(漚)	
3777	沨	(渢)	
3781	沩	(潙)	
3783	怃	(憮)	
3784	怄	(慪)	
3786	忤		[啎]
3787	忾	(愾)	
3788	怅	(悵)	
3791	怆	(愴)	
3794	诘	(詰)	
3795	诃	(訶)	
3796	诅	(詛)	
3797	诋	(詆)	
3798	诎	(詘)	
3799	诏	(詔)	
3800	诒	(詒)	
3802	陇	(隴)	
3805	陉	(陘)	
3807	妩	(嫵)	
3808	妪	(嫗)	
3810	妊		[姙]

规范字		繁体字	异体字
3812	妫	（媯）	
3818	刭	（剄）	
3821	纭	（紜）	
3822	纰	（紕）	
3823	纴	（紝）	
3824	纶	（綸）	
3825	纾	（紓）	
3826	玮	（瑋）	
3835	瓯	（甌）	
3841	垆	（壚）	
3848	抦	（攦）	
3852	坳		［岰］
3857	茏	（蘢）	
3868	茑	（蔦）	
3870	茔	（塋）	
3871	茕	（煢）	
3874	枥	（櫪）	
3878	枧	（梘）	
3880	枨	（棖）	
3881	枞	（樅）	
3887	砀	（碭）	
3890	瓯	（甌）	
3892	郏	（郟）	
3893	轭	（軛）	

规范字		繁体字	异体字
3895	鸢	（鳶）	
3898	昙	（曇）	
3910	虮	（蟣）	
3913	鼋	（黿）	
3918	咛	（嚀）	
3922	咝	（噝）	
3924	岿	（巋）	
3927	帙		［袠袟］
3930	剀	（剴）	
3931	迥		［逈］
3933	剀	（剴）	
3935	峄	（嶧）	
3938	罔		［冈］
3939	钍	（釷）	
3940	钎	（釺）	
3941	钏	（釧）	
3942	钒	（釩）	
3943	钐	（釤）	
3944	钗	（釵）	
3947	牦		［犛氂］
3958	侃		［偘］
3960	侩	（儈）	
3963	侪	（儕）	
3966	侬	（儂）	

规范字	繁体字	异体字
3971 刽	（劊）	
3973 悫	（慤）	
3974 籴	（糴）	
3975 瓮		［甕罋］
3976 饯	（餞）	
3978 脶	（腡）	
3983 迩	（邇）	
3991 枭	（梟）	
3992 饯	（餞）	
3993 饴	（飴）	
3997 疠	（癘）	
3999 疡	（瘍）	
4003 炜	（煒）	
4004 煴	（熅）	
4007 炝	（熗）	
4011 泷	（瀧）	
4012 泸	（瀘）	
4017 泺	（濼）	
4022 泯		［冺］
4024 泾	（涇）	
4031 怊	（惆）	
4034 怿	（懌）	
4038 诓	（誆）	
4039 诔	（誄）	

规范字	繁体字	异体字
4040 诖	（註）	
4041 诘	（詰）	
4043 诙	（詼）	
4045 郓	（鄆）	
4048 袆	（褘）	
4051 诛	（誅）	
4052 诜	（詵）	
4053 诟	（詬）	
4054 诠	（詮）	
4055 诣	（詣）	
4056 净	（凈）	
4057 诧	（詫）	
4058 诨	（諢）	
4059 诩	（詡）	
4066 姗		［姍］
4070 驽	（駑）	
4071 虱		［蝨］
4074 绀	（紺）	
4075 继	（繼）	［継］
4076 绂	（紱）	
4077 驸	（駙）	
4078 驸	（駙）	
4079 绉	（縐）	
4080 绌	（絀）	

规范字	繁体字	异体字		规范字	繁体字	异体字
4081	驿	（驛）		4135	荪	（蓀）
4082	骀	（駘）		4137	荬	（蕒）
4085	珐		[琺]	4138	荮	（葤）
4087	珑	（瓏）		4140	栉	（櫛）
4088	玳		[瑇]	4143	栊	（櫳）
4090	顸	（頇）		4146	栌	（櫨）
4094	垭	（埡）		4153	栀		[梔]
4095	挝	（撾）		4155	栎	（櫟）
4097	挞	（撻）		4160	栓	（樫）
4100	赳	（赳）		4163	郦	（酈）
4101	垲	（塏）		4165	砗	（硨）
4106	挦	（撏）		4168	砍		[斲斵斸]
4109	荚	（莢）		4170	砜	（碸）
4111	贳	（貰）		4175	殇	（殤）
4112	荜	（蓽）		4178	轱	（軲）
4118	荞	（蕎）	[荍]	4179	轲	（軻）
4123	荟	（薈）		4180	轳	（轤）
4126	荠	（薺）		4181	轵	（軹）
4129	垩	（堊）		4182	轸	（軫）
4130	荥	（滎）		4183	虿	（蠆）
4131	荦	（犖）		4185	觇	（覘）
4132	荨	（蕁）		4189	眍	（瞘）
4133	荩	（藎）		4192	眇		[䏚]
4134	剋		[尅]	4201	昵		[暱]

规范字		繁体字	异体字
4203	哓	(嘵)	
4204	哔	(嗶)	
4206	毗		[毘]
4212	虼		[蚃]
4215	哕	(噦)	
4216	剐	(剮)	
4217	郧	(鄖)	
4220	咿		[吚]
4222	哙	(噲)	
4225	咩		[哔哔]
4226	咤		[吒㊂]
4227	哝	(噥)	
4231	峣	(嶢)	
4233	帧	(幀)	
4234	峒		[峝]
4235	峤	(嶠)	
4238	贶	(貺)	
4239	钚	(鈈)	
4240	钛	(鈦)	
4241	钡	(鋇)	
4242	钣	(鈑)	
4243	钤	(鈐)	
4244	钨	(鎢)	

规范字		繁体字	异体字
4245	钫	(鈁)	
4246	钯	(鈀)	
4251	秕		[粃]
4255	笃	(篤)	
4256	俦	(儔)	
4257	俨	(儼)	
4259	俪	(儷)	
4267	俟		[竢]
4269	徇		[狥]
4279	胨	(腖)	
4280	胪	(臚)	
4288	胫	(脛)	[踁]
4289	鸧	(鶬)	
4292	狯	(獪)	
4293	飑	(颮)	
4295	狲	(猻)	
4299	饷	(餉)	[饟]
4300	饸	(餄)	
4301	饹	(餎)	
4303	挛	(攣)	
4304	娈	(孌)	
4308	疬	(癧)	
4311	疯	(瘋)	

㊂ 咤：可用于姓氏人名，读zhā，如"哪吒"。读zhà时用"咤"。

规范字	繁体字	异体字
4315	飒	（颯）	[颭]
4316	闵	（閔）	
4317	闰	（閏）	
4318	闱	（闈）	
4319	阂	（閡）	
4322	籼		[秈]
4326	炽	（熾）	
4327	炯		[烱]
4330	烃	（烴）	
4335	浃	（浹）	
4339	涎		[次]
4342	浍	（澮）	
4345	浒	（滸）	
4346	浔	（潯）	
4347	泺	（濼）	
4349	恸	（慟）	
4351	恹	（懨）	
4353	恺	（愷）	
4354	恻	（惻）	
4357	恽	（惲）	
4361	袆		[褘]
4368	诮	（誚）	
4370	祢	（禰）	
4371	诰	（誥）	

规范字	繁体字	异体字
4372	诳	（誑）	
4373	鸩	（鴆）	[酖]
4382	娅	（婭）	
4384	娆	（嬈）	
4389	怼	（懟）	
4393	绔	（絝）	
4394	骁	（驍）	
4395	骅	（驊）	
4396	绗	（絎）	
4397	绛	（絳）	
4398	骈	（駢）	
4403	顼	（頊）	
4404	珰	（璫）	
4410	珲	（琿）	
4415	埘	（塒）	
4416	埙	（塤）	[壎]
4417	埚	（堝）	
4423	贽	（贄）	
4426	盉		[盃]
4429	莳	（蒔）	
4430	苪	（萬）	
4435	茳		[㳿]
4439	莸	（蕕）	
4445	鸪	（鴣）	

规范字	繁体字	异体字
4446 莼	(蒓)	[蓴]
4451 桡	(橈)	
4453 桢	(楨)	
4454 档	(檔)	
4459 桧	(檜)	
4470 逦	(邐)	
4475 砺	(礪)	
4476 砧		[碪]
4483 砻	(礱)	
4484 轼	(軾)	
4485 轾	(輊)	
4486 辂	(輅)	
4487 鸹	(鴰)	
4488 鼍	(薹)	
4489 龀	(齔)	
4490 鸸	(鸸)	
4493 眬	(矓)	
4494 唛	(嘜)	
4503 鸮	(鴞)	
4511 蚬	(蜆)	
4512 蚝		[蠔]
4514 唢	(嗩)	
4516 唛		[啍]
4520 崂	(嶗)	

规范字	繁体字	异体字
4521 崃	(崍)	
4525 觊	(覬)	
4526 赈	(賑)	
4527 钰	(鈺)	
4528 钲	(鉦)	
4529 钴	(鈷)	
4530 钵	(鉢)	[盋缽]
4531 钹	(鈸)	
4532 钺	(鉞)	
4533 钽	(鉭)	
4534 钼	(鉬)	
4535 钿	(鈿)	
4536 铀	(鈾)	
4537 铂	(鉑)	
4538 铄	(鑠)	
4539 铆	(鉚)	
4540 铈	(鈰)	
4541 铉	(鉉)	
4542 铊	(鉈)	
4543 铋	(鉍)	
4544 铌	(鈮)	
4545 铍	(鈹)	
4546 铎	(鐸)	
4547 铎	(鐸)	

规范字		繁体字	异体字
4548	氩	(氬)	
4557	筼	(篔)	
4568	倏		[倐儵]
4575	隽		[雋]
4579	皋		[皐臯]
4582	蚰		[蚴魾]
4583	顸	(頇)	
4584	徕	(徠)	
4592	胭		[臙]
4593	脍	(膾)	
4598	鸱	(鴟)	
4599	玺	(璽)	
4600	鸲	(鴝)	
4601	狷		[獧]
4604	猃	(獫)	
4608	袅	(裊)	[嫋褭嬝]
4609	饽	(餑)	
4611	栾	(欒)	
4612	挛	(攣)	
4615	疴		[痾]
4618	痈	(癰)	
4619	疱		[皰]
4621	痉	(痙)	

规范字		繁体字	异体字
4624	顽	(頑)	
4629	阃	(閫)	
4630	阄	(鬮)	
4631	訚	(誾)	
4632	阆	(閬)	
4636	郸	(鄲)	
4638	烨	(燁)	[爗]
4639	烩	(燴)	
4643	烬	(燼)	
4646	涞	(淶)	
4647	涟	(漣)	
4649	涅		[湼]
4650	涠	(潿)	
4657	浣		[澣]
4658	浚		[濬]
4660	悭	(慳)	
4668	谞	(諝)	
4669	冢		[塚]
4670	诼	(諑)	
4671	袒		[襢]
4673	祯	(禎)	
4674	诿	(諉)	
4675	谀	(諛)	
4676	谂	(諗)	

规范字	繁体字	异体字
4677 谄	（諂）	[諂]
4678 谇	（誶）	
4691 娲	（媧）	
4693 娴	（嫻）	[嫺]
4696 婀		[娿]
4699 绠	（綆）	
4700 骊	（驪）	
4701 绡	（綃）	
4702 骋	（騁）	
4703 绥	（綏）	
4704 绦	（絛）	[條縧]
4705 绨	（綈）	
4706 骎	（駸）	
4708 鸶	（鷥）	
4711 焘	（燾）	
4713 琏	（璉）	
4715 麸	（麩）	[粰䴰]
4720 掳	（擄）	
4721 掴	（摑）	
4732 鹙	（鶖）	
4737 掸	（撣）	
4740 悫	（愨）	
4744 掼	（摜）	
4767 萦	（縈）	

规范字	繁体字	异体字
4771 椗	（椗）	
4773 觋	（覡）	
4779 椟	（櫝）	
4780 啬	（嗇）	
4782 匮	（匱）	
4783 敕		[勅勑]
4788 戛		[戞]
4792 硖	（硤）	
4793 硗	（磽）	
4797 鹕	（鶘）	
4800 厩		[廄廐]
4801 龚	（龔）	
4802 殒	（殞）	
4803 殓	（殮）	
4805 赉	（賚）	
4807 辄	（輒）	[輙]
4808 堑	（塹）	
4810 眦		[眥]
4811 啧	（嘖）	
4814 眺		[覜]
4821 勖		[勗]
4826 啭	（囀）	
4829 啮	（嚙）	[齧囓]
4830 跄	（蹌）	

规范字		繁体字	异体字
4833	蛎	（蠣）	
4836	蛊	（蠱）	
4840	蛏	（蟶）	
4848	唉		［啖噉］
4855	帻	（幘）	
4858	帼	（幗）	
4862	赇	（賕）	
4863	赈	（賑）	
4864	赊	（賒）	
4865	铑	（銠）	
4866	铒	（鉺）	
4867	铗	（鋏）	
4868	铙	（鐃）	
4869	铟	（銦）	
4870	铠	（鎧）	
4871	铡	（鍘）	
4872	铢	（銖）	
4873	铣	（銑）	
4874	铤	（鋌）	
4875	铧	（鏵）	
4876	铨	（銓）	
4877	铩	（鎩）	
4878	铪	（鉿）	
4879	铫	（銚）	

规范字		繁体字	异体字
4880	铬	（鉻）	
4881	铮	（錚）	
4882	铯	（銫）	
4883	铰	（鉸）	
4884	铱	（銥）	
4885	铳	（銃）	
4886	铵	（銨）	
4887	铷	（銣）	
4890	鸹	（鴰）	
4891	秾	（穠）	
4893	笺	（箋）	［牋椾］
4902	筜	（簹）	
4904	债	（債）	
4909	偬		［傯］
4910	偻	（僂）	
4911	皑	（皚）	
4913	鸻	（鴴）	
4916	舻	（艫）	
4919	龛	（龕）	
4926	猡	（玀）	
4930	猕	（獼）	
4932	馃	（餜）	
4933	馄	（餛）	
4934	鸾	（鸞）	

规范字		繁体字	异体字
4945	阁	(閤)	
4946	阃	(閫)	
4947	阉	(閹)	
4948	阊	(閶)	
4949	阋	(鬩)	
4950	阎	(閻)	
4951	阚	(闞)	
4952	羟	(羥)	
4953	粝	(糲)	
4960	焖	(燜)	
4963	渍	(漬)	
4968	渎	(瀆)	
4971	掺		[抄]
4974	渑	(澠)	
4983	悭	(慳)	[悥]
4991	惇		[憞]
4992	惮	(憚)	
4994	谌	(諶)	
4995	谏	(諫)	
4997	靰	(靷)	
4998	谑	(謔)	
4999	裆	(襠)	
5002	谒	(謁)	
5003	谓	(謂)	

规范字		繁体字	异体字
5004	谕	(諭)	
5005	谖	(諼)	
5006	谗	(讒)	
5007	谙	(諳)	
5008	谛	(諦)	
5009	谝	(諞)	
5013	粜	(糶)	
5021	婵	(嬋)	
5025	惠		[恵憓]
5027	绫	(綾)	
5028	骐	(騏)	
5029	绮	(綺)	
5030	绯	(緋)	
5031	绹	(綯)	
5032	骒	(騍)	
5033	绲	(緄)	
5034	骓	(騅)	
5035	绶	(綬)	
5036	绺	(綹)	
5037	绻	(綣)	
5038	绾	(綰)	
5039	骖	(驂)	
5040	缁	(緇)	
5050	靓	(靚)	

规范字	繁体字	异体字
5057 荤	（葷）	
5058 鼋	（黿）	
5064 堙		[陻]
5067 颉	（頡）	
5069 揿	（撳）	[搇]
5073 蛰	（蟄）	
5074 塆	（壪）	
5086 萼		[蕚]
5090 蒌	（蔞）	
5091 萱		[蕿蘐藼蕙]
5096 楗	（楗）	
5097 棹		[櫂]
5098 椤	（欏）	
5099 棰		[箠]
5100 赍	（賫）	[賷齎]
5102 椁		[槨]
5106 鹁	（鵓）	
5111 鹋	（鶓）	
5113 殚	（殫）	
5117 辊	（輥）	
5118 辋	（輞）	
5119 椠	（槧）	
5120 辍	（輟）	

规范字	繁体字	异体字
5121 辎	（輜）	
5124 睑	（瞼）	
5128 喋		[啑]
5135 跖		[蹠]
5137 跞	（躒）	
5142 蛱	（蛺）	
5143 蛲	（蟯）	
5145 蛳	（螄）	
5147 蛔		[蚘痐蛕蜖]
5149 蛴	（蠐）	
5156 喑		[瘖]
5158 喽	（嘍）	
5163 嵘	（嶸）	
5173 嵝	（嶁）	
5177 赕	（賧）	
5178 铻	（鋙）	
5179 铼	（錸）	
5180 铿	（鏗）	
5181 锃	（鋥）	
5182 锂	（鋰）	
5183 锆	（鋯）	
5184 锇	（鋨）	
5185 锉	（銼）	[剉]

规范字		繁体字	异体字
5186	锏	（鐧）	
5187	锑	（銻）	
5188	锒	（鋃）	
5189	锔	（鋦）	
5190	锕	（錒）	
5196	犊	（犢）	
5199	鹄	（鵠）	
5205	筚	（篳）	
5211	牍	（牘）	
5212	傥	（儻）	
5213	傧	（儐）	
5215	傩	（儺）	
5216	遁		［遯］
5218	嫂	（嫂）	
5221	颌	（頜）	
5224	鸽	（鴿）	
5228	腌		［醃］
5235	鱿	（魷）	
5236	鲀	（魨）	
5237	鲂	（魴）	
5238	颖	（穎）	
5242	飓	（颶）	［颶］
5243	觞	（觴）	
5246	颍	（潁）	

规范字		繁体字	异体字
5247	飧		［飱］
5248	馇	（餷）	
5249	馊	（餿）	
5250	亵	（褻）	
5251	脔	（臠）	
5254	瘆	（瘮）	
5258	痫	（癇）	
5260	赓	（賡）	
5264	颏	（頦）	
5265	鹈	（鵜）	
5266	阑	（闌）	
5267	阒	（闃）	
5268	阕	（闋）	
5276	鹁	（鵓）	
5296	愦	（憒）	
5301	誉	（譽）	
5303	谟	（謨）	［䂮］
5305	裢	（褳）	
5307	裥	（襇）	
5310	谠	（讜）	
5311	幂		［冪］
5312	谡	（謖）	
5313	谥	（謚）	［諡］
5314	谧	（謐）	

规范字		繁体字	异体字	规范字		繁体字	异体字
5319	鹭	（鷺）		5384	蔺	（藺）	
5323	疏	（疎）		5390	銮	（鑾）	
5324	犟	（犟）		5391	颐	（頤）	
5327	鹜	（鶩）		5393	楠		[柟枏]
5328	缂	（緙）		5396	楫		[檝]
5329	缃	（緗）		5402	榈	（櫚）	
5330	缄	（緘）	[械]	5404	榉	（櫸）	
5332	缇	（緹）		5405	楦		[楥]
5333	缈	（緲）		5417	碛	（磧）	
5334	缌	（緦）		5422	碇		[矴椗]
5335	缑	（緱）		5423	碜	（磣）	
5336	缒	（縋）		5424	鹌	（鵪）	
5337	缗	（緡）		5425	辏	（輳）	
5338	飨	（饗）		5426	龃	（齟）	
5339	耢	（耮）		5427	龅	（齙）	
5347	骜	（驁）		5433	跫	（跫）	
5348	韫	（韞）		5442	嗫	（囁）	
5354	摅	（攄）		5453	跶	（躂）	
5362	摈	（擯）		5454	跸	（蹕）	
5364	毂	（轂）		5457	跹	（躚）	
5373	蓦	（驀）		5458	跻	（躋）	
5374	鹋	（鶓）		5468	嗥		[嘷獆]
5380	蓟	（薊）		5470	嗳	（噯）	
5381	蓑		[簑]	5482	锗	（鍺）	

规范字	繁体字	异体字
5483 锛	（錛）	
5484 锜	（錡）	
5485 锝	（鍀）	
5486 锞	（錁）	
5487 锟	（錕）	
5488 锢	（錮）	
5489 锹	（鍬）	
5490 锩	（錈）	
5491 锭	（錠）	
5492 锚	（錨）	
5498 稗		[粺]
5503 筲		[籓]
5509 愆		[諐]
5511 鲵	（鯢）	
5516 颔	（頷）	
5520 腭		[齶]
5522 塍		[堘]
5525 鲅	（鲅）	
5526 鲆	（鮃）	
5527 鲇	（鮎）	
5528 鲈	（鱸）	
5529 稣	（穌）	
5530 鲋	（鮒）	
5531 鲐	（鮐）	

规范字	繁体字	异体字
5533 鸲	（鴝）	
5534 飑	（颮）	
5537 馇	（餷）	
5538 鹑	（鶉）	
5541 痱		[疿]
5546 瘆	（瘮）	
5551 雍		[雝]
5552 阖	（闔）	
5553 阗	（闐）	
5554 阙	（闕）	
5557 粳		[秔杭稉]
5566 滟	（灧）	
5570 滢	（瀅）	
5577 滗	（潷）	
5582 滦	（灤）	
5587 溅	（濺）	
5589 慑	（懾）	
5591 鲎	（鱟）	
5592 骞	（騫）	
5593 寞	（寳）	
5602 谩	（謾）	
5603 谪	（謫）	[讁]
5607 媛	（嬡）	
5608 嫔	（嬪）	

规范字		繁体字	异体字
5610	缙	（縉）	
5611	缜	（縝）	
5612	缛	（縟）	
5613	辔	（轡）	
5614	骝	（騮）	
5615	缟	（縞）	
5616	缡	（縭）	
5617	缢	（縊）	
5618	缣	（縑）	
5619	骟	（騸）	
5625	觏	（覯）	
5628	韬	（韜）	
5629	叆	（靉）	
5635	撄	（攖）	
5644	蔷	（薔）	
5652	蔺	（藺）	
5658	鹕	（鶘）	
5667	槁		［稾］
5668	槟	（檳）	
5669	楮	（櫧）	
5670	榷		［搉榷］
5672	酽	（釅）	
5675	厮		［廝］
5677	碴		［鎈］

规范字		繁体字	异体字
5683	殡	（殯）	
5685	霁	（霽）	
5686	辕	（轅）	
5690	龇	（齜）	
5691	龈	（齦）	
5692	睿		［叡］
5693	瞍	（瞍）	
5699	嘎		［嘎］
5700	暖	（暖）	
5702	踌	（躊）	
5707	蝈	（蟈）	
5713	螂		［蜋］
5717	鹗	（鶚）	
5719	嘤	（嚶）	
5723	罴	（羆）	
5728	赙	（賻）	
5729	罂	（罌）	［甖］
5732	鹘	（鶻）	
5733	锲	（鍥）	
5734	锴	（鍇）	
5735	锶	（鍶）	
5736	锷	（鍔）	
5737	锸	（鍤）	
5738	锹	（鍬）	

规范字		繁体字	异体字
5739	镁	（鎂）	
5740	镂	（鏤）	
5743	簪	（簪）	
5744	箧	（篋）	
5746	箸		［筯］
5747	箬		［篛］
5749	箪	（簞）	
5753	箓	（籙）	
5767	膑	（臏）	
5768	鲑	（鮭）	
5769	鲔	（鮪）	
5770	鲚	（鱭）	
5771	鲛	（鮫）	
5772	鲟	（鱘）	
5773	獐		［麞］
5777	馑	（饉）	
5778	銮	（鑾）	
5783	瘦	（瘦）	
5789	阚	（闞）	
5791	鲞	（鯗）	
5794	粽		［糉］
5795	糁	（糝）	
5797	鹔	（鷫）	［鷞］
5805	潋	（瀲）	

规范字		繁体字	异体字
5812	潍	（濰）	
5818	谱	（譜）	
5821	褟		［褩］
5822	褛	（褸）	
5824	谯	（譙）	
5825	谰	（讕）	
5826	谲	（譎）	
5829	鹛	（鶥）	
5831	嫱	（嬙）	
5840	鹜	（鶩）	
5841	骠	（驃）	
5842	缥	（縹）	
5843	缦	（縵）	
5844	缧	（縲）	
5845	缨	（纓）	
5846	骢	（驄）	
5847	缪	（繆）	
5848	缫	（繅）	
5850	耧	（耬）	
5854	璎	（瓔）	
5857	璇		［璿］
5859	髯		［髥］
5861	撷	（擷）	
5864	撸	（擼）	

规范字	繁体字	异体字
5867 撵	（攆）	
5869 聩	（聵）	
5870 觐	（覲）	
5871 鞑	（韃）	
5873 鞒	（鞽）	
5881 蕲	（蘄）	
5882 赜	（賾）	
5884 樯	（檣）	[艢]
5892 餍	（饜）	
5893 魇	（魘）	
5894 餍	（饜）	
5898 辘	（轆）	
5899 龉	（齬）	
5900 龅	（齙）	
5901 觑	（覷）	
5908 颛	（顓）	
5915 踬	（躓）	
5917 踯	（躑）	
5921 蝾	（蠑）	
5928 蝼	（螻）	
5931 颚	（顎）	
5935 噜	（嚕）	
5938 颙	（顒）	
5946 镆	（鏌）	

规范字	繁体字	异体字
5947 镉	（鎘）	
5948 镌	（鎸）	
5949 镍	（鎳）	
5950 镏	（鎦）	
5951 镒	（鎰）	
5952 镓	（鎵）	
5953 镔	（鑌）	
5956 簀	（簣）	
5965 鹞	（鷂）	
5966 膘		[臕]
5968 鲠	（鯁）	[骾]
5969 鲡	（鱺）	
5970 鲢	（鰱）	
5971 鲣	（鰹）	
5972 鲥	（鰣）	
5973 鲦	（鰷）	
5974 鲩	（鯇）	
5977 鲫	（鯽）	
5978 馓	（饊）	
5979 馔	（饌）	[籑]
5986 麃	（齎）	
5992 糌		[餈]
6010 谳	（讞）	
6011 襦	（襤）	

规范字	繁体字	异体字	规范字	繁体字	异体字
6014 谵	（譫）		6112 镖	（鏢）	
6016 屦	（屨）		6113 镗	（鏜）	
6019 戮		[剹]	6114 锼	（鏝）	
6021 缬	（纈）		6115 镚	（鏰）	
6022 缮	（繕）		6116 镛	（鏞）	
6023 缯	（繒）		6117 镝	（鏑）	
6024 骠	（驃）		6118 镞	（鏃）	
6042 撅	（撧）		6119 镠	（鏐）	
6045 颞	（顳）		6120 氇	（氌）	
6048 颠	（顛）		6122 憨		[憝]
6053 薮	（藪）		6123 穑	（穡）	
6057 橛		[橜]	6131 翱		[翶]
6061 橹	（櫓）	[樐橪艣艪]	6132 魉	（魎）	
6062 樽		[罇]	6136 膳		[饍]
6064 橼	（櫞）		6139 鲮	（鯪）	
6073 赝	（贗）	[贋]	6140 鲱	（鯡）	
6074 飙	（飆）		6141 鲲	（鯤）	
6078 霓		[蜺]	6142 鲳	（鯧）	
6079 錾	（鏨）		6143 鲴	（鯝）	
6080 辚	（轔）		6144 鲵	（鯢）	
6086 瞰		[矙]	6145 鲷	（鯛）	
6097 螨	（蟎）		6146 鲻	（鯔）	
6111 镨	（鐠）		6148 獭	（獺）	
			6151 鹧	（鷓）	

规范字	繁体字	异体字		规范字	繁体字	异体字
6153	赟	（贇）		6258	箭	（籛）
6156	瘿	（癭）		6263	鹈	（鵡）
6161	斓	（斕）		6273	膻		[羴羶]
6174	濑	（瀨）		6276	鳍	（鰭）
6191	颡	（顙）		6277	鲽	（鰈）
6192	缱	（繾）		6278	鲲	（鯤）
6193	缲	（繰）		6279	鲳	（鯧）
6194	缳	（繯）		6280	鳅	（鰍）	[鰌]
6210	藓	（蘚）		6281	鳇	（鰉）
6216	翳		[瞖]		6282	鳊	（鯿）
6219	鹩	（鷯）		6284	燹		[㷋]
6220	龋	（齲）		6285	鹫	（鷲）
6221	龌	（齷）		6292	懑	（懣）
6227	蹰	（躕）		6301	襁		[繈]
6228	蹒	（蹣）		6308	鹬	（鷸）
6237	羁	（羈）	[覊]		6311	鳌	（鰲）	[鼇]
6245	镡	（鐔）		6313	鬃		[騌鬉鬆]
6246	镢	（鐝）		6315	鞯	（韉）
6247	镣	（鐐）		6320	藜		[棃]
6248	镦	（鐓）		6330	颢	（顥）
6249	镧	（鑭）		6333	蹬		[蹐]
6250	镩	（鑹）		6334	鹭	（鷺）
6251	镪	（鏹）		6339	鼱	（鶸）
6252	镫	（鐙）		6342	髅	（髏）

规范字	繁体字	异体字
6344 镬	（鑊）	
6345 镭	（鐳）	
6346 镯	（鐲）	
6349 簪		[簮]
6351 雠	（讎）	[讐]
6353 鳎	（鰨）	
6354 鳏	（鰥）	
6355 鳐	（鰩）	
6356 癞	（癩）	
6368 攒	（攢）	
6379 霭	（靄）	
6383 蹰		[躕]
6387 蹴		[蹵]
6389 蹲	（蹲）	
6395 髋	（髖）	
6396 髌	（髕）	
6397 镲	（鑔）	
6399 籁	（籟）	
6403 鳓	（鰳）	
6404 鳔	（鰾）	
6405 鳕	（鱈）	
6406 鳗	（鰻）	
6407 鳙	（鱅）	
6416 谶	（讖）	

规范字	繁体字	异体字
6418 骥	（驥）	
6419 缵	（纘）	
6420 瓒	（瓚）	
6430 鼍	（鼉）	
6432 黩	（黷）	
6434 黪	（黲）	
6435 镳	（鑣）	
6436 镴	（鑞）	
6438 纂		[篹]
6441 朦	（臢）	
6442 鳜	（鱖）	
6443 鳝	（鱔）	[鱓]
6444 鳟	（鱒）	
6445 獾		[貛貛]
6447 骧	（驤）	
6452 颦	（顰）	
6454 鳢	（鱧）	
6455 癫	（癲）	
6459 灏	（灝）	
6467 鹳	（鸛）	
6473 镶	（鑲）	
6478 趱	（趲）	
6481 颧	（顴）	
6482 躜	（躦）	

通用规范汉字表 115

规范字	繁体字	异体字
6483	䮝	[䮞]
6485	麟	[麐]
6497	馕	(饢)
6498	戆	(戇)
6509	戋	(戔)
6520	讦	(訐)
6521	讱	(訒)
6536	钆	(釓)
6538	伲	(倪)
6546	闫	(閆)
6547	沥	(瀝)
6549	诉	(訴)
6550	讷	(訥)
6551	讻	(訡)
6553	纼	(紖)
6554	纩	(纊)
6558	玚	(瑒)
6559	刬	(剗)
6560	坯	(塯)
6561	坜	(壢)
6564	坨	(墶)
6567	扬	(撝)
6576	芴	(蔿)
6582	杩	(榪)

规范字	繁体字	异体字
6585	轪	(軑)
6586	轫	(軔)
6591	呙	(咼)
6594	岖	(嶇)
6599	岯	(貶)
6602	伛	(傴)
6607	飏	(颺)
6609	阅	(閲)
6612	沤	(漚)
6613	沣	(灃)
6614	沄	(澐)
6616	浈	(湞)
6623	诶	(誒)
6624	祃	(禡)
6625	诃	(訶)
6627	诎	(詘)
6628	诐	(詖)
6629	陨	(隕)
6630	弪	(弳)
6638	纮	(紘)
6639	驲	(馹)
6640	驳	(駁)
6641	纾	(紓)
6642	纨	(紈)

规范字	繁体字	异体字		规范字	繁体字	异体字
6643 驮	（馱）		6745 迳	（逕）	
6644 纼	（紖）		6747 驽	（駑）	
6647 玱	（瑲）		6748 驵	（駔）	
6660 苧	（薴）		6749 驷	（駟）	
6664 枫	（楓）		6750 绚	（絢）	
6670 轵	（軹）		6751 骁	（驍）	
6671 昈	（曠）		6752 骇	（駭）	
6672 晛	（晛）		6753 绋	（紼）	
6682 崇	（崈）		6754 给	（給）	
6688 钗	（釵）		6761 珱	（瓅）	
6689 钐	（釤）		6766 韨	（韍）	
6690 钉	（釘）		6768 垯	（墶）	
6691 钖	（鍚）		6770 垱	（壋）	
6706 郐	（鄶）		6785 荭	（葓）	
6713 狝	（獮）		6786 荛	（蕘）	
6714 饳	（飿）		6791 茼	（蕫）	
6726 崀	（崀）		6796 荭	（葒）	
6730 诇	（詗）		6806 鸲	（鴝）	
6731 诶	（誒）		6814 癸	（癸）	
6732 郖	（鄂）		6815 轵	（軹）	
6733 鸡	（鳱）		6816 轷	（軒）	
6737 陷	（陷）		6817 轹	（轢）	
6739 阵	（隮）		6818 轺	（軺）	
6744 姪	（姪）		6820 晛	（晛）	

规范字		繁体字	异体字
6821	昽	(曨)	
6827	哒	(噠)	
6843	钘	(鈃)	
6844	铁	(鈇)	
6845	钜	(鉅)	
6846	铗	(鋏)	
6847	钘	(釿)	
6848	铪	(錀)	
6849	钪	(鈧)	
6850	钦	(欽)	
6851	刘	(鈄)	
6854	俫	(俫)	
6861	舣	(艤)	
6864	鸹	(鴰)	
6872	飑	(颮)	
6874	饻	(餏)	
6886	浈	(湞)	
6887	狮	(獅)	
6895	浐	(滻)	
6903	祎	(禕)	
6917	经	(經)	
6918	驲	(馹)	
6919	绹	(絗)	
6920	骁	(駣)	

规范字		繁体字	异体字
6921	绽	(綎)	
6922	缒	(縋)	
6924	骉	(驫)	
6932	勋	(勛)	
6937	珥	(璕)	
6941	垯	(墶)	
6951	茜	(蒨)	
6953	荟	(薟)	
6955	荸	(蔿)	
6958	桠	(椏)	
6959	梜	(梜)	
6967	颏	(頦)	
6972	硁	(硜)	
6976	轵	(軹)	
6977	辀	(輈)	
6978	轻	(輇)	
6981	贲	(賁)	
6985	唝	(嗊)	
6989	晔	(曄)	
6991	晖	(暉)	
6995	鄂	(鄘)	
6996	帱	(幬)	
6999	崟	(崟)	
7000	崄	(嶮)	

规范字		繁体字	异体字
7003	赆	（贐）	
7004	钚	（鈈）	
7005	钷	（鉕）	
7006	铲	（鑪）	
7007	钟	（鍾）	
7008	铝	（鋁）	
7009	钠	（鍆）	
7019	倬	（僤）	
7029	鸩	（鴆）	
7034	鲂	（魴）	
7039	馀	（餘）	
7053	炀	（煬）	
7059	涓	（湞）	
7070	岩	（碞）	
7074	鸢	（鳶）	
7079	袯	（襏）	
7093	骕	（驌）	
7094	绨	（綈）	
7095	绤	（綌）	
7096	骍	（騂）	
7097	综	（綜）	
7099	琎	（璡）	
7114	墠	（墠）	
7117	壶	（壺）	
7119	聍	（聹）	
7121	萚	（蘀）	
7125	勚	（勩）	
7132	蓥	（鎣）	
7135	梼	（檮）	
7138	梾	（棶）	
7144	厣	（厴）	
7146	硃	（礈）	
7147	硙	（磑）	
7148	硚	（礄）	
7152	鸷	（鷙）	
7153	龁	（齕）	
7161	岈	（𡷊）	
7166	蛛	（蝀）	
7168	啴	（嘽）	
7176	铏	（鉶）	
7177	铥	（銩）	
7178	铒	（鉺）	
7179	铕	（銪）	
7180	铽	（鋱）	
7181	铖	（鋮）	
7182	铘	（鋣）	
7183	铚	（銍）	
7184	锠	（錩）	

规范字	繁体字	异体字		规范字	繁体字	异体字
7185	铥	（銩）		7277	绹	（綯）
7186	铴	（鐋）		7278	综	（綜）
7194	鸺	（鵂）		7279	绰	（綽）
7205	鹇	（鷳）		7280	骈	（騈）
7209	貀	（貀）		7281	骎	（駸）
7210	腒	（腒）		7298	絷	（縶）
7214	鲃	（鲃）		7299	塿	（塿）
7221	庼	（廎）		7307	葳	（葳）
7224	鸩	（鴆）		7310	赍	（賫）
7227	阌	（閿）		7326	楩	（楩）
7234	涠	（潿）		7327	鹒	（鶊）
7241	溇	（漊）		7334	鹔	（鷫）
7249	谭	（譚）		7336	酨	（酨）
7250	诫	（諴）		7337	觌	（覿）
7252	裈	（褌）		7342	詟	（讋）
7254	诶	（誒）		7343	辄	（輒）
7255	谀	（謏）		7344	辌	（輬）
7256	谐	（諧）		7346	斳	（斳）
7260	隤	（隤）		7347	龃	（齟）
7266	媥	（嬦）		7361	嵽	（嵽）
7273	绡	（綃）		7365	嵌	（嵌）
7274	绁	（紲）		7366	翄	（翄）
7275	骓	（騑）		7367	颚	（顎）
7276	骟	（騸）		7370	赑	（贔）

规范字	繁体字	异体字
7372	赒	(賙)
7373	锾	(鍰)
7374	锵	(鏘)
7375	钏	(釧)
7376	铼	(錸)
7377	铽	(鋱)
7378	锔	(鋦)
7379	锊	(鋝)
7380	铳	(銃)
7381	锎	(鐦)
7382	铉	(鉉)
7383	锓	(鋟)
7385	颏	(頦)
7389	筜	(簹)
7399	颣	(纇)
7401	胴	(朒)
7405	颀	(頎)
7406	鲃	(魮)
7408	鸢	(鳶)
7411	馎	(餺)
7414	庡	(廕)
7421	阄	(鬮)
7423	焯	(燀)
7425	渍	(漬)

规范字	繁体字	异体字
7427	漤	(灤)
7435	溇	(漊)
7441	敓	(敚)
7445	裣	(襝)
7454	毻	(毻)
7456	骕	(驌)
7457	騠	(騠)
7458	缊	(縕)
7459	缐	(線)
7460	骙	(騤)
7465	鹊	(鵲)
7479	赪	(赬)
7491	蒇	(蕆)
7499	椟	(櫝)
7503	酽	(釅)
7508	碑	(磾)
7511	辒	(轀)
7512	辐	(輻)
7513	輮	(輮)
7514	韶	(韶)
7518	鸥	(鷗)
7519	噁	(噁)
7526	赗	(賵)
7528	锖	(錆)

规范字	繁体字	异体字		规范字	繁体字	异体字
7529 锲	（鍥）			7575 鹇	（鷳）	
7530 锘	（鍩）			7579 阒	（闃）	
7531 锳	（鍈）			7580 阗	（闐）	
7532 锁	（鐟）			7587 溇	（漊）	
7533 锪	（鍃）			7602 裱	（裱）	
7534 锛	（錛）			7608 谫	（謭）	
7535 锫	（錇）			7609 鹕	（鶘）	
7536 锬	（錟）			7610 颟	（顢）	
7537 铍	（鈹）			7617 骠	（驃）	
7540 穆	（穆）			7618 骣	（驏）	
7541 箐	（箐）			7619 缲	（繰）	
7543 箦	（簀）			7622 璃	（瓃）	
7548 鹎	（鵯）			7625 瑷	（璦）	
7557 膑	（臏）			7644 蔹	（蘞）	
7558 鲉	（鮋）			7649 槚	（檟）	
7559 鲊	（鮓）			7650 榿	（榿）	
7560 鲌	（鮊）			7654 鸥	（鷗）	
7561 鲏	（鮍）			7656 酾	（釃）	
7562 鲍	（鮑）			7661 碜	（磣）	
7563 鸵	（鴕）			7667 鲎	（鱟）	
7564 鲅	（鮁）			7668 鹖	（鶡）	
7567 飗	（飀）			7671 鹘	（鶻）	
7569 馇	（餷）			7678 锴	（鍇）	
7573 瘅	（癉）			7679 锤	（鎚）	

规范字	繁体字	异体字
7680	锼	（鎪）
7681	锽	（鍠）
7682	锳	（鍈）
7683	锾	（鍰）
7684	锿	（鎄）
7685	镃	（鎡）
7686	镄	（鐨）
7687	镅	（鎇）
7689	鹜	（鶩）
7690	箨	（籜）
7699	鲒	（鮚）
7700	鲕	（鮞）
7701	鲥	（鰣）
7702	鲖	（鮦）
7703	鲗	（鰂）
7704	鲘	（鮜）
7705	鲙	（鱠）
7706	鲚	（鱭）
7707	鲍	（鮑）
7708	鲛	（鮫）
7711	飑	（颮）
7712	鸷	（鷙）
7716	瘥	（瘥）
7719	鲞	（鯗）

规范字	繁体字	异体字
7724	漭	（漭）
7735	寠	（窶）
7737	谵	（譫）
7746	缤	（繽）
7748	麴	（麴）
7751	碡	（碡）
7761	鹝	（鶃）
7765	憖	（憗）
7772	蝽	（蝽）
7785	镆	（鏌）
7786	镈	（鎛）
7787	镋	（钂）
7788	锋	（鎽）
7789	镕	（鎔）
7790	镕	（鎔）
7795	鹖	（鶡）
7798	鹞	（鷂）
7799	鲍	（鮑）
7800	鲦	（鰷）
7801	鲲	（鯤）
7802	鲬	（鯒）
7805	鹛	（鶥）
7806	鹘	（鶻）
7807	㹭		［㺄］

规范字		繁体字	异体字		规范字		繁体字	异体字
7810	鹐	(鶐)			7894	鸳	(鶿)	
7811	鹒	(鶊)			7912	黉	(黌)	
7817	澪	(澧)			7914	鹦	(鸚)	
7824	骞	(騫)			7916	缱	(繾)	
7828	谩	(譞)			7918	璷	(璷)	
7831	骥	(驥)			7935	蠨	(蠨)	
7841	蘋	(蘋)			7936	嚯	(嚯)	
7853	獴	(獴)			7937	镭	(鐳)	
7854	镞	(鏃)			7938	镤	(鏷)	
7855	齮	(齮)			7939	镥	(鑥)	
7856	龊	(齪)			7940	镧	(鑭)	
7857	艖	(艖)			7941	镨	(鐠)	
7870	巇	(巇)			7942	镨	(鐥)	
7872	锴	(鐠)			7943	镪	(鏻)	
7873	镤	(鏨)			7944	镫	(鐏)	
7874	镝	(鏑)			7945	镲	(鎹)	
7878	笺	(箋)			7946	镬	(鑊)	
7885	鲭	(鯖)			7958	鹬	(鷸)	
7886	鲯	(鯕)			7960	鲭	(鯺)	
7887	鲰	(鯫)			7961	鲡	(鱺)	
7888	鲩	(鯇)			7962	鳎	(鰨)	
7889	鲹	(鯵)			7963	鳏	(鰊)	
7890	馕	(饢)			7964	鳖	(鱉)	
7891	鞿	(鞿)			7965	鳁	(鰮)	

规范字	繁体字	异体字	规范字	繁体字	异体字
7966 鳇	(鰉)		8029 鹬	(鷸)	
7967 鲸	(鯨)		8030 缰	(繮)	
7968 鳉	(鱂)		8038 鳌	(鰲)	
7972 襕	(襴)		8042 鳊	(鯿)	
7974 鳖	(鱉)		8043 鳒	(鰜)	
7979 繻	(繻)		8044 鲥	(鰣)	
7980 缥	(縹)		8045 鳎	(鰨)	
7983 鬵	(鬵)		8049 鞲	(鞲)	
7987 藕	(藕)		8055 颥	(顬)	
7991 鹢	(鷁)		8062 鳝	(鱔)	
7993 魇	(魘)		8072 骝	(騮)	
8003 镮	(鐶)		8073 瀼	(瀼)	
8004 镱	(鐿)		8079 龇	(齜)	
8005 邓	(鄧)		8082 鳢	(鱧)	
8014 䌤	(䌤)		8083 鳡	(鱤)	
8015 鳑	(鰟)		8084 鳣	(鱣)	
8016 鳒	(鰜)		8092 鹳	(鸛)	
8017 夒	(夒)		8096 鳤	(鳤)	
8018 鹛	(鶥)		8100 鱲	(鱲)	
8023 韀	(韉)				

附件2 《通用规范汉字表》笔画检字表

一画	0023 干	0050 凡	3508 亓	0100 车	0129 什	
0001 一	6501 亍	0051 丸	0076 开	0101 巨	3515 仃	
0002 乙	0024 于	0052 及	0077 井	0102 牙	0130 片	
二画	0025 亏	[丶]	0078 天	0103 屯	0131 仆	
	0026 工	0053 广	0079 夫	0104 戈	0132 化	
[一]	0027 土	0054 亡	0080 元	0105 比	3516 仉	
0003 二	0028 士	0055 门	0081 无	0106 互	0133 仇	
0004 十	0029 才	0056 丫	3509 韦	0107 切	0134 币	
0005 丁	0030 下	0057 义	0082 云	0108 瓦	3517 伪	
0006 厂	0031 寸	0058 之	0083 专	[一|]	0135 仍	
0007 七	0032 大	[乛]	[一丨]	0109 止	0136 仅	
[丨]	0033 丈	0059 尸	0084 丐	[丨]	[丿]	
0008 卜	3503 兀	0060 己	0085 扎	0110 少	0137 斤	
[丿]	6502 丌	0061 已	3510 廿	[丨一]	0138 爪	
0009 八	0034 与	0062 巳	0086 艺	0111 日	0139 反	
0010 人	0035 万	0063 弓	0087 木	0112 曰	[丿\]	
0011 入	3504 弋	0064 子	0088 五	0113 中	3518 兮	
3501 乂	[丨]	3505 孑	0089 支	0114 贝	3519 刈	
0012 儿	0036 上	0065 卫	3511 丏	0115 冈	0140 介	
0013 匕	0037 小	3506 孓	[一丿]	0116 内	0141 父	
0014 几	0038 口	0066 也	0090 厅	0117 水	0142 从	
0015 九	0039 山	0067 女	3512 卅	0118 见	3520 爻	
[乛]	0040 巾	0068 刃	0091 不	[丿一]	0143 仑	
0016 刁	[丿]	0069 飞	3513 仄	0119 午	0144 今	
0017 了	0041 千	0070 习	0092 犬	0120 牛	0145 凶	
0018 刀	0042 乞	0071 叉	0093 太	0121 手	0146 分	
0019 力	0043 川	0072 马	0094 区	0122 气	0147 乏	
0020 乃	0044 亿	0073 乡	0095 历	0123 毛	0148 公	
0021 又	6503 彳	3507 幺	0096 歹	0124 壬	0149 仓	
3502 乜	0045 个	**四画**	0097 友	0125 升	[丿乛]	
三画	0046 夕	[一一]	0098 尤	0126 夭	0150 月	
[一]	0047 久	0074 丰	3514 厄	0127 长	0151 氏	
0022 三	0048 么	0075 王	0099 匹	[丿|]	0152 勿	
	0049 勺		[一乛]	0128 仁	0153 欠	

0154 凤	0178 巴	0202 功	0229 凸	0262 四	3548 氏
0155 丹	0179 孔	0203 扔	0230 卢	[丿一]	0286 尔
0156 勺	0180 队	0204 去	[丨丨]	0263 生	0287 乐
0157 乌	6506 阞	0205 甘	0231 业	0264 矢	0288 句
6504 卬	[一丿]	0206 世	0232 旧	0265 失	0289 匆
6505 殳	0181 办	0207 艾	[丨丿]	6511 气	3549 犰
0158 勾	[一丶]	3530 芇	0233 帅	0266 乍	0290 册
0159 凤	0182 以	0208 古	0234 归	0267 禾	0291 卯
[丶一]	0183 允	0209 节	[丨一]	[丿丨]	0292 犯
3521 卞	0184 予	3531 艻	0235 旦	3541 仨	0293 外
0160 六	0185 邓	0210 本	0236 目	0268 丘	0294 处
0161 文	0186 劝	0211 术	0237 且	3542 仕	0295 冬
0162 亢	0187 双	3532 札	0238 叶	0269 付	0296 鸟
0163 方	[一一]	0212 可	0239 甲	0270 仗	0297 务
[丶丨]	6507 册	3533 叵	0240 申	0271 代	3550 刍
3522 闩	0188 书	3534 匝	0241 叮	0272 仙	0298 包
[丶丿]	3527 毋	0213 丙	0242 电	3543 仟	0299 饥
0164 火	0189 幻	[一丿]	0243 号	3544 仫	[丶一]
0165 为		0214 左	0244 田	3545 仫	0300 主
[丶丶]	**五画**	0215 厉	0245 由	6512 伋	6514 汀
0166 斗	[一一]	3535 丕	3538 卟	0273 们	0301 市
0167 忆	0190 玉	0216 石	0246 只	0274 仪	3551 邝
[丶一]	0191 刊	0217 右	0247 叭	0275 白	0302 立
0168 计	0192 未	0218 布	0248 史	0276 仔	0303 冯
0169 订	0193 末	0219 夯	0249 央	0277 他	3552 邙
0170 户	0194 示	0220 戊	3539 叱	3546 仞	0304 玄
3523 讣	0195 击	0221 龙	0250 兄	[丿丿]	[丶丨]
0171 认	3528 邗	[一丶]	0251 叽	0278 斥	0305 闪
0172 冗	6508 邛	0222 平	0252 叼	3547 卮	[丶丿]
0173 讥	6509 戋	0223 灭	0253 叫	0279 瓜	0306 兰
0174 心	[一丨]	[一丿]	0254 叩	[丿丶]	0307 半
[一一]	6510 打	0224 轧	0255 叨	6513 仝	[丶丶]
3524 尹	0196 打	0225 东	3540 叻	0280 乎	0308 汁
0175 尺	0197 巧	3536 匜	0256 另	0281 丛	3553 汀
3525 夬	0198 正	3537 劢	0257 叹	0282 令	0309 汇
0176 引	0199 扑	[丨一]	0258 冉	[丿一]	0310 头
[一丨]	0200 卉	0226 卡	0259 皿	0283 用	6515 氿
0177 丑	0201 扒	0227 北	0260 凹	0284 甩	6516 汋
3526 巴	3529 邘	0228 占	0261 囚	0285 印	0311 汉

6517 氾	0335 加	0357 扣	0377 机	6530 邨	0434 屿
6518 刏	0336 皮	6523 圢	6528 朹	0406 尧	6534 屾
0312 宁	0337 边	3571 扦	0378 权	0407 划	0435 屹
0313 穴	0338 孕	0358 考	0379 过	0408 迈	0436 岁
0314 它	0339 发	6524 圫	3585 亘	0409 毕	3593 岕
6519 宄	[一丶]	3572 圪	0380 臣	0410 至	0437 帆
[丶一]	0340 圣	0359 托	0381 吏	[丨一]	6535 屳
3554 讦	0341 对	3573 圳	0382 再	0411 此	0438 回
6520 讧	3561 弁	0360 老	0383 协	3590 乩	3594 屺
3555 讪	0342 台	0361 巩	0384 西	0412 贞	0439 岂
0315 讨	0343 矛	0362 圾	6529 郏	[丨丿]	0440 则
0316 写	[一一]	0363 执	[一丿]	0413 师	0441 刚
0317 让	0344 纠	3574 圹	0385 压	0414 尘	0442 网
0318 礼	3562 驭	0364 扩	0386 厌	0415 尖	0443 肉
3556 讪	0345 母	3575 扪	3586 厍	0416 劣	3595 凼
3557 讫	0346 幼	0365 扫	0387 戌	[丨丶]	3596 囡
0319 训	0347 丝	3576 圮	0388 在	0417 光	[丿一]
0320 议	**六画**	3577 圯	0389 百	0418 当	
0321 必	[一一]	0366 地	0390 有	[丨一]	6536 钆
0322 讯	3563 匡	0367 场	0391 存	0419 早	3597 钇
0323 记	3564 耒	0368 扬	0392 而	0420 叮	0444 年
0324 永	0348 邦	0369 耳	0393 页	0421 吐	0445 朱
6521 刌	3565 玎	0370 芋	0394 匠	0422 卟	3598 缶
[一一]	3566 玑	6525 芏	0395 夸	3591 旯	3599 氘
0325 司	0349 式	0371 共	0396 夺	3592 曳	3600 氖
0326 尼	0350 迁	3578 芊	3587 夼	0423 虫	0446 先
3558 叺	0351 刑	3579 芍	0397 灰	0424 曲	0447 丢
0327 民	3567 邢	6526 芃	0398 达	0425 团	0448 廷
0328 弗	0352 戌	3580 芨	3588 戍	0426 吕	0449 舌
0329 弘	0353 动	3581 芡	3589 尥	0427 同	0450 竹
[一丨]	[一丨]	0372 芒	0399 列	0428 吊	0451 迁
0330 出	3568 圩	0373 亚	0400 死	6531 吒	0452 乔
3559 阡	6522 圫	0374 芝	0401 成	0429 吃	0453 迄
0331 辽	3569 圬	3582 芏	[一丶]	0430 因	[丿丨]
[一丿]	3570 圭	3583 芎	0402 夹	0431 吸	0454 伟
0332 奶	0354 扛	3584 芗	[一一]	6532 吖	0455 传
0333 奴	0355 寺	0375 朽	0403 夷	0432 吗	0456 乒
3560 乑	0356 吉	0376 朴	0404 轨	0433 呃	0457 乓
0334 召	6527 扗	6527 机	0405 邪	6533 呲	0458 休

0459 伍	0483 行	0508 争	0538 江	0560 设	0585 羽		
3602 伍	6541 甪	3621 邬	6547 氻	0561 访	0586 观		
0460 伏	0484 舟	0509 色	3623 汕	6551 讻	3643 牟		
3603 伛	[丿]	3622 饧	3624 汔	0562 诀	0587 欢		
0461 优	0485 全	[丶一]	3625 汐	[一一]	0588 买		
0462 臼	0486 会	6544 汦	6548 汋	3635 聿	[一丶]		
3604 伢	0487 杀	0510 壮	3626 汲	0563 寻	3644 纤		
0463 伐	0488 合	0511 冲	0539 汛	0564 那	0589 红		
6537 仳	0489 兆	0512 妆	3627 汜	3636 艮	3645 纡		
0464 延	0490 企	0513 冰	0540 池	3637 丮	0590 驮		
3605 伍	3612 佘	0514 庄	0541 汝	0565 迅	0591 纤		
0465 仲	0491 众	0515 庆	0542 汤	0566 尽	3646 纥		
6538 伲	0492 爷	0516 亦	3628 汊	0567 导	0592 驯		
3606 件	0493 伞	0517 刘	3629 忖	0568 异	6553 细		
0466 件	6542 邠	0518 齐	3630 忏	0569 弛	0593 约		
0467 任	0494 创	0519 交	0543 忙	[一丨]	3647 纨		
0468 伤	[丿一]	0520 衣	0544 兴	3638 阩	0594 级		
3607 伥	3613 刖	0521 次	0545 宇	3639 阮	6554 矿		
0469 价	0495 肌	0522 产	0546 守	0570 孙	0595 纪		
0470 伦	0496 肋	0523 决	0547 宅	0571 阵	0596 驰		
0471 份	0497 朵	0524 亥	0548 字	6552 孖	0597 纫		
3608 伧	0498 杂	6545 邡	0549 安	0572 阳	0598 巡		
0472 华	3614 夙	0525 充	[丶一]	0573 收	七画		
0473 仰	0499 危	0526 妄	0550 讲	3640 阪	[一一]		
3609 伉	0500 旬	[丶丨]	0551 讳	0574 阶	0599 寿		
0474 仿	0501 旨	6546 闰	3631 讴	0575 阴	3648 玕		
0475 伙	3615 旮	0527 闭	0552 军	0576 防	6555 玒		
0476 伪	0502 旭	0528 问	3632 讵	3641 丞	0600 弄		
3610 仨	0503 负	0529 闯	0553 讶	[一丿]	3649 玙		
6539 伈	6543 犴	[丶丿]	3633 祁	0577 奸	0601 麦		
0477 自	3616 刎	0530 羊	3634 讷	0578 如	0602 玖		
0478 伊	3617 犷	0531 并	0554 许	3642 妁	6556 玚		
6540 乩	0504 匈	0532 关	0555 讹	0579 妇	6557 玘		
0479 血	3618 犸	0533 米	6549 䜣	0580 妃	6558 玚		
0480 向	3619 舛	0534 灯	0556 论	0581 好	0603 玛		
3611 囟	0505 名	0535 州	6550 讻	0582 她	0604 形		
0481 似	0506 各	[丶丶]	0557 讼	0583 妈	0605 进		
[丿丿]	0507 多	0536 汗	0558 农	[一丶]	0606 戒		
0482 后	3620 凫	0537 污	0559 讽	0584 戏			

0607 吞	0635 抢	3660 邯	0677 苏	0702 励	0715 盯
0608 远	6565 坋	3661 芸	0678 杄	3685 邵	0716 呈
0609 违	0636 扮	3662 苐	0679 杠	0703 否	0717 时
0610 韧	0637 抢	6569 苶	0680 杜	0704 还	0718 吴
6559 划	6566 抵	6570 苺	0681 材	3686 矶	3698 呋
0611 运	0638 孝	3663 苈	0682 村	3687 夋	3699 吭
[一丨]	0639 坎	6571 苊	0683 杕	6583 尪	0719 助
0612 扶	3654 坍	6572 苄	0684 枛	3688 豕	0720 县
0613 抚	0640 均	3664 苣	0683 杖	6584 㲋	0721 里
0614 坛	3655 坞	0664 芽	3678 机	0705 尬	3700 吃
3650 抟	0641 抑	6573 芘	0679 杙	0706 歼	0722 呆
0615 技	0642 抛	3665 芷	0684 杏	[一丶]	6590 呙
0616 坏	0643 投	3666 芮	0680 杆	0707 来	0723 吱
3651 抔	3656 抃	3667 苋	0685 杉	3689 忒	0724 吠
6560 坯	0644 坟	3668 苊	0686 巫	[一一]	3701 呔
0617 抠	0645 坑	3669 芪	3679 杓	0708 连	0725 呕
6561 坜	0646 抗	0665 花	0687 极	3690 轫	0726 园
0618 扰	0647 坊	0666 芹	6581 杧	0709 轩	3702 呖
0619 扼	6567 扐	0667 芥	3680 杞	6585 轪	3703 呃
0620 拒	0648 抖	3670 苁	0688 李	6586 轫	0727 旷
6562 坉	0649 护	3671 芩	0689 杨	3691 轫	0728 围
6563 扽	0650 壳	0668 芬	3692 迓	0729 呀
0621 找	0651 志	0669 苍	6582 杓	6587 毕	0730 吨
0622 批	0652 块	3672 芪	0690 求	[丨一]	3704 旸
0623 址	3657 抉	6574 芴	3682 忎	3693 邯	3705 吡
0624 扯	0653 扭	3673 芡	3683 孛	3694 志	3706 町
0625 走	0654 声	3674 芰	0691 甫	6588 芈	0731 足
0626 抄	0655 把	3675 芊	0692 匣	0710 步	3707 虬
0627 贡	0656 报	0670 芝	0693 更	0711 卤	0732 邮
0628 汞	0657 拟	6575 芠	0694 束	3695 卣	0733 男
0629 坝	0658 却	0670 芳	0695 吾	[丨丨]	0734 困
0630 攻	0659 抒	0671 严	0696 豆	3696 邶	0735 吵
0631 赤	0660 劫	6576 艻	0697 两	0712 坚	0736 串
3652 圻	3658 扨	3676 芑	3684 邴	[丨丶]	3708 呗
0632 折	6568 毐	0672 芦	0698 酉	0713 肖	0737 员
0633 抓	0661 芙	0673 芯	0699 丽	[丨丿]	0738 呐
3653 坂	3659 芫	0674 劳	[一丿]	3697 盱	6591 呙
0634 扳	0662 芫	0675 克	0700 医	0714 旱	3709 呒
6564 坌	0663 苇	0676 芭	0701 辰	6589 旴	0739 听

6592 哎	3721 钊	3733 佟	0804 肛	0828 状	3765 炀
0740 吟	3722 钋	6602 佁	0805 肚	0829 亩	0854 弟
0741 吩	3723 钉	0783 住	0806 肘	0830 况	[、]
0742 呛	3724 迕	0784 位	0807 肠	3755 亨	3766 沣
0743 吻	3725 氙	6603 伝	3743 邸	3756 庑	0855 汪
0744 吹	3726 氚	0785 伴	0808 龟	0831 床	6610 汧
0745 呜	0759 牡	3734 佗	0809 甸	3757 庋	6611 洴
0746 吭	0760 告	6604 伽	3744 奂	0832 库	3767 沅
3710 呎	3727 牤	0786 身	0810 免	0833 庇	6612 沅
3711 呗	0761 我	0787 皂	3745 劬	3758 疗	6613 沣
0747 吧	0762 乱	0788 伺	0811 狂	0834 疔	6614 沄
0748 邑	0763 利	6605 伲	0812 犹	3759 疖	0856 沐
0749 吼	0764 秃	0789 佛	0813 狈	0835 吝	0857 沛
0750 囤	0765 秀	3735 伽	3746 狄	0836 应	3768 沔
0751 别	0766 私	0790 囱	6607 飑	0837 这	0858 汰
0752 吮	6600 吞	6606 佁	0814 角	0838 冷	3769 沤
6593 岍	0767 每	[丿丿]	0815 删	0839 庐	0859 沥
3712 帏	[丿丨]	0791 近	6608 狙	0840 序	3770 沌
3713 岐	3728 佞	0792 彻	3747 犹	0841 辛	6615 沘
0753 岖	0768 兵	0793 役	3748 鸠	3760 肓	3771 沏
6594 岏	3729 邱	3736 彷	0816 条	0842 弃	3772 沚
6595 岠	0769 估	0794 返	0817 彤	0843 冶	0860 沙
3714 岈	0770 体	[丿八]	0818 卵	0844 忘	3773 汩
0754 岗	0771 何	3737 佘	0819 灸	[、丨]	3774 汨
3715 岘	0772 佐	0795 余	0820 岛	0845 闰	6616 沢
0755 帐	6601 伾	0796 希	3749 邹	3761 闱	6617 沟
3716 岑	0773 佑	3738 坌	0821 刨	0846 闲	0861 汽
3717 岚	3730 攸	0797 坐	3750 饨	3762 闳	0862 沃
3718 咒	0774 但	0798 谷	0822 迎	0847 间	3775 沂
6596 岜	0775 伸	3739 孚	3751 饩	3763 闵	6618 汶
0756 财	0776 佃	0799 妥	3752 饪	6609 阋	0863 沦
6597 杏	3731 佚	3740 豸	3753 饫	0848 闷	0864 汹
6598 同	0777 作	0800 含	3754 饬	[、丿]	3776 汾
3719 囫	0778 伯	0801 邻	0823 饭	3764 羌	0865 泛
3720 囵	0779 伶	3741 坌	0824 饮	0849 判	0866 沧
6599 岊	0780 佣	0802 岔	0825 系	0850 兑	3777 沨
[丿一]	0781 低	[丿一]	[、一]	0851 灶	0867 没
0757 针	0782 你	0803 肝	0826 言	0852 灿	0868 沟
0758 钉	3732 佝	3742 肟	0827 冻	0853 灼	3778 汴

3779	汶	3795	诇	[一丨]		0925	忍	0943	奉	3839	坫
3780	沆	0886	启	0911	际	[一、]		6645	玤	3840	拈
3781	沩	0887	评	0912	陆	3818	到	6646	玞	3841	垆
0869	沪	0888	补	0913	阿	0926	劲	0944	玩	0962	坦
0870	沈	0889	初	3801	孜	6637	郏	3826	玮	6651	坥
0871	沉	0890	社	3802	陇	3819	甬	0945	环	0963	担
0872	沁	0891	祀	0914	陈	3820	邯	3827	玡	0964	坤
3782	泐	6624	袆	6631	㠯	0927	矣	3828	玭	0965	押
6619	沇	3796	诅	6632	陁	0928	鸡	0946	武	3842	抻
3783	怃	0892	识	0915	阻	[一一]		0947	青	0966	抽
6620	忮	6625	诇	6633	邮	0929	纬	0948	责	3843	拐
0873	怀	0893	诈	6634	阵	3821	纭	0949	现	0967	拐
3784	怄	0894	诉	0916	附	0930	驱	0950	玫	6652	坰
0874	忧	0895	罕	0917	坠	6638	纰	3829	玠	3844	拃
6621	忳	0896	诊	3803	陀	0931	纯	3830	玢	0968	拖
3785	忡	3797	诋	3804	陂	3822	纰	6647	玱	3845	拊
3786	忤	3798	诌	3805	陉	0932	纱	3831	玥	0969	者
3787	忾	6626	邲	[一丨]		6639	驲	0951	表	0970	拍
3788	怅	0897	词	3806	妍	0933	纲	0948	玦	0971	顶
3789	忻	6627	诎	6635	妧	0934	纳	3832	玦	3846	坼
3790	忪	3799	诏	3807	妩	3823	纴	3833	盂	0972	拆
3791	怆	6628	诐	6636	妠	0935	驳	3834	忝	6653	扺
6622	忺	0898	译	0918	妓	0936	纵	0952	规	6654	坽
3792	忭	3800	诒	3808	妪	3824	纶	3835	甌	0973	拎
0875	忱	[一一]		3809	妣	0937	纷	[一丨]		0974	拥
0876	快	0899	君	0919	妙	0938	纸	0953	抹	3847	坻
3793	忸	0900	灵	3810	妊	6640	驶	0954	卦	0975	抵
0877	完	0901	即	0920	妖	0939	纹	6649	邽	0976	拘
0878	宋	0902	层	3811	妗	0940	纺	3836	坩	0977	势
0879	宏	0903	屁	0921	姊	6641	纼	6650	郝	0978	抱
0880	牢	6629	屃	0922	妨	0941	驴	0955	坷	0979	垃
0881	究	0904	尿	3812	妫	6642	纺	0956	坯	0980	垃
0882	穷	0905	尾	0923	妒	6643	驵	0957	拓	0981	拉
0883	灾	0906	迟	3813	妞	6644	纼	0958	拢	0982	拦
[、一]				3814	姒	0942	纽	0959	拔	0983	幸
0884	良	0899	君	3815	妤	3825	纾	0960	坪	0984	拌
6623	诖	0908	改	3816	邵	努		3837	坪	3848	扤
0885	证	0909	张	3817	劭	八画		0961	栋	0985	拧
3794	诂	0910	忌			[一一]		3838	拚	3849	坨

3850	坭	3864	苛	1023	枚	1049	奔	[丨丶]		3910	虮			
3851	抿	3865	苓	3880	枨	1050	奇	1075	尚	1091	迪			
0986	拂	3866	茚	1024	析	6669	軎	[丨丿]		1092	典			
0987	拙	6659	苊	1025	板	3889	奄	3896	盱	1093	固			
0988	招	1007	苟	6666	枌	1051	奋	1076	旺	1094	忠			
0989	坡	3867	茆	3881	枞	1052	态	1077	具	3911	咀			
0990	披	3868	茑	1026	松	3890	瓯	3897	昊	3912	呷			
0991	拨	1008	苑	1027	枪	1053	欧	6671	昈	1095	呻			
0992	择	1009	苞	1028	枫	1054	殴	1078	昧	3913	黾			
6655	弆	1010	范	1029	构	1055	垄	3898	昙	6678	映			
0993	抬	6660	苧	1030	杭	3891	殁	3899	昃	1096	咒			
0994	拇	3869	茕	3882	枋	[一丶]		1079	果	1097	咋			
3852	坳	3870	茔	1031	杰	3892	郑	3900	昘	1098	咐			
0995	拗	6661	苾	1032	述	[一丿]		1080	昆	3914	呱			
6656	耵	3871	萱	1033	枕	1056	妻	1081	国	1099	呼			
0996	其	1011	直	3883	杻	1057	轰	1082	哎	3915	呤			
3853	耶	6662	苠	3884	杷	1058	顷	1083	咕	3916	咚			
0997	取	3872	莆	3885	杼	1059	转	1084	昌	1100	鸣			
0998	茉	1012	苗	1034	丧	3893	轭	1085	呵	3917	咆			
3854	苷	3873	苔	1035	或	1060	斩	3901	咂	3918	咛			
0999	苦	1013	茄	1036	画	1061	轮	1086	畅	6679	咇			
3855	苯	1014	茎	1037	卧	6670	轵	6672	睨	1101	咏			
1000	昔	1015	苔	1038	事	1062	软	6673	昕	1102	呢			
1001	苛	1016	茅	1039	刺	1063	到	6674	昇	1103	咄			
3856	苤	1017	枉	1040	枣	3894	郅	3902	昋	3919	呶			
1002	若	6663	枅	1041	雨	3895	鸢	3903	昕	1104	咖			
6657	鄀	1018	林	1042	卖	[丨一]		6675	昄	6680	咍			
1003	茂	1019	枝	[一丿]		1064	非	1087	明	3920	呣			
3857	茏	1020	杯	3886	矸	1065	叔	6676	吻	3921	呦			
1004	苹	1021	枢	6667	矼	1066	歧	1088	易	3922	咝			
3858	苫	3874	枥	1043	郁	1067	肯	1089	昵	6681	岾			
3859	苜	1022	柜	6668	砀	1068	齿	3904	昀	3923	岢			
3860	苴	3875	枇	1044	矾	1069	些	1090	昂	1105	岸			
1005	苗	3876	杪	1045	矿	1070	卓	3905	旻	1106	岩			
6658	苡	3877	杳	3887	砀	1071	虎	3906	昉	6682	岽			
1006	英	6664	枫	1046	码	1072	虏	3907	炅	1107	帖			
3861	苒	6665	枘	1047	厕	[丨丨]		6677	旿	1108	罗			
3862	苘	3878	枧	1048	奈	1073	肾	3908	咔	3924	岿			
3863	茌	3879	杵	3888	刳	1074	贤	3909	昇	6683	岨			

3925	岬	6691	铴	1144	侄	1158	欣	1181	肺	1201	饰
3926	岫	3944	钗	6694	垈	6704	郈	1182	肢	1202	饱
1109	帜	3945	郏	3956	岱	1159	征	3979	肽	1203	饲
3927	帙	1121	制	1145	侦	3970	徂	3980	肱	6714	饳
6684	岞	1122	知	1146	侣	3160	往	3981	肫	3993	饴
1110	帕	1123	迭	3957	侗	1161	爬	1183	肿	[丶一]
1111	岭	1124	氖	3958	侃	1162	彼	6709	胁	3994	冽
3928	岣	3946	氛	1147	侧	1163	径	1184	胀	1204	变
3929	峁	1125	垂	3959	侏	1164	所	6710	胪	1205	京
3930	刿	3947	牦	6695	侁	6705	舡	1185	朋	1206	享
6685	峄	1126	牧	1148	凭	[丿]	6711	肷	3995	冼
6686	峒	1127	物	6696	侹	1165	舍	1186	股	1207	庞
3931	迥	6692	牥	6697	佸	1166	金	1187	肮	1208	店
3932	岷	1128	乖	1149	侨	3971	刽	1188	肪	1209	夜
3933	剀	1129	刮	6698	佺	6706	郐	1189	肥	1210	庙
1112	凯	1130	秆	3960	侩	1167	刹	1190	服	1211	府
3934	帔	1131	和	3961	佻	6707	部	1191	胁	1212	底
3935	峙	1132	季	3962	佾	1168	命	1192	周	3996	庖
6687	峘	1133	委	1150	佩	1169	肴	3982	剁	1213	疟
3936	沓	3948	竺	1151	货	3972	郃	1193	昏	3997	疠
1113	败	1134	秉	1152	侈	1170	斧	3983	迤	3998	疝
1114	账	3949	迨	6699	佳	3973	爫	3984	郇	1214	疙
1115	贩	[丿丨]	6700	侬	1171	爸	1194	鱼	1215	疚
1116	贬	1135	佳	6701	侂	1172	采	1195	兔	3999	疡
1117	购	1136	侍	3963	侪	3974	籴	6712	狉	1216	剂
1118	贮	3950	佶	3964	佼	1173	觅	3985	狙	1217	卒
3937	囹	1137	岳	1153	依	1174	受	3986	狎	1218	郊
1119	图	3951	佬	6702	欤	1175	乳	1196	狐	6715	恣
3938	囝	6693	侢	3965	佯	1176	贪	1197	忽	4000	兖
[丿一]	1138	供	6703	侘	1177	念	6713	狋	1219	庚
3939	钍	1139	使	3966	侬	1178	贫	1198	狗	1220	废
6688	钋	3952	佰	3967	帛	6708	敜	3987	狍	1221	净
3940	钎	3953	侑	1154	卑	1179	忿	3988	狞	4001	妾
3941	钏	3954	侉	1155	的	3975	瓮	3989	狖	1222	盲
6689	钐	1140	例	1156	迫	3976	戗	1200	备	1223	放
1120	钓	1141	侠	3968	阜	[丿一]	3990	炙	1224	刻
3942	钒	3955	奂	3969	侔	3977	肼	3991	枭	6716	於
6690	钔	1142	侥	[丿丨]	1180	肤	3992	饯	4002	劾
3943	钕	1143	版	1157	质	3978	肟			1225	育

1226	氓	1248	油	4028	怛	4042	戾	1304	录	1326	姐
[丶丨]		4013	泱	4029	怏	1289	肩	1305	隶	4065	妯
1227	闸	6721	泂	1268	性	1290	房	1306	帚	1327	姓
1228	闹	4014	泅	4030	怍	4043	诙	1307	屉	6743	姈
[丶丿]		4015	泗	1269	怕	4044	戽	1308	居	4066	姗
1229	郑	1249	泊	1270	怜	1291	诚	1309	届	1328	妮
1230	券	4016	泠	4031	怡	4045	郓	1310	刷	6744	妲
1231	卷	6722	泜	4032	怩	1292	衬	6733	鸤	1329	始
1232	单	4017	泺	4033	怫	1293	衫	1311	屈	4067	帑
4003	炜	1250	沿	6725	怊	4046	衩	1312	弧	4068	弩
4004	炖	6723	泃	4034	怪	4047	袄	1313	弥	4069	孥
1233	炬	4018	泖	1271	怪	4048	袆	1314	弦	4070	驽
4005	炖	1251	泡	1272	怡	4049	祉	6734	弢	1330	姆
1234	炒	1252	注	6726	峃	1294	视	6735	弨	4071	虱
4006	炘	1253	泣	1273	学	1295	祈	[一丨]		1331	迢
6717	炝	4019	泫	1274	宝	4050	祇	1315	承	4072	迦
4007	炝	4020	洋	1275	宗	6728	役	1316	孟	1332	驾
1235	炊	1254	泞	1276	定	6729	祊	1317	陋	[一丶]	
6718	炆	4021	沱	4035	宕	6730	诇	4060	戕	6745	迳
1236	炕	1255	泻	1277	宠	4051	诛	1318	陌	1333	叁
1237	炎	1256	泌	1278	宜	4052	诜	6736	陑	1334	参
1238	炉	1257	泳	1279	审	1296	话	1319	孤	4073	迨
4008	炔	1258	泥	1280	宙	1297	诞	4061	狍	1335	艰
[丶丶]		4022	泯	1281	官	4053	诟	1320	陕	6746	叕
1239	沫	1259	沸	1282	空	4054	诠	4062	亟	[一一]	
1240	浅	4023	泓	1283	帘	1298	诡	6737	陉	1336	线
1241	法	1260	沼	6727	岁	1299	询	6738	陈	4074	绀
4009	泔	6724	泇	4036	穹	4055	诣	1321	降	4075	绁
1242	泄	1261	波	1284	宛	4056	诤	6739	陊	6747	驵
1243	沽	1262	泼	1285	实	1300	该	1322	函	4076	绂
4010	沭	1263	泽	4037	宓	1301	详	4063	陔	1337	练
1244	河	4024	泾	[丶一]		4057	诧	1323	限	6748	驷
4011	泷	1264	治	4038	诓	4058	诨	6740	陇	1338	组
6719	泙	1265	怔	4039	诔	6731	诶	6741	陞	1339	绅
1245	沾	1266	怯	1286	试	4059	诩	[一丿]		1340	细
4012	泸	4025	怙	1287	郎	[一一]		1324	妹	1341	驶
1246	泪	4026	怵	4040	诖	1302	建	1325	姑	1342	织
1247	沮	1267	怖	1288	诗	6732	郡	6742	妭	6749	驸
6720	沺	4027	怦	4041	诘	1303	肃	4064	姐	6750	绉

4077	驷	4088	玳	1377	赴	6781	垾	4123	荟	1425	栈
4078	驸	4089	珀	1378	赵	4106	挦	1411	茶	6797	枯
1343	驹	4090	顸	4099	赳	1397	挪	4124	荀	1426	柑
1344	终	1358	珍	4100	贡	4107	垠	4125	茗	1427	枯
6751	驺	1359	玲	6769	垅	1398	拯	4126	荠	4140	栉
4079	绉	6761	珧	4101	垱	6782	拶	4127	茭	4141	柯
1345	驻	1360	珊	1379	挡	1399	某	4128	茨	1428	柄
6752	驮	6762	聊	1380	拽	1400	甚	1412	荒	4142	柘
1346	绊	6763	玹	4102	垌	1401	荆	6789	茭	4143	栊
1347	驼	6764	珌	1381	哉	6783	茗	6790	茏	4144	枢
6753	绋	4091	珉	6770	垙	1402	茸	6791	茼	4145	枰
4080	绌	6765	珆	1382	挺	6784	萱	4129	荜	1429	栋
1348	绍	4092	珈	1383	括	1403	革	6792	荓	4146	栌
4081	驿	1361	玻	6771	埏	4108	茜	6793	茳	1430	相
1349	绎	1362	毒	4103	郝	1404	苲	1413	茫	1431	查
1350	经	1363	型	6772	垍	1405	荐	1414	荡	4147	柙
4082	驰	6766	垹	4104	垧	6785	荙	1415	荣	4148	枵
6754	绐	[一丨]		1384	垢	1406	巷	1416	荤	4149	柚
1351	贯	1364	拭	6773	耇	4109	荚	4130	荥	4150	枳
4083	甾	6767	垚	1385	拴	4110	黄	4131	荦	6798	枧
		1365	挂	1386	拾	4111	贳	1417	荧	4151	柞
九画		1366	封	1387	挑	6786	荛	4132	荨	1432	柏
		1367	持	1388	垛	4112	荜	6794	茢	4152	栎
[一一]		4093	拮	1389	指	6787	芘	6795	茛	4153	栀
6755	耉	1368	拷	1390	垫	1407	带	1418	故	6799	柃
6756	耔	1369	拱	6774	垰	1408	草	4133	荩	4154	柢
1352	契	4094	垭	6775	垎	1409	茧	1419	胡	4155	栎
1353	贰	4095	挝	1391	挣	4113	莒	4134	荪	4156	枸
6757	挈	4096	垣	1392	挤	4114	茼	4135	荫	1433	栅
1354	奏	1370	项	6776	垴	1410	茵	1420	荫	1434	柳
1355	春	1371	垮	4105	垓	4115	茴	4136	茹	6800	柊
1356	帮	1372	挎	6777	垟	4116	茱	1421	荔	6801	枹
4084	珏	6768	挞	1393	拼	4117	莛	1422	南	4135	柱
4085	珐	4097	挞	6778	垞	4118	荞	4137	荬	1436	柿
4086	珂	1373	城	6779	挓	4119	茯	6796	荭	1437	栏
4087	珑	1374	挟	1394	挖	6788	荜	4138	荮	4157	样
6758	玶	1375	挠	6780	按	4120	荏	1423	药	1438	柠
1357	玷	4098	垤	1395	按	4121	荇	1424	标	4158	柁
6759	珇	1376	政	1396	挥	4122	荃	4139	荞	6802	枷
6760	珅										

6803	柖	1456	耐	[丨丨]		6825	昳	4213	蛊	4231	峣
4159	枷	6812	耏	1471	临	1489	昨	4214	晄	4232	罘
4160	柽	1457	耍	1472	览	6826	眕	1502	虽	4233	帧
1439	树	4171	奎	1473	竖	4197	呋	1503	品	1519	罚
1440	勃	4172	耷	[丨丿]		6827	哒	6835	哃	6839	岫
4161	剌	6813	奓	4186	籴	6828	呤	1504	咽	4234	岖
6804	邴	1458	牵	1474	省	6829	呴	1505	骂	4235	峤
6805	刵	1459	鸥	[丨丶]		4198	曷	4215	哆	6840	嵬
1441	要	4173	虺	1475	削	4199	昴	4216	剐	4236	峋
6806	鸸	6814	癸	1476	尝	1490	咧	4217	郧	4237	峥
4162	酊	1460	残	[丨一]		4200	昱	1506	勋	6841	峧
6807	迺	4174	殂	4187	哐	6830	眩	4218	咻	6842	骿
4163	郦	1461	殃	1477	昧	4201	昵	1507	哗	1520	贱
1442	束	4175	殇	4188	晒	4202	咦	1508	咱	1521	贴
[一丿]		4176	殄	4189	眍	4203	哓	4219	囿	4238	贶
1443	咸	4177	殆	4190	哪	1491	昭	4220	咿	1522	贻
6808	厖	[一一]		1478	旽	4204	哔	1509	响	1523	骨
1444	威	4178	轱	1479	是	6831	咥	4221	哌	1524	幽
1445	歪	4179	轲	4191	郢	6832	昇	4222	哙	[丿一]	
4164	甭	4180	轳	4192	眇	4205	哄	1510	哈	6843	钘
1446	研	1462	轴	6819	昺	1492	畏	4223	哚	6844	铁
6809	砆	6815	轵	6820	睨	4206	毗	4224	咯	1525	钙
1447	砖	4181	轶	4193	眊	1493	趴	1511	哆	4239	钚
1448	厘	6816	轷	1480	盼	4207	呲	1512	咬	4240	钛
4165	砗	4182	轸	1481	眨	1494	胃	1513	咳	6845	钜
1449	厚	6817	轹	6821	昽	4208	胄	4225	咩	1526	钝
6810	砑	6818	轺	6822	昀	1495	贵	1514	咪	1527	钞
4166	砘	1463	轻	4194	眈	4209	畋	4226	咤	1528	钟
4167	砒	1464	鸦	1482	哇	4210	畈	4227	哝	4241	钡
1450	砌	4183	虿	6823	咡	1496	界	1515	哪	1529	钢
1451	砂	1465	皆	1483	哄	6833	虷	4228	哏	1530	钠
1452	泵	4184	毖	1484	哑	1497	虹	4229	哞	6846	铱
1453	砚	[丨一]		1485	显	1498	虾	1516	哟	6847	钘
4168	斫	1466	韭	1486	冒	4211	蚂	4230	峙	4242	钣
4169	砭	1467	背	6824	哐	4212	虼	6836	峘	6848	铊
1454	砍	1468	战	1487	映	1499	蚁	6837	峣	4243	铃
4170	砜	4185	觇	4195	禺	6834	好	1517	炭	1531	钥
6811	砉	1469	点	4196	哂	1500	思	6838	剐	1532	钦
1455	面	1470	虐	1488	星	1501	蚂	1518	峡	1533	钧

4244	钨	4256	俦	4267	俟	6868	胑	4298	昝	1628	疤
1534	钩	1555	段	1578	俊	4279	胨	1607	贸	4312	庳
6849	钪	4257	伊	[丿]	4280	胪	1608	怨	1629	咨
4245	钫	4258	俅	1579	盾	4280	胪	1609	急	1630	姿
6850	钬	1556	便	6859	匽	1593	胆	1610	饵	1631	亲
6851	钭	1557	俩	4268	逅	4281	胛	1611	饶	4313	竑
1535	钮	4259	俪	6860	衎	4282	胂	1612	蚀	1632	音
4246	钯	6854	俫	1580	待	1594	胜	4299	饷	4314	彦
1536	卸	6855	舁	1581	徊	4283	胙	4300	饸	4315	飒
1537	缸	4260	叟	4269	徇	6870	胉	4301	饹	1633	帝
1538	拜	4261	垡	4270	徉	4284	胍	1613	饺	1634	施
1539	看	1558	贷	1582	衍	4285	胗	6874	侬	[丶丨]
1540	矩	4262	牮	1583	律	4286	胝	4302	胤	1635	闺
6852	矧	1559	顺	1584	很	4287	胸	1614	饼	1636	闻
1541	毡	1560	修	1585	须	1595	胞	[丶一]	4316	闼
4247	氡	1561	俏	4271	舢	1596	胖	1615	峦	1637	闽
4248	氟	4263	俣	6861	舣	1597	脉	1616	弯	4317	闾
1542	氢	4264	俚	[八丶]	6871	胐	4303	孪	4318	阃
4249	牯	1562	保	1586	叙	4288	胫	4304	娈	1638	阀
1543	怎	6856	俜	4272	俞	1598	胎	1617	将	1639	阁
4250	郜	1563	促	6862	弇	4289	鸨	1618	奖	4319	阂
1544	牲	1564	俄	4273	郤	4290	匍	1619	哀	[丶丿]
1545	选	1565	俐	1587	剑	1599	勉	1620	亭	1640	差
1546	适	1566	侮	6863	俞	4291	狨	1621	亮	1641	养
6853	柜	6857	俙	1588	逃	1600	狭	6875	啹	1642	美
4251	秕	1567	俭	4274	姐	1601	狮	1622	度	4320	羑
1547	秒	1568	俗	4275	郤	1602	独	4305	弈	1643	姜
1548	香	1569	俘	4276	爰	4292	狯	4306	奕	4321	迸
1549	种	1570	信	4277	郛	1603	狰	1623	迹	1644	叛
4252	秭	6858	俍	1589	食	1604	狡	1624	庭	1645	送
1550	秋	1571	皇	4278	瓴	6872	貤	4307	麻	1646	类
1551	科	1572	泉	1590	盆	4293	咆	4308	疠	4322	籼
1552	重	4265	饭	6864	鸽	4294	狩	4309	疣	1647	迷
1553	复	1573	鬼	[丿一]	1605	狱	4310	疥	1648	籽
1554	竿	1574	侵	6865	胩	1606	狠	4311	疭	1649	娄
4253	竽	1575	禹	6866	胠	4295	狲	1625	疮	1650	前
4254	笈	1576	侯	6867	胎	4296	狍	1626	疯	4323	酋
4255	笃	1577	追	1591	胚	6873	庑	1627	疫	1651	首
[丿丨]	4266	俑	1592	胧	4297	逄	6876	疢	1652	逆

1653	兹	6888	洸	4348	㤮	6902	㞐	1723	昼	4387	妍
1654	总	1668	浊	4349	恸	1708	扁	4376	㞓	4388	姹
6877	炯	1669	洞	1684	恃	4359	扃	1724	屏	1741	娜
4324	炳	4336	洇	1685	恒	6903	袆	1725	屎	1742	怒
4325	炻	4337	洄	4350	恓	4360	衲	4377	㞧	1743	架
1655	炼	1670	测	4351	恢	4361	衽	1726	费	1744	贺
6878	炟	4338	洙	1686	恢	1709	袄	[一丨]		1745	盈
4326	炽	1671	洗	1687	恍	4362	衿	1727	陡	[一、]	
4327	炯	1672	活	4352	恫	4363	袂	1728	逊	4389	怼
1656	炸	6889	洑	4353	恺	4364	祛	4378	陑	4390	羿
4328	烀	4339	涎	4354	恻	4365	祜	1729	眉	6916	枲
6879	烟	4340	洎	1688	恬	6904	祐	4379	胥	1746	勇
1657	烁	6890	洢	1689	恤	6905	祐	1730	孩	4391	㿟
1658	炮	4341	洫	1690	恰	4366	被	4380	陞	1747	怠
4329	炷	1673	派	4355	恂	1710	祖	4381	陟	1748	癸
1659	炫	4342	浍	4356	恪	1711	神	6908	陧	1749	虿
1660	烂	1674	洽	6899	恔	1712	祝	1731	陨	1750	柔
4330	烃	4343	洮	1691	恼	4367	祚	6909	陞	4392	矜
1661	剃	1675	染	4357	恽	4368	诮	1732	除	1751	垒
[丶丶]		6891	洈	1692	恨	4369	祇	1733	险	[一一]	
6880	洭	4344	淘	1693	举	4370	祢	1734	院	1752	绑
1662	洼	6892	泽	1694	觉	6906	祕	[一丿]		1753	绒
1663	洁	6893	洺	1695	宣	1713	祠	6910	娀	1754	结
6881	洘	1676	洛	1696	宦	1714	误	1735	娃	4393	绔
4331	洱	1677	浏	4358	宥	4371	诰	6911	姞	4394	骁
1664	洪	1678	济	6900	宬	1715	诱	1736	姥	1755	绕
4332	洹	6894	洨	1697	室	1716	诲	4382	娅	6917	经
6882	涑	6895	沪	1698	宫	4372	诳	4383	姮	6918	骊
1665	洒	6896	流	1699	宪	4373	鸩	6912	姱	6919	绌
4333	洧	1679	洋	1700	突	1717	说	1737	姨	6920	骉
6883	洚	6897	洴	1701	穿	4374	昶	4384	娆	6921	绖
6884	浈	6898	洣	6901	窀	1718	诵	1738	姻	1756	骄
4334	洌	1680	洲	1702	窃	[一一]		4385	姝	6922	绗
4335	浃	1681	浑	1703	客	4375	郡	1739	娇	4395	骅
1666	柒	4345	浒	[丶一]		1719	垦	6913	姞	4396	绐
1667	浇	1682	浓	1704	诚	1720	退	6914	姶	1757	绘
6885	泚	1683	津	1705	冠	1721	既	1740	姚	1758	给
6886	浈	4346	浔	1706	诬	6907	叚	6915	姽	1759	绚
6887	狮	4347	浐	1707	语	1722	屋	4386	姣	6923	象

通用规范汉字表

4397 绛	4408 珞	1795 捉	1818 耽	1832 真	1846 桩
1760 骆	4409 琤	1796 捆	1819 聂	6956 莙	1847 校
1761 络	6935 琉	1797 捐	6949 莰	4445 鸪	1848 核
1762 绝	1774 班	4416 埙	6950 苘	4446 莼	1849 样
1763 绞	4410 珲	4417 埚	4427 莩	1833 框	4461 栟
1764 骇	6936 珒	1798 损	4428 莆	1834 梆	4462 桉
1765 统	6937 玤	1799 袁	6951 茜	6957 栻	1850 根
4398 骈	6938 珢	4418 挹	6952 都	1835 桂	4463 栩
6924 珃	4411 敖	1800 捌	1820 恭	1836 桔	4464 栗
	6939 珫	1801 都	1821 莽	4447 栲	1851 索
十画	6940 珝	1802 哲	1822 莱	4448 栳	4465 逋
[一一]	1775 素	1803 逝	1823 莲	6958 桠	4466 或
1766 耕	1776 匿	4419 耆	4429 莳	4449 郴	1852 哥
1767 耘	1777 蚕	4420 毪	1824 莫	4450 桓	1853 速
4399 耖	1778 顽	1804 捡	4430 茼	1837 栖	4467 鬲
1768 耗	1779 盏	1805 挫	4431 莪	6959 桡	4468 豇
1769 耙	[一丨]	4421 埒	1825 莉	4451 桢	1854 逗
1770 艳	1780 匪	4422 挎	4432 莠	4452 桎	1855 栗
4400 挈	4412 恚	6944 埆	4433 莓	4453 桢	1856 贾
6925 恝	6941 埗	1806 换	1826 荷	6960 桄	4469 酐
1771 泰	1781 捞	1807 挽	4434 莜	1838 档	6965 酎
1772 秦	1782 栽	4423 贽	4435 莅	6961 栢	1857 酌
6926 珪	4413 埔	1808 挚	4436 荼	1839 桐	1858 配
4401 珥	1783 捕	1809 热	6953 莶	4454 桤	6966 酏
4402 珙	1784 埂	1810 恐	6954 莝	1840 株	6967 颃
6927 珰	1785 捂	1811 捣	4437 莘	4455 梃	4470 逦
4403 顼	1786 振	6946 埕	4438 莎	4456 栝	1859 翅
6928 珹	1787 载	1827 获	1841 桥	[一丿]
6929 珝	6942 埘	4424 垸	4439 莸	6962 梅	1860 辱
6930 珧	1788 赶	6947 垠	4440 茨	4457 柏	1861 唇
6931 珖	1789 起	1812 壶	4441 莩	6963 梴	4471 厝
4404 珰	1790 盐	4425 捃	1828 晋	1842 桦	4472 孬
6932 勣	1791 捎	1792 捅	1829 恶	4458 桁	1862 夏
1773 珠	6943 埕	1813 捅	4442 莎	1843 栓	4473 砝
6933 斑	1792 捍	4426 盉	4443 茏	4459 桧	4474 砹
6934 珣	4414 埕	1814 埃	6955 劳	1844 桃	6968 砵
4405 珩	1793 捏	1815 挨	1830 莹	4460 桷	1863 砸
4406 珧	4415 埘	1816 耻	4444 莨	6964 栒	4475 砺
4407 珣	1794 埋	1817 耿	1831 莺	1845 格	1864 砰

4476	砫	1879	致	4499	哽	4517	唏	1928	钱	1936	氧
6969	砠	[丨一]		4500	唔	1909	恩	4528	钲	1937	氨
4477	砷	6980	剚	6989	晔	4518	盎	1929	钳	4551	毪
4478	砟	4489	龀	1895	晌	4519	唑	4529	钴	1938	特
4479	砼	1880	柴	4501	晁	1910	鸯	4530	钵	1939	牺
4480	砥	6981	赀	1896	剔	1911	唤	7004	𫓩	1940	造
1865	砾	1881	桌	6990	晐	1912	啀	7005	钜	1941	乘
6970	砫	4490	鸪	4502	晏	1913	哼	4531	钹	1942	敌
6971	砬	4491	虔	6991	晖	1914	唧	4532	钺	4552	舐
4481	砣	1882	虑	1897	晕	1915	啊	1930	钻	4553	秣
1866	础	[丨丨]		4503	鹗	1916	唉	7006	铲	4554	秫
1867	破	1883	监	4504	趵	1917	唆	4533	钼	1943	秤
6972	硁	1884	紧	4505	趿	6996	帱	4534	钼	1944	租
6973	恧	[丨丶]		6992	呲	6997	崁	1931	钾	1945	积
1868	原	4492	逍	4506	畛	4520	崂	7007	钟	1946	秧
1869	套	1885	党	1898	蚌	6998	崦	4535	钿	4555	盉
4482	剞	[丨一]		4507	蚨	6999	峯	4536	铀	1947	秩
1870	逐	4493	眬	4508	蚜	4521	崃	1932	铁	1948	称
4483	砻	6982	唪	4509	蚍	4522	罡	4537	铂	1949	秘
1871	烈	4494	唛	4510	蚋	1918	罟	1933	铃	1950	透
1872	殊	1886	逞	4511	蚬	4523	罢	4538	铄	4556	笄
1873	殉	6983	晅	1899	畔	1919	峭	1934	铅	4557	笕
6974	翃	1887	晒	4512	蚝	1920	峨	4539	铆	1951	笔
1874	顾	4495	晟	4513	蚧	7000	岭	4540	铈	1952	笑
[一一]		4496	眩	1900	蚣	4524	峪	4541	铉	4558	笊
6975	鄢	1888	眠	1901	蚊	1921	峰	4542	铊	7012	第
4484	轼	1889	晓	6993	蚄	7001	峃	4543	铋	4559	笏
4485	轾	6984	晊	1902	蚪	7002	崀	4544	铌	1953	笋
6976	轿	4497	眙	1903	蚓	1922	圆	7008	铅	4560	笆
1875	轿	6985	唝	6994	蚆	4525	觊	4545	铍	[丿丨]	
6977	辂	4498	哧	1904	哨	1923	峻	4546	铍	4561	俸
6978	轺	6986	哳	4514	蚝	1924	贼	4547	铎	4562	倩
4486	辂	1890	哮	1905	哩	1925	贿	7009	𫓧	1954	债
1876	较	1891	唠	1906	圃	1926	赂	7010	𬭩	4563	俵
6979	骀	1892	鸭	1907	哭	1927	赃	7011	牲	7013	倻
4487	鸫	1893	晃	6995	鄅	4526	赅	1935	缺	1955	借
1877	顿	6987	哼	4515	圆	7003	赆	4548	氩	1564	偌
4488	逛	6988	晷	1908	哦	[丿一]		4549	氤	1956	值
1878	毙	1894	哺	4516	唣	4527	钰	4550	氦	7014	倳

1957	倚	4580	郫	4589	胯	7037	狨	2029	斋	[丶丿]	
1958	俺	4581	倨	1993	胰	2007	逢	2030	疹	7045	殺
1959	倾	1974	偓	4590	胱	4607	桀	4618	痈	2049	羞
1960	倒	7022	㧟	4591	胴	2008	鸵	2031	疼	7046	羓
4565	俳	4582	衄	4592	胭	2009	留	4619	疱	2050	羔
4566	俶	[丿丿]		4593	脍	4608	袅	4042	痉	4633	恙
4567	倬	4583	颀	7030	脎	7038	㝈	4043	疢	2051	瓶
4568	倏	1975	徒	7031	朓	2010	鸳	4620	痂	7047	桊
7015	脩	4584	徕	1994	脆	2011	皱	2032	疲	2052	拳
1961	倘	7023	虒	1995	脂	4609	饽	4621	痉	7048	敉
1962	俱	1976	徐	1996	胸	7039	馃	2033	脊	2053	粉
7016	倮	1977	殷	1997	胳	2012	饿	2034	效	2054	料
1963	倡	7024	舭	1998	脏	2013	馁	2035	离	4634	粑
1964	候	7025	舯	1999	脐	[丶一]		4622	衮	2055	益
7017	倕	1978	舰	2000	胶	2014	凌	2036	紊	2056	兼
1965	赁	1979	舱	2001	脑	4610	凇	2037	唐	4635	朔
4569	恁	1980	般	7032	脓	4623	凋	4636	郸
4570	倭	1981	航	4594	胼	4611	栾	4624	颃	2057	烤
4571	倪	4585	舫	4595	朕	4612	挛	2038	瓷	2058	烘
4572	俾	7026	舥	4596	脒	2016	恋	2039	资	4637	烜
4573	倜	7027	胚	4597	胺	2017	桨	4625	恣	7049	炳
4574	隼	[丿丶]		2002	脓	2018	浆	2040	凉	2059	烦
4575	隽	1982	途	4598	鸥	2019	衰	2041	站	2060	烧
7018	倞	1983	拿	7033	虓	7040	勍	2042	剖	2061	烛
1966	俯	4586	釜	4599	玺	2020	衷	2043	竞	7050	焗
1967	倍	1984	耸	7034	舭	2021	高	2044	部	2062	烟
1968	倦	1985	爹	4600	鸹	4613	亳	7044	䘛	7051	烶
7019	倬	1986	舀	2003	逛	2022	郭	2045	旁	7052	烻
7020	侹	1987	爱	7035	㹰	2023	席	4626	旃	4638	烨
7021	倧	1988	豺	2004	狸	2024	准	4627	旆	4639	烩
4576	倌	1989	豹	4601	狷	2025	座	2046	旅	2063	烙
4577	倥	4587	奚	4602	猁	2026	症	4628	旄	4640	烊
4578	臬	7028	彮	4603	狳	4614	疳	2047	畜	4641	剡
1969	健	4588	氽	4604	狺	4615	疴	[丶丨]		4642	郯
1970	臭	7029	鸰	4605	猃	2027	病	4629	阃	7053	焊
1971	射	1990	颁	4606	逖	4616	疸	4630	阄	4643	烬
4579	皋	1991	颂	2005	狼	4617	疽	4631	訚	2064	递
1972	躬	1992	翁	2006	卿	2028	疾	2048	阅	[丶丶]	
1973	息	[丿一]		7036	猁	7041	痄	4632	阆	2065	涛

2066	浙	2080	流	7072	宵	2122	谁	2140	娱	4704	绦
7054	淛	2081	润	2104	窄	4676	谂	4689	娌	7096	骄
2067	涝	2082	涧	7073	窊	2123	调	4690	娉	2153	继
7055	浡	2083	涕	2105	容	2124	冤	2141	娟	4705	绨
2068	浦	4657	浣	7074	窎	4677	谄	4691	娲	7097	绠
7056	浭	2084	浪	4666	窈	2125	谅	2142	恕	4706	骎
4644	涑	2085	浸	4667	剡	2126	谆	2143	娥	2154	骏
4645	浯	2086	涨	2106	宰	4678	谇	4692	娩	4707	邕
2069	酒	2087	烫	2107	案	2127	谈	4693	娴	4708	鸷
4646	涞	2088	涩	[丶一]	2128	谊	4694	娣	十一画
4647	涟	2089	涌	2108	请	[一一]	2144	娘	[一一]
2070	涉	7066	浼	2109	朗	2129	剥	4695	娓	4709	彗
4648	娑	4658	浚	2110	诸	2130	恳	4696	婀	4710	耜
2071	消	7067	烒	4668	诹	7082	圣	7087	砮	7098	瑟
4649	涅	2090	悖	2111	诺	2131	展	7088	娴	4711	焘
7057	浬	4659	悚	2112	读	2132	剧	7089	鸮	4712	春
4650	涠	2091	悟	7075	廖	2133	屑	[一丶]	7099	琎
7058	涔	4660	悭	7076	辰	4679	展	4697	畚	2155	球
4651	泥	2092	悄	4669	冢	4680	屙	7090	翀	7100	琀
4652	涓	2093	悍	4670	冢	2134	弱	7091	眅	4713	琏
7059	涢	4661	悝	2113	扇	[一丨]	2145	通	2156	琐
2072	涡	7068	恼	2114	诽	2135	陵	2146	能	7101	珵
4653	洰	4662	恺	2115	袜	4681	陬	2147	难	2157	理
4654	涔	2094	悔	7077	祛	4682	勐	4698	逡	7102	珺
2073	浩	2095	悯	4671	袒	4683	奘	2148	预	4714	琇
7060	浥	2096	悦	2116	袖	7083	蛋	2149	桑	7103	珲
7061	浰	4663	悌	7078	袗	4684	牂	7092	剟	7104	琀
2074	海	7069	恨	2117	袍	4685	蚩	[一一]	4715	麸
4655	浜	4664	悛	4672	祥	2136	崇	4699	绠	2158	琉
7062	澈	7070	宕	2118	被	4686	隆	4700	骊	2159	琅
2075	涂	2097	害	7079	袯	7084	阢	4701	绡	7105	珺
4656	浠	2098	宽	4673	祯	7085	阵	4702	骋	[一丨]
2076	浴	7071	宦	7080	桃	2137	陶	2150	绢	2160	捧
2077	浮	4665	宸	2119	祥	2138	陷	2151	绣	7106	捺
7063	浍	2099	家	2120	课	2139	陪	7093	骏	2161	堵
2078	涣	2100	宵	2121	冥	7086	烝	7094	缔	7107	埮
7064	浼	2101	宴	4674	诱	[一丿]	2152	验	4716	挪
7065	泽	2102	宾	4675	谀	4687	姬	7095	给	2162	措
2079	涤	2103	窈	7081	窑	4688	娠	4703	绥

2163	描	4731	掬	2198	著	2211	萍	4774	桴	4793	硗
4717	堌	4732	鹬	2199	菱	4763	萡	4775	桷	4794	硐
2164	域	2182	掠	7121	萚	2212	菠	4776	梓	7147	硙
7108	埵	2183	掂	7131	萁	2228	梳	7148	硖
2165	捺	4733	掖	7122	菥	4764	菪	4777	棁	4795	砜
7109	埼	4734	捽	4748	菘	4765	菅	2229	梯	7149	硇
7110	掎	2184	培	4749	堇	4766	菀	4778	桫	4796	硌
4718	掩	4735	掊	2200	勒	2213	萤	7142	桹	7150	硍
2166	掩	2185	接	2201	黄	2214	营	4779	梲	7151	勔
2167	捷	4736	堉	7123	莿	7132	萦	2230	桶	4797	鸸
4719	捯	4736	掷	4750	萘	4767	萦	2231	梭	4798	瓠
2168	排	7114	埤	7124	莟	2215	乾	2232	救	4799	匏
2169	焉	4737	掸	4751	萋	2216	萧	4780	酉	2242	奢
2170	掉	7115	淡	7125	勘	7133	萊	4781	郾	2243	盔
4720	捃	7116	控	2202	菲	7134	崫	4782	匦	2244	爽
7111	堉	2187	控	4752	菽	4768	菰	2233	曹	4800	厩
4721	捆	7117	壶	7126	草	4769	菌	4783	敕	2245	聋
4722	场	4738	掾	4753	菖	2217	萨	2234	副	4801	龚
7112	堌	4739	捐	2203	萌	2218	菇	7143	敔	2246	袭
4723	埵	2188	探	4754	萜	7135	棒	4784	敖	7152	驾
2171	捶	4740	恚	2204	萝	2219	械	2235	票	4802	殒
2172	赦	4741	堞	2205	菌	7136	梽	4785	鄄	4803	殓
4724	赧	4742	埸	2206	萎	2220	彬	4786	酝	4804	殍
2173	堆	2189	据	4755	荚	2221	梦	2236	酝	2247	盛
2174	推	2190	掘	4756	萑	4770	梵	2237	酗	[一丶]
4725	埤	2191	掺	7127	莛	2222	婪	4787	酚	4805	赉
4726	捭	7118	掇	7128	萄	7137	梓	[一丿]	2248	匮
2175	埠	4743	掇	2207	菜	2223	梗	2238	厢	4806	零
7113	晢	4744	掼	7129	荩	2224	梧	7144	厣	2249	雪
2176	掀	2192	职	4757	菜	7138	梾	2239	戚	[一一]
4727	逮	4745	聃	4758	萉	4771	椪	4788	戛	4807	辄
2177	授	2193	基	4759	莞	2225	梢	4789	硎	2250	辅
4728	捻	2194	聆	2208	萄	7139	桯	2240	硅	2251	辆
2178	捻	2195	勘	4760	菖	7140	梣	7145	硔	4808	堑
4729	掤	2196	聊	2209	菊	4772	梏	4790	砣	[丨一]
2179	教	7119	聍	4761	萃	2226	梅	4791	硒	7153	龁
4730	块	2197	娶	2210	菩	7141	梾	2241	硕	7154	逫
2180	掏	4746	菁	7130	葵	4773	觋	7146	砝	2252	颅
2181	掐	7120	菝	4762	菏	2227	检	4792	硖	2253	虚

2254 彪	2270 晚	2283 鄂	7172 崞	4877 铄	2321 符
[丨丿]	2271 啄	2284 唱	7173 崒	4878 铪	7190 笱
2255 雀	7158 眼	2285 患	2299 崇	4879 铫	4898 笠
[丨丶]	4826 啧	2286 啰	4861 崆	2307 铭	4899 笥
2256 堂	7159 睃	2287 唾	7174 崛	4880 铬	2322 第
2257 常	2272 啡	2288 唯	2300 崛	4881 铮	7191 笯
[丨一]	4827 眭	2289 啤	7175 崡	4882 铯	4900 笤
2258 眭	7160 時	2290 啥	4862 赇	4883 铰	4901 笳
4809 眭	7161 颐	4842 啁	4863 赈	4884 铱	4902 笾
7155 唪	7162 趼	4843 啕	2301 婴	2308 铲	4903 笞
4810 眦	4828 跌	4844 唿	4864 赊	4885 铳	2323 敏
4811 啧	7163 跂	4845 啐	2302 圈	7186 铴	[丿丨]
2259 匙	2273 距	4846 唼	[丿一]	4886 铵	7192 偰
4812 晡	2274 趾	4847 啃	7176 铏	2309 银	4904 债
4813 晤	2275 啃	7168 啤	7177 铿	4887 铷	7193 倛
2260 晨	2276 跃	4848 啖	2303 铐	2310 矫	2324 做
4814 眺	4829 啮	4849 啵	4865 铑	4888 氪	7194 鸺
4815 眵	4830 跄	4850 啶	4866 铒	4889 牾	4905 偃
2261 睁	2277 略	4851 啷	7178 铗	7187 犄	7195 偭
2262 眯	4831 蚶	4852 唳	7179 铕	7188 犌	4906 偕
2263 眼	4832 蛄	2291 啸	7180 钛	2311 甜	2325 袋
4816 眸	7164 蛎	4853 唰	7181 铖	4890 鸹	2326 悠
2264 悬	4833 蛎	4854 啜	4867 铗	2312 秸	2327 偿
2265 野	7165 蛘	4855 帻	7182 铘	2313 梨	2328 偶
4817 圊	7166 蛛	7169 翎	4868 铙	2314 犁	4907 偈
7156 啫	4834 蛆	4856 崚	7183 铚	7189 稆	2329 偎
2266 啪	4835 蚰	7170 崧	2304 铠	2315 秽	7196 偲
2267 啦	7167 蚺	2292 崖	2305 铝	2316 移	4908 傀
4818 唶	4836 蛊	2293 崎	2306 铜	4891 秾	2330 偷
4819 喵	4837 圄	4857 崭	7184 锦	4892 透	7197 偁
4820 啉	4838 蚱	2294 崭	4869 铟	4893 笺	2331 您
4821 勖	蚯	2295 逻	4870 铠	4894 笥	4909 偬
2268 曼	4839 蚓	4858 崤	4871 铡	2317 笨	2332 售
7157 啷	2279 蛙	4859 帼	4872 铢	4895 笸	2333 停
2269 晦	2280 蛇	2296 崔	4873 铣	2318 笼	4910 偻
4822 晞	4840 蛏	2297 帷	7185 铥	4896 笪	2334 偏
4823 唵	4841 蚴	7171 崟	4874 铤	2319 笛	2335 躯
4824 晗	2281 唬	4860 崢	4875 铧	2320 笙	7198 皑
4825 冕	2282 累	2298 崩	4876 铨	4897 笮	4911 皉

2336	兜	2354	领	2371	祭	4942	旌	4957	烯	2423	渊				
4912	皎	4920	翎	4932	馃	2392	族	4958	焓	2424	淫				
2337	假	[丿一]		4933	馄	4943	旎	2409	焕	7236	溯				
7199	鄋	2355	脚	2372	馅	2393	旋	4959	烽	4976	溆				
7200	偓	2356	脖	2373	馆	7226	堃	4960	焖	2425	渔				
2338	衅	2357	脯	[丶一]		2394	望	4961	烷	2426	淘				
[丿丨]		2358	豚	2374	凑	4944	袤	7231	烺	7237	淴				
4913	鸻	7210	脶	2375	减	2395	率	4962	焗	2427	淳				
7201	徛	2359	脸	4934	鸾	[丶丨]		7232	焌	2428	液				
2339	徘	7211	脞	7219	恚	4945	阉	[丶丶]		4977	淬				
2340	徙	7212	脟	2376	毫	4946	阈	2410	清	4978	涪				
4914	徜	4921	脬	4935	孰	4947	阊	4963	渍	2429	淤				
2341	得	2360	脱	2377	烹	4948	阋	2411	添	7238	渍				
2342	衔	7213	脘	7220	庼	4949	阍	4964	渚	7239	淓				
7202	衒	4922	脝	2378	庹	7227	阌	2412	鸿	2430	淡				
4915	舸	4923	脲	4936	庾	4950	阎	4965	淇	4979	淙				
4916	舻	4924	匐	2379	麻	2396	阏	2413	淋	2431	淀				
7203	舳	7214	匏	2380	庵	4951	阐	4966	淅	4980	涫				
2343	盘	2361	象	7221	庼	2397	闸	4967	淞	7240	涴				
4917	舴	2362	够	4937	庚	[丶丿]		4968	渎	2432	深				
2344	舶	2363	逸	7222	庳	2398	着	2414	涯	4981	渌				
7204	舲	2364	猜	4938	痔	2399	羚	2415	淹	4982	涮				
2345	舳	2365	猪	4939	痍	7228	羝	4969	涿	2434	涵				
7205	鸼	2366	猎	7223	痊	4952	羟	2416	渠	2435	婆				
4918	舷	2367	猫	4940	疵	2400	盖	2417	渐	7241	鋆				
2346	舵	4925	猗	2381	痉	7229	羕	2418	淑	2436	梁				
[丿丶]		7215	猇	2382	痒	2401	眷	4970	淖	2437	渗				
2347	斜	2368	凰	2383	痕	5053	粝	4971	挲	4982	淄				
7206	龛	2369	猖	7224	鸡	2402	粘	2419	淌	2438	情				
7207	郐	4926	猡	2384	廊	2403	粗	7233	淏	4983	悭				
4919	龚	7216	猊	2385	康	4954	粕	2420	混	7242	悛				
2348	盒	4927	猞	2386	庸	2404	粒	7234	淠	4984	悖				
2349	鸽	7217	猄	2387	鹿	2405	断	4972	涠	2439	惜				
7208	瓿	4928	猝	2388	盗	2406	剪	7235	渱	2440	惭				
2350	敛	4929	斛	2389	章	2407	兽	4973	涸	4985	悱				
2351	悉	7218	觖	2390	竟	4955	焘	4974	渑	2441	悼				
2352	欲	4930	猕	7225	竫	4956	焐	2421	淮	4986	惝				
2353	彩	2370	猛	4941	翊	2408	焊	4975	淦	2442	惧				
7209	豜	4931	馗	2391	商	7230	焗	2422	淆	2443	惕				

通用规范汉字表　145

4987	惘	4998	谑	2477	蛋	[一一]		十二画		2509	堪				
4988	悻	4999	裆	2478	隅	7273	靖	[一一]		7291	勘				
2444	惟	2463	袱	5012	隈	2486	绩	5041	耠	5060	堞				
4989	惆	5000	袷	7260	隤	2487	绪	7282	絜	5061	搽				
7243	惛	7251	袼	5013	巢	5027	绫	5042	琫	2510	塔				
4990	惚	7252	裈	5014	隍	5028	骐	5043	琵	2511	搭				
2445	惊	5001	裉	5015	隗	7274	琳	7283	斌	5062	揸				
4991	惇	2464	祷	7261	隃	2488	续	2501	琴	2512	堰				
2446	惦	2465	祸	2479	隆	2489	骑	5044	琶	5063	揠				
2447	悴	7253	祲	2480	隐	5029	绮	5045	琪	5064	埵				
4992	惮	7254	禔	[一丿]		7275	骈	5046	瑛	7292	堙				
7244	惔	5002	谒	5016	婧	5030	绯	2502	琳	7293	垲				
7245	惊	2466	谓	5017	婊	2490	绰	5047	琦	2513	揩				
2448	惋	5003	谔	7262	婷	5031	绱	2503	琢	2514	越				
2449	惨	7255	谀	7263	婳	5032	骒	7284	琲	5065	趄				
7246	惼	5004	谕	7264	婼	5033	绲	7285	琡	2515	趁				
2450	惯	5005	谖	7265	婵	2491	绳	5048	琥	2516	趋				
2451	寇	5006	逸	7266	婳	5034	雅	5049	琨	2517	超				
2452	寅	5007	谙	7267	婍	2492	维	5050	靓	2518	揽				
2453	寄	2467	谚	5018	婕	2493	绵	7286	瑾	2519	堤				
7247	寁	5008	谛	7268	娴	5035	绶	2504	琼	2520	提				
2454	寂	2468	谜	7269	娓	2494	绷	2505	斑	7294	喆				
7248	逭	5009	谝	5019	娼	2495	绸	5051	琰	5066	揖				
2455	宿	7256	谞	5020	婢	7276	绹	5052	琮	2521	博				
2456	室	[一一]		7270	婤	7277	绚	7287	琔	5067	颉				
2457	窑	5010	逯	2481	婚	5036	绺	5053	琯	7295	揭				
4993	寇	2469	逮	7271	婼	7278	综	5054	琬	2522	揭				
2458	密	2470	敢	5021	婵	7279	绰	5055	琛	2523	喜				
[丶一]		2471	尉	2482	婶	5037	绻	7288	琭	2524	彭				
2459	谋	2472	屠	7272	婠	2496	综	5056	琚	2525	揣				
4994	谌	7257	艴	2483	婉	2497	绽	5057	摹	5068	堎				
2460	谍	7258	弸	5022	胬	5038	绾	2506	替	5069	揿				
2461	谎	7259	弶	5023	袈	7280	骕	5058	毳	2526	插				
7249	谭	2473	弹	2484	颇	7281	骎	[一丨]		2527	揪				
4995	谏	[一丨]		[一丶]		2498	绿	5059	揳	7296	锻				
7250	诚	2474	隋	2485	颈	5039	骖	2507	揍	2528	搜				
4996	扈	2475	堕	5024	翌	2499	缀	7289	堞	2529	煮				
4997	靰	5011	鄩	5025	恚	5040	缁	2508	款	7297	堞				
2462	谐	2476	随	5026	欬	2500	巢	7290	堃	5070	鼟				

通用规范汉字表 147

5071	揄	2547	惹	2562	棒	7333	楗	5114	殛	2614	最
2530	援	7307	葳	5094	楮	5104	棣	[一丶]		2615	晰
2531	搀	2548	葬	2563	棱	5105	椐	2597	颊	5123	晡
5072	蛮	7308	萿	2564	棋	2579	椭	2598	雳	2616	量
5073	蛰	7309	鄚	2565	椰	5106	鹁	5115	雯	7350	晞
7298	絷	2549	募	7321	楷	2580	惠	5116	雱	5124	睑
5074	塄	5084	葺	2566	植	7334	鹋	[一丿]		5125	睇
2532	裁	2550	葛	2567	森	7335	甦	5117	辊	2617	鼎
2533	搁	7310	蒉	7322	棽	2581	惑	5118	辋	5126	睃
2534	搓	5085	蒽	5095	梦	2582	逼	7343	輗	2618	喷
7299	搂	5086	萼	2568	焚	5107	覃	5119	椠	7351	晫
2535	搂	7311	菁	7323	棫	2583	粟	2599	暂	5127	戢
2536	搅	7312	萩	5096	楝	2584	棘	7344	辌	5128	喋
2537	壹	2551	葦	2569	椅	2585	酣	5120	辍	5129	嗒
7300	堰	5087	葆	7324	椓	5108	酤	5121	辎	5130	喃
2538	握	7313	蒐	2570	椒	5109	酢	2600	雅	2619	喳
5075	摒	5088	葩	5097	棹	2586	酥	2601	翘	2620	晶
5076	揆	7314	葰	2571	棵	5110	酡	[丨一]		7352	瞜
2539	搔	7315	葎	2572	棍	7336	酦	7345	棐	2621	喇
2540	揉	2552	葡	5098	椤	5111	鹂	2602	辈	2622	遇
5077	掾	2553	敬	5099	椎	7337	觌	5122	斐	2623	喊
7301	蒉	2554	葱	2573	椎	[一丿]		2603	悲	5131	喱
5078	耷	2555	蒋	2574	棉	2587	厨	7346	斳	5132	喹
2541	斯	5089	葶	7325	桦	2588	厦	7347	龀	2624	遏
2542	期	2556	蒂	7326	椇	7338	厩	2604	紫	5133	晷
2543	欺	5090	蒌	7327	鹀	7339	厢	[丨丨]		2625	晾
7302	悲	7316	鄠	5100	赏	2589	硬	2605	凿	2626	景
2544	联	7317	蒎	2575	棚	2590	硝	7348	蒿	7353	晱
5079	葑	2557	落	7328	椆	7340	砭	[丨丶]		5134	喈
5080	葚	5091	萱	5101	棕	2591	确	2606	辉	2627	畴
2545	葫	7318	葵	5102	椁	2592	硫	2607	敞	2628	践
7303	葡	7319	蔻	7329	棓	2593	雁	2608	棠	5135	跖
7304	葙	7320	蒿	7330	椑	7341	欹	7349	掌	2629	跋
7305	軒	2558	韩	5103	椴	5112	厥	2609	赏	2630	跌
5081	靰	5092	戟	7331	楾	7342	奢	2610	掌	5136	跗
5082	鞍	2559	朝	2576	棕	2594	殖	[丨一]		5137	跞
2546	散	5093	葭	2577	棺	2595	裂	2611	晴	5138	跚
7306	葳	2560	辜	7332	椀	2596	雄	2612	睐	2631	跑
5083	葳	2561	葵	2578	椰	5113	殚	2613	暑	5139	跎

5140	跏	2646	喧	2654	赔	2667	甥	7390	筥	2704	御
2632	跋	5160	喀	5177	赕	2685	犇	7391	筒	5217	徨
5141	跆	5161	喔	2655	黑	7384	掣	7386	筅	2705	循
7354	蹈	5162	喙	[丿一]		5191	掰	7385	筏	5218	婜
2633	遗	7359	啻	2656	铸	2668	掰	2686	筏	5218	艑
2634	蛙	7360	嵌	2657	铸	2669	短	5206	筵	7397	艋
5142	蛱	2647	嵌	7373	铹	2670	智	5207	筌	2706	艇
5143	蛲	7361	嵽	7374	锊	5192	矬	2687	答	[丶]	
5144	蛭	5163	嵘	7375	铽	5193	氰	2688	筋	2707	舒
5145	蛳	5164	嵖	7376	铼	5194	毳	2689	筝	5219	畲
5146	蛐	2648	幅	2657	铺	2671	氮	[丿丨]		7398	畲
5147	蛔	7362	崚	5178	铻	2672	毯	5208	傣	5220	弑
2635	蛛	7363	崴	5179	铼	5195	毽	2690	傲	2708	逾
2636	蜓	5165	崴	7377	铽	2673	氯	7392	傣	5221	颌
5148	蛞	5166	遄	2658	链	5196	犊	2691	傅	5222	翕
2637	蜒	5167	嵒	5180	铿	5197	犄	5209	傈	7399	颏
2638	蛤	2649	帽	2659	销	5198	犋	7393	俸	5223	釉
5149	蛴	5168	崳	2660	锁	5199	鹄	5210	焉	2709	番
5150	蛟	5169	嵬	5181	锃	5200	犍	5211	牍	2710	释
5151	蜃	7364	崾	2661	锄	2674	鹅	2692	牌	5224	鹆
7355	蜉	7365	嵌	5182	锂	7385	剩	7394	孱	2711	禽
7356	畯	5170	嵓	7378	销	2675	剩	5212	傥	5225	舜
5152	喝	5171	崟	5183	锆	2676	稍	7395	傒	5226	貂
2639	喝	7366	翙	5184	锇	2677	程	2694	集	[丿一]	
2640	鹃	5172	嵯	2663	锈	7386	稌	2695	焦	5227	腈
2641	喂	5173	嵝	5185	锉	2678	稀	2696	傍	7400	腆
5153	喑	5174	嵫	7379	锊	5202	黍	5213	傧	2712	腊
7357	喾	5175	崽	2664	锋	5203	稃	2697	储	5228	腌
2642	喘	7367	颌	2665	锌	2679	税	7396	催	5229	腓
5154	啾	5176	嵋	7380	锍	5204	稂	5214	遑	7401	腘
5155	嗖	7368	圌	7381	锎	2680	筐	2698	皓	5230	腆
7358	喤	7369	圐	5186	铜	7387	筘	2699	皖	5231	腴
2643	喉	2650	赋	2666	锐	2681	等	2700	粤	2713	脾
2644	喻	2651	赌	5187	锑	7388	筘	2701	奥	2714	腋
5156	喑	2652	赎	7382	镱	2682	筑	5215	傩	5232	腑
2645	啼	2653	赐	5188	银	2683	策	[丿丨]		7403	腙
5157	嗟	7370	赑	7383	铎	5205	筝	5216	遁	5233	腚
5158	喽	7371	淼	5189	锒	2684	筛	2702	街	2715	腔
5159	嗞	7372	赒	5190	锎	7389	筌	2703	惩	2716	腕

5234	腱	2728	就	2739	翔	2757	温	5294	愠	5307	裥
7404	腒	7413	鄗	2740	羡	2758	渴	5295	惺	2792	裙
7405	颍	2729	敦	2741	普	5282	渭	5296	愤	5308	裱
5235	鱿	5252	衰	2742	粪	2759	溃	2773	愕	5309	祺
5236	鲀	7414	厫	2769	栖	5283	湍	5297	惴	7446	裸
2717	鲁	7415	廋	2743	尊	2760	溅	2774	愣	5310	谠
5237	鲂	7416	麂	2744	奠	2761	滑	5298	愀	2793	禅
7406	鲃	2730	斌	5270	遒	2762	湃	5299	愎	2794	禄
5238	颖	5253	痣	2745	道	5284	湫	2775	惶	5311	幂
7407	獒	5254	痨	2746	遂	5285	溲	2776	愧	5312	谡
7408	鹫	5255	痦	5271	孳	5286	湟	2777	愉	2795	谢
5239	猢	2731	痘	2747	曾	5287	溆	5300	愔	2796	谣
5240	猹	5256	痞	5272	焯	2763	渝	7440	愃	2797	谤
2718	猩	2732	痢	5273	焜	7429	湲	2778	慨	5313	谥
5241	猥	5257	痤	2748	焰	5288	溇	5301	誉	2798	谦
2719	猬	2733	痪	7422	焞	7430	溘	7441	敧	5314	谧
7409	猯	5258	痫	5274	焙	7431	溗	2779	割	[一一]
2720	猾	5259	痧	7423	煃	2764	湾	2780	寒	5315	遐
2721	猴	2734	痛	7424	歃	7432	渟	2781	富	2799	犀
7410	㺪	7417	鄌	5275	焱	2765	渡	2782	寓	2800	属
5242	飓	5260	赓	5276	鹀	2766	游	2783	窜	2801	屡
5243	觞	7418	粢	[丶丶]		7433	溠	2784	窝	5316	孱
5244	觚	5261	竦	7425	溃	7434	渼	2785	窖	5317	弼
5245	猱	2735	童	5277	湛	7435	溇	2786	窗	2802	强
2722	惫	5262	瓿	2749	港	5289	湎	2787	窘	2803	粥
5246	颏	2736	竣	5278	渫	2767	滋	7442	窜	5318	孨
5247	飧	5263	啻	2750	滞	5290	湉	5302	寐	[一丨]
2723	然	7419	迨	7426	溚	2768	渲	[丶一]		2804	疏
5248	馇	7420	旐	7427	溁	2769	溉	5303	谟	2805	隔
2724	馈	5264	颏	2751	湖	5291	渥	5304	扉	5319	鹭
7411	馉	[丶丨]		2752	湘	7436	湣	2788	遍	2806	隙
5249	馊	5265	鹇	2753	渣	5292	湄	7443	棨	2807	隘
2725	馋	7421	阒	2754	渤	7437	湑	2789	雇	[一丿]
[丶一]		5266	阑	5279	湮	5293	滁	7444	厥	2808	媒
5250	裹	5267	阒	5280	涵	7438	溢	5305	裢	7447	婻
7412	㶉	2737	阔	7428	湝	2770	愤	5306	裎	7448	媛
2726	装	5268	阕	5281	湜	2771	慌	7445	裣	7449	媞
2727	蛮	[丶丿]		2755	渺	2772	惰	2790	裕	5320	媪
5251	脔	2738	善	2756	湿	7439	愐	2791	裤	2809	絮

7450	娅	2821	骗	5348	韫	7483	揿	2856	蓿	2869	榆
2810	嫂	2822	编	2830	魂	5365	搦	5387	蒹	7499	楪
7451	媓	5337	缗	[一丨]		2844	摊	5388	蒴	7500	椸
5321	媛	7460	媭	5349	髡	5366	搡	2857	蒲	5402	桐
5322	婷	2823	骚	7476	髢	2845	聘	5389	蒗	5403	槎
7452	媂	2824	缘	2831	肆	5367	蓁	2858	蓉	2870	楼
7453	媄	5338	飨	2832	摄	5368	戡	2859	蒙	5404	榉
2811	媚			2833	摸	2846	斟	7488	萌	5405	楦
2812	婿	**十三画**		2834	填	2847	蒜	7489	蓂	2871	概
[一丶]		[一一]		2835	搏	7484	蒲	5390	盏	5406	楣
5323	毹	5339	耢	7477	塥	5369	蓍	5391	颐	5407	楹
7454	毹	7461	瑃	5350	塬	5370	鄞	7490	蒻	7501	楸
5324	犟	2825	瑟	5351	鄢	2848	勤	2860	蒸	5408	椽
2813	登	5340	瑚	5352	赹	2849	靴	2861	献	5409	裘
5325	皴	7462	瑓	5353	趑	5371	靳	7491	蒴	2872	赖
7455	矞	2826	鹉	5354	摅	2850	靶	5392	楔	5410	剽
5326	婺	7463	瑅	2836	塌	2851	鹊	2862	椿	5411	甄
5327	骛	5341	瑁	5355	摁	5372	薩	7492	椹	7502	歅
[一一]		7464	瑆	2837	鼓	2852	蓝	7493	楪	5412	酮
7456	骟	7465	鹃	7478	墼	5393	墓	5393	楠	5413	酰
5328	缂	2827	瑞	2838	摆	2854	幕	2863	禁	5414	酯
5329	缃	7466	瑕	7479	赪	5373	蓦	5394	楂	5415	酩
5330	缄	7467	瑝	2839	携	5374	鹋	7494	楉	2873	酪
2814	缅	7468	瑔	5356	蜇	5375	蒽	2864	楚	2874	酬
5331	缆	2828	瑰	5357	摭	7485	葖	5395	楝	7503	酏
2815	缆	7469	瑀	2840	搬	5376	蓓	2865	楷	[一丨]	
7457	骙	5342	瑜	2841	摇	5377	蒞	2866	榄	5416	虞
5332	缇	5343	瑷	2842	搞	7486	蒇	2867	想	2875	感
5333	绡	7470	琬	7480	摘	5378	蓊	5396	楫	7504	碃
2816	缉	7471	瑳	2843	塘	5379	蒯	7495	楹	5417	碛
7458	缊	5344	瑄	5358	搪	5380	蓟	7496	楒	7505	碏
5334	缌	5345	瑕	7481	搒	2855	蓬	7497	楞	7506	碈
2817	缎	7472	瑚	7482	搒	5381	蕤	5397	楸	2876	碍
7459	缐	7473	瑬	5359	搞	5382	蒿	5398	椴	2877	碘
5335	缑	5346	鹜	5360	搛	5383	蒺	7498	梗	5418	碓
5336	缒	5347	鹙	5361	搠	5384	蓠	2868	槐	2878	碑
2818	缓	7474	瑃	5362	摈	7487	蒡	5399	槌	5419	硼
2819	缔	2829	瑙	5363	毂	5385	蒟	5400	楯	5420	碉
2820	缕	7475	遖	5364	毂	5386	蒡	5401	皙	7507	碚

2879 碎	7516 鄧	7521 暄	5467 嗯	5487 锟	5501 箍
5421 碚	[丨一]	5449 喧	2927 嗅	2938 锡	5502 箜
2880 碰	2895 晴	2910 暇	5468 嗥	5488 锢	7542 箦
7508 碑	2896 睹	2911 照	5469 嗲	2939 锣	5503 筲
5422 碇	2897 睦	5450 遢	5470 嗳	2940 锤	7543 筼
7509 碚	2898 瞄	5451 暌	2928 嗡	2941 锥	7544 筤
2881 碗	5431 睚	2912 畸	5471 嗌	2942 锦	5504 筱
2882 碌	5432 嗪	5452 跬	5472 嗍	7532 锧	2953 签
5423 碜	2899 睫	5453 跱	5473 嗨	5489 锨	2954 简
5424 鹌	5433 匙	2913 跨	5474 嗐	5490 锪	2955 筷
2883 尴	5434 嗷	5453 跶	5475 嗤	7534 锫	7545 筦
[一丶]	5435 嗉	2914 跷	5476 嗵	7535 锫	7546 筤
7510 鄂	7517 睐	5454 跸	2929 嗓	5490 锩	[丿丨]
2884 雷	2900 睡	5455 跐	2930 署	7536 锬	2956 毁
2885 零	5436 睨	5456 跣	2931 置	7537 铍	2957 舅
2886 雾	5437 睢	5457 跹	5477 罨	5491 锭	2958 鼠
2887 雹	5438 雎	2915 跳	2932 罪	2943 键	5505 牒
[一丿]	5439 睥	2916 跺	2933 罩	2944 锯	5506 煲
5425 輂	2901 睬	2917 跪	2934 蜀	2945 锰	2959 催
2888 辐	7518 鹍	2918 路	2935 幌	5492 锱	2960 傻
2889 辑	5440 嘟	5458 跻	5478 嵊	2946 矮	2961 像
7511 辒	2902 嗜	2919 跤	5479 嵊	5493 雉	7547 傺
2890 输	5441 嗑	2920 跟	5480 嵴	5494 氲	2962 躲
7512 辏	5442 嗫	2921 遣	5526 赠	5495 犏	7548 鹎
7513 辒	5443 嚅	7523 蚴	5527 觟	2947 辞	2963 魁
[丨一]	7519 噁	5459 蛸	5481 骰	5496 歆	5507 敫
2891 督	5444 嗔	2922 蜈	[丿一]	7538 稑	7549 僇
2892 频	2903 鄙	7524 蜎	7539 稙	[丿丿]
5426 龃	2904 嗦	2923 蜗	7528 锖	5497 稞	2964 衙
2893 龄	5445 嗝	2924 蛾	5482 锗	2948 稚	2965 微
5427 龅	2905 愚	5460 蜊	7529 锬	5498 稗	5508 徭
7514 韶	5446 戡	5461 蜍	2936 错	5499 稔	5509 愆
7515 觜	5447 嗄	5462 蜉	7530 锘	2949 稠	5510 艄
5428 訾	2906 暖	2925 蜂	2937 锚	2950 颓	7550 艅
5429 粲	7520 曼	5463 蜣	7531 锳	2951 愁	7551 舭
5430 虞	2907 盟	2926 蜕	5483 锵	7540 穆	[丿丶]
[丨丨]	5448 煦	5464 畹	5484 锶	2952 筹	5511 觎
2894 鉴	2908 歇	5465 蛹	5485 锝	7541 筼	5512 觊
[丨丶]	2909 暗	5466 嗣	5486 锞	5500 筠	2966 愈

7552	銚	7562	鮑	5545	瘁	5559	煳	5579	溴	5593	窦				
2967	遥	2977	鲍	7572	瘀	7582	煋	7593	潋	5594	窠				
7553	貊	7563	鲇	7573	瘅	7583	煴	5580	滏	5595	窣				
5513	貅	7564	鲅	2991	痰	7584	煋	3011	滔	3028	窟				
5514	貋	5531	鲐	5546	瘆	5560	煜	3012	溪	3029	寝				
5515	貉	7565	雏	2992	廉	5561	煨	5581	滃	[丶一]					
5516	颔	5532	肄	7574	廊	7585	煏	3013	溜	7601	望				
[丿一]		2978	猿	7575	鹠	7586	煓	5582	滦	3030	谨				
2968	腻	2979	颖	7576	廓	5562	煅	7594	潆	7602	禘				
5517	朦	5533	鸽	7577	廌	3004	煌	7595	潋	5596	裱				
5518	腩	7566	猺	5547	麀	5563	煊	3014	漓	3031	褂				
2969	腰	7567	飑	5548	裔	5564	煸	3015	滚	5597	褚				
5519	腼	5534	飒	2993	靖	5565	煺	5583	溏	3032	裸				
7554	腽	7568	觯	2994	新	[丶丶]		5584	滂	7603	裼				
2970	腥	5535	觎	7578	鄚	5566	滟	3016	溢	5598	裨				
2971	腮	2980	触	5549	歆	5567	溱	3017	溯	5599	裾				
5520	腭	2981	解	2995	韵	5568	溘	3018	滨	5600	裰				
7555	腨	5536	遛	2996	意	7587	滠	3019	溶	5601	楔				
2972	腹	2982	煞	5550	旒	3005	满	5585	滓	3033	福				
2973	腺	2983	雏	5551	雍	5569	漭	5586	溟	7604	裡				
7556	腯	7569	馇	[丶丨]		3006	漠	7596	滔	7605	褆				
5521	腧	2984	馍	5552	阖	7588	滘	3020	溺	7606	褅				
2974	鹏	2985	馏	5553	阗	5570	滢	7597	潢	7607	褖				
5522	塍	5537	馐	7579	阘	3007	滇	3021	梁	5602	谩				
5523	媵	[丶一]		7580	阙	3022	滦	3022	滩	5603	谪				
2975	腾	2986	酱	5554	阙	5571	溥	5587	溲	7608	谢				
7557	媵	5538	鹑	[丶丿]		7590	漏	5588	愫	3034	谬				
2976	腿	7570	裒	5555	羧	5572	溧	7598	愔	[一一]					
5524	詹	2987	禀	5556	豢	5573	溽	5589	慨	7609	鹔				
5525	鲅	5539	亶	2997	誉	3008	源	3023	慎	7610	颡				
5526	鲆	7571	廒	5557	粳	3009	滤	7599	慥	3035	群				
5527	鲇	5540	瘃	2998	粮	3010	滥	7600	慆	3036	殿				
5528	鲈	5541	痱	2999	数	5574	裟	5590	慊	3037	辟				
7558	鲉	2988	痹	3000	煎	7591	滉	3024	誊	7611	愍				
7559	鲊	5542	瘐	5558	猷	5575	漓	5591	鲎	[一丨]					
5529	鲦	2989	廓	3001	塑	5576	溷	3025	塞	3038	障				
5530	鲋	2990	痴	3002	慈	7592	溦	5592	骞	[一丿]					
7560	鲌	5543	痿	3003	煤	5577	滗	3026	寞	5604	嫱				
7561	鲊	5544	瘐	7581	煐	5578	煨	3027	窥	5605	嫫				

通用规范汉字表

7612	嫄	7621	瑧	3059	截	3072	蔗	7652	榍	5683	殡
3039	媳	5621	璈	5636	斠	5651	蔟	7653	殠	[一丶]
5606	媲	7622	瑽	5637	踅	5652	蔺	7654	鸥	3095	需
7613	媱	7623	瑨	3060	誓	5653	戬	3084	歌	5684	霆
5607	媛	7624	瑱	7634	銎	3073	蔽	3085	遭	5685	霁
3040	嫉	3049	静	5638	摭	7645	蓶	5671	僰	[一丿]
3041	嫌	3050	碧	7635	墕	5654	蕖	3086	酵	5686	辕
3042	嫁	5622	瑶	5639	墉	5655	蔻	5672	酽	3096	辖
5608	嫔	7625	瑷	3061	境	5656	蓿	7655	酺	3097	辗
5609	媸	3051	璃	3062	摘	5657	蔼	7656	酾	[丨一]
7614	戬	5623	瑭	5640	墒	5657	斡	7657	酲	5687	蜚
[一丶]		7626	瑢	3063	摔	3075	熙	3087	酷	5688	裴
7615	勠	5624	瑧	3064	撇	3076	蔚	5673	酶	5689	翡
7616	戮	3052	赘	7636	墚	5658	鹕	7658	酴	3098	雌
3043	叠	3053	熬	5641	毂	3077	兢	5674	酹	5690	龇
[一丿]		5625	觏	7637	撖	7646	骷	3088	酿	5691	龈
5610	缙	7627	斠	7638	墘	5659	蓼	3089	酸	7667	鳖
5611	缜	5626	慝	5642	綦	5660	榛	[一丨]		5692	睿
3044	缚	5627	嫠	3065	聚	5661	榷	5675	厮	[丨丶]
5612	缛	5628	韬	5643	蔫	7647	楮	7659	碶	3099	裳
7617	骒	5629	叆	5644	蔷	3078	模	5676	碡	[丨一]
5613	辔	[一丨]		5645	靺	7648	榑	3090	碟	7668	鹍
7618	骓	7628	揸	5646	靴	7649	榌	5677	碴	3100	颗
3045	缝	5630	髦	5647	鞅	3079	槛	3091	碱	7669	夥
5614	骝	7629	瑪	7639	靽	7650	榥	5678	碜	3101	瞅
7619	缞	7630	墈	7640	鞁	5662	榻	5679	磁	7670	瞍
5615	缟	7631	堽	5648	勒	5663	榫	5678	碣	5693	睽
3046	缠	7632	墘	5641	蕲	7651	槠	7662	碨	5694	瞌
5616	缡	3054	墙	7642	蕙	5664	榭	7663	碍	3102	墅
5617	缢	5631	摽	3066	慕	5665	榑	3092	碳	5695	嘞
5618	缣	7633	撂	3067	暮	3080	榴	5679	碲	5696	嘈
3047	缤	3055	墟	3068	摹	5666	槺	5680	磋	3103	嗽
5619	骟	5632	墁	3069	蔓	5667	槁	3093	磁	5697	嘌
3048	剿	5633	撂	3070	蔑	3081	榜	7664	碹	5698	嘁
		5634	摞	5649	蔸	3082	苑	7665	碥	5699	嘎
十四画		3056	嘉	5650	蔸	3082	榨	3094	愿	5700	暧
[一一]		3057	摧	7643	荸	3083	榕	7666	剽	7671	鹘
7620	韩	5635	撄	7644	薮	5669	楂	5681	臧	5701	暝
5620	耥	3058	赫	3071	蔡	5670	榷	5682	豨	7672	𪾢

5702	踌	7677	圙	5746	箐	5764	艋	[丶一]		5792	粿			
5703	踉	5729	罂	7690	箨	[丿丶]		7713	渐	5793	粼			
7673	跫	3112	赚	3120	箕	7698	銎	5778	銮	3154	粹			
3104	踊	5730	骷	5747	箬	5765	鄱	3139	裹	5794	粽			
3105	蜻	5731	骶	7691	箓	3131	貌	3140	敲	5795	糁			
5704	蜞	5732	鹘	3121	算	[丿一]		3141	豪	3155	歉			
3106	蜡	[丿一]		5748	箅	3132	膜	3142	膏	5796	槊			
5705	蜥	5733	锲	3122	笋	3133	膊	5779	塾	5797	鹚			
5706	蜮	7678	锴	7692	劄	5766	膈	7714	麾	3156	弊			
7674	蜾	5734	锴	5749	箪	3134	膀	3143	遮	7720	鄯			
5707	蝈	5735	锶	5750	箔	5767	朘	5780	麽	3157	熄			
5708	蜴	5736	锷	3123	管	5768	鲑	7715	廑	5798	熘			
3107	蝇	5737	锸	5751	箜	7699	鲒	3144	腐	7721	熇			
3108	蜘	3113	锹	5752	箢	5769	鲔	3145	瘩	3158	熔			
5709	蜱	7679	锺	3124	箫	7700	鲕	5781	瘌	3159	煽			
5710	蜩	3114	锻	5753	箓	7701	鲖	7716	瘗	5799	熥			
5711	蜷	7680	锼	5754	毹	7702	鲗	3146	瘟	[丶丶]				
3109	蝉	7681	锽	[丿丨]		7703	鲘	3147	瘦	7722	沩			
5712	蜿	7682	镁	3125	舆	7704	鲙	5782	瘊	7723	漖			
5713	螂	7683	镍	5755	僖	7705	鲛	7717	瘥	5800	潢			
5714	蜢	5738	锵	5756	儆	7706	鲚	5783	瘘	7724	潆			
5715	嘘	7684	镓	5757	僳	7707	鲍	7718	瘕	3160	潇			
5716	嗵	3115	镀	3126	僚	5770	鲏	5784	瘙	7725	溇			
5717	鹗	5739	镁	5758	僭	5771	鲛	5785	廖	3161	漆			
5718	嘣	5740	镂	7693	僬	3135	鲜	3148	辣	5801	漕			
5719	嘤	7685	镃	5759	僦	7708	鲨	3149	彰	3162	漱			
5720	嗯	7686	镒	7694	僦	5772	鲟	3150	竭	3163	漂			
3110	嘛	7687	镅	7760	僮	7709	夐	5786	韶	5802	滹			
3111	嘀	3116	舞	7695	僳	3136	疑	3151	端	3164	漫			
5721	嗾	5741	犒	3127	僧	5773	獐	3152	旗	7726	潩			
5722	嘧	3117	舔	3128	鼻	7710	獍	5787	旖	5803	漯			
7675	幖	7688	秘	3129	魄	7711	飗	5788	膂	5804	滗			
5723	罴	3118	稳	3130	魅	7712	鹜	[丶丨]		7727	漼			
5724	幂	7689	鹜	5761	魃	5774	觫	5789	阚	7728	淳			
5725	幔	3119	熏	5762	魆	5775	雒	[丶丿]		7729	漩			
5726	嶂	5742	箐	7696	僎	3137	孵	5790	鄯	5805	潋			
5727	幛	5743	篓	5763	睾	5776	夤	7719	鲞	5806	潴			
7676	嶝	5744	箧	[丿丿]		5777	馑	5791	鲝	5807	漪			
5728	赙	5745	箍	7697	槃	3138	馒	3153	精	7730	漈			

5808	漉	5823	褊	5843	缦	7752	墣	3210	蕊	3228	碾
5809	漳	3180	褪	3187	骡	3196	撑	5882	颐	7763	磙
3165	滴	7739	禛	3197	撮	7758	飚	7764	殣
3166	漾	7740	褯	5844	缧	3198	撬	3211	蔬	[一、]
3167	演	5824	谯	5845	缨	5863	赭	3212	蕴	7765	憨
5811	澉	5825	谰	5846	骢	7753	墦	7759	黇	3229	震
3168	漏	3181	谱	7746	缤	3199	播	5883	槿	3230	霄
7731	潴	5826	谲	3188	缩	3200	擒	3213	横	3231	霉
7732	漻	[一一]	5847	缪	5864	撸	5884	樯	7766	霅
5812	潍	5827	暨	5848	缫	5865	鋆	3214	槽	5897	霈
7733	懂	5828	屣	十五画	3201	墩	7760	橛	[一丨]
3169	慢	[一丨]	[一一]	3202	撞	5885	槭	5898	辘
3170	慷	5829	鹛	3189	慧	3203	撤	5886	樗	[丨一]
5813	慵	7741	隩	5849	耦	7754	墡	5887	樘	5899	龉
3171	寨	3182	隧	5850	耧	5866	撙	3215	樱	5900	龊
3172	赛	[一丿]	5851	瑾	3204	增	5888	樊	5901	觑
5814	搴	5830	嫣	5852	璜	5867	撺	3216	橡	[丨一]
3173	寡	5831	嫱	7747	璎	5868	墀	5889	槲	5902	瞌
7734	寤	3183	嫩	5853	璀	3205	撰	3217	樟	3232	瞒
5815	窨	5832	嫖	5854	璎	5869	聩	3218	橄	5903	瞋
7735	窭	7742	嬉	5855	璁	3206	聪	3219	敷	3233	题
3174	察	7743	嫭	7748	麹	5870	觐	7761	鹞	7767	暵
3175	蜜	5833	嫦	5856	埠	3207	鞋	3220	豌	3234	暴
5816	寤	5834	嫚	5857	璇	5871	鞑	3221	飘	3235	瞎
3176	寥	5835	嬷	7749	璆	5872	蕙	3222	醋	5904	瞑
[、一]	7744	嫜	7750	漦	5873	鞒	5890	醌	3236	嘻
7736	槊	5836	嫡	5858	奭	3208	鞍	3223	醇	5905	嘭
7737	谫	7745	嫪	7751	叇	5874	蕈	3224	醉	5906	噎
3177	谭	5837	鼐	[一丨]	5875	蕨	5891	醅	3237	嘶
3178	肇	[一、]	3190	撵	5876	蕤	[一丿]	5907	噶
5817	綦	5838	翟	5859	髯	5877	蕞	5892	厮	3238	嘲
5818	谮	3184	翠	5860	髻	5878	蕺	5893	靥	5908	颞
5819	褡	3185	熊	5861	撷	5879	瞢	5894	餍	5909	遵
5820	褙	3186	凳	3191	撕	3209	蕉	3225	磋	5910	嘬
3179	褐	5839	瞀	3192	撒	7755	劐	3226	磊	3239	噘
5821	裸	5840	鹜	5862	撅	7756	奭	5895	磙	3240	影
7738	褕	[一一]	3193	撩	5880	蕃	5896	磁	7768	嶂
5822	褛	5841	骠	3194	趣	5881	蕲	3227	磅	7769	暲
		5842	骡	3195	趟	7757	蕰	7762	磏	7770	踦

5911	踔	5933	噢	5951	镒	5964	虢	3282	瘤	6000	潦
5912	踝	5934	噙	5952	镓	5965	鹛	5985	瘠	3294	鲨
3241	踢	5935	噜	5953	镔	7798	鹞	3283	瘫	7816	澂
3242	踏	7776	噇	7790	镕	[丿一]		5986	齑	6001	淆
5913	踟	7777	噂	3259	靠	3274	膝	7806	鹤	6002	鋈
5914	踒	5936	噌	7791	穑	5966	膘	3284	凛	6003	潟
5915	踬	3253	嘱	3260	稽	5275	膛	3285	颜	3295	澳
3243	踩	5937	噀	5954	稷	5967	滕	3286	毅	3296	潘
5916	踮	5937	噔	3261	稻	5968	鲠	[丶丿]		7817	澛
7771	蹚	5938	颙	3262	黎	5969	鲡	5987	羯	6004	潼
5917	踯	7779	嘼	3263	稿	5970	鲢	5988	羰	3297	澈
3244	踪	5939	噗	3264	稼	5971	鲣	3287	糊	7818	塗
5918	踺	7780	嘻	3265	箱	5972	鲥	5989	楂	3298	澜
5919	踞	7781	嘟	5955	箴	3276	鲤	7807	粿	7819	潜
5920	蝽	5940	幡	5956	篑	7799	鲵	5990	遴	7820	潆
3245	蝶	7782	嶂	5957	篁	7800	鲦	5991	糌	6005	潺
7772	蝻	3254	幢	5958	筷	5973	鲧	5992	糍	3299	澄
5921	蝰	5941	嶙	3266	篓	5974	鲩	7808	糈	7821	涵
3246	蝴	7783	嶂	3267	箭	5975	鲲	5993	糅	3300	懂
5922	蝻	7784	嶒	3268	篇	3277	卿	7809	翦	7822	憭
7773	蝈	5942	嶝	5959	篆	7802	鲥	3288	遵	6006	憬
7774	蜒	3255	墨	[丿丨]		7803	猱	7810	鹟	3301	憔
3247	蝠	5943	骷	3269	僵	5975	獗	7811	鹞	3302	懊
5923	蜂	5944	骶	5960	儒	5976	獠	3289	憨	6007	憧
3248	蝎	5945	骸	7792	儇	7804	觭	7812	熛	3303	憎
3249	蝌	[丿一]		5961	儋	5977	觯	5994	熜	7823	憕
5924	蝮	5946	锲	3270	躺	7805	鹡	5995	熵	7824	骞
5925	蝼	7785	镇	7793	皞	5978	徼	5996	熠	7825	戮
3250	蝗	3256	镇	7794	皛	5979	馔	[丶丶]		6008	寮
5926	蝓	7786	镈	3271	僻	[丶一]		7813	澭	6009	窳
5927	蝣	5947	镐	[丿丿]		3278	熟	3290	潜	3304	额
5928	蝼	7787	锐	3272	德	3279	摩	5997	漖	[丶一]	
7775	蝤	5948	镌	7795	鹇	5980	麾	3291	澎	6010	谡
3251	蝙	5949	镍	5962	徵	3280	褒	5998	潲	3305	翩
5929	噗	7788	锋	3273	艘	5981	麈	7814	潵	3306	褥
5930	噘	5950	镏	7796	艎	5982	瘪	3292	潮	6011	褴
5931	颚	5950	镏	5963	磐	5983	瘼	5999	潸	6012	褐
3252	嘿	3257	镐	7797	艏	3281	瘘	3293	潭	6013	褫
5932	噍	3258	镑	[丿丶]		5984	瘢	7815	澌	7826	褙

7827 禤	6032 璠	6051 槳	7848 醋	6088 噶	7870 嶽		
3307 遭	6033 璘	3324 擎	[一丿]	6089 噗	6109 罹		
7828 谖	7833 瑽	7843 薛	7849 觱	7860 嘦	7871 嶦		
3308 鹤	6034 聱	3325 薪	7850 磝	6090 暾	6110 圜		
6014 谵	6035 螯	6052 薏	7851 磹	7861 瞳	3350 鹦		
[一一]	7834 澄	7844 薤	7852 磜	7862 曈	3351 赠		
3309 憨	[一丨]	6053 薮	6072 碟	6091 踝	3352 默		
6015 熨	6036 髻	3326 薄	6073 赝	7863 蹅	3353 黔		
3310 慰	6037 髭	3327 颠	6074 飙	7864 踶	[丿一]		
3311 劈	6038 髤	3328 翰	7853 獟	6092 踹	7872 锴		
3312 履	6039 擀	3329 噩	6075 殪	6093 踵	6111 锗		
6016 屦	3315 撼	6054 薛	[一丶]	6094 踽	7873 锾		
[一丿]	3316 擂	6055 薅	6076 霖	3342 嘴	6112 镖		
6017 嬉	3317 操	6056 樾	6077 霏	3343 踱	6113 锃		
7829 嫽	6040 熹	7845 樭	6078 霓	3344 蹄	6114 镘		
6018 魍	7835 憙	3330 橱	3337 霍	6095 蹉	6115 镚		
[一丶]	6041 髳	6057 橛	3338 霎	6096 蹁	6116 镛		
6019 戮	7836 擐	7846 橼	[一一]	3345 踩	3354 镜		
7830 遹	3318 擅	6058 橇	6079 錾	6097 螨	6117 锏		
6020 蝥	6042 擞	6059 樵	3339 辙	6098 蟒	6118 镞		
3313 豫	6043 毂	6060 檎	6080 辚	3346 蟆	7874 镠		
[一一]	6044 磬	6061 橹	7854 辳	6099 螈	6119 镣		
6021 缬	7837 鄴	7847 橦	6081 臻	7865 蟎	6120 氆		
3314 缭	6045 颞	6062 樽	[丨一]	6100 螅	6121 氇		
6022 缮	6046 蕻	6063 桦	3340 冀	6101 螭	3355 赞		
7831 骠	7838 薳	3331 橙	7855 齮	7866 螗	6122 憩		
6023 缯	6047 鞘	3332 橘	7856 觊	3347 螃	6123 稽		
6024 骡	7839 鞔	6064 橡	7857 龃	6102 蚂	7875 穇		
6025 畿	3319 燕	6065 墼	3341 餐	6103 螟	3356 穆		
十六画	7840 黇	3333 整	6082 邂	6104 噱	7876 穄		
[一一]	6048 颟	3334 融	7858 虤	6107 暸	6124 簖		
6026 燕	6049 蕹	3335 瓢	[丶一]	3348 器	7877 篌		
6027 耨	3320 蕾	6067 翮	6083 氅	3349 噪	6125 篥		
6028 耪	7841 蕷	3335 瓢	[丨一]	6105 噬	3357 篮		
7832 璞	7842 蕗	6068 醛	6084 瞟	6106 噫	3358 篡		
6029 璞	3321 薯	6069 醐	7859 暿	6107 噻	7878 簋		
6030 璟	6050 薨	6070 醍	6085 瞠	6108 噼	7879 篼		
6031 靛	3322 薛	3336 醒	6086 瞰	7868 嶩	6126 氇		
	3323 薇	6071 醚	6087 瞥	7869 嶫	6127 篦		

3359 篷	7889 鳑	3374 糖	7912 黉	7920 壇	7930 磹
6128 篙	6146 鲻	3375 糕	6182 褰	[一丨]	3397 礁
3360 篱	6147 獠	6168 瞥	6183 寰	7921 髻	7931 磻
[丿丨]	6148 獗	6169 甑	6184 窸	3388 戴	6217 磴
6129 盥	6149 獬	6170 燎	3383 窿	6199 螫	3398 磷
3361 儒	6150 邂	7897 燋	[丶一]	6200 擤	6218 磙
6130 劓	7890 馞	6171 燠	6185 褶	6201 壕	6219 鹩
7880 氄		7898 燔	6186 禧	7922 擿	[一丶]
6131 翱	7891 钟	6172 燔	[一一]	3389 擦	3399 霜
6132 魉	6151 鹧	3376 燃	3384 壁	6202 擞	3400 霞
6133 魈	3367 磨	6173 燧	3385 避	6203 馨	[丨一]
3362 邀	6152 廨	7899 燊	6187 擘	6204 擢	6220 龋
[丿丿]	6153 赟	7900 燚	6188 犟	3390 藉	6221 龌
7881 衚	7892 瘭	7901 橘	[一丨]	6205 薹	6222 圜
6134 徼	7893 瘵	[丶丶]	6189 隰	6206 鞯	6223 罄
3363 衡	6154 瘭	7902 濩	[一丿]	3391 鞠	[丨丨]
[丿丶]	6155 廪	7903 潨	7913 嬛	6207 鞬	6224 黻
6135 歙	6156 瘿	6174 濑	6190 嬗	3392 藏	[丨一]
7882 龠	6157 瘵	7904 澿	[一丶]	6208 薷	7932 曛
[丿一]	6158 瘴	3377 濒	7914 鹩	6209 薰	3401 瞭
3364 膨	6159 癃	7905 濠	7915 嚣	3393 薿	3402 瞧
6136 膳	3368 瘾	6175 濡	6191 颡	6210 薛	3403 瞬
7883 膦	3369 瘸	6176 潞	[一一]	7923 蘷	3404 瞳
7884 螣	6160 瘳	6177 澧	3386 缰	6211 藁	7933 膦
6137 膦	6161 斓	3378 澡	6192 缱	7924 藻	3405 瞩
6138 脶	6162 麇	7906 澴	6193 缲	3394 檬	3406 瞪
3365 雕	6163 麈	3379 激	6194 缳	7925 槠	6225 嚏
7885 鲭	3370 凝	6178 澹	3387 缴	7926 橄	3407 曙
6139 鲮	3371 辨	6179 澥	7916 缯	6212 橄	6226 曘
7886 鲯	3372 辩	6180 澶		3395 檐	6227 蹉
7887 鲰	6164 赢	6181 濂	十七画	7927 榭	6228 蹒
6140 鲱	7894 鹭	7907 澣	[一一]	6213 檩	3408 蹋
6141 鲲	6165 壅	7908 澼	7917 璨	3396 檀	3409 蹈
6142 鲳	[丶丿]	7909 憷	7918 璩	6214 懋	6229 蹊
6143 鲷	7895 嬴	3380 懒	6195 璨	6215 醢	7934 蹐
6144 鲵	6166 羲	3381 憨	6196 璩	7928 醢	6230 螨
6145 鲷	7896 糒	7910 憺	6197 璐	[一丿]	7935 蟥
3366 鲸	3373 糙	3382 懈	6198 璪	6216 黟	6231 螬
7888 鲥		7911 憹	7919 璨	7929 繁	6232 螵

6233	疃	3415	穗	7959	谿	3427	赢	6307	螽	3440	覆
6234	螳	7948	穟	[丿一]		[丶丿]		6308	鹬	6323	醪
3410	螺	6254	黏	6272	臌	3428	糟	6309	鍪	[一丿]	
3411	蟋	7949	穜	3422	朦	3429	糠	[一一]		7993	廒
6235	蟑	7950	穟	3423	臊	7971	馘	3436	骤	6324	蹙
3412	蟀	3416	魏	6273	膻	3430	燦	7979	繻	7994	礞
3413	嚎	7951	簕	6274	臆	[丶丶]		7980	纁	6325	礓
7936	嚓	3417	簧	6275	臃	6292	溋			7995	礌
6236	嚓	6255	簌	7960	鲭	6293	濡	**十八画**		7996	磔
6237	羁	6256	篾	6276	鳑	6294	濮	[一一]		6326	燹
6238	蹋	7952	簇	6277	鲽	6295	濞	7981	璿	6327	餮
6239	嶾	6257	笤	7961	鲡	6296	濠	6310	鳌	[丨一]	
6240	嶷	7953	箢	7962	鲺	6297	濯	6311	鳘	6328	瞿
3414	赡	3418	簇	7963	鲌	3431	懦	7982	釐	3441	瞻
6241	黜	6258	簖	7964	鳈	3432	豁	7983	鸎	6329	曛
6242	黝	6259	簋	6278	鲲	6298	骞	[一丨]		6330	颢
6243	髁	3419	繁	7965	鲲	6299	寰	6312	鬈	6331	曜
6244	髀			7966	鳃	6300	邃	6313	鬃	6332	蹒
[丿一]		[丿丨]		6279	鳃	[丶一]		6314	瞽	6333	蹚
7837	镨	6260	黡	3424	鳄	7972	襕	3437	藕	3442	蹦
6245	镡	6261	黛	6280	鳅	7973	襁	7984	燕	6334	鹭
6246	镢	6262	儡	6281	鲤	6301	襁	6315	鞯	7997	蹢
6247	镣	6263	鸴	7967	鲸	[一一]		7985	鞳	7998	蹜
7938	镤	7954	儦	7968	鳉	7974	鎏	7986	鞮	6335	蟛
7939	镧	6264	舫	6282	鲔	7975	蟊	6316	鞨	6336	蟪
7940	镭	6265	膰	7969	獴	3433	臀	3438	鞭	7999	蟫
7941	镆	7955	雠	6283	螽	6302	襞	6317	鞫	8000	蟠
6248	镦			[丶一]		7976	甓	6318	鞧	6337	蟠
6249	镧	[丿丨]		6284	燮	3434	臂	6319	鞣	6338	蟥
7942	镨	7956	阍	6285	鹜	6303	擘	7987	鞲	8001	噩
7943	镩	3420	徽	6286	襄	[一丨]		7988	薹	3443	器
7944	镩	7957	艚	7970	蓝	6304	孺	6320	藜	6339	鹮
7945	镱			6287	糜	6305	黥	6321	藠	6340	黠
6250	锥	[丿丶]		6288	糜	[一丿]		3439	藤	6341	黟
6251	镱	6267	龠	6289	膺	7977	孀	7989	摩	8002	髃
6252	镫	7958	鹬	6290	癍	7978	嬷	7990	蔗	6342	髅
7946	镐	6269	貘	3425	癌	[一一]		6322	藩	6343	骼
6253	镬	6270	邈	6291	糜			7991	鹩	[丿一]	
7947	镝	6271	貔	3426	貔	3435	翼	7992	檫	6344	镤

6345 镭	6358 癍	6372 蕻	3461 巅	8047 麇	8054 醵	
8003 镮	6359 癖	3452 孽	8037 翱	3468 瓣	6424 醴	
6346 镯	8020 翻	3373 蘅	6394 黢	8048 嬴	[一丶]	
3444 镰	8021 旚	3453 警	6395 髋	6410 羸	6425 霪	
8004 镱		3454 蘑	6396 髌	[丶丿]	8055 颥	
8005 鄹	8022 翾	3455 藻	[丿一]	3469 羹	[丨一]	
8006 醖	6360 糯	6374 麓	6397 镲	3470 鳖	6426 鄴	
6347 馥	8023 韀	8032 橼	6398 籀	3471 爆	8056 甗	
8007 簋	6361 燅	3456 攀	6462 簸	6411 燹	[丨丶]	
6348 簟	8024 翽	8033 毂	6399 籁	[丶丶]	3476 耀	
8008 簇	[丶丶]	8034 酰	3463 簿	6412 瀚	[丨一]	
6349 簪	8025 潆	6375 醮	8038 鳘	6413 潆	8057 酆	
8009 簰	3448 瀑	6376 醯	[丿丨]	6414 瀛	6427 夒	
[丿丨]	8026 濾	[一丶]	8039 儳	[丶一]	6428 曦	
8010 鼯	8027 瀝	6377 鄶	8040 儵	6415 襦	3477 躁	
6350 鼬	6362 鎏	6378 霪	6400 鼩	6416 谶	6429 躅	
8011 鼩	6363 憯	6379 霭	6401 魑	[一一]	3478 蠕	
6351 魓	[丶一]	6380 霰	[丿丿]	8049 獲	6430 矗	
8012 礅	3449 襟	[丨丨]	6402 艨	6417 襞	3479 嚼	
[丿丿]	8028 襠	6381 牖	[丿丶]	3472 疆	3480 嚷	
6352 疃	[一一]	[丨一]	6441 嚭	[一丿]	8058 巇	
[丿丶]	3450 璧	3457 曝	8041 蠡	8050 嬿	3481 巍	
3445 翻	8029 鹔	6382 曞	[丿一]	[一一]	8059 酃	
[丿一]	[一丶]	6383 蹰	6403 鳚	6418 骥	6431 巉	
8013 臉	3451 戳	6384 蹶	6404 鳔	6419 缵	6432 黢	
8014 膝	[一一]	6385 蹽	6405 鳕		6433 黥	
3446 鳍	8030 缥	6386 蹼	6406 鳗	二十画	6434 黪	
6353 鳎	6364 彝	8035 蹯	8042 鳜	[一一]	8060 髎	
6354 鳏	6365 邋	6387 蹴	8043 鳝	6420 瓒	[丿一]	
6355 鳐		6388 蹾	8044 鳟	[一丨]	6435 镰	
8015 鳑	十九画	3458 蹲	8045 鳠	8051 鬈	6436 镴	
8016 鳒	[一丨]	3459 蹭	3464 蟹	3473 鬓	6437 𤆵	
8017 骥	6366 髮	蹿	[丶一]	3474 壤	3482 籍	
[丶一]	6367 攉	3460 蹬	3465 颤	6421 攘	6438 纂	
8018 鹬	8031 噽	6390 蠖	3466 靡	3475 馨	[丿丨]	
3447 鹰	6368 攒	6391 蠓	3467 癣	6422 鼙	6439 罌	
6356 癞	6369 韛	8036 蠋	6408 麒	6423 蘖	6440 齬	
8019 瘠	6370 鞴	6392 蟾	8046 麂	8052 蠹	8061 雔	
6357 癔	6371 董	6393 蠊	6409 麈	8053 蠓	[丿一]	

6441 臢	二十一画	8083 鳡	8090 蘸	6477 鬘	6490 鑫
8062 鳝	[一一]	6454 鳢	3496 囊	6478 趯	[丶丶]
6442 鳜	8074 櫻	8084 鳣	[一丿]	6479 攫	6491 灞
6443 鳝	3488 蠢	[丶一]	8091 礵	6480 攥	[丶一]
3483 鳞	6448 瓘	6455 癫	[一丶]	6481 颧	6492 襻
6444 鳟	8075 瓔	6456 麝	8092 鹲	[丨一]	二十五画
6445 獾	8076 瓖	3495 赣	6468 霾	6482 躜	[一一]
[丶一]	[一丨]	[丶丿]	6469 氍	[丿一]	6493 蘸
3484 魔	8077 鬘	6457 夔	6470 饕	3499 罐	[一丨]
8063 鏊	8078 趯	8085 爝	8093 躔	8098 籯	6494 鬣
[丶丿]	6449 鼙	8086 爟	6471 躐	[丿丨]	6495 攮
3485 糯	6450 齄	6458 爝	6472 髑	6483 鼹	[丨一]
8064 爝	[一丿]	[丶丶]	[丿一]	8099 鼷	6496 囔
8065 爔	8451 礴	8087 灈	6473 镴	8100 鱲	[丿丨]
[丶丶]	[一丶]	6459 灏	3497 镶	8101 玃	8103 鱸
3486 灌	3489 霸	[丶丶]	6474 穰	[丶一]	[丿一]
8066 灏	3490 露	6460 襄	[丿丨]	6484 癯	8104 鱵
8067 瀹	3491 霹	[一一]	8094 鼱	6485 麟	6497 戆
8068 瀵	[丨一]	6461 鏊	8095 鱿	[丶丿]	[丶一]
8069 瀣	6452 颦	6462 羼	[丿一]	6486 蠲	6498 戆
[丶一]	8079 齼	[一一]	8096 鹲	二十四画	二十六画
8070 裱	[丨一]	6463 蠡	[丶一]	[一丨]	8105 蠼
[一一]	6453 曩	二十二画	3498 瓤	3500 矗	三十画
3487 譬	3492 蹑	[一一]	8097 亹	6487 鑫	6499 爨
[一丿]	8080 囈	6464 糖	6475 饕	8102 釀	三十六画
6446 孀	3493 黯	[一丨]	[一一]	6488 蹙	6500 齉
8071 孅	3494 髓	6465 懿	6476 鼍	[丿丿]	
[一一]	[丿丨]	8088 鞣	[一丨]	6489 衢	
8072 骊	8081 鯖	6466 蘸	二十三画	[丶丶]	
6447 骧	[丿一]	6467 鹳	[一丨]		
8073 纛	8082 鳤	8089 蘖			

GF 0011-2009

汉字部首表

(中华人民共和国教育部、国家语言文字工作委员会
2009年1月12日发布，2009年5月1日实施)

前 言

本规范在《汉字统一部首表（草案）》（1983）的基础上作如下调整和增补：

1. 规范的名称改为《汉字部首表》。

2. 根据《现代汉语通用字笔顺规范》的规定，"折"部的主部首由"乙"改为"㇈"，"乙"定为附形部首。

3. 艸（艹）改为廿（艸），即将"廿"定为该部的主部首，将"艸"定为该部的附形部首。辵（辶）改为辶（辵），即将"辶"定为该部的主部首，将"辵"定为该部的附形部首。彐（⺕彑）改为彐（⺕彑），即将"彐"定为该部的主部首，将"⺕""彑"定为该部的附形部首。

4. 根据《现代汉语通用字笔顺规范》和《GB 13000.1字符集汉字笔顺规范》，对原《草案》中部分部首的排序作出相应调整。

5. 根据《GB 13000.1字符集汉字字序（笔画序）规范》的定序规则，对25组同笔顺部首的排序作了规定，并给出与原草案的对照表。见附录A。

6. 所有的附形部首除在主部首后括注外，均按笔画数和起笔笔形

顺序排在表中相应位置。

7. 将序号为5的"⼂"部的附形部首"亅"改为序号为2的"丨"部的附形部首。

8. 序号为5的"⼂"部，增"𠃌、乛、乁、乚、乛、乙、㇄、丿、乛、𠃍、𠃊、𠃌"等12个附形部首。

9. 序号为52的己部，增附形部首"已"和"巳"；序号为64的木部，增附形部首"朩"；序号为68的车部，增附形部首"车"；序号为79的牛部，增附形部首"牜"；序号为136的臼部，增附形部首"臼"；序号为148的糸部，增附形部首"糹"；序号为185的食部，增附形部首"飠"。

10. 序号为164的龟部，其附形部首根据《简化字总表》的字形定为"龜"。

11. 增加了《汉字部首表》说明和使用规则。

本规范的附录A是资料性附录。

从本规范实施之日起，《汉字统一部首表（草案）》（中国文字改革委员会国家出版局1983年）即行废止。

本规范由教育部语言文字信息管理司提出。

本规范由国家语言文字工作委员会语言文字规范（标准）审定委员会审定。

本规范由教育部、国家语言文字工作委员会发布。

本规范起草单位：教育部语言文字应用研究所汉字与汉语拼音研究室。

本规范主要起草人：张书岩、王敏。原规范（《汉字统一部首表（草案）》）起草人：傅永和、王自强、曹乃木、李金铠、程养之、冯书华、韩敬体、魏励。

1 范围

本规范规定了汉字的部首表及其使用规则。

本规范适用于辞书编纂、汉字信息处理及其他领域的汉字检索，也可供汉字教学参考。

2 规范性引用文件

下列文件中的条款通过本规范的引用而成为本规范的条款。凡是注明日期的引用文件，其随后所有的修改单（不包括勘误的内容）或修订版均不适用于本规范，然而，鼓励根据本规范达成协议的各方研究是否可使用这些文件的最新版本。凡是不注明日期的引用文件，其最新版本适用于本规范。

GB/T 12200.2—1994　汉语信息处理词汇　02部分：汉语和汉字

国家语言文字工作委员会、新闻出版署发布《现代汉语通用字笔顺规范》1997年4月

GF 3002—1999　GB 13000.1字符集汉字笔顺规范

GF 3003—1999　GB 13000.1字符集汉字字序（笔画序）规范

GF 2001—2001　GB 13000.1字符集汉字折笔规范

3 术语和定义

下列术语和定义适用于本规范。

3.1 部首　indexing component

可以成批构字的一部分部件。含有同一部件的字，在字集中均排列在一起，该部件作为领头单位排在开头，成为查字的依据。

3.2 笔画　stroke

构成楷书汉字字形的最小书写单位。

3.3 笔顺　stroke order

书写每个汉字时的笔画的次序和方向。

3.4 主部首　principal indexing component

有不同写法的部首中具有代表性的书写形式。

3.5 附形部首　associated indexing component

附属于主部首的书写形式,有繁体(如門、貝、馬)、变形(如刂、氵、辶)和从属(如几、曰、臼)三种。

4　《汉字部首表》的制定原则

4.1 尊重传统。以现存有代表性、有影响的《康熙字典》《辞海》《新华字典》《现代汉语词典》等辞书的部首表为基础和依据设立部首。主部首没有增加新形体,附形部首根据实际需要作了适当的增设。

4.2 立足现代,兼顾古今。首先考虑现行汉字检索的需要,依据现行汉字的字形特征确立主部首和处理主附关系;同时为适应更大范围汉字楷书字形检索的需要,增设附形部首并允许变通处理。

5　《汉字部首表》说明

5.1 《汉字部首表》主部首共201个,附形部首共100个。

5.2 本部首表的所有部首按GF 3002《GB 13000.1字符集汉字笔顺规范》和GF 3003《GB 13000.1字符集汉字字序(笔画序)规范》的规定排序。

5.3 各主部首的序号为固定编号,附形部首的序号与主部首一致。

5.4 本部首表的附形部首在主部首后面用括号列出,附形部首多于一个时,按笔画序依次排列。另外,附形部首也按笔画序排在部首表的相应位置,其序号加[ ],部首本身加( )。如水部为77水(氵氺),[77](氵)又排在"47门"和"[98](忄)"之间,[77](氺)又排在"104 业"和

"105 目"之间。

5.5 "5→"有"㇐、㇀、㇇、㇄、ㄥ、乙、㇉、㇈、㇋、㇌、㇊、乙、㇋"等15个附形部首,因数量较多,未在部首表中列出。

6 《汉字部首表》使用规则

6.1 使用本部首表时,一般应以主部首为主。

6.2 在某些情况下,对本表的使用可根据需要作变通处理,但部首总数、序号及形体应与本部首表保持一致,并须对变通情况作出具体说明。

　　a 某些辞书(如大型字、词典,古汉语字、词典)可根据传统和实际需要,用繁体部首或变形、从属部首作为主部首。如"風(风)"、"貝(贝)";"艸(艹)"、"辵(辶)"、玉(王)。

　　b 某些辞书可同时采用主部首和收字较多的附形部首。如王(玉),可将从"王"的字归入"王"部,将从"玉"的字归入"玉"部,两部的序号均为61。又如车(車),简、繁体都收的辞书可将简化字归入"车"部,将繁体字归入"車"部,两部的序号均为68。

　　c 用于旧印刷字形的检索时,可将本表的部首转换为旧印刷字形,部首序号不变。如"30艹"转换为"30⺿","49辶"转换为"49⻌"。新旧字形同时存在的字集中,旧字形可归入对应的新字形部首,如"黃"归入"黄"部,"靑"归入"青"部。

6.3 在汉字部首排序中,当某些部首下无字时,一般也应将这些无字部首列出,以保持部首表的完整。

7　汉字部首表

一画
1　一
2　丨(丨)
　[2]（丿）
3　丿
4　丶
5　乛

二画
6　十
7　厂(厂)
8　匚
　[9]（卜）
　[22]（刂）
9　卜(卜)
10　冂(冂)
　[12]（亻）
　[7]（厂）
11　八(丷)
12　人(亻入)
　[12]（入）
　[22]（勹）
　[10]（冂）
13　勹
　[16]（几）
14　儿
15　匕
16　几(几)
17　亠
18　冫

　[11]（丷）
19　冖
　[166]（讠）
20　凵
21　卩(卩)
　[175]（阝左）
　[159]（阝右）
22　刀(刂⺈)
23　力
24　又
25　厶
26　廴
　[21]（巴）

三画
27　干
28　工
29　土(士)
　[29]（士）
　[80]（扌）
30　艹(艹)
31　寸
32　廾
33　大
　[34]（兀）
34　尢(兀允)
35　弋
36　小(⺌)
　[36]（⺌）
37　口

38　口
39　山
40　巾
41　彳
42　彡
　[66]（犭）
43　夕
44　夂
　[185]（饣）
45　丬(爿)
46　广
47　门(門)
　[77]（氵）
　[98]（忄）
48　宀
49　辶(辶)
50　彐(彐彑)
　[50]（彐）
51　尸
52　己(已巳)
　[52]（已）
　[52]（巳）
53　弓
54　子
55　屮(屮)
　[55]（屮）
56　女
57　飞(飛)
58　马(馬)

　[50]（彑）
　[148]（纟）
59　幺
60　巛

四画
61　王(玉)
62　无(無)
63　韦(韋)
　[123]（耂）
64　木(木)
　[64]（朩）
65　支
66　犬(犭)
67　歹(歺)
68　车(车車)
　[68]（车）
69　牙
70　戈
　[62]（旡）
71　比
72　瓦
73　止
74　支(攵)
　[98]（忄）
　[75]（日）
　[75]（曰）
75　日(曰日)
　[88]（月）
76　贝(貝)

77 水(氵氺)	99 毋(母)	[99]（母）	146 艮
78 见(見)	**五画**	**六画**	[30]（艸）
79 牛(牛)	[61]（玉）	122 耒	147 羽
80 手(扌手)	100 示(礻)	123 老(耂)	148 糸(纟)
[80]（手）	101 甘	124 耳	[148]（糸）
81 气	102 石	125 臣	**七画**
82 毛	103 龙(龍)	[126]（西）	149 麦(麥)
[79]（牛）	[67]（夕）	126 襾(覀西)	[83]（镸）
[74]（攵）	104 业	[126]（西）	150 走
83 长(镸長)	[77]（氺）	127 而	151 赤
84 片	105 目	128 页(頁)	[68]（車）
85 斤	106 田	129 至	152 豆
86 爪(爫)	107 罒	130 虍(虎)	153 酉
87 父	108 皿	131 虫	154 辰
[34]（㐃）	[176]（钅）	132 肉	155 豕
[86]（爫）	109 生	133 缶	156 卤(鹵)
88 月(月)	110 矢	134 舌	[76]（貝）
89 氏	111 禾	135 竹(⺮)	[78]（見）
90 欠	112 白	[135]（⺮）	157 里
91 风(風)	113 瓜	136 臼(臼)	[158]（足）
92 殳	114 鸟(鳥)	137 自	158 足(足)
93 文	115 疒	138 血	159 邑(阝右)
94 方	116 立	139 舟	[136]（臼）
95 火(灬)	117 穴	140 色	160 身
[95]（灬)	[142]（衤）	141 齐(齊)	[49]（辵）
96 斗	[145]（聿）	142 衣(衤)	161 采
97 户	[118]（疋）	143 羊(羌羊)	162 谷
[100]（礻)	118 疋(疋)	[143]（䒑）	163 豸
98 心(忄⺗)	119 皮	[143]（羊）	164 龟(龜)
[145]（聿）	120 癶	144 米	165 角
[45]（爿）	121 矛	145 聿(聿）	166 言(讠)

167 辛	178 隶	十画	196 黑
八画	九画	188 髟	197 黍
168 青	179 革	[58]（馬）	十三画
[83]（長）	[128]（頁）	189 鬲	198 鼓
169 卓	180 面	190 鬥	[173]（黽）
170 雨	181 韭	191 高	199 鼠
171 非	182 骨	十一画	十四画
172 齿（齒）	183 香	192 黄	200 鼻
[130]（虍）	184 鬼	[149]（麥）	[141]（齊）
[47]（門）	185 食（饣飠）	[156]（鹵）	十五画
173 黾（黽）	[91]（風）	[114]（鳥）	[172]（齒）
174 隹	186 音	[177]（魚）	十六画
175 阜（阝左）	187 首	193 麻	[103]（龍）
176 金（钅）	[63]（韋）	194 鹿	十七画
[185]（飠）	[57]（飛）	十二画	[164]（龜）
177 鱼（魚）		195 鼎	201 龠

附录A（资料性附录）25组同笔顺部首排序情况对照表

	《汉字统一部首表（草案）》的排序	《汉字部首表》的排序
1	乙（一）（乁）（乚）	一（㇐）（ノ）（乁）（乚）（丶）（乙）（㇈）（丿）（乛）（丁）（㇂）（㇄）（乚）乙（孑）
2	八人（入）	八人（入）
3	勹（冂）匕儿几（几）	（冂）勹（几）儿匕几
4	冖冫	冖冫
5	宀（辶）	宀（辶）
6	凵卩（阝）	凵卩（阝）
7	刀力	刀力
8	厶又廴	又厶廴
9	工土（士）（扌）	工土（士）（扌）
10	（兀）尢	尢（兀）
11	口囗	口囗
12	巾山	山巾
13	夂夕	夕夂
14	（彐）彐	彐（彐）
15	己弓	己（已）（巳）弓
16	马（纟）（乌）	马（乌）（纟）
17	木	木（朩）
18	比（旡）	（旡）比
19	日（月）（曰）（日）	（曰）（日）日（月）
20	贝水	贝水
21	牛手	牛手
22	毛气	气毛
23	欠风	欠风
24	皿皿	皿皿
25	襾（西）	（西）襾

新旧字形对照表*

（字形后圆圈内的数字表示字形的笔画数）

旧字形	新字形	新字举例	旧字形	新字形	新字举例
⺿④	艹③	花/草	奐⑨	奂⑦	换/痪
辶④	辶③	连/速	丙⑧	丙⑦	敝/弊
幵⑥	开④	型/形	耳⑧	耳⑦	敢/嚴
丰④	丰④	艳/沣	者⑨	者⑧	都/著
巨⑤	巨④	苣/渠	直⑧	直⑧	值/植
屯④	屯④	纯/顿	黾⑧	黾⑧	绳/鼋
瓦⑤	瓦④	瓶/瓷	咼⑨	呙⑧	過/蜗
反④	反④	板/饭	垂⑨	垂⑧	睡/邮
丑④	丑④	纽/杻	倉⑨	仓⑧	飲/饱
犮⑤	犮⑤	拔/茇	郎⑨	郎⑧	廊/螂
印⑥	印⑤	茚	彔⑧	录⑧	渌/箓
耒⑥	耒⑥	耕/耘	昷⑧	昷⑨	温/瘟
呂⑦	吕⑥	侣/营	骨⑩	骨⑨	滑/骼
攸⑦	攸⑥	修/倏	鬼⑩	鬼⑨	槐/嵬
争⑧	争⑥	净/静	俞⑨	俞⑨	偷/渝
产⑥	产⑥	彦/産	既⑪	既⑨	溉/厩
羊⑦	羊⑥	差/养	蚤⑩	蚤⑨	搔/骚
幷⑧	并⑥	屏/拼	敖⑪	敖⑩	傲/遨
吳⑦	吴⑦	蜈/虞	茻⑫	莽⑩	漭/蟒
角⑦	角⑦	解/确	眞⑩	真⑩	慎/填

* 本表资料来源：《现代汉语词典》第6版。

旧字形	新字形	新字举例	旧字形	新字形	新字举例
䍃⑩	䍃⑩	摇/遥	異⑫	異⑪	冀/戴
殺⑪	殺⑩	掇/锻	象⑫	象⑪	像/橡
黃⑫	黄⑪	廣/橫	奧⑬	奥⑫	澳/襖
虛⑫	虚⑪	墟/歔	普⑬	普⑫	谱/氆

普通话异读词审音表

(1985 年 12 月修订)

国家语言文字工作委员会
国 家 教 育 委 员 会
广 播 电 视 部

关于《普通话异读词审音表》的通知
(1985 年 12 月 27 日)

普通话审音委员会曾于1957年到1962年分三次发表了《普通话异读词审音表初稿》，并于1963年辑录成《普通话异读词三次审音总表初稿》(以下简称《初稿》)。

《初稿》自公布以来，受到文教、出版、广播等部门广泛重视，对现代汉语的语音规范和普通话的推广起了积极作用。但是，随着语言的发展，《初稿》中原审的一些词语的读音需要重新审定；同时，作为语音规范化的标准，《初稿》也亟需定稿。因此在1982年6月重建了普通话审音委员会，进行修订工作。

这次修订以符合普通话语音发展规律为原则，以便利广大群众学习普通话为着眼点，采取约定俗成、承认现实的态度。对《初稿》原订读音的改动，力求慎重。

修订稿经国家语言文字工作委员会、国家教育委员会、广播电视部审核通过，决定以《普通话异读词审音表》名称予以公布。自公布之日起，文教、出版、广播等部门及全国其他部门、行业所涉及的普通话异读词的读音、标音，均以本表为准。

说 明

一、本表所审,主要是普通话有异读的词和有异读的作为"语素"的字。不列出多音多义字的全部读音和全部义项,与字典、词典形式不同。例如:"和"字有多种义项和读音,而本表仅列出原有异读的八条词语,分列于hè和huo两种读音之下(有多种读音,较常见的在前。下同);其余无异读的音、义均不涉及。

二、在字后注明"统读"的,表示此字不论用于任何词语中只读一音(轻声变读不受此限),本表不再举出词例。例如:"阀"字注明"fá(统读)",原表"军阀""学阀""财阀"条和原表所无的"阀门"等词均不再举。

三、在字后不注"统读"的,表示此字有几种读音,本表只审订其中有异读的词语的读音。例如"艾"字本有ài和yì两音,本表只举"自怨自艾"一词,注明此处读yì音;至于ài音及其义项,并无异读,不再赘列。

四、有些字有文白二读,本表以"文"和"语"作注。前者一般用于书面语言,用于复音词和文言成语中;后者多用于口语中的单音词及少数日常生活事物的复音词中。这种情况在必要时各举词语为例。例如:"杉"字下注"(一)shān(文):紫~、红~、水~;(二)shā(语):~篙、~木"。

五、有些字除附举词例之外,酌加简单说明,以便读者分辨。说明或按具体字义,或按"动作义""名物义"等区分,例如:"畜"字下注"(一)chù(名物义):~力、家~、牲~、幼~;(二)xù(动作义):~产、~牧、~养"。

六、有些字的几种读音中某音用处较窄,另音用处甚宽,则注"除××(较少的词)念乙音外,其他都念甲音",以避免列举词条繁而未尽、挂一漏万的缺点。例如："结"字下注"除'～了个果子''开花～果''～巴''～实'念jiē之外，其他都念jié"。

七、由于轻声问题比较复杂，除《初稿》涉及的部分轻声词之外，本表一般不予审订，并删去部分原审的轻声词，例如"麻刀（dao）""容易（yi）"等。

八、本表酌增少量有异读的字或词，作了审订。

九、除因第二、六、七各条说明中所举原因而删略的词条之外，本表又删汰了部分词条。主要原因是：1.现已无异读（如"队伍""理会"）；2.罕用词语（如"俵分""仔密"）；3.方言土音（如"归里包堆〔zuī〕""告送〔song〕"）；4.不常用的文言词语（如"刍荛""氍毹"）；5.音变现象（如"胡里八涂〔tū〕""毛毛腾腾〔tēngtēng〕"）；6.重复累赘（如原表"色"字的有关词语分列达23条之多）。删汰条目不再编入。

十、人名、地名的异读审订，除原表已涉及的少量词条外，留待以后再审。

A

阿 (一) ā
　～訇 ～罗汉 ～木林 ～姨
　(二) ē
　～谀 ～附 ～胶 ～弥陀佛
挨 (一) āi
　～个 ～近
　(二) ái
　～打 ～说
癌 ái (统读)
霭 ǎi (统读)
蔼 ǎi (统读)
隘 ài (统读)
谙 ān (统读)
埯 ǎn (统读)
昂 áng (统读)
凹 āo (统读)
拗 (一) ào
　～口
　(二) niù
　执～ 脾气很～
坳 ào (统读)

B

拔 bá (统读)
把 bà
　印～子
白 bái (统读)
绑 bǎng
　翅～
蚌 (一) bàng
　蛤～
　(二) bèng
　～埠
傍 bàng (统读)
磅 bàng
　过～
龅 bāo (统读)
胞 bāo (统读)
薄 (一) báo (语)
　常单用，如"纸很～"。
　(二) bó (文)
　多用于复音词。
　～弱 稀～ 淡～ 尖嘴～舌
　单～ 厚～
堡 (一) bǎo
　碉～ ～垒
　(二) bǔ
　～子 吴～ 瓦窑～ 柴沟～
　(三) pù
　十里～
暴 (一) bào

～露
(二)pù
　一～(曝)十寒
爆 bào(统读)
焙 bèi(统读)
惫 bèi(统读)
背 bèi
　～脊　～静
鄙 bǐ(统读)
俾 bǐ(统读)
笔 bǐ(统读)
比 bǐ(统读)
臂(一)bì
　手～　～膀
(二)bei
　胳～
庇 bì(统读)
髀 bì(统读)
避 bì(统读)
辟 bì
　复～
裨 bì
　～补　～益
婢 bì(统读)
痹 bì(统读)
壁 bì(统读)

蝙 biān(统读)
遍 biàn(统读)
骠(一)biāo
　黄～马
(二)piào
　～骑　～勇
傧 bīn(统读)
缤 bīn(统读)
濒 bīn(统读)
殡 bìn(统读)
屏(一)bǐng
　～除　～弃　～气　～息
(二)píng
　～藩　～风
柄 bǐng(统读)
波 bō(统读)
播 bō(统读)
菠 bō(统读)
剥(一)bō(文)
　～削
(二)bāo(语)
泊(一)bó
　淡～　飘～　停～
(二)pō
　湖～　血～
帛 bó(统读)

勃 bó（统读）
钹 bó（统读）
伯（一）bó
　～～（bo）　老～
　（二）bǎi
　　大～子（丈夫的哥哥）
箔 bó（统读）
簸（一）bǒ
　　颠～
　（二）bò
　　～箕
膊 bo
　　胳～
卜 bo
　　萝～
醭 bú（统读）
哺 bǔ（统读）
捕 bǔ（统读）
鸫 bǔ（统读）
埠 bù（统读）

C

残 cán（统读）
惭 cán（统读）
灿 càn（统读）
藏（一）cáng
　　矿～
　（二）zàng
　　宝～
糙 cāo（统读）
嘈 cáo（统读）
螬 cáo（统读）
厕 cè（统读）
岑 cén（统读）
差（一）chā（文）
　　不～累黍　不～什么　偏～　色～
　　～别　视～　误～　电势～
　　一念之～　～池　～错　言～语错
　　一～二错　阴错阳～　～等　～额
　　～价　～强人意　～数　～异
　（二）chà（语）
　　～不多　～不离　～点儿
　（三）cī
　　参～
猹 chá（统读）
搽 chá（统读）
闸 chǎn（统读）
羼 chàn（统读）
颤（一）chàn
　　～动　发～
　（二）zhàn
　　～栗（战栗）　打～（打战）
韂 chàn（统读）

伥 chāng（统读）

场（一）chǎng

～合 ～所 冷～ 捧～

（二）cháng

外～ 圩～ ～院 一～雨

（三）chang

排～

钞 chāo（统读）

巢 cháo（统读）

嘲 cháo

～讽 ～骂 ～笑

耖 chào（统读）

车（一）chē

安步当～ 杯水～薪 闭门造～
螳臂当～

（二）jū

（象棋棋子名称）

晨 chén（统读）

称 chèn

～心 ～意 ～职 对～ 相～

撑 chēng（统读）

乘（动作义，念 chéng）

包～制 ～便 ～风破浪 ～客
～势 ～兴

橙 chéng（统读）

惩 chéng（统读）

澄（一）chéng（文）

～清（如"～清混乱""～清问题"）

（二）dèng（语）

单用，如"把水～清了"。

痴 chī（统读）

吃 chī（统读）

弛 chí（统读）

褫 chǐ（统读）

尺 chǐ

～寸 ～头

豉 chǐ（统读）

侈 chǐ（统读）

炽 chì（统读）

舂 chōng（统读）

冲 chòng

～床 ～模

臭（一）chòu

遗～万年

（二）xiù

乳～ 铜～

储 chǔ（统读）

处 chǔ（动作义）

～罚 ～分 ～决 ～理 ～女 ～置

畜（一）chù（名物义）

～力 家～ 牲～ 幼～

（二）xù（动作义）

～产 ～牧 ～养

触 chù（统读）

搐 chù（统读）

绌 chù（统读）

黜 chù（统读）

闯 chuǎng（统读）

创（一）chuàng

草～ ～举 首～ ～造 ～作

（二）chuāng

～伤 重～

绰（一）chuò

～～有余

（二）chuo

宽～

疵 cī（统读）

雌 cí（统读）

赐 cì（统读）

伺 cì

～候

枞（一）cōng

～树

（二）zōng

～阳〔地名〕

从 cóng（统读）

丛 cóng（统读）

攒 cuán

万头～动 万箭～心

脆 cuì（统读）

撮（一）cuō

～儿 一～儿盐 一～儿匪帮

（二）zuǒ

一～儿毛

措 cuò（统读）

D

搭 dā（统读）

答（一）dá

报～ ～复

（二）dā

～理 ～应

打 dá

苏～ 一～（十二个）

大（一）dà

～夫（古官名）～王（如爆破～王、钢铁～王）

（二）dài

～夫（医生）～黄 ～王（如山～王）～城〔地名〕

呆 dāi（统读）

傣 dǎi（统读）

逮（一）dài（文）如"～捕"。

(二) dǎi（语）单用，如"～蚊子""～特务"。

当 (一) dāng
～地 ～间儿 ～年（指过去）
～日（指过去） ～天（指过去）
～时（指过去） 螳臂～车

(二) dàng
一个～俩 安步～车 适～ ～年（同一年） ～日（同一时候）
～天（同一天）

档 dàng（统读）

蹈 dǎo（统读）

导 dǎo（统读）

倒 (一) dǎo
颠～ 颠～是非 颠～黑白
颠三～四 倾箱～箧
排山～海 ～板 ～嚼
～仓 ～嗓 ～戈 潦～

(二) dào
～粪（把粪弄碎）

悼 dào（统读）

纛 dào（统读）

凳 dèng（统读）

羝 dī（统读）

氐 dī〔古民族名〕

堤 dī（统读）

提 dī
～防

的 dí
～当 ～确

抵 dǐ（统读）

蒂 dì（统读）

缔 dì（统读）

谛 dì（统读）

点 diɑn
打～（收拾、贿赂）

跌 diē（统读）

蝶 dié（统读）

订 dìng（统读）

都 (一) dōu
～来了

(二) dū
～市 首～ 大～（大多）

堆 duī（统读）

吨 dūn（统读）

盾 dùn（统读）

多 duō（统读）

咄 duō（统读）

掇 (一) duō（"拾取、采取"义）

(二) duo
撺～ 掇～

裰 duō（统读）

踱 duó（统读）
度 duó
　忖～ ～德量力

E

婀 ē（统读）

F

伐 fá（统读）
阀 fá（统读）
砝 fǎ（统读）
法 fǎ（统读）
发 fà
　理～ 脱～ 结～
帆 fān（统读）
幡 fān（统读）
梵 fàn（统读）
坊（一）fāng
　牌～ ～巷
　（二）fáng
　　粉～ 磨～ 碾～ 染～ 油～ 谷～
妨 fáng（统读）
防 fáng（统读）
肪 fáng（统读）
沸 fèi（统读）
汾 fén（统读）
讽 fěng（统读）

肤 fū（统读）
敷 fū（统读）
俘 fú（统读）
浮 fú（统读）
服 fú
　～毒 ～药
拂 fú（统读）
辐 fú（统读）
幅 fú（统读）
甫 fǔ（统读）
复 fù（统读）
缚 fù（统读）

G

噶 gá（统读）
冈 gāng（统读）
刚 gāng（统读）
岗 gǎng
　～楼 ～哨 ～子门～ 站～
　山～子
港 gǎng（统读）
葛（一）gé
　～藤 ～布 瓜～
　（二）gě〔姓〕（包括单、复姓）
隔 gé（统读）
革 gé
　～命 ～新 改～

合 gě（一升的十分之一）
给（一）gěi（语）单用。
　（二）jǐ（文）
　　补～ 供～ 供～制 ～予
　　配～ 自～自足
亘 gèn（统读）
更 gēng
　五～ ～生
颈 gěng
　脖～子
供（一）gōng
　～给 提～ ～销
　（二）gòng
　　口～ 翻～ 上～
佝 gōu（统读）
枸 gǒu
　～杞
勾 gòu
　～当
估（除"～衣"读gù外，都读gū）
骨（除"～碌""～朵"读gū外，
　都读gǔ）
谷 gǔ
　～雨
锢 gù（统读）
冠（一）guān（名物义）

　～心病
　（二）guàn（动作义）
　　沐猴而～ ～军
犷 guǎng（统读）
庋 guǐ（统读）
桧（一）guì（树名）
　（二）huì（人名）"秦～"。
刽 guì（统读）
聒 guō（统读）
蝈 guō（统读）
过（除姓氏读guō外，都读guò）

H

虾 há
　～蟆
哈（一）hǎ
　～达
　（二）hà
　　～什蚂
汗 hán
　可～
巷 hàng
　～道
号 háo
　寒～虫
和（一）hè

唱～ 附～ 曲高～寡
（二）huo
搋～ 搅～ 暖～ 热～ 软～

貉（一）hé（文）
一丘之～
（二）háo（语）
～绒 ～子

壑 hè（统读）

褐 hè（统读）

喝 hè
～采 ～道 ～令 ～止 呼么～六

鹤 hè（统读）

黑 hēi（统读）

亨 hēng（统读）

横（一）héng
～肉 ～行霸道
（二）hèng
蛮～ ～财

訇 hōng（统读）

虹（一）hóng（文）
～彩 ～吸
（二）jiàng（语）单说。

讧 hòng（统读）

囫 hú（统读）

瑚 hú（统读）

蝴 hú（统读）

桦 huà（统读）

徊 huái（统读）

踝 huái（统读）

浣 huàn（统读）

黄 huáng（统读）

荒 huang
饥～（指经济困难）

诲 huì（统读）

贿 huì（统读）

会 huì
一～儿 多～儿 ～厌（生理名词）

混 hùn
～合 ～乱 ～凝土 ～淆
～血儿 ～杂

蠖 huò（统读）

霍 huò（统读）

豁 huò
～亮

获 huò（统读）

J

羁 jī（统读）

击 jī（统读）

奇 jī
～数

芨 jī（统读）

缉 (一) jī
　　通～ 侦～
　　(二) qī
　　～鞋口
几 jī
　　茶～ 条～
圾 jī（统读）
戢 jí（统读）
疾 jí（统读）
汲 jí（统读）
棘 jí（统读）
藉 jí
　　狼～（籍）
嫉 jí（统读）
脊 jǐ（统读）
纪 (一) jǐ〔姓〕
　　(二) jì
　　～念 ～律 纲～ ～元
偈 jì
　　～语
绩 jì（统读）
迹 jì（统读）
寂 jì（统读）
箕 ji
　　簸～
辑 ji

　　逻～
茄 jiā
　　雪～
夹 jiā
　　～带 藏掖 ～道儿 ～攻 ～棍
　　～生 ～杂 ～竹桃 ～注
浃 jiā（统读）
甲 jiǎ（统读）
歼 jiān（统读）
鞯 jiān（统读）
间 (一) jiān
　　～不容发 中～
　　(二) jiàn
　　中～儿 ～道 ～谍 ～断 ～或
　　～接 ～距 ～隙 ～续 ～阻
　　～作 挑拨离～
趼 jiǎn（统读）
俭 jiǎn（统读）
缰 jiāng（统读）
膙 jiǎng（统读）
嚼 (一) jiáo（语）
　　味同～蜡 咬文～字
　　(二) jué（文）
　　咀～ 过屠门而大～
　　(三) jiào
　　倒～（倒噍）

侥 jiǎo
~幸
角 (一) jiǎo
八~（大茴香） ~落 独~戏
~膜 ~度 ~儿（犄~） ~楼
勾心斗~ 号~ 口~（嘴~）
鹿~菜 头~
(二) jué
~斗 ~儿（脚色） 口~（吵嘴）
主~儿 配~儿 ~力 捧~儿
脚 (一) jiǎo
根~
(二) jué
~儿（也作"角儿"，脚色）
剿 (一) jiǎo
围~
(二) chāo
~说 ~袭
校 jiào
~勘 ~样 ~正
较 jiào（统读）
酵 jiào（统读）
嗟 jiē（统读）
疖 jiē（统读）
结（除"~了个果子""开花~果""~巴""~实"念jiē

之外，其他都念jié)
睫 jié（统读）
芥 (一) jiè
~菜（一般的芥菜） ~末
(二) gài
~菜（也作"盖菜"） ~蓝菜
矜 jīn
~持 自~ ~怜
仅 jǐn
~~ 绝无~有
馑 jǐn（统读）
觐 jìn（统读）
浸 jìn（统读）
斤 jin
千~（起重的工具）
茎 jīng（统读）
粳 jīng（统读）
鲸 jīng（统读）
境 jìng（统读）
痉 jìng（统读）
劲 jìng
刚~
窘 jiǒng（统读）
究 jiū（统读）
纠 jiū（统读）
鞠 jū（统读）

鞠 jū（统读）
掬 jū（统读）
苴 jū（统读）
咀 jǔ
　～嚼
矩（一）jǔ
　～形
　（二）ju
　规～
俱 jù（统读）
龟 jūn
　～裂（也作"皲裂"）
菌（一）jūn
　细～ 病～ 杆～ 霉～
　（二）jùn
　香～ ～子
俊 jùn（统读）

K

卡（一）kǎ
　～宾枪 ～车 ～介苗 ～片 ～通
　（二）qiǎ
　～子 关～
揩 kāi（统读）
慨 kǎi（统读）
忾 kài（统读）

勘 kān（统读）
看 kān
　～管 ～护 ～守
慷 kāng（统读）
拷 kǎo（统读）
坷 kē
　～拉（垃）
疴 kē（统读）
壳（一）ké（语）
　～儿 贝～儿 脑～ 驳～枪
　（二）qiào（文）
　地～ 甲～ 躯～
可（一）kě
　～～儿的
　（二）kè
　～汗
恪 kè（统读）
刻 kè（统读）
克 kè
　～扣
空（一）kōng
　～心砖 ～城计
　（二）kòng
　～心吃药
眍 kōu（统读）
矻 kū（统读）

酷 kù（统读）

框 kuàng（统读）

矿 kuàng（统读）

傀 kuǐ（统读）

溃（一）kuì

　　～烂

　（二）huì

　　～脓

篑 kuì（统读）

括 kuò（统读）

L

垃 lā（统读）

邋 lā（统读）

啷 lǎn（统读）

缆 lǎn（统读）

蓝 lan

　　苤～

琅 láng（统读）

捞 lāo（统读）

劳 láo（统读）

醪 láo（统读）

烙（一）lào

　　～印　～铁　～饼

　（二）luò

　　炮～（古酷刑）

勒（一）lè（文）

　　～逼　～令　～派　～索

　　悬崖～马

　（二）lēi（语）多单用。

擂（除"～台""打～"读lèi外，都读léi）

礌 léi（统读）

羸 léi（统读）

蕾 lěi（统读）

累（一）lèi

　　（辛劳义，如"受～"〔受劳～〕）

　（二）léi

　　（如"～赘"）

　（三）lěi

　　（牵连义，如"带～""～及""连～""赔～""牵～""受～"〔受牵～〕）

蠡（一）lí

　　管窥～测

　（二）lǐ

　　～县 范～

喱 lí（统读）

连 lián（统读）

敛 liǎn（统读）

恋 liàn（统读）

量（一）liàng

～入为出 忖～

（二）liang

打～ 掂～

踉 liàng

～跄

潦 liáo

～草 ～倒

劣 liè（统读）

捩 liè（统读）

趔 liè（统读）

拎 līn（统读）

遴 lín（统读）

淋（一）lín

～浴 ～漓 ～巴

（二）lìn

～硝 ～盐 ～病

蛉 líng（统读）

榴 liú（统读）

馏（一）liú（文）如"干～""蒸～"。

（二）liù（语）如"～馒头"。

镏 liú

～金

碌 liù

～碡

笼（一）lóng（名物义）

～子 牢～

（二）lǒng（动作义）

～络 ～括 ～统 ～罩

偻（一）lóu

佝～

（二）lǚ

伛～

瞜 lou

䁖～

庐 lú（统读）

掳 lǔ（统读）

露（一）lù（文）

赤身～体 ～天 ～骨 ～头角

藏头～尾 抛头～面 ～头（矿）

（二）lòu（语）

～富 ～苗 ～光 ～相 ～马脚

～头

橹 lǔ（统读）

捋（一）lǚ

～胡子

（二）luō

～袖子

绿（一）lǜ（语）

（二）lù（文）

～林 鸭～江

孪 luán（统读）

挛 luán（统读）
掠 lüè（统读）
囵 lún（统读）
络 luò
　～腮胡子
落（一）luò（文）
　～膘 ～花生 ～魄 涨～ ～槽
　着～
　（二）lào（语）
　～架 ～色 ～炕 ～枕 ～儿
　～子（一种曲艺）
　（三）là（语）
　遗落义。
　丢三～四 ～在后面

M

脉（除"～～"念mòmò外，一律念mài）
漫 màn（统读）
蔓（一）màn（文）
　～延 不～不支
　（二）wàn（语）
　瓜～ 压～
牤 māng（统读）
氓 máng
　流～

芒 máng（统读）
铆 mǎo（统读）
瑁 mào（统读）
虻 méng（统读）
盟 méng（统读）
祢 mí（统读）
眯（一）mí
　～了眼（灰尘等入目，也作"迷"）
　（二）mī
　～了一会儿（小睡）
　～缝着眼（微微合目）
靡（一）mí
　～费
　（二）mǐ
　风～ 委～ 披～
秘（除"～鲁"读bì外，都读mì）
泌（一）mì（语）
　分～
　（二）bì（文）
　～阳〔地名〕
娩 miǎn（统读）
缈 miǎo（统读）
皿 mǐn（统读）
闽 mǐn（统读）
茗 míng（统读）

酩 mǐng（统读）
谬 miù（统读）
摸 mō（统读）
模（一）mó
　～范 ～式 ～型 ～糊 ～特儿
　～棱两可
　（二）mú
　～子 ～具 ～样
膜 mó（统读）
摩 mó
　按～ 抚～
嬷 mó（统读）
墨 mò（统读）
耱 mò（统读）
沫 mò（统读）
缪 móu
　绸～

N

难（一）nán
　困～（或变轻声）～兄～弟（难得的兄弟，现多用作贬义）
　（二）nàn
　排～解纷 发～ 刁～ 责～
　～兄～弟（共患难或同受苦难的人）

蝻 nǎn（统读）
蛲 náo（统读）
讷 nè（统读）
馁 něi（统读）
嫩 nèn（统读）
恁 nèn（统读）
妮 nī（统读）
拈 niān（统读）
鲇 nián（统读）
酿 niàng（统读）
尿（一）niào
　糖～症
　（二）suī（只用于口语名词）
　尿（niào）～　～脬
嗫 niè（统读）
宁（一）níng
　安～
　（二）nìng
　～可 无～〔姓〕
忸 niǔ（统读）
脓 nóng（统读）
弄（一）nòng
　玩～
　（二）lòng
　～堂
暖 nuǎn（统读）

衄 nǜ（统读）
疟（一）nüè（文）
　～疾
　（二）yào（语）
　　发～子
娜（一）nuó
　婀～ 袅～
　（二）nà
　（人名）

O

殴 ōu（统读）
呕 ǒu（统读）

P

杷 pá（统读）
琶 pá（统读）
牌 pái（统读）
排 pǎi
　～子车
迫 pǎi
　～击炮
湃 pài（统读）
爿 pán（统读）
胖 pán
　心广体～（～为安舒貌）
蹒 pán（统读）

畔 pàn（统读）
乓 pāng（统读）
滂 pāng（统读）
脬 pāo（统读）
胚 pēi（统读）
喷（一）pēn
　～嚏
　（二）pèn
　～香
　（三）pen
　嚏～
澎 péng（统读）
坯 pī（统读）
披 pī（统读）
匹 pǐ（统读）
僻 pì（统读）
譬 pì（统读）
片（一）piàn
　～子 唱～ 画～ 相～ 影～
　～儿会
　（二）piān（口语一部分词）
　～子 ～儿 唱～儿 画～儿
　相～儿 影～儿
剽 piāo（统读）
缥 piāo
　～缈（飘渺）

撇 piē
　～弃
聘 pìn（统读）
乒 pīng（统读）
颇 pō（统读）
剖 pōu（统读）
仆（一）pū
　前～后继
　（二）pú
　～从
扑 pū（统读）
朴（一）pǔ
　俭～　～素　～质
　（二）pō
　～刀
　（三）pò
　～硝　厚～
璞 pǔ（统读）
瀑 pù
　～布
曝（一）pù
　一～十寒
　（二）bào
　～光（摄影术语）

Q

栖 qī
　两～
戚 qī（统读）
漆 qī（统读）
期 qī（统读）
蹊 qī
　～跷
蛴 qí（统读）
畦 qí（统读）
萁 qí（统读）
骑 qí（统读）
企 qǐ（统读）
绮 qǐ（统读）
杞 qǐ（统读）
槭 qì（统读）
洽 qià（统读）
签 qiān（统读）
潜 qián（统读）
荨（一）　qián（文）
　～麻
　（二）xún（语）
　～麻疹
嵌 qiàn（统读）
欠 qian
　打哈～

戕 qiāng（统读）

镪 qiāng

~水

强（一）qiáng

~渡 ~取豪夺 ~制 博闻~识

（二）qiǎng

勉~ 牵~ ~词夺理 ~迫

~颜为笑

（三）jiàng

倔~

襁 qiǎng（统读）

跄 qiàng（统读）

悄（一）qiāo

~~儿的

（二）qiǎo

~默声儿的

橇 qiāo（统读）

翘（一）qiào（语）

~尾巴

（二）qiáo（文）

~首 ~楚 连~

怯 qiè（统读）

挈 qiè（统读）

趄 qie

趔~

侵 qīn（统读）

衾 qīn（统读）

嚼 qín（统读）

倾 qīng（统读）

亲 qìng

~家

穹 qióng（统读）

黢 qū（统读）

曲（麯）qū

大~ 红~ 神~

渠 qú（统读）

瞿 qú（统读）

蠼 qú（统读）

苣 qǔ

~荬菜

龋 qǔ（统读）

趣 qù（统读）

雀 què

~斑 ~盲症

R

髯 rán（统读）

攘 rǎng（统读）

桡 ráo（统读）

绕 rào（统读）

任 rén〔姓,地名〕

妊 rèn（统读）

扔 rēng（统读）
容 róng（统读）
糅 róu（统读）
茹 rú（统读）
嚅 rú（统读）
蠕 rú（统读）
辱 rǔ（统读）
挼 ruó（统读）

S

靸 sǎ（统读）
噻 sāi（统读）
散（一）sǎn
　　懒～ 零零～～ ～漫
　　（二）sàn
　　零～
丧 sāng
　　哭～着脸
扫（一）sǎo
　　～兴
　　（二）sào
　　～帚
埽 sào（统读）
色（一）sè（文）
　　（二）shǎi（语）
塞（一）sè（文）动作义。

（二）sāi（语）名物义，如："活～""瓶～"；动作义，如："把洞～住"。
森 sēn（统读）
煞（一）shā
　　～尾 收～
　　（二）shà
　　～白
啥 shá（统读）
厦（一）shà（语）
　　（二）xià（文）
　　～门 噶～
杉（一）shān（文）
　　紫～ 红～ 水～
　　（二）shā（语）
　　～篙 ～木
衫 shān（统读）
姗 shān（统读）
苫（一）shàn（动作义，如"～布"）
　　（二）shān（名物义，如"草～子"）
墒 shāng（统读）
猞 shē（统读）
舍 shè
　　宿～
慑 shè（统读）

摄 shè（统读）

射 shè（统读）

谁 shéi，又音 shuí

娠 shēn（统读）

什（甚）shén

　～么

蜃 shèn（统读）

甚（一）shèn（文）

　桑～

（二）rèn（语）

　桑～儿

胜 shèng（统读）

识 shí

　常～　～货　～字

似 shì

　～的

室 shì（统读）

螫（一）shì（文）

（二）zhē（语）

匙 shi

　钥～

殊 shū（统读）

蔬 shū（统读）

疏 shū（统读）

叔 shū（统读）

淑 shū（统读）

菽 shū（统读）

熟（一）shú（文）

（二）shóu（语）

署 shǔ（统读）

曙 shǔ（统读）

漱 shù（统读）

戍 shù（统读）

蟀 shuài（统读）

孀 shuāng（统读）

说 shuì

　游～

数 shuò

　～见不鲜

硕 shuò（统读）

蒴 shuò（统读）

艘 sōu（统读）

嗾 sǒu（统读）

速 sù（统读）

塑 sù（统读）

虽 suī（统读）

绥 suí（统读）

髓 suǐ（统读）

遂（一）suì

　不～　毛～自荐

（二）suí

　半身不～

隧 suì（统读）

隼 sǔn（统读）

莎 suō
 ～草

缩（一）suō
 收～
 （二）sù
 ～砂密（一种植物）

嗍 suō（统读）

索 suǒ（统读）

T

趿 tā（统读）

鳎 tǎ（统读）

獭 tǎ（统读）

沓（一）tà
 重～
 （二）ta
 疲～
 （三）dá
 一～纸

苔（一）tái（文）
 （二）tāi（语）

探 tàn（统读）

涛 tāo（统读）

悌 tì（统读）

佻 tiāo（统读）

调 tiáo
 ～皮

帖（一）tiē
 妥～ 伏伏～～ 俯首～耳
 （二）tiě
 请～ 字～儿
 （三）tiè
 字～ 碑～

听 tīng（统读）

庭 tíng（统读）

骰 tóu（统读）

凸 tū（统读）

突 tū（统读）

颓 tuí（统读）

蜕 tuì（统读）

臀 tún（统读）

唾 tuò（统读）

W

娲 wā（统读）

挖 wā（统读）

瓦 wà
 ～刀

喎 wāi（统读）

蜿 wān（统读）

玩 wán（统读）

惋 wǎn（统读）

脘 wǎn（统读）

往 wǎng（统读）

忘 wàng（统读）

微 wēi（统读）

巍 wēi（统读）

薇 wēi（统读）

危 wēi（统读）

韦 wéi（统读）

违 wéi（统读）

唯 wéi（统读）

圩（一）wéi

　～子

　（二）xū

　～（墟）场

纬 wěi（统读）

委 wěi

　～靡

伪 wěi（统读）

萎 wěi（统读）

尾（一）wěi

　～巴

　（二）yǐ

　马～儿

尉 wèi

　～官

文 wén（统读）

闻 wén（统读）

紊 wěn（统读）

喔 wō（统读）

蜗 wō（统读）

硪 wò（统读）

诬 wū（统读）

梧 wú（统读）

牾 wǔ（统读）

乌 wù

　～拉（也作"靰鞡"）　～拉草

杌 wù（统读）

鹜 wù（统读）

X

夕 xī（统读）

汐 xī（统读）

晰 xī（统读）

析 xī（统读）

皙 xī（统读）

昔 xī（统读）

溪 xī（统读）

悉 xī（统读）

熄 xī（统读）

蜥 xī（统读）

蟋 xī（统读）

惜 xī（统读）

锡 xī（统读）

樨 xī（统读）

袭 xí（统读）

檄 xí（统读）

峡 xiá（统读）

暇 xiá（统读）

吓 xià

　　杀鸡～猴

鲜 xiān

　　屡见不～ 数见不～

锨 xiān（统读）

纤 xiān

　　～维

涎 xián（统读）

弦 xián（统读）

陷 xiàn（统读）

霰 xiàn（统读）

向 xiàng（统读）

相 xiàng

　　～机行事

淆 xiáo（统读）

哮 xiào（统读）

些 xiē（统读）

颉 xié

　　～颃

携 xié（统读）

偕 xié（统读）

挟 xié（统读）

械 xiè（统读）

馨 xīn（统读）

衅 xìn（统读）

行 xíng

　　操～ 德～ 发～ 品～

省 xǐng

　　内～ 反～ ～亲 不～人事

芎 xiōng（统读）

朽 xiǔ（统读）

宿 xiù

　　星～ 二十八～

煦 xù（统读）

蓿 xu

　　苜～

癣 xuǎn（统读）

削（一）xuē（文）

　　剥～ ～减 瘦～

　　（二）xiāo（语）

　　切～ ～铅笔 ～球

穴 xué（统读）

学 xué（统读）

雪 xuě（统读）

血 (一) xuè (文) 用于复音词及成语，如"贫～""心～""呕心沥～""～泪史""狗～喷头"等。
(二) xiě (语) 口语多单用，如"流了点儿～"及几个口语常用词，如"鸡～""～晕""～块子"等。
谑 xuè (统读)
寻 xún (统读)
驯 xùn (统读)
逊 xùn (统读)
熏 xùn
　　煤气～着了
徇 xùn (统读)
殉 xùn (统读)
蕈 xùn (统读)

Y

押 yā (统读)
崖 yá (统读)
哑 yǎ
　　～然失笑
亚 yà (统读)
殷 yān
　　～红
芫 yán
　　～荽
筵 yán (统读)
沿 yán (统读)
焰 yàn (统读)
夭 yāo (统读)
肴 yáo (统读)
杳 yǎo (统读)
舀 yǎo (统读)
钥 (一) yào (语)
　　～匙
(二) yuè (文)
　　锁～
曜 yào (统读)
耀 yào (统读)
椰 yē (统读)
噎 yē (统读)
叶 yè
　　～公好龙
曳 yè
　　弃甲～兵　摇～　～光弹
屹 yì (统读)
轶 yì (统读)
谊 yì (统读)
懿 yì (统读)
诣 yì (统读)
艾 yì

自怨自～
荫 yìn（统读）
（"树～""林～道"应作"树荫""林荫道"）
应（一）yīng
～届 ～名儿 ～许 提出的条件他都～了 是我～下来的任务
（二）yìng
～承 ～付 ～声 ～时 ～验 ～邀 ～用 ～运 ～征 里～外合
萦 yíng（统读）
映 yìng（统读）
佣 yōng
～工
庸 yōng（统读）
臃 yōng（统读）
壅 yōng（统读）
拥 yōng（统读）
踊 yǒng（统读）
咏 yǒng（统读）
泳 yǒng（统读）
莠 yǒu（统读）
愚 yú（统读）
娱 yú（统读）
愉 yú（统读）
伛 yǔ（统读）

屿 yǔ（统读）
吁 yù
　呼～
跃 yuè（统读）
晕（一）yūn
　～倒 头～
（二）yùn
　月～ 血～ ～车
酝 yùn（统读）

Z

匝 zā（统读）
杂 zá（统读）
载（一）zǎi
　登～ 记～
（二）zài
　搭～ 怨声～道 重～ 装～ ～歌～舞
簪 zān（统读）
咱 zán（统读）
暂 zàn（统读）
凿 záo（统读）
择（一）zé
　选～
（二）zhái
　～不开 ～菜 ～席

贼 zéi（统读）

憎 zēng（统读）

甑 zèng（统读）

喳 zhā
　　喳喳～～

轧（除"～钢""～辊"念zhá外，
　　其他都念yà）
　　（gá为方言，不审）

摘 zhāi（统读）

粘 zhān
　　～贴

涨 zhǎng
　　～落　高～

着（一）zháo
　　～慌　～急　～家　～凉　～忙
　　～迷　～水　～雨
　　（二）zhuó
　　～落　～手　～眼　～意　～重
　　不～边际
　　（三）zhāo
　　失～

沼 zhǎo（统读）

召 zhào（统读）

遮 zhē（统读）

蛰 zhé（统读）

辙 zhé（统读）

贞 zhēn（统读）

侦 zhēn（统读）

帧 zhēn（统读）

胗 zhēn（统读）

枕 zhěn（统读）

诊 zhěn（统读）

振 zhèn（统读）

知 zhī（统读）

织 zhī（统读）

脂 zhī（统读）

植 zhí（统读）

殖（一）zhí
　　繁～　生～　～民
　　（二）shi
　　骨～

指 zhǐ（统读）

掷 zhì（统读）

质 zhì（统读）

蛭 zhì（统读）

秩 zhì（统读）

栉 zhì（统读）

炙 zhì（统读）

中 zhōng
　　人～（人口上唇当中处）

种 zhòng
　　点～（义同"点播"。动宾结

构念diǎnzhǒng，义为点播种子）

诌 zhōu（统读）

骤 zhòu（统读）

轴 zhòu
　　大～子戏　压～子

碡 zhou
　　碌～

烛 zhú（统读）

逐 zhú（统读）

属 zhǔ
　　～望

筑 zhù（统读）

著 zhù
　　土～

转 zhuǎn
　　运～

撞 zhuàng（统读）

幢（一）zhuàng
　　一～楼房
　（二）chuáng
　　经～（佛教所设刻有经咒的石柱）

拙 zhuō（统读）

茁 zhuó（统读）

灼 zhuó（统读）

卓 zhuó（统读）

综 zōng
　　～合

纵 zòng（统读）

粽 zòng（统读）

镞 zú（统读）

组 zǔ（统读）

钻（一）zuān
　　～探　～孔
　（二）zuàn
　　～床　～杆　～具

佐 zuǒ（统读）

唑 zuò（统读）

柞（一）zuò
　　～蚕　～绸
　（二）zhà
　　～水（在陕西）

做 zuò（统读）

作（除"～坊"读zuō外，其余都读zuò）

GB/T 16159—2012

汉语拼音正词法基本规则

(中华人民共和国国家质量监督检验检疫总局、中国国家标准化管理委员会 2012 年 6 月 29 日发布，2012 年 10 月 1 日实施)

前 言

本标准按照 GB/T 1.1—2009 给出的规则起草。

本标准代替 GB/T 16159—1996《汉语拼音正词法基本规则》。

本标准与 GB/T 16159—1996 相比，主要变化如下：

——将原标准中正词法的具体规定、用法调整为分词连写、人名地名拼写、大写、缩写、标调、移行、标点符号使用等 7 个部分的基本规则。其中，把原先按词类分节的部分归到分词连写规则之下，并增加了"缩写规则"和"标点符号使用规则"。

——取消原标准中与名词、动词、形容词、代词、数词和量词并列的"虚词"一节，把虚词词类提升，与实词词类并列，以贯彻按词类分节的原则。

——修改了原标准中关于非汉语人名、地名的汉语拼音拼写规则。

——参照 ISO 7098《中文罗马字母拼写法》的规定，补充了"汉字数字用汉语拼音拼写，阿拉伯数字则仍保留阿拉伯数字写法"的规定。

——增加了在某些场合，专有名词的所有字母可全部大写，也可不标声调的规定。

——增加了变通规则，以照顾某些领域的特殊需要。

本标准由教育部语言文字信息管理司提出并归口。

本标准主要起草单位：中国社会科学院语言研究所、教育部语言文字应用研究所。

本标准主要起草人：董琨、李志江、金惠淑、史定国、王楠、杜翔。

1　范围

本标准规定了用《汉语拼音方案》拼写现代汉语的规则。内容包括分词连写规则、人名地名拼写规则、大写规则、标调规则、移行规则、标点符号使用规则等。为了适应特殊的需要，同时规定了一些变通规则。

本标准适用于文化教育、编辑出版、中文信息处理及其他方面的汉语拼音拼写。

2　规范性引用文件

下列文件对于本文件的应用是必不可少的。凡是注日期的引用文件，仅注日期的版本适用于本文件。凡是不注日期的引用文件，其最新版本（包括所有的修改单）适用于本文件。

GB/T 15834　标点符号用法

GB/T 28039　中国人名汉语拼音字母拼写规则

《汉语拼音方案》（1958年2月11日第一届全国人民代表大会第五次会议批准）

《中国地名汉语拼音字母拼写规则（汉语地名部分）》（1984年12月25日中国地名委员会、中国文字改革委员会、国家测绘局发布）

3 术语和定义

下列术语和定义适用于本文件。

3.1 词　word

语言里最小的、可以独立运用的单位。

3.2 汉语拼音方案　scheme for the Chinese phonetic alphabet

给汉字注音和拼写普通话语音的方案，1958年2月11日第一届全国人民代表大会第五次会议批准。方案采用拉丁字母，并用附加符号表示声调，是帮助学习汉字和推广普通话的工具。

3.3 汉语拼音正词法　the Chinese phonetic alphabet orthography

汉语拼音的拼写规范及其书写格式的准则。

4 制定原则

4.1 本标准是在《汉语拼音方案》确定的音节拼写规则的基础上进一步规定的词的拼写规则。

4.2 以词为拼写单位，适当考虑语音、语义等因素，并兼顾词的拼写长度。

4.3 按语法词类分节规定分词连写规则。

5 总则

5.1 拼写普通话基本上以词为书写单位。例如：

rén（人）	pǎo（跑）
hǎo（好）	nǐ（你）
sān（三）	gè（个）
hěn（很）	bǎ（把）
hé（和）	de（的）
ā（啊）	pēng（砰）
fúróng（芙蓉）	qiǎokèlì（巧克力）

māma（妈妈）　　　　péngyou（朋友）
yuèdú（阅读）　　　　wǎnhuì（晚会）
zhòngshì（重视）　　　dìzhèn（地震）
niánqīng（年轻）　　　qiānmíng（签名）
shìwēi（示威）　　　　niǔzhuǎn（扭转）
chuánzhī（船只）　　　dànshì（但是）
fēicháng（非常）　　　dīngdōng（叮咚）
āiyā（哎呀）　　　　　diànshìjī（电视机）
túshūguǎn（图书馆）

5.2　表示一个整体概念的双音节和三音节结构，连写。例如：

quánguó（全国）　　　zǒulái（走来）
dǎnxiǎo（胆小）　　　huánbǎo（环保）
gōngguān（公关）　　　chángyòngcí（常用词）
àiniǎozhōu（爱鸟周）　yǎnzhōngdīng（眼中钉）
èzuòjù（恶作剧）　　　pòtiānhuāng（破天荒）
yīdāoqiē（一刀切）　　duìbuqǐ（对不起）
chīdexiāo（吃得消）

5.3　四音节及四音节以上表示一个整体概念的名称，按词或语节（词语内部由语音停顿而划分成的片段）分写，不能按词或语节划分的，全都连写。例如：

wúfèng gāngguǎn（无缝钢管）
huánjìng bǎohù guīhuà（环境保护规划）
jīngtǐguǎn gōnglǜ fàngdàqì（晶体管功率放大器）
Zhōnghuá Rénmín Gònghéguó（中华人民共和国）
Zhōngguó Shèhuì Kēxuéyuàn（中国社会科学院）
yánjiūshēngyuàn（研究生院）

hóngshízìhuì（红十字会）

yúxīngcǎosù（鱼腥草素）

gāoměngsuānjiǎ（高锰酸钾）

gǔshēngwùxuéjiā（古生物学家）

5.4 单音节词重叠，连写；双音节词重叠，分写。例如：

rénrén（人人）　　　　niánnián（年年）

kànkan（看看）　　　　shūoshuo（说说）

dàdà（大大）　　　　　hónghóng de（红红的）

gègè（个个）　　　　　tiáotiáo（条条）

yánjiū yánjiū（研究研究）

shāngliang shāngliang（商量商量）

xuěbái xuěbái（雪白雪白）

tōnghóng tōnghóng（通红通红）

重叠并列即AABB式结构，连写。例如：

láiláiwǎngwǎng（来来往往）

shuōshuōxiàoxiào（说说笑笑）

qīngqīngchǔchǔ（清清楚楚）

wānwānqūqū（弯弯曲曲）

fāngfāngmiànmiàn（方方面面）

qiānqiānwànwàn（千千万万）

5.5 单音节前附成分（副、总、非、反、超、老、阿、可、无、半等）或单音节后附成分（子、儿、头、性、者、员、家、手、化、们等）与其他词语，连写。例如：

fùbùzhǎng（副部长）

zǒnggōngchéngshī（总工程师）

fùzǒnggōngchéngshī（副总工程师）

fēijīnshǔ（非金属）

fēiyèwù rényuán（非业务人员）

fǎndàndào dǎodàn（反弹道导弹）

chāoshēngbō（超声波）　　lǎohǔ（老虎）

āyí（阿姨）　　kěnì fǎnyìng（可逆反应）

wútiáojiàn（无条件）　　bàndǎotǐ（半导体）

zhuōzi（桌子）　　jīnr（今儿）

quántou（拳头）　　kēxuéxìng（科学性）

shǒugōngyèzhě（手工业者）　　chéngwùyuán（乘务员）

yìshùjiā（艺术家）　　tuōlājīshǒu（拖拉机手）

xiàndàihuà（现代化）　　háizimen（孩子们）

5.6　为了便于阅读和理解，某些并列的词、语素之间或某些缩略语当中可用连接号。例如：

bā-jiǔ tiān（八九天）　　shíqī-bā suì（十七八岁）

rén-jī duìhuà（人机对话）　　zhōng-xiǎoxué（中小学）

lù-hǎi-kōngjūn（陆海空军）

biànzhèng-wéiwù zhǔyì（辩证唯物主义）

Cháng-Sānjiǎo（长三角［长江三角洲］）

Hù-Níng-Háng Dìqū（沪宁杭地区）

Zhè-Gàn Xiàn（浙赣线）

Jīng-Zàng Gāosù Gōnglù（京藏高速公路）

6　基本规则

6.1 分词连写规则

6.1.1 名词

6.1.1.1 名词与后面的方位词，分写。例如：

shān shàng（山上）　　　shù xià（树下）

mén wài（门外）　　　　mén wàimian（门外面）

hé li（河里）　　　　　　hé lǐmian（河里面）

huǒchē shàngmian（火车上面）

xuéxiào pángbiān（学校旁边）

Yǒngdìng Hé shàng（永定河上）

Huáng Hé yǐnán（黄河以南）

6.1.1.2 名词与后面的方位词已经成词的，连写。例如：

tiānshang（天上）　　　dìxia（地下）

kōngzhōng（空中）　　　hǎiwài（海外）

6.1.2 动词

6.1.2.1 动词与后面的动态助词"着""了""过"，连写。例如：

kànzhe（看着）

tǎolùn bìng tōngguòle（讨论并通过了）

jìnxíngguo（进行过）

6.1.2.2 句末的"了"兼做语气助词，分写。例如：

Zhè běn shū wǒ kàn le.（这本书我看了。）

6.1.2.3 动词与所带的宾语，分写。例如：

kàn xìn（看信）　　　　chī yú（吃鱼）

kāi wánxiào（开玩笑）　jiāoliú jīngyàn（交流经验）

动宾式合成词中间插入其他成分的，分写。

jūle yī gè gōng（鞠了一个躬）　lǐguo sān cì fà（理过三次发）

6.1.2.4 动词（或形容词）与后面的补语，两者都是单音节的，连写；其余情况，分写。例如：

gǎohuài（搞坏）　　　　dǎsǐ（打死）

shútòu（熟透）　　　　jiànchéng（建成［楼房］）

huàwéi(化为[蒸汽]) dàngzuò(当作[笑话])
zǒu jìnlái(走进来) zhěnglǐ hǎo(整理好)
jiànshè chéng(建设成[公园]) gǎixiě wéi(改写为[剧本])

6.1.3 形容词

6.1.3.1 单音节形容词与用来表示形容词生动形式的前附成分或后附成分，连写。例如：

mēngmēngliàng(蒙蒙亮) liàngtángtáng(亮堂堂)
hēigulōngdōng(黑咕隆咚)

6.1.3.2 形容词与后面的"些""一些""点ㄦ""一点ㄦ"，分写。例如：

dà xiē(大些) dà yīxiē(大一些)
kuài diǎnr(快点ㄦ) kuài yīdiǎnr(快一点ㄦ)

6.1.4 代词

6.1.4.1 人称代词、疑问代词与其他词语，分写。例如：

Wǒ ài Zhōngguó.(我爱中国。)
Tāmen huílái le.(他们回来了。)
Shéi shuō de?(谁说的？) Qù nǎlǐ?(去哪里？)

6.1.4.2 指示代词"这""那"，疑问代词"哪"与后面的名词或量词，分写。例如：

zhè rén(这人) nà cì huìyì(那次会议)
zhè zhī chuán(这只船) nǎ zhāng bàozhǐ(哪张报纸)

指示代词"这""那"，疑问代词"哪"与后面的"点ㄦ""般""边""时""会ㄦ"，连写。例如：

zhèdiǎnr(这点ㄦ) zhèbān(这般)
zhèbiān(这边) nàshí(那时)
nàhuìr(那会ㄦ)

6.1.4.3 "各""每""某""本""该""我""你"等与后面的名词或

量词，分写。例如：

  gè guó（各国）   gè rén（各人）
  gè xuékē（各学科） měi nián（每年）
  měi cì（每次）   mǒu rén（某人）
  mǒu gōngchǎng（某工厂） běn shì（本市）
  běn bùmén（本部门） gāi kān（该刊）
  gāi gōngsī（该公司） wǒ xiào（我校）
  nǐ dānwèi（你单位）

6.1.5 数词和量词

6.1.5.1 汉字数字用汉语拼音拼写，阿拉伯数字则仍保留阿拉伯数字写法。例如：

  èr líng líng bā nián（二〇〇八年） èr fēn zhī yī（二分之一）
  wǔ yòu sì fēn zhī sān（五又四分之三）
  sān diǎn yī sì yī liù（三点一四一六）
  líng diǎn liù yī bā（零点六一八） 635 fēnjī（635分机）

6.1.5.2 十一到九十九之间的整数，连写。例如：

  shíyī（十一）   shíwǔ（十五）
  sānshísān（三十三） jiǔshíjiǔ（九十九）

6.1.5.3 "百""千""万""亿"与前面的个位数，连写；"万""亿"与前面的十位以上的数，分写，当前面的数词为"十"时，也可连写。例如：

  shí yì líng qīwàn èrqiān sānbǎi wǔshíliù/ shíyì líng qīwàn èrqiān sānbǎi wǔshíliù（十亿零七万二千三百五十六）
  liùshísān yì qīqiān èrbǎi liùshíbā wàn sìqiān líng jiǔshíwǔ（六十三亿七千二百六十八万四千零九十五）

6.1.5.4 数词与前面表示序数的"第"中间，加连接号。例如：

dì-yī（第一）　　　　　dì-shísān（第十三）

dì-èrshíbā（第二十八）

dì-sānbǎi wǔshíliù（第三百五十六）

数词（限于"一"至"十"）与前面表示序数的"初"，连写。例如：

chūyī（初一）　　　　　chūshí（初十）

6.1.5.5 代表月日的数词，中间加连接号。例如：

wǔ-sì（五四）　　　　　yīèr-jiǔ（一二•九）

6.1.5.6 数词与量词，分写。例如：

liǎng gè rén（两个人）　　yī dà wǎn fàn（一大碗饭）

liǎng jiān bàn wūzi（两间半屋子）

kàn liǎng biàn（看两遍）

数词、量词与表示约数的"多""来""几"，分写。例如：

yībǎi duō gè（一百多个）　shí lái wàn rén（十来万人）

jǐ jiā rén（几家人）　　　jǐ tiān gōngfu（几天工夫）

"十几""几十"连写。例如：

shíjǐ gè rén（十几个人）　jǐshí gēn gāngguǎn（几十根钢管）

两个邻近的数字或表位数的单位并列表示约数，中间加连接号。例如：

sān-wǔ tiān（三五天）　　qī-bā gè（七八个）

yì-wàn nián（亿万年）　　qiān-bǎi cì（千百次）

复合量词内各并列成分连写。例如：

réncì（人次）　　　　　qiānwǎxiǎoshí（千瓦小时）

dūngōnglǐ（吨公里）　　qiānkèmǐměimiǎo（千克•米/秒）

6.1.6 副词

副词与后面的词语，分写。例如：

hěn hǎo（很好）　　　　dōu lái（都来）

gèng měi（更美）　　　　zuì dà（最大）

bù lái（不来）　　　　　bù hěn hǎo（不很好）

gānggāng zǒu（刚刚走）　fēicháng kuài（非常快）

shífēn gǎndòng（十分感动）

6.1.7 介词

介词与后面的其他词语，分写。例如：

zài qiánmiàn zǒu（在前面走）

xiàng dōngbian qù（向东边去）

wèi rénmín fúwù（为人民服务）

cóng zuótiān qǐ（从昨天起）

bèi xuǎnwéi dàibiǎo（被选为代表）

shēng yú 1940 nián（生于1940年）

guānyú zhège wèntí（关于这个问题）

cháozhe xiàbian kàn（朝着下边看）

6.1.8 连词

连词与其他词语，分写。例如：

gōngrén hé nóngmín（工人和农民）

tóngyì bìng yōnghù（同意并拥护）

guāngróng ér jiānjù（光荣而艰巨）

bùdàn kuài érqiě hǎo（不但快而且好）

Nǐ lái háishi bù lái?（你来还是不来？）

Rúguǒ xià dàyǔ, bǐsài jiù tuīchí.（如果下大雨，比赛就推迟。）

6.1.9 助词

6.1.9.1 结构助词"的""地""得""之""所"等与其他词语，分写。其中，"的""地""得"前面的词是单音节的，也可连写。例如：

dàdì de nǚ'ér（大地的女儿）

Zhè shì wǒ de shū. / Zhè shì wǒde shū.(这是我的书。)

Wǒmen guòzhe xìngfú de shēnghuó.(我们过着幸福的生活。)

Shāngdiàn li bǎimǎnle chī de, chuān de, yòng de./ Shāngdiàn li bǎimǎnle chīde, chuānde, yòngde.(商店里摆满了吃的、穿的、用的。)

mài qīngcài luóbo de(卖青菜萝卜的)

Tā zài dàjiē shang mànman de zǒu.(他在大街上慢慢地走。)

Tǎnbái de gàosu nǐ ba.(坦白地告诉你吧。)

Tā yī bù yī gè jiǎoyìnr de gōngzuòzhe.(他一步一个脚印儿地工作着。)

dǎsǎo de gānjìng(打扫得干净)

xiě de bù hǎo/ xiěde bù hǎo(写得不好)

hóng de hěn/ hóngde hěn(红得很)

lěng de fādǒu/ lěngde fādǒu(冷得发抖)

shàonián zhī jiā(少年之家)

zuì fādá de guójiā zhī yī(最发达的国家之一)

jù wǒ suǒ zhī(据我所知)

bèi yīngxióng de shìjì suǒ gǎndòng(被英雄的事迹所感动)

6.1.9.2 语气助词与其他词语,分写。例如:

Nǐ zhīdào ma?(你知道吗?)

Zěnme hái bù lái a?(怎么还不来啊?)

Kuài qù ba!(快去吧!)

Tā yīdìng huì lái de.(他一定会来的。)

Huǒchē dào le.(火车到了。)

Tā xīnlǐ míngbai, zhǐshì bù shuō bàle.(他心里明白,只是不说罢了。)

6.1.9.3 动态助词

动态助词主要有"着""了""过"。见6.1.2.1的规定。

6.1.10 叹词

叹词通常独立于句法结构之外,与其他词语分写。例如:

À! Zhēn měi!(啊!真美!)

Ńg, nǐ shuō shénme?(嗯,你说什么?)

Hng, zǒuzhe qiáo ba!(哼,走着瞧吧!)

Tīng míngbai le ma? Wèi!(听明白了吗?喂!)

Āiyā, wǒ zěnme bù zhīdào ne!(哎呀,我怎么不知道呢!)

6.1.11 拟声词

拟声词与其他词语,分写。例如:

"hōnglōng" yī shēng("轰隆"一声)

chánchán liúshuǐ(潺潺流水)

mó dāo huòhuò(磨刀霍霍)

jījīzhāzhā jiào gè bù tíng(叽叽喳喳叫个不停)

Dà gōngjī wōwō tí.(大公鸡喔喔啼。)

"Dū——", qìdí xiǎng le.("嘟——",汽笛响了。)

Xiǎoxī huāhuā de liútǎng.(小溪哗哗地流淌。)

6.1.12 成语和其他熟语

6.1.12.1 成语通常作为一个语言单位使用,以四字文言语句为主。结构上可以分为两个双音节的,中间加连接号。例如:

fēngpíng-làngjìng(风平浪静)

àizēng-fēnmíng(爱憎分明)

shuǐdào-qúchéng(水到渠成)

yángyáng-dàguān(洋洋大观)

píngfēn-qiūsè(平分秋色)

guāngmíng-lěiluò(光明磊落)

diānsān-dǎosì(颠三倒四)

结构上不能分为两个双音节的，全部连写。例如：

céngchūbùqióng（层出不穷）

bùyìlèhū（不亦乐乎）

zǒng'éryánzhī（总而言之）

àimònéngzhù（爱莫能助）

yīyīdàishuǐ（一衣带水）

6.1.12.2 非四字成语和其他熟语内部按词分写。例如：

bēi hēiguō（背黑锅）

yī bíkǒng chū qìr（一鼻孔出气儿）

bā gānzi dǎ bù zháo（八竿子打不着）

zhǐ xǔ zhōuguān fàng huǒ, bù xǔ bǎixìng diǎn dēng（只许州官放火，不许百姓点灯）

xiǎocōng bàn dòufu——yīqīng-èrbái（小葱拌豆腐——一清二白）

6.2 人名地名拼写规则

6.2.1 人名拼写

6.2.1.1 汉语人名中的姓和名分写，姓在前，名在后。复姓连写。双姓中间加连接号。姓和名的首字母分别大写，双姓两个字首字母都大写。笔名、别名等，按姓名写法处理。例如：

Lǐ Huá（李华）　　　　Wáng Jiànguó（王建国）

Dōngfāng Shuò（东方朔）　Zhūgě Kǒngmíng（诸葛孔明）

Zhāng-Wáng Shūfāng（张王淑芳）

Lǔ Xùn（鲁迅）　　　　Méi Lánfāng（梅兰芳）

Zhāng Sān（张三）　　　Wáng Mázi（王麻子）

6.2.1.2 人名与职务、称呼等，分写；职务、称呼等首字母小写。例如：

Wáng bùzhǎng（王部长）　Tián zhǔrèn（田主任）

Wú kuàijì（吴会计）　　　Lǐ xiānsheng（李先生）

Zhào tóngzhì（赵同志）　　Liú lǎoshī（刘老师）
Dīng xiōng（丁兄）　　　Zhāng mā（张妈）
Zhāng jūn（张君）　　　Wú lǎo（吴老）
Wáng shì（王氏）　　　Sūn mǒu（孙某）
Guóqiáng tóngzhì（国强同志）　Huìfāng āyí（惠芳阿姨）

6.2.1.3 "老""小""大""阿"等与后面的姓、名、排行，分写，分写部分的首字母分别大写。例如：

Xiǎo Liú（小刘）　　　Lǎo Qián（老钱）
Lǎo Zhāngtour（老张头儿）　Dà Lǐ（大李）
Ā Sān（阿三）

6.2.1.4 已经专名化的称呼，连写，开头大写。例如：

Kǒngzǐ（孔子）　　　Bāogōng（包公）
Xīshī（西施）　　　Mèngchángjūn（孟尝君）

6.2.2 地名拼写

6.2.2.1 汉语地名中的专名和通名，分写，每一分写部分的首字母大写。例如：

Běijīng Shì（北京市）　　Héběi Shěng（河北省）
Yālù Jiāng（鸭绿江）　　Tài Shān（泰山）
Dòngtíng Hú（洞庭湖）　Táiwān Hǎixiá（台湾海峡）

6.2.2.2 专名与通名的附加成分，如是单音节的，与其相关部分连写。例如：

Xīliáo Hé（西辽河）　　Jǐngshān Hòujiē（景山后街）
Cháoyángménnèi Nánxiǎojiē（朝阳门内南小街）
Dōngsì Shítiáo（东四十条）

6.2.2.3 已专名化的地名不再区分专名和通名，各音节连写。例如：

Hēilóngjiāng（黑龙江［省］）　Wángcūn（王村［镇］）

Jiǔxiānqiáo（酒仙桥［医院］）

不需区分专名和通名的地名，各音节连写。例如：

Zhōukǒudiàn（周口店）　　　Sāntányìnyuè（三潭印月）

6.2.3 非汉语人名、地名的汉字名称，用汉语拼音拼写。例如：

Wūlánfū（乌兰夫，Ulanhu）

Jièchuān Lóngzhījiè（芥川龙之介，Akutagawa Ryunosuke）

Āpèi Āwàngjìnměi（阿沛·阿旺晋美，Ngapoi Ngawang Jigme）

Mǎkèsī（马克思，Marx）

Wūlǔmùqí（乌鲁木齐，Ürümqi）

Lúndūn（伦敦，London）

Dōngjīng（东京，Tokyo）

6.2.4 人名、地名拼写的详细规则，遵循GB/T 28039《中国人名汉语拼音字母拼写规则》《中国地名汉语拼音字母拼写规则（汉语地名部分）》。

6.3 大写规则

6.3.1 句子开头的字母大写。例如：

Chūntiān lái le.（春天来了。）

Wǒ ài wǒ de jiāxiāng.（我爱我的家乡。）

诗歌每行开头的字母大写。例如：

《Yǒude Rén》（《有的人》）

Zāng Kèjiā（臧克家）

Yǒude rén huózhe,（有的人活着，）

Tā yǐjīng sǐ le;（他已经死了；）

Yǒude rén sǐ le,（有的人死了，）

Tā hái huózhe.（他还活着。）

6.3.2 专有名词的首字母大写。例如：

Běijīng（北京） Chángchéng（长城）

Qīngmíng（清明） Jǐngpōzú（景颇族）

Fēilǜbīn（菲律宾）

由几个词组成的专有名词，每个词的首字母大写。例如：

Guójì Shūdiàn（国际书店） Hépíng Bīnguǎn（和平宾馆）

Guāngmíng Rìbào（光明日报）

Guójiā Yǔyán Wénzì Gōngzuò Wěiyuánhuì（国家语言文字工作委员会）

在某些场合，专有名词的所有字母可全部大写。例如：

XIÀNDÀI HÀNYǓ CÍDIǍN（现代汉语词典）

BĚIJĪNG（北京） LǏ HUÁ（李华）

DŌNGFĀNG SHUÒ（东方朔）

6.3.3 专有名词成分与普通名词成分连写在一起，是专有名词或视为专有名词的，首字母大写。例如：

Míngshǐ（明史） Hànyǔ（汉语）

Yuèyǔ（粤语） Guǎngdōnghuà（广东话）

Fójiào（佛教） Tángcháo（唐朝）

专有名词成分与普通名词成分连写在一起，是一般语词或视为一般语词的，首字母小写。例如：

guǎnggān（广柑） jīngjù（京剧）

ējiāo（阿胶） zhōngshānfú（中山服）

chuānxiōng（川芎） zàngqīngguǒ（藏青果）

zhāoqín-mùchǔ（朝秦暮楚） qiánlǘzhījì（黔驴之技）

6.4 缩写规则

6.4.1 连写的拼写单位（多音节词或连写的表示一个整体概念的结

构），缩写时取每个汉字拼音的首字母，大写并连写。例如：

　　Běijīng（缩写：BJ）（北京）　ruǎnwò（缩写：RW）（软卧）

6.4.2 分写的拼写单位（按词或语节分写的表示一个整体概念的结构），缩写时以词或语节为单位取首字母，大写并连写。例如：

　　guójiā biāozhǔn（缩写：GB）（国家标准）

　　hànyǔ shuǐpíng kǎoshì（缩写：HSK）（汉语水平考试）

　　pǔtōnghuà shuǐpíng cèshì（缩写：PSC）（普通话水平测试）

6.4.3 为了给汉语拼音的缩写形式做出标记，可在每个大写字母后面加小圆点。例如：

　　Běijīng（北京）也可缩写：B.J.

　　guójiā biāozhǔn（国家标准）也可缩写：G.B.

6.4.4 汉语人名的缩写，姓全写，首字母大写或每个字母大写；名取每个汉字拼音的首字母，大写，后面加小圆点。例如：

　　Lǐ Huá（缩写：Lǐ H.或LǏ H.）（李华）

　　Wáng Jiànguó（缩写：Wáng J.G.或WÁNG J.G.）（王建国）

　　Dōngfāng Shuò（缩写：Dōngfāng S.或DŌNGFĀNG S.）（东方朔）

　　Zhūgě Kǒngmíng（缩写：Zhūgě K.M.或ZHŪGĚ K.M.）（诸葛孔明）

6.5　标调规则

6.5.1 声调符号标在一个音节的主要元音（韵腹）上。韵母iu、ui，声调符号标在后面的字母上面。在i上标声调符号，应省去i上的小点。例如：

　　āyí（阿姨）　　　　　cèlüè（策略）

　　dàibiǎo（代表）　　　guāguǒ（瓜果）

　　huáishù（槐树）　　　kǎolǜ（考虑）

　　liúshuǐ（流水）　　　xīnxiān（新鲜）

轻声音节不标声调。例如：

zhuāngjia（庄稼）　　　　　qīngchu（清楚）

kàndeqǐ（看得起）

6.5.2 "一""不"一般标原调，不标变调。例如：

yī jià（一架）　　　　　yī tiān（一天）

yī tóu（一头）　　　　　yī wǎn（一碗）

bù qù（不去）　　　　　bù duì（不对）

bùzhìyú（不至于）

在语言教学等方面，可根据需要按变调标写。例如：

yī tiān（一天）可标为yì tiān，bù duì（不对）可标为bú duì。

6.5.3 ABB、AABB形式的词语，BB一般标原调，不标变调。例如：

lǜyóuyóu（绿油油）　　　chéndiàndiàn（沉甸甸）

hēidòngdòng（黑洞洞）　　piàopiàoliàngliàng（漂漂亮亮）

有些词语的BB在语言实际中只读变调，则标变调。例如：

hóngtōngtōng（红彤彤）　　xiāngpēnpēn（香喷喷）

huángdēngdēng（黄澄澄）

6.5.4 在某些场合，专有名词的拼写，也可不标声调。例如：

Li Hua（缩写：Li H.或LI H.）（李华）

Beijing（北京）

RENMIN RIBAO（人民日报）

WANGFUJING DAJIE（王府井大街）

6.5.5 除了《汉语拼音方案》规定的符号标调法以外，在技术处理上，也可采用数字、字母等标明声调，如采用阿拉伯数字1、2、3、4、0分别表示汉语四声和轻声。

6.6 移行规则

6.6.1 移行要按音节分开，在没有写完的地方加连接号。音节内部不可拆分。例如：

guāngmíng（光明）移作"……guāng-
míng"（光明）

不能移作"……gu-
āngmíng"（光明）。

缩写词（如GB,HSK,汉语人名的缩写部分）不可移行。
Wáng J. G.（王建国）移作"……Wáng
J. G."（王建国）

不能移作"……Wáng J.-
G."（王建国）。

6.6.2 音节前有隔音符号，移行时，去掉隔音符号，加连接号。例如：
Xī'ān（西安）移作"……Xī-
ān"（西安）

不能移作"……Xī'-
ān"（西安）。

6.6.3 在有连接号处移行时，末尾保留连接号，下行开头补加连接号。例如：

chēshuǐ-mǎlóng（车水马龙）移作"……chēshuǐ-
-mǎlóng"（车水马龙）

6.7 标点符号使用规则

汉语拼音拼写时，句号使用小圆点"."，连接号用半字线"-"，省略号也可使用3个小圆点"…"，顿号也可用逗号","代替，其他标点符号遵循GB/T 15834的规定。

7 变通规则

7.1 根据识字需要（如小学低年级和幼儿汉语识字读物），可按字注音。

7.2 辞书注音需要显示成语及其他词语内部结构时，可按词或语素分写。例如：

chīrén shuō mèng（痴人说梦）　　wèi yǔ chóumóu（未雨绸缪）

shǒu kǒu rú píng（守口如瓶）　　Hēng-Hā èr jiàng（哼哈二将）

Xī Liáo Hé（西辽河）　　　　　　Nán-Běi Cháo（南北朝）

7.3 辞书注音为了提示轻声音节，音节前可标中圆点。例如：

zhuāng·jia（庄稼）　　　　qīng·chu（清楚）

kàn·deqǐ（看得起）

如是轻重两读，音节上仍标声调。例如：

hóu·lóng（喉咙）　　　　zhī·dào（知道）

tǔ·xīngqì（土腥气）

7.4 在中文信息处理方面，表示一个整体概念的多音节结构，可全部连写。例如：

guómínshēngchǎnzǒngzhí（国民生产总值）

jìsuànjītǐcéngchéngxiàngyí（计算机体层成像仪）

shìjièfēiwùzhìwénhuàyíchǎn（世界非物质文化遗产）

GB/T 28039—2011

中国人名汉语拼音字母拼写规则

(中华人民共和国国家质量监督检验检疫总局、中国国家标准化管理委员会2011年10月31日发布，2012年2月1日实施)

前　言

本标准按照GB/T 1.1—2009给出的规则起草。
本标准由教育部语言文字信息管理司提出并归口。
本标准主要起草单位：教育部语言文字应用研究所。
本标准主要起草人：厉兵、史定国、苏培成、李乐毅、万锦堃。

1　范围

本标准规定了使用汉语拼音字母拼写中国人名的规则，包括汉语人名的拼写规则和少数民族语人名的拼写规则。为了满足应用需要，同时给出了一些特殊场合的变通处理办法。

本标准适用于文化教育、编辑出版、中文信息处理及其他方面的中国人名汉语拼音字母拼写。

2　规范性引用文件

下列文件对于文件的应用是必不可少的。凡是注日期的引用文件，仅注日期的版本适用于本文件。凡是不注日期的引用文件，其最新版本(包括所有的修改单)适用于本文件。

《少数民族语地名汉语拼音字母音译转写法》(1976年6月国家测绘总局、中国文字改革委员会修订)

3 术语和定义

下列术语和定义适用于本文件。

3.1 单姓　mono-character surname

汉语中只有一个字的姓，如张、王、刘、李。

3.2 复姓　multi-character surname

汉语中不止一个字（一般由两个汉字构成）的姓，如欧阳、司马。

3.3 双姓　hyphenated name

汉语中由两个姓（单姓或复姓）并列而成的姓氏组合，如郑李、欧阳陈、周东方等。

4 总则

4.1 中国人名包括汉语姓名和少数民族语姓名。汉语姓名按照普通话拼写，少数民族语姓名按照民族语读音拼写。

4.2 本标准中的人名主要指正式姓名，即符合一般习惯用法的姓名。

4.3 根据需要，仿姓名的笔名、别名、法名、艺名等，按照正式姓名写法处理。

4.4 个别变通处理办法只适用于限定的特殊场合。

5 拼写规则

5.1 汉语人名拼写规则

5.1.1 正式的汉语人名由姓和名两个部分组成。姓和名分写，姓在前，名在后，姓名之间用空格分开。复姓连写。姓和名的开头字母大写。例如：

Wáng Fāng	王芳
Yáng Wèimín	杨为民
Mǎ Běnzhāi	马本斋
Luó Chángpéi	罗常培

Ōuyáng Wén　　　　　　　　欧阳文
Sīmǎ Xiàngnán　　　　　　　司马相南
Lǚ Lüè　　　　　　　　　　吕略
Zhào Píng'ān　　　　　　　　赵平安

5.1.2 由双姓组合（并列姓氏）作为姓氏部分，双姓中间加连接号，每个姓氏开头字母大写。例如：

Liú-Yáng Fān　　　　　　　刘杨帆
Zhèng-Lǐ Shūfāng　　　　　　郑李淑芳
Dōngfāng-Yuè Fēng　　　　　东方岳峰
Xiàng-Sītú Wénliáng　　　　　项司徒文良

5.1.3 笔名、字（或号）、艺名、法名、代称、技名、帝王名号等，按正式人名写法拼写。例如：

Lǔ Xùn　　　　　　　　　　鲁迅（笔名）
Cáo Xuěqín　　　　　　　　曹雪芹（"雪芹"为号）
Gài Jiàotiān　　　　　　　　盖叫天（艺名）
Lǔ Zhìshēn　　　　　　　　鲁智深（"智深"为法名）
Dù Gōngbù　　　　　　　　杜工部（代称）
Wáng Tiěrén　　　　　　　　王铁人（代称）
Lài Tāngyuán　　　　　　　赖汤圆（技名）
Qín Shǐhuáng　　　　　　　秦始皇（帝王名号）

5.1.4 国际体育比赛等场合，人名可以缩写。汉语人名的缩写，姓全写，首字母大写或每个字母大写，名取每个汉字拼音的首字母，大写，后面加小圆点，声调符号可以省略。例如：

Lǐ Xiǎolóng　　　　　　　　缩写为：Li X.L. 或 LI X.L.李小龙
Róng Guótuán　　　　　　　缩写为：Rong G.T. 或 RONG G.T.容国团
Zhūgě Zhìchéng　　　　　　缩写为：Zhuge Z.C.

        或ZHUGE Z.C.诸葛志成
  Chén-Yán Ruòshuǐ   缩写为: Chen-Yan R.S.
        或CHEN-YAN R.S. 陈言若水

5.1.5 中文信息处理中的人名索引,可以把姓的字母都大写,声调符号可以省略。例如:

  Zhāng Yǐng   拼写为: ZHANG Ying 张颖
  Wáng Jiànguó   拼写为: WANG Jianguo 王建国
  Shàngguān Xiǎoyuè 拼写为: SHANGGUAN Xiaoyue 上官晓月
  Chén-Fāng Yùméi 拼写为: CHEN-FANG Yumei 陈方玉梅

5.1.6 公民护照上的人名,可以把姓和名的所有字母全部大写,双姓之间可以不加连接号,声调符号、隔音符号可以省略。例如:

  Liú Chàng   拼写为: LIU CHANG 刘畅
  Zhōu Jiànjūn   拼写为: ZHOU JIANJUN 周建军
  Zhào-Lǐ Shūgāng 拼写为: ZHAOLI SHUGANG 赵李书刚
  Wú Xīng'ēn   拼写为: WU XINGEN 吴兴恩

5.1.7 三音节以内不能分出姓和名的汉语人名,包括历史上已经专名化的称呼,以及笔名、艺名、法名、神名、帝王年号等,连写,开头字母大写。例如:

  Kǒngzǐ   孔子(专称)
  Bāogōng   包公(专称)
  Xīshī   西施(专称)
  Mèngchángjūn   孟尝君(专称)
  Bīngxīn   冰心(笔名)
  Liúshāhé   流沙河(笔名)
  Hóngxiànnǚ   红线女(艺名)
  Jiànzhēn   鉴真(法名)

Nézha 哪吒（神仙名）

Qiánlóng 乾隆（帝王年号）

5.1.8 四音节以上不能分出姓和名的人名，如代称、雅号、神仙名等，按语义结构或语音节律分写，各分开部分开头字母大写。例如：

Dōngguō Xiānsheng 东郭先生（代称）

Liǔquán Jūshì 柳泉居士（雅号 蒲松龄）

Jiànhú Nǚxiá 鉴湖女侠（雅号 秋瑾）

Tàibái Jīnxīng 太白金星（神仙名）

5.2 少数民族语人名拼写规则

5.2.1 少数民族语姓名，按照民族语用汉语拼音字母音译转写，分连次序依民族习惯。音译转写法可以参照《少数民族语地名汉语拼音字母音译转写法》执行。

5.2.2 在一定的场合，可以在少数民族语人名音译转写原文后备注音译汉字及汉字的拼音；也可以先用或仅用音译汉字及汉字的拼音。例如：

Ulanhu（乌兰夫，Wūlánfū）

Ngapoi Ngawang Jigme（阿沛·阿旺晋美，Āpèi Āwàngjìnměi）

Seypidin（赛福鼎，Sàifúdǐng）

6 特殊问题的变通处理办法

6.1 出版物中常见的著名历史人物，港、澳、台人士，海外华侨及外籍华人、华裔的姓名，以及科技领域各科（动植物、微生物、古生物等）学名命名中的中国人名，原来有惯用的拉丁字母拼写法，必要时可以附注在括弧中或注释中。

6.2 根据技术处理的特殊需要，必要的场合（如公民护照、对外文件和书刊等），大写字母Ü可以用YU代替。例如：

Lǚ Hépíng 拼写为：LYU HEPING 吕和平

中国地名汉语拼音字母拼写规则
（汉语地名部分）

（中国地名委员会、中国文字改革委员会、国家测绘局
1984 年 12 月 25 日发布）

分写和连写

1. 由专名和通名构成的地名，原则上专名与通名分写。

太行/山①	松花/江	汾/河	太/湖	舟山/群岛
台湾/海峡	青藏/高原	密云/水库	大/运河	永丰/渠
西藏/自治区	江苏/省	襄樊/市	通/县	西峰/镇
虹口/区	友谊/乡	京津/公路	南京/路	滨江/道
横/街	长安/街	大/马路	梧桐/巷	门框/胡同

2. 专名或通名中的修饰、限定成分，单音节的与其相关部分连写，双音节和多音节的与其相关部分分写。

西辽/河	潮白/新河	新通扬/运河
北雁荡/山	老秃顶子/山	小金门/岛
景山/后街	造币/左路	清波门/直街
后赵家楼/胡同	朝阳门内/大街	南/小街
小/南街	南横/东街	修文/西小巷
东直门外/南后街	广安门/北滨河/路	广渠/南水关/胡同

---

① "/" 表示分写。如：太行/山，表示用汉语拼音拼写时，拼作 Tàiháng Shān。

3. 自然村镇名称不区分专名和通名,各音节连写。

    王村　　　江镇　　　潞县　　　周口店　　　文家市
    油坊桥　　铁匠营　　大虎山　　太平沟　　　三岔河
    龙王集　　龚家棚　　众埠街　　南王家荡　　东桑家堡子

4. 通名已专名化的,按专名处理。

    渤海/湾　　　　黑龙江/省　　　　景德镇/市
    解放路/南小街　包头/胡同/东巷

5. 以人名命名的地名,人名中的姓和名连写。

    左权/县　　　张之洞/路　　　欧阳海/水库

数词的书写

6. 地名中的数词一般用拼音书写。

    五指山　　Wǔzhǐ Shān　　　　九龙江　Jiǔlóng Jiāng
    三门峡　　Sānmén Xiá　　　　二道沟　Èrdào Gōu
    第二松花江　Dì'èr Sōnghuā Jiāng　　第六屯　Dìliùtún
    三眼井胡同　Sānyǎnjǐng Hútong
    八角场东街　Bājiǎochǎng Dōngjiē
    三八路　　Sānbā Lù
    五一广场　Wǔyī Guǎngchǎng

7. 地名中的代码和街巷名称中的序数词用阿拉伯数字书写。

    1203高地　1203 Gāodì　　　　1718峰　1718 Fēng
    二马路　　2 Mǎlù　　　　　　经五路　Jīng 5Lù
    三环路　　3 Huánlù
    大川淀一巷　Dàchuāndiàn 1 Xiàng
    东四十二条　Dōngsì 12 Tiáo　　第九弄　Dì-9 Lòng

语音的依据

8. 汉语地名按普通话语音拼写。地名中的多音字和方言字根据普通话审音委员会审定的读音拼写。

    十里堡（北京）　　　　　Shílǐpù
    大黄堡（天津）　　　　　Dàhuángbǎo
    吴堡（陕西）　　　　　　Wúbǔ

9. 地名拼写按普通话语音标调。特殊情况可不标调。

大小写、隔音、儿化音的书写和移行

10. 地名中的第一个字母大写，分段书写的，每段第一个字母大写，其余字母小写。特殊情况可全部大写。

    李庄　Lǐzhuāng　　　　珠江　Zhū Jiāng
    天宁寺西里一巷　Tiānníngsì Xīlǐ 1 Xiàng

11. 凡以a、o、e开头的非第一音节，在a、o、e前用隔音符号"'"隔开。

    西安　Xi'ān　　　建瓯　Jiān'ōu　　　天峨　Tiān'é

12. 地名汉字书写中有"儿"字的儿化音用"r"表示，没有"儿"字的不予表示。

    盆儿胡同　Pénr Hútong

13. 移行以音节为单位，上行末尾加短横。

    | 海南岛　Hǎi-
    | nán Dǎo

起地名作用的建筑物、游览地、纪念地和企事业单位等名称的书写

14. 能够区分专、通名的,专名与通名分写。修饰、限定单音节通名的成分与其通名连写。

    解放/桥　　　　　挹江/门　　　　　黄鹤/楼
    少林/寺　　　　　大雁/塔　　　　　中山/陵
    兰州/站　　　　　星海/公园　　　　武汉/长江/大桥
    上海/交通/大学　　金陵/饭店　　　　鲁迅/博物馆
    红星/拖拉机厂　　月亮山/种羊场　　北京/工人/体育馆
    二七/烈士/纪念碑　武威/地区/气象局

15. 不易区分专、通名的一般连写。

    一线天　　水珠帘　　百花深处　　三潭印月　　铜壶滴漏

16. 企事业单位名称中的代码和序数词用阿拉伯数字书写。

    501矿区　　501 Kuàngqū　　　　前进四厂　　Qiánjìn 4 chǎng

17. 含有行政区域名称的企事业单位等名称,行政区域名称的专名与通名分写。

    浙江/省/测绘局　　　　　费/县/汽车站
    郑州/市/玻璃厂　　　　　北京/市/宣武/区/育才/学校

18. 起地名作用的建筑物、游览地、纪念地和企事业单位等名称的其他拼写要求,参照本规则相应条款。

附　则

19. 各业务部门根据本部门业务的特殊要求,地名的拼写形式在不违背本规则基本原则的基础上,可作适当的变通处理。

GF 1001—2001

第一批异形词整理表

(中华人民共和国教育部、国家语言文字工作委员会 2001 年 12 月 19 日发布,2002 年 3 月 31 日试行)

前　言

本规范规定了普通话书面语中异形词的推荐使用词形。

本规范由教育部语言文字应用管理司提出立项。

本规范由国家语言文字工作委员会语言文字规范(标准)审定委员会审定。

本规范由教育部、国家语言文字工作委员会发布试行。

本规范起草单位:中国语文报刊协会。

本规范起草人:李行健、应雨田、谢质彬、孙光贵、邹玉华、张育泉、郗凤岐等。曹先擢、傅永和、高更生、苏培成、季恒铨任顾问。湖南常德师范学院、山东潍坊学院和湖南长沙师范学校有关人员参加了研制工作。

1　范围

本规范是推荐性试行规范。根据"积极稳妥、循序渐进、区别对待、分批整理"的工作方针,选取了普通话书面语中经常使用、公众的取舍倾向比较明显的338组(不含附录中的44组)异形词(包括词和固定短语)作为第一批进行整理,给出了每组异形词的推荐使用词形。

本规范适用于普通话书面语,包括语文教学、新闻出版、辞书编纂、信息处理等方面。

2 规范性引用文件

第一批异体字整理表（1955年12月22日中华人民共和国文化部、中国文字改革委员会发布）

汉语拼音方案（1958年2月11日中华人民共和国第一届全国人民代表大会第五次会议批准）

普通话异读词审音表（1985年12月27日国家语言文字工作委员会、国家教育委员会和广播电视部发布）

简化字总表（1986年10月10日经国务院批准国家语言文字工作委员会重新发表）

现代汉语常用字表（1988年1月26日国家语言文字工作委员会、国家教育委员会发布）

现代汉语通用字表（1988年3月25日国家语言文字工作委员会、中华人民共和国新闻出版署发布）

GB/T 16159—1996　汉语拼音正词法基本规则

3 术语

3.1 异形词　variant forms of the same word

普通话书面语中并存并用的同音（本规范中指声、韵、调完全相同）、同义（本规范中指理性意义、色彩意义和语法意义完全相同）而书写形式不同的词语。

3.2 异体字　variant forms of a Chinese character

与规定的正体字同音、同义而写法不同的字。本规范中专指被《第一批异体字整理表》淘汰的异体字。

3.3 词形　word form / lexical form

本规范中指词语的书写形式。

3.4 语料　corpus

本规范中指用于词频统计的普通话书面语中的语言资料。

3.5 词频　word frequency

在一定数量的语料中同一个词语出现的频度，一般用词语的出现次数或覆盖率来表示。本规范中指词语的出现次数。

4　整理异形词的主要原则

现代汉语中异形词的出现有一个历史发展过程，涉及形、音、义等多个方面。整理异形词必须全面考虑、统筹兼顾。既立足于现实，又尊重历史；既充分注意语言的系统性，又承认发展演变中的特殊情况。

4.1　通用性原则

根据科学的词频统计和社会调查，选取公众目前普遍使用的词形作为推荐词形。把通用性原则作为整理异形词的首要原则，这是由语言的约定俗成的社会属性所决定的。据多方考察，90%以上的常见异形词在使用中词频逐渐出现显著性差异，符合通用性原则的词形绝大多数与理据性等原则是一致的。即使少数词频高的词形与语源或理据不完全一致，但一旦约定俗成，也应尊重社会的选择。如"毕恭毕敬24——必恭必敬0"（数字表示词频，下同），从源头来看，"必恭必敬"出现较早，但此成语在流传过程中意义发生了变化，由"必定恭敬"演变为"十分恭敬"，理据也有了不同。从目前的使用频率看，"毕恭毕敬"通用性强，故以"毕恭毕敬"为推荐词形。

4.2　理据性原则

某些异形词目前较少使用，或词频无显著性差异，难以依据通用性原则确定取舍，则从词语发展的理据性角度推荐一种较为合理的词形，以便于理解词义和方便使用。如"规诫1——规戒2"，"戒""诫"为同源字，在古代二者皆有"告诫"和"警戒"义，因此两词形皆合语源。但现代汉语中"诫"多表"告诫"义，"戒"多表"警戒"义，"规诫"是以言相劝，"诫"的语素义与词义更为吻合，故以"规诫"为推荐词形。

4.3 系统性原则

词汇内部有较强的系统性，在整理异形词时要考虑同语素系列词用字的一致性。如"侈靡0——侈糜0|靡费3——糜费3"，根据使用频率，难以确定取舍。但同系列的异形词"奢靡87——奢糜17"，前者占有明显的优势，故整个系列都确定以含"靡"的词形为推荐词形。

以上三个原则只是异形词取舍的三个主要侧重点，具体到每组词还需要综合考虑决定取舍。

另外，目前社会上还流行着一批含有非规范字（即国家早已废止的异体字或已简化的繁体字）的异形词，造成书面语使用中的混乱。这次选了一些影响较大的列为附录，明确作为非规范词形予以废除。

5 《第一批异形词整理表》说明

5.1 本表研制过程中，用《人民日报》1995～2000年全部作品作语料对异形词进行词频统计和分析，并逐条进行人工干预，尽可能排除电脑统计的误差，部分异形词还用《人民日报》1987～1995年语料以及1996～1997年的66种社会科学杂志和158种自然科学杂志的语料进行了抽样复查。同时参考了《现代汉语词典》《汉语大词典》《辞海》《新华词典》《现代汉语规范字典》等工具书和有关讨论异形词的文章。

5.2 每组异形词破折号前为选取的推荐词形。表中需要说明的个别问题，以注释方式附在表后。

5.3 本表所收的条目按首字的汉语拼音音序排列，同音的按笔画数由少到多排列。

5.4 附录中列出的非规范词形置于圆括号内，已淘汰的异体字和已简化的繁体字在左上角用"*"号标明。

A

按捺——按纳　ànnà
按语——案语　ànyǔ

B

百废俱兴——百废具兴
　bǎifèi-jùxīng
百叶窗——百页窗
　bǎiyèchuāng
斑白——班白、颁白
　bānbái
斑驳——班驳　bānbó
孢子——胞子　bāozǐ
保镖——保镳　bǎobiāo
保姆——保母、褓姆
　bǎomǔ
辈分——辈份　bèifèn
本分——本份　běnfèn
笔画——笔划　bǐhuà
毕恭毕敬——必恭必敬
　bìgōng-bìjìng

编者按——编者案
　biānzhě'àn
扁豆——萹豆、稨豆、藊豆
　biǎndòu
标志——标识　biāozhì
鬓角——鬓脚　bìnjiǎo
秉承——禀承　bǐngchéng
补丁——补靪、补钉
　bǔding

C

参与——参预　cānyù
惨淡——惨澹　cǎndàn
差池——差迟　chāchí
掺和——搀和　chānhuo①
掺假——搀假　chānjiǎ
掺杂——搀杂　chānzá
铲除——划除　chǎnchú
徜徉——倘佯　chángyáng
车厢——车箱　chēxiāng
彻底——澈底　chèdǐ
沉思——沈思　chénsī②

---

① "掺""搀"实行分工："掺"表混合义，"搀"表搀扶义。
② "沉"本为"沈"的俗体，后来"沉"字成了通用字，与"沈"并存并用，并形成了许多异形词，如"沉没——沈没|沉思——沈思|深沉——深沈"等。现在"沈"只读shěn，用于姓氏。地名沈阳的"沈"是"瀋"的简化字。表示"沉没"及其引申义，现在一般写作"沉"，读chén。

称心——趁心　chènxīn
成分——成份　chéngfèn
澄澈——澄彻　chéngchè
侈靡——侈糜　chǐmí
筹划——筹画　chóuhuà
筹码——筹马　chóumǎ
踌躇——踌蹰　chóuchú
出谋划策——出谋画策
　chūmóu-huàcè
喘吁吁——喘嘘嘘
　chuǎnxūxū
瓷器——磁器　cíqì
赐予——赐与　cìyǔ
粗鲁——粗卤　cūlǔ

D

搭档——搭当、搭挡
　dādàng
搭讪——搭赸、答讪
　dāshàn

答复——答覆　dáfù
戴孝——带孝　dàixiào
担心——耽心　dānxīn
担忧——耽忧　dānyōu
耽搁——担搁　dānge
淡泊——澹泊　dànbó
淡然——澹然　dànrán
倒霉——倒楣　dǎoméi
低回——低徊　dīhuí③
凋敝——雕敝、雕弊
　diāobì④
凋零——雕零　diāolíng
凋落——雕落　diāoluò
凋谢——雕谢　diāoxiè
跌宕——跌荡　diēdàng
跌跤——跌交　diējiāo
喋血——蹀血　diéxuè
叮咛——丁宁　dīngníng
订单——定单　dìngdān⑤

---

③　《普通话异读词审音表》审定"徊"统读huái。"低回"一词只读dīhuí,不读dīhuái。
④　"凋""雕"古代通用,1955年《第一批异体字整理表》曾将"凋"作为"雕"的异体字予以淘汰。1988年《现代汉语通用字表》确认"凋"为规范字,表示"凋谢"及其引申义。
⑤　"订""定"二字中古时本不同音,演变为同音字后,才在"预先约定"的义项上通用,形成了一批异形词。不过近几十年二字在此共同义项上又发生了细微的分化:"订"多指事先经过双方商讨的,只是约定,并非确定不变的;"定"侧重在确定,不轻易变动。故有些异形词现已分化为近义词,但本表所列的"订单——定单"等仍为全等异形词,应依据通用性原则予以规范。

订户——定户　dìnghù
订婚——定婚　dìnghūn
订货——定货　dìnghuò
订阅——定阅　dìngyuè
斗拱——枓拱、枓栱
　　dǒugǒng
逗留——逗遛　dòuliú
逗趣儿——斗趣儿 dòuqùr
独角戏——独脚戏
　　dújiǎoxì
端午——端五　duānwǔ

E
二黄——二簧　èrhuáng
二心——贰心　èrxīn

F
发酵——酦酵　fājiào
发人深省——发人深醒
　　fārén-shēnxǐng
繁衍——蕃衍　fányǎn
吩咐——分付　fēnfù
分量——份量　fènliàng
分内——份内　fènnèi
分外——份外　fènwài

分子——份子　fènzǐ⑥
愤愤——忿忿　fènfèn
丰富多彩——丰富多采
　　fēngfù-duōcǎi
风瘫——疯瘫　fēngtān
疯癫——疯颠　fēngdiān
锋芒——锋铓　fēngmáng
服侍——伏侍、服事
　　fúshi
服输——伏输　fúshū
服罪——伏罪　fúzuì
负隅顽抗——负嵎顽抗
　　fùyú-wánkàng
附会——傅会　fùhuì
复信——覆信　fùxìn
覆辙——复辙　fùzhé

G
干预——干与　gānyù
告诫——告戒　gàojiè
耿直——梗直、鲠直
　　gěngzhí
恭维——恭惟　gōngwei
勾画——勾划　gōuhuà

---

⑥　此词是指属于一定阶级、阶层、集团或具有某种特征的人，如"地主~|知识~|先进~"。与分母相对的"分子"、由原子构成的"分子"（读fēnzǐ）、凑份子送礼的"份子"（读fènzi），音、义均不同，不可混淆。

勾连——勾联　gōulián
孤苦伶仃——孤苦零丁
　gūkǔ-língdīng
辜负——孤负　gūfù
古董——骨董　gǔdǒng
股份——股分　gǔfèn
骨瘦如柴——骨瘦如豺
　gǔshòu-rúchái
关联——关连　guānlián
光彩——光采　guāngcǎi
归根结底——归根结柢
　guīgēn-jiédǐ
规诫——规戒　guījiè
鬼哭狼嚎——鬼哭狼嗥
　guǐkū-lángháo
过分——过份　guòfèn

H
蛤蟆——虾蟆　háma
含糊——含胡　hánhu
含蓄——涵蓄　hánxù
寒碜——寒伧　hánchen
喝彩——喝采　hècǎi
喝倒彩——喝倒采
　hèdàocǎi
轰动——哄动　hōngdòng
弘扬——宏扬　hóngyáng

红彤彤——红通通
　hóngtōngtōng
宏论——弘论　hónglùn
宏图——弘图、鸿图
　hóngtú
宏愿——弘愿　hóngyuàn
宏旨——弘旨　hóngzhǐ
洪福——鸿福　hóngfú
狐臭——胡臭　húchòu
蝴蝶——胡蝶　húdié
糊涂——胡涂　hútu
琥珀——虎魄　hǔpò
花招——花着　huāzhāo
划拳——豁拳、搳拳
　huáquán
恍惚——恍忽　huǎnghū
辉映——晖映　huīyìng
溃脓——殨脓　huìnóng
浑水摸鱼——混水摸鱼
　húnshuǐ-mōyú
伙伴——火伴　huǒbàn

J
机灵——机伶　jīling
激愤——激忿　jīfèn
计划——计画　jìhuà
纪念——记念　jìniàn

寄予——寄与　jìyǔ
夹克——茄克　jiākè
嘉宾——佳宾　jiābīn
驾驭——驾御　jiàyù
架势——架式　jiàshi
嫁妆——嫁装　jiàzhuang
简练——简炼　jiǎnliàn
骄奢淫逸——骄奢淫佚
　jiāoshē-yínyì
角门——脚门　jiǎomén
狡猾——狡滑　jiǎohuá
脚跟——脚根　jiǎogēn
叫花子——叫化子
　jiàohuāzi
精彩——精采　jīngcǎi
纠合——鸠合　jiūhé
纠集——鸠集　jiūjí
就座——就坐　jiùzuò
角色——脚色　juésè

K

克期——刻期　kèqī
克日——刻日　kèrì
刻画——刻划　kèhuà
阔佬——阔老　kuòlǎo

L

褴褛——蓝缕　lánlǚ
烂漫——烂缦、烂熳
　lànmàn
狼藉——狼籍　lángjí
榔头——狼头、锒头
　lángtou
累赘——累坠　léizhui
黧黑——黎黑　líhēi
连贯——联贯　liánguàn
连接——联接　liánjiē
连绵——联绵　liánmián⑦
连缀——联缀　liánzhuì
联结——连结　liánjié
联袂——连袂　liánmèi
联翩——连翩　liánpiān
踉跄——踉蹡　liàngqiàng
嘹亮——嘹喨　liáoliàng
缭乱——撩乱　liáoluàn
伶仃——零丁　língdīng
囹圄——囹圉　língyǔ
溜达——蹓跶　liūda
流连——留连　liúlián
喽啰——喽罗、偻㑩

---

⑦ "联绵字""联绵词"中的"联"不能改写为"连"。

lóuluó
鲁莽——卤莽　lǔmǎng
录像——录象、录相
　　lùxiàng
络腮胡子——落腮胡子
　　luòsāi-húzi
落寞——落漠、落莫
　　luòmò

M

麻痹——痳痹　mábì
麻风——痳风　máfēng
麻疹——痳疹　mázhěn
马蜂——蚂蜂　mǎfēng
马虎——马糊　mǎhu
门槛——门坎　ménkǎn
靡费——糜费　mífèi
绵连——绵联　miánlián
腼腆——靦觍　miǎntiǎn
模仿——摹仿　mófǎng
模糊——模胡　móhu
模拟——摹拟　mónǐ
摹写——模写　móxiě
摩擦——磨擦　mócā
摩拳擦掌——磨拳擦掌
　　móquán-cāzhǎng
磨难——魔难　mónàn

脉脉——眽眽　mòmò
谋划——谋画　móuhuà

N

那么——那末　nàme
内讧——内哄　nèihòng
凝练——凝炼　níngliàn
牛仔裤——牛崽裤
　　niúzǎikù
纽扣——钮扣　niǔkòu

P

扒手——掱手　páshǒu
盘根错节——蟠根错节
　　pángēn-cuòjié
盘踞——盘据、蟠踞、蟠据
　　pánjù
盘曲——蟠曲　pánqū
盘陀——盘陁　pántuó
磐石——盘石、蟠石
　　pánshí
蹒跚——盘跚　pánshān
彷徨——旁皇　pánghuáng
披星戴月——披星带月
　　pīxīng-dàiyuè
疲沓——疲塌　píta
漂泊——飘泊　piāobó
漂流——飘流　piāoliú

飘零——漂零　piāolíng
飘摇——飘飖　piāoyáo
凭空——平空　píngkōng

Q

牵连——牵联　qiānlián
憔悴——蕉萃　qiáocuì
清澈——清彻　qīngchè
情愫——情素　qíngsù
拳拳——惓惓　quánquán
劝诫——劝戒　quànjiè

R

热乎乎——热呼呼　rèhūhū
热乎——热呼　rèhu
热衷——热中　rèzhōng
人才——人材　réncái
日食——日蚀　rìshí
入座——入坐　rùzuò

S

色彩——色采　sècǎi
杀一儆百——杀一警百　shāyī-jǐngbǎi
鲨鱼——沙鱼　shāyú
山楂——山查　shānzhā
舢板——舢舨　shānbǎn
艄公——梢公　shāogōng

奢靡——奢糜　shēmí
申雪——伸雪　shēnxuě
神采——神彩　shéncǎi
湿漉漉——湿渌渌　shīlūlū
什锦——十锦　shíjǐn
收服——收伏　shōufú
首座——首坐　shǒuzuò
书简——书柬　shūjiǎn
双簧——双锽　shuānghuáng
思维——思惟　sīwéi
死心塌地——死心踏地　sǐxīn-tādì

T

踏实——塌实　tāshi
甜菜——菾菜　tiáncài
铤而走险——挺而走险　tǐng'érzǒuxiǎn
透彻——透澈　tòuchè
图像——图象　túxiàng
推诿——推委　tuīwěi

W

玩意儿——玩艺儿　wányìr
魍魉——蝄蜽　wǎngliǎng
诿过——委过　wěiguò
乌七八糟——污七八糟

无动于衷——无动于中 wūqībāzāo
wúdòngyúzhōng
毋宁——无宁　wúnìng
毋庸——无庸　wúyōng
五彩缤纷——五采缤纷
wǔcǎi-bīnfēn
五劳七伤——五痨七伤
wǔláo-qīshāng

X

息肉——瘜肉　xīròu
稀罕——希罕　xīhan
稀奇——希奇　xīqí
稀少——希少　xīshǎo
稀世——希世　xīshì
稀有——希有　xīyǒu
翕动——噏动　xīdòng
洗练——洗炼　xǐliàn
贤惠——贤慧　xiánhuì
香醇——香纯　xiāngchún
香菇——香菰　xiānggū
相貌——像貌　xiàngmào
潇洒——萧洒　xiāosǎ
小题大做——小题大作
xiǎotí-dàzuò
卸载——卸傤　xièzài

信口开河——信口开合
xìnkǒu-kāihé
惺忪——惺松　xīngsōng
秀外慧中——秀外惠中
xiùwài-huìzhōng
序文——叙文　xùwén
序言——叙言　xùyán
训诫——训戒　xùnjiè

Y

压服——压伏　yāfú
押韵——压韵　yāyùn
鸦片——雅片　yāpiàn
扬琴——洋琴　yángqín
要么——要末　yàome
夜宵——夜消　yèxiāo
一锤定音——一槌定音
yīchuí-dìngyīn
一股脑儿——一古脑儿
yīgǔnǎor
衣襟——衣衿　yījīn
衣着——衣著　yīzhuó
义无反顾——义无返顾
yìwúfǎngù
淫雨——霪雨　yínyǔ
盈余——赢余　yíngyú
影像——影象　yǐngxiàng

余晖——余辉	yúhuī		缘由——原由	yuányóu
渔具——鱼具	yújù		月食——月蚀	yuèshí
渔网——鱼网	yúwǎng		月牙——月芽	yuèyá
与会——预会	yùhuì		芸豆——云豆	yúndòu
与闻——预闻	yùwén			

Z

驭手——御手	yùshǒu		杂沓——杂遝	zátà
预备——豫备	yùbèi⑧		再接再厉——再接再砺	zàijiē-zàilì
原来——元来	yuánlái			
原煤——元煤	yuánméi		崭新——斩新	zhǎnxīn
原原本本——源源本本、元元本本	yuányuán-běnběn		辗转——展转	zhǎnzhuǎn
			战栗——颤栗	zhànlì⑨
			账本——帐本	zhàngběn⑩
缘故——原故	yuángù		折中——折衷	zhézhōng

---

⑧ "预""豫"二字,古代在"预先"的意义上通用,故形成了"预备——豫备|预防——豫防|预感——豫感|预期——豫期"等20多组异形词。现在此义项已完全由"预"承担。但考虑到鲁迅等名家习惯用"豫",他们的作品影响深远,故列出一组特作说明。

⑨ "颤"有两读,读zhàn时,表示人发抖,与"战"相通;读chàn时,主要表物体轻微振动,也可表示人发抖,如"颤动"既可用于物,也可用于人。什么时候读zhàn,什么时候读chàn,很难从意义上把握,统一写作"颤"必然会给读音带来一定困难,故宜根据目前大多数人的习惯读音来规范词形,以利于稳定读音,避免混读。如"颤动、颤抖、颤巍巍、颤音、颤悠、发颤"多读chàn,写作"颤";"战栗、打冷战、打战、胆战心惊、冷战、寒战"等词习惯多读zhàn,写作"战"。

⑩ "账"是"帐"的分化字。古人常把账目记于布帛上悬挂起来以利保存,故称日用的账目为"帐"。后来为了与帷帐分开,另造形声字"账",表示与钱财有关。"账""帐"并存并用后,形成了几十组异形词。《简化字总表》《现代汉语通用字表》中"账""帐"均收,可见主张分化。二字分工如下:"账"用于货币和货物出入的记载、债务等,如"账本、报账、借账、还账";"帐"专表用布、纱、绸子等制成的遮蔽物,如"蚊帐、帐篷、青纱帐(比喻用法)"等。

这么——这末　zhème
正经八百——正经八摆　zhèngjīng-bābǎi
芝麻——脂麻　zhīma
肢解——支解、枝解　zhījiě
直截了当——直捷了当、直接了当　zhíjié-liǎodàng
指手画脚——指手划脚　zhǐshǒu-huàjiǎo
周济——赒济　zhōujì
转悠——转游　zhuànyou
装潢——装璜　zhuānghuáng
孜孜——孳孳　zīzī
姿势——姿式　zīshì
仔细——子细　zǐxì
自个儿——自各儿　zìgěr
佐证——左证　zuǒzhèng

【附录】
含有非规范字的异形词（44组）

抵触（*牴触）　dǐchù
抵牾（*牴牾）　dǐwǔ
喋血（*啑血）　diéxuè
仿佛（彷*彿、*髣*髴）　fǎngfú
飞扬（飞*颺）　fēiyáng

氛围（*雰围）　fēnwéi
构陷（*搆陷）　gòuxiàn
浩渺（浩*淼）　hàomiǎo
红果儿（红*菓儿）　hóngguǒr
胡同（*衚*衕）　hútòng
糊口（*餬口）　húkǒu
蒺藜（蒺*䕵）　jílí
家伙（*傢伙）　jiāhuo
家具（*傢具）　jiājù
家什（*傢什）　jiāshi
侥幸（*傲*倖、儌*倖）　jiǎoxìng
局促（*侷促、*跼促）　júcù
撅嘴（*噘嘴）　juēzuǐ
克期（*剋期）　kèqī
空蒙（空*濛）　kōngméng
昆仑（*崑*崙）　kūnlún
劳动（劳*働）　láodòng
绿豆（*菉豆）　lǜdòu
马扎（马*劄）　mǎzhá
蒙眬（*矇眬）　ménglóng
蒙蒙（*濛*濛）　méngméng
弥漫（*瀰漫）　mímàn
弥蒙（*瀰*濛）　míméng
迷蒙（迷*濛）　míméng

渺茫（*淼茫）	miǎománg	趟水（*蹚水）	tāngshuǐ
飘扬（飘*颺）	piāoyáng	纨绔（纨*袴）	wánkù
憔悴（*顦*顇）	qiáocuì	丫杈（*桠杈）	yāchà
轻扬（轻*颺）	qīngyáng	丫枝（*桠枝）	yāzhī
水果（水*菓）	shuǐguǒ	殷勤（*慇*懃）	yīnqín
趟地（*蹚地）	tāngdì	札记（*劄记）	zhájì
趟浑水（*蹚浑水） tānghúnshuǐ		枝丫（枝*桠）	zhīyā
		跖骨（*蹠骨）	zhígǔ

GB/T 15834—2011

标点符号用法

(中华人民共和国国家质量监督检验检疫总局、中国国家标准化管理委员会 2011 年 12 月 30 日发布，2012 年 6 月 1 日实施)

前 言

本标准按照 GB/T 1.1—2009 给出的规则起草。

本标准代替 GB/T 15834—1995，与 GB/T 15834—1995 相比，主要变化如下：

——根据我国国家标准编写规则（GB/T 1.1—2009），对本标准的编排和表述做了全面修改；

——更换了大部分示例，使之更简短、通俗、规范；

——增加了对术语"标点符号"和"语段"的定义（2.1/2.5）；

——对术语"复句"和"分句"的定义做了修改（2.3/2.4）；

——对句末点号（句号、问号、叹号）的定义做了修改，更强调句末点号与句子语气之间的关系（4.1.1/4.2.1/4.3.1）；

——对逗号的基本用法做了补充（4.4.3）；

——增加了不同形式括号用法的示例（4.9.3）；

——省略号的形式统一为六连点"……"，但在特定情况下允许连用（4.11）；

——取消了连接号中原有的二字线，将连接号形式规范为短横线"-"、一字线"—"和浪纹线"～"，并对三者的功能做了归并与划分（4.13）；

——明确了书名号的使用范围(4.15/A.13);

——增加了分隔号的用法说明(4.17);

——"标点符号的位置"一章的标题改为"标点符号的位置和书写形式",并增加了使用中文输入软件处理标点符号时的相关规范(第5章);

——增加了"附录":附录A为规范性附录,主要说明标点符号不能怎样使用和对标点符号用法加以补充说明,以解决目前使用混乱或争议较大的问题。附录B为资料性附录,对功能有交叉的标点符号的用法做了区分,并对标点符号误用高发环境下的规范用法做了说明。

本标准由教育部语言文字信息管理司提出并归口。

本标准主要起草单位:北京大学。

本标准主要起草人:沈阳、刘妍、于泳波、翁姗姗。

本标准所代替标准的历次版本发布情况为:

——GB/T 15834—1995。

1 范围

本标准规定了现代汉语标点符号的用法。

本标准适用于汉语的书面语(包括汉语和外语混合排版时的汉语部分)。

2 术语和定义

下列术语和定义适用于本文件。

2.1 标点符号　punctuation

辅助文字记录语言的符号,是书面语的有机组成部分,用来表示语句的停顿、语气以及标示某些成分(主要是词语)的特定性质和作用。

注:数学符号、货币符号、校勘符号、辞书符号、注音符号等特殊领域的专门符号不属于标点符号。

2.2 句子　sentence

前后都有较大停顿、带有一定的语气和语调、表达相对完整意义的语言单位。

2.3 复句　complex sentence

由两个或多个在意义上有密切关系的分句组成的语言单位，包括简单复句（内部只有一层语义关系）和多重复句（内部包含多层语义关系）。

2.4 分句　clause

复句内两个或多个前后有停顿、表达相对完整意义、不带有句末语气和语调、有的前面可添加关联词语的语言单位。

2.5 语段　expression

指语言片段，是对各种语言单位（如词、短语、句子、复句等）不做特别区分时的统称。

3　标点符号的种类

3.1 点号

点号的作用是点断，主要表示停顿和语气。分为句末点号和句内点号。

3.1.1 句末点号

用于句末的点号，表示句末停顿和句子的语气。包括句号、问号、叹号。

3.1.2 句内点号

用于句内的点号，表示句内各种不同性质的停顿。包括逗号、顿号、分号、冒号。

3.2 标号

标号的作用是标明，主要标示某些成分（主要是词语）的特定性质和作用。包括引号、括号、破折号、省略号、着重号、连接号、间隔号、书名号、专名号、分隔号。

4 标点符号的定义、形式和用法

4.1 句号

4.1.1 定义

句末点号的一种,主要表示句子的陈述语气。

4.1.2 形式

句号的形式是"。"。

4.1.3 基本用法

4.1.3.1 用于句子末尾,表示陈述语气。使用句号主要根据语段前后有较大停顿、带有陈述语气和语调,并不取决于句子的长短。

示例1:北京是中华人民共和国的首都。

示例2:(甲:咱们走着去吧?)乙:好。

4.1.3.2 有时也可表示较缓和的祈使语气和感叹语气。

示例1:请您稍等一下。

示例2:我不由地感到,这些普通劳动者也同样是很值得尊敬的。

4.2 问号

4.2.1 定义

句末点号的一种,主要表示句子的疑问语气。

4.2.2 形式

问号的形式是"?"。

4.2.3 基本用法

4.2.3.1 用于句子末尾,表示疑问语气(包括反问、设问等疑问类型)。使用问号主要根据语段前后有较大停顿、带有疑问语气和语调,并不取决于句子的长短。

示例1：你怎么还不回家去呢？

示例2：难道这些普通的战士不值得歌颂吗？

示例3：（一个外国人，不远万里来到中国，帮助中国的抗日战争。）这是什么精神？这是国际主义的精神。

4.2.3.2 选择问句中，通常只在最后一个选项的末尾用问号，各个选项之间一般用逗号隔开。当选项较短且选项之间几乎没有停顿时，选项之间可不用逗号。当选项较多或较长，或有意突出每个选项的独立性时，也可每个选项之后都用问号。

示例1：诗中记述的这场战争究竟是真实的历史描述，还是诗人的虚构？

示例2：这是巧合还是有意安排？

示例3：要一个什么样的结尾：现实主义的？传统的？大团圆的？荒诞的？民族形式的？有象征意义的？

示例4：（他看着我的作品称赞了我。）但到底是称赞我什么：是有几处画得好？还是什么都敢画？抑或只是一种对于失败者的无可奈何的安慰？我不得而知。

示例5：这一切都是由客观的条件造成的？还是由行为的惯性造成的？

4.2.3.3 在多个问句连用或表达疑问语气加重时，可叠用问号。通常应先单用，再叠用，最多叠用三个问号。在没有异常强烈的情感表达需要时不宜叠用问号。

示例：这就是你的做法吗？你这个总经理是怎么当的？？你怎么竟敢这样欺骗消费者？？？

4.2.3.4 问号也有标号的用法，即用于句内，表示存疑或不详。

示例1：马致远（1250？—1321），大都人，元代戏曲家、散曲家。

示例2：钟嵘（？—518），颍川长社人，南朝梁代文学批评家。

示例3：出现这样的文字错误,说明作者(编者?校者?)很不认真。

4.3 叹号

4.3.1 定义

句末点号的一种,主要表示句子的感叹语气。

4.3.2 形式

叹号的形式是"！"。

4.3.3 基本用法

4.3.3.1 用于句子末尾,主要表示感叹语气,有时也可表示强烈的祈使语气、反问语气等。使用叹号主要根据语段前后有较大停顿、带有感叹语气和语调或带有强烈的祈使、反问语气和语调,并不取决于句子的长短。

示例1：才一年不见,这孩子都长这么高啦！

示例2：你给我住嘴！

示例3：谁知道他今天是怎么搞的！

4.3.3.2 用于拟声词后,表示声音短促或突然。

示例1：咔嚓！一道闪电划破了夜空。

示例2：咚！咚咚！突然传来一阵急促的敲门声。

4.3.3.3 表示声音巨大或声音不断加大时,可叠用叹号;表达强烈语气时,也可叠用叹号,最多叠用三个叹号。在没有异常强烈的情感表达需要时不宜叠用叹号。

示例1：轰！！在这天崩地塌的声音中,女娲猛然醒来。

示例2：我要揭露！我要控诉！！我要以死抗争！！！

4.3.3.4 当句子包含疑问、感叹两种语气且都比较强烈时(如带有强烈感情的反问句和带有惊愕语气的疑问句),可在问号后再加叹号(问号、叹号各一)。

示例1：这么点困难就能把我们吓倒吗？！

示例2：他连这些最起码的常识都不懂，还敢说自己是高科技人材？！

4.4 逗号

4.4.1 定义

句内点号的一种，表示句子或语段内部的一般性停顿。

4.4.2 形式

逗号的形式是"，"。

4.4.3 基本用法

4.4.3.1 复句内各分句之间的停顿，除了有时用分号（见4.6.3.1），一般都用逗号。

示例1：不是人们的意识决定人们的存在，而是人们的社会存在决定人们的意识。

示例2：学历史使人更明智，学文学使人更聪慧，学数学使人更精细，学考古使人更深沉。

示例3：要是不相信我们的理论能反映现实，要是不相信我们的世界有内在和谐，那就不可能有科学。

4.4.3.2 用于下列各种语法位置：

a）较长的主语之后。

示例1：苏州园林建筑各种门窗的精美设计和雕镂功夫，都令人叹为观止。

b）句首的状语之后。

示例2：在苍茫的大海上，狂风卷集着乌云。

c）较长的宾语之前。

示例3：有的考古工作者认为，南方古猿生存于上新世至更新世的初期和中期。

d）带句内语气词的主语（或其他成分）之后，或带句内语气词的并列成分之间。

示例4：他呢，倒是很乐意地、全神贯注地干起来了。

示例5：（那是个没有月亮的夜晚。）可是整个村子——白房顶啦，白树木啦，雪堆啦，全看得见。

e）较长的主语中间、谓语中间和宾语中间。

示例6：母亲沉痛的诉说，以及亲眼见到的事实，都启发了我幼年时期追求真理的思想。

示例7：那姑娘头戴一顶草帽，身穿一条绿色的裙子，腰间还系着一根橙色的腰带。

示例8：必须懂得，对于文化传统，既不能不分青红皂白统统抛弃，也不能不管精华糟粕全盘继承。

f）前置的谓语之后或后置的状语、定语之前。

示例9：真美啊，这条蜿蜒的林间小路。

示例10：她吃力地站了起来，慢慢地。

示例11：我只是一个人，孤孤单单的。

4.4.3.3 用于下列各种停顿处：

a）复指成分或插说成分前后。

示例1：老张，就是原来的办公室主任，上星期已经调走了。

示例2：车，不用说，当然是头等。

b）语气缓和的感叹语、称谓语和呼唤语之后。

示例3：哎哟，这儿，快给我揉揉。

示例4：大娘，您到哪儿去啊？

示例5：喂，你是哪个单位的？

c）某些序次语（"第"字头、"其"字头及"首先"类序次语）之后。

示例6：为什么许多人都有长不大的感觉呢？原因有三：第一，父母总认为自己比孩子成熟；第二，父母总要以自己的标准来衡量孩子；第三，父母出于爱心而总不想让孩子在成长的过程中走弯路。

示例7:《玄秘塔碑》所以成为书法的范本,不外乎以下几方面的因素:其一,具有楷书点画、构体的典范性;其二,承上启下,成为唐楷的极致;其三,字如其人,爱人及字,柳公权高尚的书品、人品为后人所崇仰。

示例8:下面从三个方面讲讲语言的污染问题:首先,是特殊语言环境中的语言污染问题;其次,是滥用缩略语引起的语言污染问题;再次,是空话和废话引起的语言污染问题。

4.5 顿号

4.5.1 定义

句内点号的一种,表示语段中并列词语之间或某些序次语之后的停顿。

4.5.2 形式

顿号的形式是"、"。

4.5.3 基本用法

4.5.3.1 用于并列词语之间。

示例1:这里有自由、民主、平等、开放的风气和氛围。

示例2:造型科学、技艺精湛、气韵生动,是盛唐石雕的特色。

4.5.3.2 用于需要停顿的重复词语之间。

示例:他几次三番、几次三番地辩解着。

4.5.3.3 用于某些序次语(不带括号的汉字数字或"天干地支"类序次语)之后。

示例1:我准备讲两个问题:一、逻辑学是什么?二、怎样学好逻辑学?

示例2:风格的具体内容主要有以下四点:甲、题材;乙、用字;丙、表达;丁、色彩。

4.5.3.4 相邻或相近两数字连用表示概数通常不用顿号。若相邻两数字连用为缩略形式，宜用顿号。

示例1：飞机在6 000米高空水平飞行时，只能看到两侧八九公里和前方一二十公里范围内的地面。

示例2：这种凶猛的动物常常三五成群地外出觅食和活动。

示例3：农业是国民经济的基础，也是二、三产业的基础。

4.5.3.5 标有引号的并列成分之间、标有书名号的并列成分之间通常不用顿号。若有其他成分插在并列的引号之间或并列的书名号之间（如引语或书名号之后还有括注），宜用顿号。

示例1："日""月"构成"明"字。

示例2：店里挂着"顾客就是上帝""质量就是生命"等横幅。

示例3：《红楼梦》《三国演义》《西游记》《水浒传》，是我国长篇小说的四大名著。

示例4：李白的"白发三千丈"（《秋浦歌》）、"朝如青丝暮成雪"（《将进酒》）都是脍炙人口的诗句。

示例5：办公室里订有《人民日报》（海外版）、《光明日报》和《时代周刊》等报刊。

4.6 分号

4.6.1 定义

句内点号的一种，表示复句内部并列关系分句之间的停顿，以及非并列关系的多重复句中第一层分句之间的停顿。

4.6.2 形式

分号的形式是"；"。

4.6.3 基本用法

4.6.3.1 表示复句内部并列关系的分句（尤其当分句内部还有逗号时）之间的停顿。

示例1：语言文字的学习，就理解方面说，是得到一种知识；就运用方面说,是养成一种习惯。

示例2:内容有分量,尽管文章短小,也是有分量的;内容没有分量,即使写得再长也没有用。

4.6.3.2 表示非并列关系的多重复句中第一层分句(主要是选择、转折等关系)之间的停顿。

示例1:人还没看见,已经先听见歌声了;或者人已经转过山头望不见了,歌声还余音袅袅。

示例2:尽管人民革命的力量在开始时总是弱小的,所以总是受压的;但是由于革命的力量代表历史发展的方向,因此本质上又是不可战胜的。

示例3:不管一个人如何伟大,也总是生活在一定的环境和条件下;因此,个人的见解总难免带有某种局限性。

示例4:昨天夜里下了一场雨,以为可以凉快些;谁知没有凉快下来,反而更热了。

4.6.3.3 用于分项列举的各项之间。

示例:特聘教授的岗位职责为:一、讲授本学科的主干基础课程;二、主持本学科的重大科研项目;三、领导本学科的学术队伍建设;四、带领本学科赶超或保持世界先进水平。

4.7 冒号

4.7.1 定义

句内点号的一种,表示语段中提示下文或总结上文的停顿。

4.7.2 形式

冒号的形式是":"。

4.7.3 基本用法

4.7.3.1 用于总说性或提示性词语(如"说""例如""证明"等)之后,表示提示下文。

示例1：北京紫禁城有四座城门：午门、神武门、东华门和西华门。

示例2：她高兴地说："咱们去好好庆祝一下吧！"

示例3：小王笑着点了点头："我就是这么想的。"

示例4：这一事实证明：人能创造环境，环境同样也能创造人。

4.7.3.2 表示总结上文。

示例：张华上了大学，李萍进了技校，我当了工人：我们都有美好的前途。

4.7.3.3 用在需要说明的词语之后，表示注释和说明。

示例1：（本市将举办首届大型书市。）主办单位：市文化局；承办单位：市图书进出口公司；时间：8月15日—20日；地点：市体育馆观众休息厅。

示例2：（做阅读理解题有两个办法。）办法之一：先读题干，再读原文，带着问题有针对性地读课文。办法之二：直接读原文，读完再做题，减少先入为主的干扰。

4.7.3.4 用于书信、讲话稿中称谓语或称呼语之后。

示例1：广平先生：……

示例2：同志们、朋友们：……

4.7.3.5 一个句子内部一般不应套用冒号。在列举式或条文式表述中，如不得不套用冒号时，宜另起段落来显示各个层次。

示例：第十条　遗产按照下列顺序继承：

第一顺序：配偶、子女、父母。

第二顺序：兄弟姐妹、祖父母、外祖父母。

4.8 引号

4.8.1 定义

标号的一种，标示语段中直接引用的内容或需要特别指出的成分。

4.8.2 形式

引号的形式有双引号""" ""和单引号" ' "两种。左侧的为前引号，右侧的为后引号。

4.8.3 基本用法

4.8.3.1 标示语段中直接引用的内容。

示例：李白诗中就有"白发三千丈"这样极尽夸张的语句。

4.8.3.2 标示需要着重论述或强调的内容。

示例：这里所谓的"文"，并不是指文字，而是指文采。

4.8.3.3 标示语段中具有特殊含义而需要特别指出的成分，如别称、简称、反语等。

示例1：电视被称作"第九艺术"。

示例2：人类学上常把古人化石统称为尼安德特人，简称"尼人"。

示例3：有几个"慈祥"的老板把捡来的菜叶用盐浸浸就算作工友的菜肴。

4.8.3.4 当引号中还需要使用引号时，外面一层用双引号，里面一层用单引号。

示例：他问："老师，'七月流火'是什么意思？"

4.8.3.5 独立成段的引文如果只有一段，段首和段尾都用引号；不止一段时，每段开头仅用前引号，只在最后一段末尾用后引号。

示例：我曾在报纸上看到有人这样谈幸福：

"幸福是知道自己喜欢什么和不喜欢什么。……

"幸福是知道自己擅长什么和不擅长什么。……

"幸福是在正确的时间做了正确的选择。……"

4.8.3.6 在书写带月、日的事件、节日或其他特定意义的短语（含简称）时，通常只标引其中的月和日；需要突出和强调该事件或节日本身时，也可连同事件或节日一起标引。

示例1："5·12"汶川大地震

示例2:"五四"以来的话剧,是我国戏剧中的新形式。

示例3:纪念"五四运动"90周年

4.9 括号

4.9.1 定义

标号的一种,标示语段中的注释内容、补充说明或其他特定意义的语句。

4.9.2 形式

括号的主要形式是圆括号"( )",其他形式还有方括号"[ ]"、六角括号"〔 〕"和方头括号"【 】"等。

4.9.3 基本用法

4.9.3.1 标示下列各种情况,均用圆括号:

a)标示注释内容或补充说明。

示例1:我校拥有特级教师(含已退休的)17人。

示例2:我们不但善于破坏一个旧世界,我们还将善于建设一个新世界!(热烈鼓掌)

b)标示订正或补加的文字。

示例3:信纸上用稚嫩的字体写着:"阿夷(姨),你好!"。

示例4:该建筑公司负责的建设工程全部达到优良工程(的标准)。

c)标示序次语。

示例5:语言有三个要素:(1)声音;(2)结构;(3)意义。

示例6:思想有三个条件:(一)事理;(二)心理;(三)伦理。

d)标示引语的出处。

示例7:他说得好:"未画之前,不立一格;既画之后,不留一格。"(《板桥集·题画》)

e)标示汉语拼音注音。

示例8:"的(de)"这个字在现代汉语中最常用。

4.9.3.2 标示作者国籍或所属朝代时,可用方括号或六角括号。

示例1:[英]赫胥黎《进化论与伦理学》

示例2:〔唐〕杜甫著

4.9.3.3 报刊标示电讯、报道的开头,可用方头括号。

示例:【新华社南京消息】

4.9.3.4 标示公文发文字号中的发文年份时,可用六角括号。

示例:国发〔2011〕3号文件

4.9.3.5 标示被注释的词语时,可用六角括号或方头括号。

示例1:〔奇观〕奇伟的景象。

示例2:【爱因斯坦】物理学家。生于德国,1933年因受纳粹政权迫害,移居美国。

4.9.3.6 除科技书刊中的数学、逻辑公式外,所有括号(特别是同一形式的括号)应尽量避免套用。必须套用括号时,宜采用不同的括号形式配合使用。

示例:〔茸(róng)毛〕很细很细的毛。

4.10 破折号

4.10.1 定义

标号的一种,标示语段中某些成分的注释、补充说明或语音、意义的变化。

4.10.2 形式

破折号的形式是"——"。

4.10.3 基本用法

4.10.3.1 标示注释内容或补充说明(也可用括号,见4.9.3.1;二者的区别另见B.1.7)。

示例1:一个矮小而结实的日本中年人——内山老板走了过来。

示例2:我一直坚持读书,想借此唤起弟妹对生活的希望——无论环境多么困难。

4.10.3.2 标示插入语（也可用逗号,见4.4.3.3）。

示例:这简直就是——说得不客气点——无耻的勾当!

4.10.3.3 标示总结上文或提示下文（也可用冒号,见4.7.3.1、4.7.3.2）。

示例1:坚强,纯洁,严于律己,客观公正——这一切都难得地集中在一个人身上。

示例2:画家开始娓娓道来——

　　　　数年前的一个寒冬,……

4.10.3.4 标示话题的转换。

示例:"好香的干菜,——听到风声了吗?"赵七爷低声说道。

4.10.3.5 标示声音的延长。

示例:"嘎——"传过来一声水禽被惊动的鸣叫。

4.10.3.6 标示话语的中断或间隔。

示例1:"班长他牺——"小马话没说完就大哭起来。

示例2:"亲爱的妈妈,你不知道我多爱您。——还有你,我的孩子!"

4.10.3.7 标示引出对话。

示例:——你长大后想成为科学家吗?

　　　——当然想了!

4.10.3.8 标示事项列举分承。

示例:根据研究对象的不同,环境物理学分为以下五个分支学科:

　　　——环境声学;

　　　——环境光学;

　　　——环境热学;

　　　——环境电磁学;

　　　——环境空气动力学。

4.10.3.9 用于副标题之前。

示例：飞向太平洋
　　——我国新型号运载火箭发射目击记

4.10.3.10 用于引文、注文后，标示作者、出处或注释者。

示例1：先天下之忧而忧，后天下之乐而乐。
　　　　　　　　　　　　　　　　——范仲淹

示例2：乐浪海中有倭人，分为百余国。
　　　　　　　　　　　　　　　　——《汉书》

示例3：很多人写好信后把信笺折成方胜形，我看大可不必。（方胜，指古代妇女戴的方形首饰，用彩绸等制作，由两个斜方部分叠合而成。——编者注）

4.11 省略号

4.11.1 定义

标号的一种，标示语段中某些内容的省略及意义的断续等。

4.11.2 形式

省略号的形式是"……"。

4.11.3 基本用法

4.11.3.1 标示引文的省略。

示例：我们齐声朗诵起来："……俱往矣，数风流人物，还看今朝。"

4.11.3.2 标示列举或重复词语的省略。

示例1：对政治的敏感，对生活的敏感，对性格的敏感，……这都是作家必须要有的素质。

示例2：他气得连声说："好，好……算我没说。"

4.11.3.3 标示语意未尽。

示例1：在人迹罕至的深山密林里，假如突然看见一缕炊烟，……

示例2：你这样干，未免太……！

4.11.3.4 标示说话时断断续续。

示例：她磕磕巴巴地说："可是……太太……我不知道……你一定是认错了。"

4.11.3.5 标示对话中的沉默不语。

示例："还没结婚吧？"

"……"他飞红了脸，更加忸怩起来。

4.11.3.6 标示特定的成分虚缺。

示例：只要……就……

4.11.3.7 在标示诗行、段落的省略时，可连用两个省略号（即相当于十二连点）。

示例1：从隔壁房间传来缓缓而抑扬顿挫的吟咏声——

　　　床前明月光，疑是地上霜。

　　　…………

示例2：该刊根据工作质量、上稿数量、参与程度等方面的表现，评选出了高校十佳记者站。还根据发稿数量、提供新闻线索情况以及对刊物的关注度等，评选出了十佳通讯员。

　　　…………

4.12 着重号

4.12.1 定义

标号的一种，标示语段中某些重要的或需要指明的文字。

4.12.2 形式

着重号的形式是"．"标注在相应文字的下方。

4.12.3 基本用法

4.12.3.1 标示语段中重要的文字。

示例1：诗人需要表现，而不是证明。

示例2：下面对本文的理解，不正确的一项是：……

4.12.3.2 标示语段中需要指明的文字。

示例：下边加点的字，除了在词中的读法外，还有哪些读法？

着急　　子弹　　强调

4.13 连接号

4.13.1 定义

标号的一种，标示某些相关联成分之间的连接。

4.13.2 形式

连接号的形式有短横线"-"、一字线"—"和浪纹线"～"三种。

4.13.3 基本用法

4.13.3.1 标示下列各种情况，均用短横线：

a）化合物的名称或表格、插图的编号。

示例1：3-戊酮为无色液体，对眼及皮肤有强烈刺激性。

示例2：参见下页表2-8、表2-9。

b）连接号码，包括门牌号码、电话号码，以及用阿拉伯数字表示年月日等。

示例3：安宁里东路26号院3-2-11室

示例4：联系电话：010-88842603

示例5：2011-02-15

c）在复合名词中起连接作用。

示例6：吐鲁番-哈密盆地

d）某些产品的名称和型号。

示例7：WZ-10直升机具有复杂天气和夜间作战的能力。

e）汉语拼音、外来语内部的分合。

示例8：shuōshuō-xiàoxiào（说说笑笑）

示例9：盎格鲁-撒克逊人

示例10：让-雅克·卢梭（"让-雅克"为双名）

示例11：皮埃尔·孟戴斯-弗朗斯（"孟戴斯-弗朗斯"为复姓）

4.13.3.2 标示下列各种情况，一般用一字线，有时也可用浪纹线：

a）标示相关项目（如时间、地域等）的起止。

示例1：沈括（1031—1095），宋朝人。

示例2：2011年2月3日—10日

示例3：北京—上海特别旅客快车

b）标示数值范围（由阿拉伯数字或汉字数字构成）的起止。

示例4：25～30 g

示例5：第五～八课

4.14 间隔号

4.14.1 定义

标号的一种，标示某些相关联成分之间的分界。

4.14.2 形式

间隔号的形式是"·"。

4.14.3 基本用法

4.14.3.1 标示外国人名或少数民族人名内部的分界。

示例1：克里丝蒂娜·罗塞蒂

示例2：阿依古丽·买买提

4.14.3.2 标示书名与篇（章、卷）名之间的分界。

示例：《淮南子·本经训》

4.14.3.3 标示词牌、曲牌、诗体名等和题名之间的分界。

示例1：《沁园春·雪》

示例2：《天净沙·秋思》

示例3：《七律·冬云》

4.14.3.4 用在构成标题或栏目名称的并列词语之间。

示例：《天·地·人》

4.14.3.5 以月、日为标志的事件或节日，用汉字数字表示时，只在一、十一和十二月后用间隔号;当直接用阿拉伯数字表示时,月、日之间均用间隔号(半角字符)。

示例1:"九一八"事变　　"五四"运动

示例2:"一·二八"事变　　"一二·九"运动

示例3:"3·15"消费者权益日　　"9·11"恐怖袭击事件

4.15 书名号

4.15.1 定义

标号的一种,标示语段中出现的各种作品的名称。

4.15.2 形式

书名号的形式有双书名号"《 》"和单书名号"〈 〉"两种。

4.15.3 基本用法

4.15.3.1 标示书名、卷名、篇名、刊物名、报纸名、文件名等。

示例1:《红楼梦》(书名)

示例2:《史记·项羽本纪》(卷名)

示例3:《论雷峰塔的倒掉》(篇名)

示例4:《每周关注》(刊物名)

示例5:《人民日报》(报纸名)

示例6:《全国农村工作会议纪要》(文件名)

4.15.3.2 标示电影、电视、音乐、诗歌、雕塑等各类用文字、声音、图像等表现的作品的名称。

示例1:《渔光曲》(电影名)

示例2:《追梦录》(电视剧名)

示例3:《勿忘我》(歌曲名)

示例4:《沁园春·雪》(诗词名)

示例5:《东方欲晓》(雕塑名)

示例6:《光与影》(电视节目名)

示例7:《社会广角镜》(栏目名)

示例8:《庄子研究文献数据库》(光盘名)

示例9:《植物生理学系列挂图》(图片名)

4.15.3.3 标示全中文或中文在名称中占主导地位的软件名。

示例:科研人员正在研制《电脑卫士》杀毒软件。

4.15.3.4 标示作品名的简称。

示例:我读了《念青唐古拉山脉纪行》一文(以下简称《念》),收获很大。

4.15.3.5 当书名号中还需要书名号时,里面一层用单书名号,外面一层用双书名号。

示例:《教育部关于提请审议〈高等教育自学考试试行办法〉的报告》

4.16 专名号

4.16.1 定义

标号的一种,标示古籍和某些文史类著作中出现的特定类专有名词。

4.16.2 形式

专名号的形式是一条直线,标注在相应文字的下方。

4.16.3 基本用法

4.16.3.1 标示古籍、古籍引文或某些文史类著作中出现的专有名词,主要包括人名、地名、国名、民族名、朝代名、年号、宗教名、官署名、组织名等。

示例1:<u>孙坚</u>人马被<u>刘表</u>率军围得水泄不通。(人名)

示例2:于是聚集<u>冀</u>、<u>青</u>、<u>幽</u>、<u>并</u>四州兵马七十多万准备决一死战。(地名)

示例3:当时<u>乌孙</u>及<u>西域</u>各国都向<u>汉</u>派遣了使节。(国名、朝代名)

示例4：从咸宁二年到太康十年，匈奴、鲜卑、乌桓等族人徙居塞内。（年号、民族名）

4.16.3.2 现代汉语文本中的上述专有名词，以及古籍和现代文本中的单位名、官职名、事件名、会议名、书名等不应使用专名号。必须使用标号标示时，宜使用其他相应标号（如引号、书名号等）。

4.17 分隔号

4.17.1 定义

标号的一种，标示诗行、节拍及某些相关文字的分隔。

4.17.2 形式

分隔号的形式是"/"。

4.17.3 基本用法

4.17.3.1 诗歌接排时分隔诗行（也可使用逗号和分号，见4.4.3.1/4.6.3.1）。

示例：春眠不觉晓/处处闻啼鸟/夜来风雨声/花落知多少。

4.17.3.2 标示诗文中的音节节拍。

示例：横眉/冷对/千夫指，俯首/甘为/孺子牛。

4.17.3.3 分隔供选择或可转换的两项，表示"或"。

示例：动词短语中除了作为主体成分的述语动词之外，还包括述语动词所带的宾语和/或补语。

4.17.3.4 分隔组成一对的两项，表示"和"。

示例1：13/14次特别快车

示例2：羽毛球女双决赛中国组合杜婧/于洋两局完胜韩国名将李孝贞/李敬元。

4.17.3.5 分隔层级或类别。

示例：我国的行政区划分为：省（直辖市、自治区）/省辖市（地级市）/县（县级市、区、自治州）/乡（镇）/村（居委会）。

5 标点符号的位置和书写形式

5.1 横排文稿标点符号的位置和书写形式

5.1.1 句号、逗号、顿号、分号、冒号均置于相应文字之后,占一个字位置,居左下,不出现在一行之首。

5.1.2 问号、叹号均置于相应文字之后,占一个字位置,居左,不出现在一行之首。两个问号(或叹号)叠用时,占一个字位置;三个问号(或叹号)叠用时,占两个字位置;问号和叹号连用时,占一个字位置。

5.1.3 引号、括号、书名号中的两部分标在相应项目的两端,各占一个字位置。其中前一半不出现在一行之末,后一半不出现在一行之首。

5.1.4 破折号标在相应项目之间,占两个字位置,上下居中,不能中间断开分处上行之末和下行之首。

5.1.5 省略号占两个字位置,两个省略号连用时占四个字位置并须单独占一行。省略号不能中间断开分处上行之末和下行之首。

5.1.6 连接号中的短横线比汉字"一"略短,占半个字位置;一字线比汉字"一"略长,占一个字位置;浪纹线占一个字位置。连接号上下居中,不出现在一行之首。

5.1.7 间隔号标在需要隔开的项目之间,占半个字位置,上下居中,不出现在一行之首。

5.1.8 着重号和专名号标在相应文字的下边。

5.1.9 分隔号占半个字位置,不出现在一行之首或一行之末。

5.1.10 标点符号排在一行末尾时,若为全角字符则应占半角字符的宽度(即半个字位置),以使视觉效果更美观。

5.1.11 在实际编辑出版工作中,为排版美观、方便阅读等需要,或为避免某一小节最后一个汉字转行或出现在另外一页开头等情况(浪费版面及视觉效果差),可适当压缩标点符号所占用的空间。

5.2 竖排文稿标点符号的位置和书写形式

5.2.1 句号、问号、叹号、逗号、顿号、分号和冒号均置于相应文字之下偏右。

5.2.2 破折号、省略号、连接号、间隔号和分隔号置于相应文字之下居中,上下方向排列。

5.2.3 引号改用双引号""﹃""﹄"和单引号"﹁""﹂",括号改用"︵""︶",标在相应项目的上下。

5.2.4 竖排文稿中使用浪线式书名号"﹏",标在相应文字的左侧。

5.2.5 着重号标在相应文字的右侧,专名号标在相应文字的左侧。

5.2.6 横排文稿中关于某些标点不能居行首或行末的要求,同样适用于竖排文稿。

附录A (规范性附录)标点符号用法的补充规则

A.1 句号用法补充规则

图或表的短语式说明文字,中间可用逗号,但末尾不用句号。即使有时说明文字较长,前面的语段已出现句号,最后结尾处仍不用句号。

示例1:行进中的学生方队

示例2:经过治理,本市市容市貌焕然一新。这是某区街道一景

A.2 问号用法补充规则

使用问号应以句子表示疑问语气为依据,而并不根据句子中包含有疑问词。当含有疑问词的语段充当某种句子成分,而句子并不表示疑问语气时,句末不用问号。

示例1:他们的行为举止、审美趣味,甚至读什么书,坐什么车,都在媒体掌握之中。

示例2:谁也不见,什么也不吃,哪儿也不去。

示例3:我也不知道他究竟躲到什么地方去了。

A.3 逗号用法补充规则

用顿号表示较长、较多或较复杂的并列成分之间的停顿时,最后一个成分前可用"以及(及)"进行连接,"以及(及)"之前应用逗号。

示例:压力过大、工作时间过长、作息不规律,以及忽视营养均衡等,均会导致健康状况的下降。

A.4 顿号用法补充规则

A.4.1 表示含有顺序关系的并列各项间的停顿,用顿号,不用逗号。下例解释"对于"一词用法,"人""事物""行为"之间有顺序关系(即人和人、人和事物、人和行为、事物和事物、事物和行为、行为和行为等六种对待关系),各项之间应用顿号。

示例:〔对于〕表示人,事物,行为之间的相互对待关系。(误)
〔对于〕表示人、事物、行为之间的相互对待关系。(正)

A.4.2 用阿拉伯数字表示年月日的简写形式时,用短横线连接号,不用顿号。

示例:2010、03、02(误)　　2010-03-02(正)

A.5 分号用法补充规则

分项列举的各项有一项或多项已包含句号时,各项的末尾不能再用分号。

示例:本市先后建立起三大农业生产体系:一是建立甘蔗生产服务体系。成立糖业服务公司,主要给农民提供机耕等服务;二是建立蚕桑生产服务体系。……;三是建立热作服务体系。……。(误)

本市先后建立起三大农业生产体系:一是建立甘蔗生产服务体系。成立糖业服务公司,主要给农民提供机耕等服务。二是建立蚕桑生产服务体系。……。三是建立热作服务体系。……。(正)

A.6 冒号用法补充规则

A.6.1 冒号用在提示性话语之后引起下文。表面上类似但实际不是提示性话语的,其后用逗号。

示例1：郦道元《水经注》记载："沼西际山枕水，有唐叔虞祠。"（提示性话语）

示例2：据《苏州府志》载，苏州城内大小园林约有150多座，可算名副其实的园林之城。（非提示性话语）

A.6.2 冒号提示范围无论大小（一句话、几句话甚至几段话），都应与提示性话语保持一致（即在该范围的末尾要用句号点断）。应避免冒号涵盖范围过窄或过宽。

示例：艾滋病有三个传播途径：血液传播，性传播和母婴传播，日常接触是不会传播艾滋病的。（误）

艾滋病有三个传播途径：血液传播，性传播和母婴传播。日常接触是不会传播艾滋病的。（正）

A.6.3 冒号应用在有停顿处，无停顿处不应用冒号。

示例1：他头也不抬，冷冷地问："你叫什么名字？"（有停顿）

示例2：这事你得拿主意，光说"不知道"怎么行？（无停顿）

A.7 引号用法补充规则

"丛刊""文库""系列""书系"等作为系列著作的选题名，宜用引号标引。当"丛刊"等为选题名的一部分时，放在引号之内，反之则放在引号之外。

示例1："汉译世界学术名著丛书"

示例2："中国哲学典籍文库"

示例3："20世纪心理学通览"丛书

A.8 括号用法补充规则

括号可分为句内括号和句外括号。句内括号用于注释句子里的某些词语，即本身就是句子的一部分，应紧跟在被注释的词语之后。句外括号则用于注释句子、句群或段落，即本身结构独立，不属于前面的句子、句群或段落，应位于所注释语段的句末点号之后。

示例：标点符号是辅助文字记录语言的符号，是书面语的有机组成部分，用来表示语句的停顿、语气以及标示某些成分（主要是词语）的特定性质和作用。（数学符号、货币符号、校勘符号等特殊领域的专门符号不属于标点符号。）

A.9 省略号用法补充规则

A.9.1 不能用多于两个省略号（多于12点）连在一起表示省略。省略号须与多点连续的连珠号相区别（后者主要是用于表示目录中标题和页码对应和连接的专门符号）。

A.9.2 省略号和"等""等等""什么的"等词语不能同时使用。在需要读出来的地方用"等""等等""什么的"等词语，不用省略号。

示例：含有铁质的食物有猪肝、大豆、油菜、菠菜……等。（误）
　　　含有铁质的食物有猪肝、大豆、油菜、菠菜等。（正）

A.10 着重号用法补充规则

不应使用文字下加直线或波浪线等形式表示着重。文字下加直线为专名号形式（4.16）；文字下加浪纹线是特殊书名号（A.13.6）。着重号的形式统一为相应项目下加小圆点。

示例：下面对本文的理解，<u>不正确</u>的一项是（误）
　　　下面对本文的理解，不正确的一项是（正）

A.11 连接号用法补充规则

浪纹线连接号用于标示数值范围时，在不引起歧义的情况下，前一数值附加符号或计量单位可省略。

示例：5公斤～100公斤（正）　　　5～100公斤（正）

A.12 间隔号用法补充规则

当并列短语构成的标题中已用间隔号隔开时，不应再用"和"类连词。

示例：《水星·火星和金星》（误）

《水星·火星·金星》(正)

A.13 书名号用法补充规则

A.13.1 不能视为作品的课程、课题、奖品奖状、商标、证照、组织机构、会议、活动等名称,不应用书名号。下面均为书名号误用的示例:

示例1:下学期本中心将开设《现代企业财务管理》《市场营销》两门课程。

示例2:明天将召开《关于"两保两挂"的多视觉理论思考》课题立项会。

示例3:本市将向70岁以上(含70岁)老年人颁发《敬老证》。

示例4:本校共获得《最佳印象》《自我审美》《卡拉OK》等六个奖杯。

示例5:《闪光》牌电池经久耐用。

示例6:《文史杂志社》编辑力量比较雄厚。

示例7:本市将召开《全国食用天然色素应用研讨会》。

示例8:本报将于今年暑假举行《墨宝杯》书法大赛。

A.13.2 有的名称应根据指称意义的不同确定是否用书名号。如文艺晚会指一项活动时,不用书名号;而特指一种节目名称时,可用书名号。再如展览作为一种文化传播的组织形式时,不用书名号;特定情况下将某项展览作为一种创作的作品时,可用书名号。

示例1:2008年重阳联欢晚会受到观众的称赞和好评。

示例2:本台将重播《2008年重阳联欢晚会》。

示例3:"雪域明珠——中国西藏文化展"今天隆重开幕。

示例4:《大地飞歌艺术展》是一部大型现代艺术作品。

A.13.3 书名后面表示该作品所属类别的普通名词不标在书名号内。

示例:《我们》杂志

A.13.4 书名有时带有括注。如果括注是书名、篇名等的一部分,应放在书名号之内,反之则应放在书名号之外。

示例1:《琵琶行(并序)》

示例2:《中华人民共和国民事诉讼法(试行)》

示例3:《新政治协商会议筹备会组织条例(草案)》

示例4:《百科知识》(彩图本)

示例5:《人民日报》(海外版)

A.13.5 书名、篇名末尾如有叹号或问号,应放在书名号之内。

示例1:《日记何罪!》

示例2:《如何做到同工又同酬?》

A.13.6 在古籍或某些文史类著作中,为与专名号配合,书名号也可改用浪线式"﹏",标注在书名下方。这可以看作是特殊的专名号或特殊的书名号。

A.14 分隔号用法补充规则

分隔号又称正斜线号,须与反斜线号"\"相区别(后者主要是用于编写计算机程序的专门符号)。使用分隔号时,紧贴着分隔号的前后通常不用点号。

附录B (资料性附录)标点符号若干用法的说明

B.1 易混标点符号用法比较

B.1.1 逗号、顿号表示并列词语之间停顿的区别

逗号和顿号都表示停顿,但逗号表示的停顿长,顿号表示的停顿短。并列词语之间的停顿一般用顿号,但当并列词语较长或其后有语气词时,为了表示稍长一点的停顿,也可用逗号。

示例1:我喜欢吃的水果有苹果、桃子、香蕉和菠萝。

示例2:我们需要了解全局和局部的统一,必然和偶然的统一,本质和现象的统一。

示例3：看游记最难弄清位置和方向，前啊，后啊，左啊，右啊，看了半天，还是不明白。

B.1.2 逗号、顿号在表列举省略的"等""等等"之类词语前的使用

并列成分之间用顿号，末尾的并列成分之后用"等""等等"之类词语时，"等"类词前不用顿号或其他点号；并列成分之间用逗号，末尾的并列成分之后用"等"类词时，"等"类词前应用逗号。

示例1：现代生物学、物理学、化学、数学等基础科学的发展，带动了医学科学的进步。

示例2：写文章前要想好：文章主题是什么，用哪些材料，哪些详写，哪些略写，等等。

B.1.3 逗号、分号表示分句间停顿的区别

当复句的表述不复杂、层次不多，相连的分句语气比较紧凑、分句内部也没有使用逗号表示停顿时，分句间的停顿多用逗号。当用逗号不易分清多重复句内部的层次（如分句内部已有逗号），而用句号又可能割裂前后关系的地方，应用分号表示停顿。

示例1：她拿起钥匙，开了箱上的锁，又开了首饰盒上的锁，往老地方放钱。

示例2：纵比，即以一事物的各个发展阶段作比；横比，则以此事物与彼事物相比。

B.1.4 顿号、逗号、分号在标示层次关系时的区别

句内点号中，顿号表示的停顿最短、层次最低，通常只能表示并列词语之间的停顿；分号表示的停顿最长、层次最高，可以用来表示复句的第一层分句之间的停顿；逗号介于两者之间，既可表示并列词语之间的停顿，也可表示复句中分句之间的停顿。若分句内部已用逗号，分句之间就应用分号（见B.1.3示例2）。用分号隔开的几个并列分句不能由逗号统领或总结。

示例1：有的学会烤烟，自己做挺讲究的纸烟和雪茄；有的学会蔬菜加工，做的番茄酱能吃到冬天；有的学会蔬菜腌渍、窖藏，使秋菜接上春菜。

示例2：动物吃植物的方式多种多样，有的是把整个植物吃掉，如原生动物；有的是把植物的大部分吃掉，如鼠类；有的是吃掉植物的要害部位，如鸟类吃掉植物的嫩芽。（误）

动物吃植物的方式多种多样：有的是把整个植物吃掉，如原生动物；有的是把植物的大部分吃掉，如鼠类；有的是吃掉植物的要害部位，如鸟类吃掉植物的嫩芽。（正）

B.1.5 冒号、逗号用于"说""道"之类词语后的区别

位于引文之前的"说""道"后用冒号。位于引文之后的"说""道"分两种情况：处于句末时，其后用句号；"说""道"后还有其他成分时，其后用逗号。插在话语中间的"说""道"类词语后只能用逗号表示停顿。

示例1：他说："晚上就来家里吃饭吧。"

示例2："我真的很期待。"他说。

示例3："我有件事忘了说……"他说，表情有点为难。

示例4："现在请皇上脱下衣服，"两个骗子说，"好让我们为您换上新衣。"

B.1.6 不同点号表示停顿长短的排序

各种点号都表示说话时的停顿。句号、问号、叹号都表示句子完结，停顿最长。分号用于复句的分句之间，停顿长度介于句末点号和逗号之间，而短于冒号。逗号表示一句话中间的停顿，又短于分号。顿号用于并列词语之间，停顿最短。通常情况下，各种点号表示的停顿由长到短为：句号＝问号＝叹号＞冒号（指涵盖范围为一句话的冒号）＞分号＞逗号＞顿号。

B.1.7 破折号与括号表示注释或补充说明时的区别

破折号用于表示比较重要的解释说明,这种补充是正文的一部分,可与前后文连读;而括号表示比较一般的解释说明,只是注释而非正文,可不与前后文连读。

示例1:在今年——农历虎年,必须取得比去年更大的成绩。

示例2:哈雷在牛顿思想的启发下,终于认出了他所关注的彗星(该星后人称为哈雷彗星)。

B.1.8 书名号、引号在"题为……""以……为题"格式中的使用

"题为……""以……为题"中的"题",如果是诗文、图书、报告或其他作品可作为篇名、书名看待时,可用书名号;如果是写作、科研、辩论、谈话的主题,非特定作品的标题,应用引号。即"题为……""以……为题"中的"题"应根据其类别分别按书名号和引号的用法处理。

示例1:有篇题为《柳宗元的诗》的文章,全文才2 000字,引文不实却达11处之多。

示例2:今天一个以"地球•人口•资源•环境"为题的大型宣传活动在此间举行。

示例3:《我的老师》写于1956年9月,是作者应《教师报》之约而写的。

示例4:"我的老师"这类题目,同学们也许都写过。

B.2 两个标点符号连用的说明

B.2.1 行文中表示引用的引号内外的标点用法

当引文完整且独立使用,或虽不独立使用但带有问号或叹号时,引号内句末点号应保留。除此之外,引号内不用句末点号。当引文处于句子停顿处(包括句子末尾)且引号内未使用点号时,引号外应使用点号;当引文位于非停顿处或者引号内已使用句末点号时,引号外不用点号。

示例1:"沉舟侧畔千帆过,病树前头万木春。"他最喜欢这两句诗。

示例2：书价上涨令许多读者难以接受，有些人甚至发出"还买得起书吗？"的疑问。

示例3：他以"条件还不成熟，准备还不充分"为由，否决了我们的提议。

示例4：你这样"明日复明日"地要拖到什么时候？

示例5：司马迁为了完成《史记》的写作，使之"藏之名山"，忍受了人间最大的侮辱。

示例6：在施工中要始终坚持"把质量当生命"。

示例7："言之无文，行而不远"这句话，说明了文采的重要。

示例8：俗话说："墙头一根草，风吹两边倒。"用这句话来形容此辈再恰当不过。

B.2.2 行文中括号内外的标点用法

括号内行文末尾需要时可用问号、叹号和省略号。除此之外，句内括号行文末尾通常不用标点符号。句外括号行文末尾是否用句号由括号内的语段结构决定：若语段较长、内容复杂，应用句号。句内括号外是否用点号取决于括号所处位置：若句内括号处于句子停顿处，应用点号。句外括号外通常不用点号。

示例1：如果不采取（但应如何采取呢？）十分具体的控制措施，事态将进一步扩大。

示例2：3分钟过去了（仅仅才3分钟！），从眼前穿梭而过的出租车竟达32辆！

示例3：她介绍时用了一连串比喻（有的状如树枝，有的貌似星海……），非常形象。

示例4：科技协作合同（包括科研、试制、成果推广等）根据上级主管部门或有关部门的计划签订。

示例5：应把夏朝看作原始公社向奴隶制国家过渡时期。（龙山文化遗址里,也有俯身葬。俯身者很可能就是奴隶。)

示例6:问:你对你不喜欢的上司是什么态度?

答:感情上疏远,组织上服从。(掌声,笑声)

示例7:古汉语(特别是上古汉语),对于我来说,有着常人无法想象的吸引力。

示例8:由于这种推断尚未经过实践的考验,我们只能把它作为假设(或假说)提出来。

示例9:人际交往过程就是使用语词传达意义的过程。(严格说,这里的"语词"应为语词指号。)

B.2.3 破折号前后的标点用法

破折号之前通常不用点号;但根据句子结构和行文需要,有时也可分别使用句内点号或句末点号。破折号之后通常不会紧跟着使用其他点号;但当破折号表示语音的停顿或延长时,根据语气表达的需要,其后可紧接问号或叹号。

示例1:小妹说:"我现在工作得挺好,老板对我不错,工资也挺高。——我能抽支烟吗?"(表示话题的转折)

示例2:我不是自然主义者,我主张文学高于现实,能够稍稍居高临下地去看现实,因为文学的任务不仅在于反映现实。光描写现存的事物还不够,还必须记住我们所希望的和可能产生的事物。必须使现象典型化。应该把微小而有代表性的事物写成重大的和典型的事物。——这就是文学的任务。(表示对前几句话的总结)

示例3:"是他——?"石一川简直不敢相信自己的耳朵。

示例4:"我终于考上大学啦!我终于考上啦——!"金石开兴奋得快要晕过去了。

B.2.4 省略号前后的标点用法

省略号之前通常不用点号。以下两种情况例外:省略号前的句子表示强烈语气、句末使用问号或叹号时;省略号前不用点号就无法标示停顿或表明结构关系时。省略号之后通常也不用点号,但当句末表达强烈的语气或感情时,可在省略号后用问号或叹号;当省略号后还有别的话、省略的文字和后面的话不连续且有停顿时,应在省略号后用点号;当表示特定格式的成分虚缺时,省略号后可用点号。

示例1:想起这些,我就觉得一辈子都对不起你。你对梁家的好,我感激不尽!……

示例2:他进来了,……一身军装,一张朴实的脸,站在我们面前显得很高大,很年轻。

示例3:这,这是……?

示例4:动物界的规矩比人类还多,野骆驼、野猪、黄羊……,直至塔里木兔、跳鼠,都是各行其路,决不混淆。

示例5:大火被渐渐扑灭,但一片片油污又旋即出现在遇难船旁……。清污船迅速赶来,并施放围栏以控制油污。

示例6:如果……,那么……。

B.3 序次语之后的标点用法

B.3.1 "第""其"字头序次语,或"首先""其次""最后"等做序次语时,后用逗号(见4.4.3.3)。

B.3.2 不带括号的汉字数字或"天干地支"做序次语时,后用顿号(见4.5.3.2)。

B.3.3 不带括号的阿拉伯数字、拉丁字母或罗马数字做序次语时,后面用下脚点(该符号属于外文的标点符号)。

示例1:总之,语言的社会功能有三点:1.传递信息,交流思想;2.确定关系,调节关系;3.组织生活,组织生产。

示例2:本课一共讲解三个要点:A.生理停顿;B.逻辑停顿;C.语法停顿。

B.3.4 加括号的序次语后面不用任何点号。

示例1：受教育者应履行以下义务：（一）遵守法律、法规；（二）努力学习，完成规定的学习任务；（三）遵守所在学校或其他教育机构的制度。

示例2：科学家很重视下面几种才能：（1）想象力；（2）直觉的理解力；（3）数学能力。

B.3.5 阿拉伯数字与下脚点结合表示章节关系的序次语末尾不用任何点号。

示例：3　停顿
　　　3.1　生理停顿
　　　3.2　逻辑停顿

B.3.6 用于章节、条款的序次语后宜用空格表示停顿。

示例：第一课　春天来了

B.3.7 序次简单、叙述性较强的序次语后不用标点符号。

示例：语言的社会功能共有三点：一是传递信息；二是确定关系；三是组织生活。

B.3.8 同类数字形式的序次语，带括号的通常位于不带括号的下一层。通常第一层是带有顿号的汉字数字；第二层是带括号的汉字数字；第三层是带下脚点的阿拉伯数字；第四层是带括号的阿拉伯数字；再往下可以是带圈的阿拉伯数字或小写拉丁字母。一般可根据文章特点选择从某一层序次语开始行文，选定之后应顺着序次语的层次向下行文，但使用层次较低的序次语之后不宜反过来再使用层次更高的序次语。

示例：一、……
　　　（一）……
　　　　　1.……

（1）……

①/a. ……

B.4 文章标题的标点用法

文章标题的末尾通常不用标点符号，但有时根据需要可用问号、叹号或省略号。

示例1：看看电脑会有多聪明，让它下盘围棋吧

示例2：猛龙过江：本店特色名菜

示例3：严防"电脑黄毒"危害少年

示例4：回家的感觉真好

——访大赛归来的本市运动员

示例5：里海是湖，还是海？

示例6：人体也是污染源！

示例7：和平协议签署之后……

夹用英文的中文文本的标点符号用法（草案）*

1　范围

本规范（草案）规定了夹用英文的中文横排右行文本的十三种常用标点符号用法，并对各标点符号的用法举例说明。

本规范（草案）适用于夹用英文的中文文本，包括中文版的英文教材、双语报刊、双语辞典、双语科技文章等。

2　规范性引用文件

《标点符号用法》（GB/T 15834—2011）

3　术语和定义

文本　text
单句或表达连贯语意的系列语句组合。

夹用　interpolate
于某一语言的文本中添加或插入另一语言的符号。

词　word
最小的能独立运用的语言单位。

词组　phrase
由两个或两个以上的词按一定的语法规则组成的表达一定意义的语言单位。

分句　clause

---

*　本草案由国家语言文字工作委员会于2014年6月发布。

构成复句的内有密切联系的小句。

句子　sentence

前后都有较大停顿并带有一定的语气和语调、表达相对完整意义的语言单位。

4　总则

以中文文本为服务对象；以中文标点符号为主，以英文标点符号为辅；以中英文交接处标点符号用法为描述重点。

5　主要标点符号的用法

各标点符号的定义见《标点符号用法》（GB/T 15834—2011）相关条目。

5.1　句号

5.1.1　形式

中文句号通常为小圆圈"。"，为全角字符；英文句号为小圆点"．"，为半角字符。

5.1.2　基本用法

5.1.2.1 中文句子内夹用英文单词或词组，句末以中文句号结尾。夹用的英文单词或词组可不用引号标示。

示例1：我们都知道，study和learn是有区别的。

示例2：这个语境里建议不要使用at large。

5.1.2.2 中文句子内夹用英文句子，夹用的英文句子用中文引号标示，中文句子以中文句号结尾。

示例3："I want the job.（我要这份工作。）"并不完全等同于"I need the job.（我需要这份工作。）"。

示例4：那句话的意思相当于"I will come again."。

示例5：实际上他想问的是"Will she come again?"。

示例6：一句"Get out of here!"充分表达了说话人的愤怒心情。
5.2 问号
5.2.1 形式
中文问号的形式为"？"，为全角字符；英文问号的形式为"?"，为半角字符。
5.2.2 基本用法
5.2.2.1 中文疑问句中夹用英文词句，句末以中文问号结尾。

示例1：discount 这个词用在这里合适吗？

示例2：对她说"Money is not everything."有什么意义？

5.2.2.2 中文句子中夹用了英文疑问句，为确保其意义及疑问语气的正确表达，保留英文问号，且将所夹用的英文疑问句整体用中文引号标示，以明确该英文问号的辖域。中文句末仍以中文标点结尾。

示例3："Did you use my camera?"正是他的原话。

示例4："Is he exhausted?"的同义句是不是"Is he very tired?"？

5.2.2.3 英文标题或引文中的问号必须保留。

示例5：名剧 *Who's Afraid of Virginia woolf* ? 的标题明显套用了儿歌 *Who's afraid of the big bad wolf* ? 。

示例6：他认为诗歌的第一句"How do I love thee?"颇显深情。

5.3 叹号
5.3.1 形式
中文叹号的形式为"！"，为全角字符；英文叹号的形式为"!"，为半角字符。
5.3.2 基本用法
5.3.2.1 中文感叹句中夹用英文词句，句末以中文叹号结尾。

5.3.2.2 中文句子中夹用了英文感叹句，如需确保其意义及感叹语气的正确表达，保留英文叹号，且将所夹用的英文感叹句整体用中文引号标示,以明确该英文叹号的辖域。中文句末仍以中文标点结尾。

示例1:"What a mess!"含有不满、抱怨的意思。

示例2:拜托了,不要总是说"Wonderful!"!

5.3.2.3 英文标题或英文引文中的叹号必须保留。

示例3:*Look at the binking cat*!一书一上市便极为畅销。

示例4:《啊,船长,我的船长!》一诗开头便是"O Captain! My Captain!"的呼唤。

5.4 逗号

5.4.1 形式

中文逗号的形式为",",为全角字符;英文逗号的形式为",",为半角字符。

5.4.2 基本用法

中文句子夹用的为完整的英文句子,则该英文句子内部需用逗号之处留用英文逗号,除此之外使用中文逗号。

示例1:菜单的封面上写着"Try once, and you will never forget it."。

示例2:请注意,他没有说"It's a question.",而是说"It's a problem."。

5.5 顿号

5.5.1 形式

中文顿号的形式为"、"。

5.5.2 基本用法

中文句子内夹用两个或两个以上关系并列的英文字母、单词、词组或句子时,中间一般用中文顿号。其中并列的英文句子可用引号标示,以明确其起止范围,顿号可省略。

示例1:英文的元音字母有a、e、i、o和u。

示例2:情态动词有shall、should、will、would、can、could、may、might、must、dare、need、ought to等。

示例3：have to、be going to、be to、happen to、seem to 等结构皆有情态意义，亦可认为是情态动词，有些语法家称它们为"半助动词（semi-auxiliary）"。

示例4：常见的还有"He died young.""He died a hero."和"He died with honor."这样的句子结构。

5.6 分号
5.6.1 形式

中文分号的形式为"；"，为全角字符；英文分号的形式为"；"，为半角字符。

5.6.2 基本用法

中文句子内夹用英文句子或语段，保留该英文句子或语段内部的英文分号。中文句子内夹用英文单词或词组，使用中文分号。

示例1：推开面试室的门时，他忽然记起祖父那句话："Try, and you still have a chance; give up, and you shall have nothing."。

示例2：这位老人的真实想法谁也猜不透：表示同意，他用maybe；表示不同意，他还是用maybe。

5.7 冒号
5.7.1 形式

中文冒号的形式为"："，为全角字符；英文冒号的形式为"："，为半角字符。

5.7.2 基本用法

5.7.2.1 英文部分如作其前中文部分的示例或说明时，在中文部分的后面使用中文冒号。

示例1：他惊讶地发现，这扇陈旧的小门上写着：Foreign Affairs。

5.7.2.2 中文句子内的英文词组或句子等结构内部存在英文冒号时，保留该英文冒号；其他情况需要用冒号时则使用中文冒号。

示例2：今天我给宝宝念的床边故事是Teddy Bears: The Heart of a Century。

示例3：杂志的版权页上写着Editor in Chief: Christopher Preston。

5.8 引号

5.8.1 形式

中文引号的形式为双引号""""和单引号"''"，前后双引号、单引号均为全角字符；英文引号的形式为双引号"" ""和单引号"' '"，前后双引号、单引号均为半角字符。

5.8.2 基本用法

5.8.2.1 中文句子内夹用英文句子时，该英文句子用中文引号标示，句末使用中文标点。

示例1：他写的话是"Beware of that young man！"。

示例2：他没有问"Why are you late again?"，而是说"I'm ready to appreciate your excuse for being late again. "。

5.8.2.2 中文句子内如出现中文与英文的组合结构，用中文引号标示。

示例3：各种完成进行时态都由"have been +现在分词"构成，时间、人称由have的形态变化来表现。

5.8.2.3 中文句子内夹用了英文句子，如该英文句子内部需用引号，留用英文引号。

示例4：令人不解的是下面这句："The hostess said, 'I shall no longer be here. ' "。

5.9 括号

5.9.1 形式

本规范（草案）仅就圆括号及其用法进行描述。中文圆括号形式为"（）"，前括号和后括号为全角字符；英文圆括号的形式为"( )"，前括号和后括号为半角字符。

5.9.2 基本用法

5.9.2.1 中文句子内所夹用的英文句子或英文语段内部需要用圆括号加以注释、补充或说明时，用英文圆括号标示。

示例1：他教我怎样使用自动售货机购买邮票，并在给我的纸片上写得明明白白："Put coins or bills into the slots (the small slot for coins and the bigger one for bills) in the machine for the sort of stamps you need. "。

5.9.2.2 中文句子中夹用了英文词句，需用圆括号标示的注释、补充或说明并非处于完整的英文句子或英文语段内部时，用中文圆括号标示。

示例2：如果有银行的借记卡，你就可以通过ATM（Automatic Teller Machine）存取款。

示例3: The Beatles（1968）有一首歌，题为《除了我和我的猴子人人都想捂藏一点东西》（*Everybody's Got Something to Hide except Me and My Monkey*），这首歌后来音乐家只称《猴子》。

5.10 分隔号

5.10.1 形式

分隔号的形式是"/"，为半角字符，前后可以加空格。

5.10.2 基本用法

5.10.2.1 用来分隔供选择的并列项。

示例1：现在完成时的谓语形式是"have / has +过去分词"。

示例2：在回答"Is she coming with us?"这类问题时，可以说"I hope so.（肯定）/I hope not.（否定）"。

5.10.2.2 用来分隔诗行、音节节拍等。

示例3：佩娴•斯特朗（Patience Strong）的散文诗浅显而富有哲理。比如"Give your love to others. / Don't spend it on yourself. / Give your heart's good treasure. / Don't hoard it on the shelf .../ Give a word of comfort. / Give a helping hand. / Give where it is needed. / Try to understand."。

5.11 破折号

5.11.1 形式

中文破折号的形式为"——",长度相当于两个汉字的长度,又称"二字线";英文破折号的形式有两种:短破折号与长破折号。短破折号长度相当于字母n,用于表示数值范围、事物之间的关系等;长破折号长度相当于字母m,用于表示语流的间断、插入、附加说明等。

5.11.2 基本用法

5.11.2.1 中英文间若因解释、引入、话题转变、声音延长等需要使用破折号时,使用中文破折号。

示例1:这个符号表示暂停——pause。

示例2:想想吧,那位美国导游竟然向我推荐了——Greyhound!

5.11.2.2 夹用英文的中文句子内,英文单位内部使用英文破折号。

示例3:"I'd love to, but you know—eh, I mean—"是他一成不变的拒绝方式。

5.11.2.3 汉英双语文本中,可用中文破折号或英文长破折号表示两句或两句以上的对话。

示例4:——Frank,这就是我的寝室。
　　　　——Oh, what a mess!

示例5:—Do you speak Chinese?
　　　　—Only a little, eh, 一点点啦。

5.12 省略号

5.12.1 形式

中文省略号的形式为"……",6个居中小圆点;英文省略号的形式为"...",3个齐线小圆点。

5.12.2 基本用法

夹用英文的中文句子里,英文内部的省略使用英文省略号;中文内部的省略使用中文省略号。

示例:句型so ...that ...和such ...that ...常用来表示结果或程度,意思是"如此/这么……以致……"。

5.13 连接号

5.13.1 形式

中文连接号常用的有三种形式:一字线连接号形式"—"、半字线连接号形式"-"、浪纹式连接号形式"～"。英文连接号即连字符"-",长度为字母m的1/3。

5.13.2 基本用法

5.13.2.1 中文行文中,一字线连接号用于标示相关项目(如时间、地域等)的起止和数值范围的起止;半字线连接号用于构成中文词语的复合结构、连接相关字母和数字以构成产品型号及专门用语、构成化学品名称等;浪纹式连接号标示数值跨度与范围。英文连接号(连字符)用于连接单词以构成复合词、在行文移行时分隔音节、构成分数和部分数字。

5.13.2.2 中文句子中夹用英文单词、词组、句子或语段,其内部需要用连接号时,用英文连接号。中英文之间以及无语法关系的英文单位之间需要用连接号时,用中文连接号。

示例1:Dale所著Audio-Visual Methods in Teaching 一书的被引用率相当高。

示例2:这个语段主题的发展顺序为corrosion-reduction-replacement。

示例3:该校学生干部遴选的程序一般是"自荐/推荐(recommendation）—面试（interview）—评估（evaluation）—公示（opinion solicitation）"。

示例4：关于这一论述的依据，可参见Chapter Three P.45-P.50。

6 附则

6.1 大小写用法

6.1.1 当中文句子中夹有英文单词、词组时，无论其位于中文句子的开头、中间还是末尾，普通单词、词组一律小写；专名等在英文中必须大写的单词、词组均须保留其大写形式。

示例1：在指一个国家的全体人民时，要用定冠词the，如the Chinese people、the English people、the American people 等。

示例2：在英文里，I（我）不管用在句首、句内，还是句末，都只有大写一种形式。

示例3：the river在这个句子里指的并非上文提到的the Rhine。

6.1.2 夹用英文的中文句子中夹有完整的英文句子时，无论该英文句子是陈述句、疑问句还是感叹句，无论其位于中文句子的开头、中间还是末尾，其首字母的大写形式均须保留。

示例4：Time is money是一则谚语，意思是"时间就是金钱/一寸光阴一寸金"。

示例5：由time组成的谚语还有很多，如"Time and tide wait(s) for no man.（时不我待。）""Lost time is never found again.（岁月既往，不可复追。）""Time flies.（光阴似箭，日月如梭。）"等。

6.2 英文书刊名的标示方法

中文句子中夹有英文书籍名、报刊名时，不能借用中文书名号，而应以英文斜体字表示。英文文章的标题用引号标示。

示例：*The Evening Post* 发表了这篇评论，但把标题改成了"What We Eat Tomorrow?"。

GB/T 15835—2011
出版物上数字用法

(中华人民共和国国家质量监督检验检疫总局、中国国家标准化管理委员会2011年7月29日发布，2011年11月1日实施)

前　言

本标准按照GB/T 1.1—2009给出的规则起草。

本标准代替GB/T 15835—1995《出版物上数字用法的规定》，与GB/T 15835—1995《出版物上数字用法的规定》相比，主要变化如下：

——原标准在汉字数字与阿拉伯数字中，明显倾向于使用阿拉伯数字。本标准不再强调这种倾向性。

——在继承原标准中关于数字用法应遵循"得体原则"和"局部体例一致原则"的基础上，通过措辞上的适当调整，以及更为具体的规定和示例，进一步明确了具体操作规范。

——将原标准的平级罗列式行文结构改为层级分类式行文结构。

——删除了原标准的基本术语"物理量"与"非物理量"，增补了"计量""编号""概数"作为基本术语。

本标准由教育部语言文字信息管理司提出并归口。

本标准主要起草单位：北京大学。

本标准主要起草人：詹卫东、覃士娟、曾石铭。

本标准所代替标准的历次版本发布情况为：

——GB/T 15835—1995。

1　范围

本标准规定了出版物上汉字数字和阿拉伯数字的用法。

本标准适用于各类出版物(文艺类出版物和重排古籍除外)。政府和企事业单位公文,以及教育、媒体和公共服务领域的数字用法,也可参照本标准执行。

2 规范性引用文件

下列文件对于本文件的应用是必不可少的。凡是注日期的引用文件,仅注日期的版本适用于本文件。凡是不注日期的引用文件,其最新版本(包括所有的修改单)适用于本文件。

GB/T 7408—2005　数据元和交换格式　信息交换　日期和时间表示法

3 术语和定义

下列术语和定义适用于本文件。

3.1 计量　**measuring**

将数字用于加、减、乘、除等数学运算。

3.2 编号　**numbering**

将数字用于为事物命名或排序,但不用于数学运算。

3.3 概数　**approximate number**

用于模糊计量的数字。

4 数字形式的选用

4.1 选用阿拉伯数字

4.1.1 用于计量的数字

在使用数字进行计量的场合,为达到醒目、易于辨识的效果,应采用阿拉伯数字。

示例1:－125.03　34.05%　63%～68%　1∶500　97/108

当数值伴随有计量单位时,如:长度、容积、面积、体积、质量、温度、经纬度、音量、频率等等,特别是当计量单位以字母表达时,应采用阿拉伯数字。

示例2: 523.56 km(523.56千米)　　346.87 L(346.87升)

　　　　 5.34 m²(5.34平方米)　　567 mm³(567立方毫米)

　　　　 605 g(605克)　　100～150 kg(100～150千克)

　　　　 34～39 ℃(34～39摄氏度)　　北纬40°(40度)

　　　　 120 dB(120分贝)

4.1.2 用于编号的数字

在使用数字进行编号的场合,为达到醒目、易于辨识的效果,应采用阿拉伯数字。

示例: 电话号码:98888

　　　 邮政编码:100871

　　　 通信地址:北京市海淀区复兴路11号

　　　 电子邮件地址:x186@186.net

　　　 网页地址:http://127.0.0.1

　　　 汽车号牌:京 A00001

　　　 公交车号:302 路公交车

　　　 道路编号:101 国道

　　　 公文编号:国办发〔1987〕9号

　　　 图书编号:ISBN 978-7-80184-224-4

　　　 刊物编号:CN11-1399

　　　 章节编号:4.1.2

　　　 产品型号:PH－3000型计算机

　　　 产品序列号:C84XB－JYVFD－P7HC4－6XKRJ－7M6XH

　　　 单位注册号:02050214

行政许可登记编号：0684Dl0004－828

4.1.3 已定型的含阿拉伯数字的词语

现代社会生活中出现的事物、现象、事件，其名称的书写形式中包含阿拉伯数字，已经广泛使用而稳定下来，应采用阿拉伯数字。

示例：3G手机　　　MP3播放器　　　G8峰会　　　维生素B_{12}
97号汽油　　"5·27"事件　　"12·5"枪击案

4.2 选用汉字数字

4.2.1 非公历纪年

干支纪年、农历月日、历史朝代纪年及其他传统上采用汉字形式的非公历纪年等等，应采用汉字数字。

示例：丙寅年十月十五日　庚辰年八月五日　腊月二十三
正月初五　　　八月十五中秋　　　秦文公四十四年
太平天国庚申十年九月二十四日　　清咸丰十年九月二十
藏历阳木龙年八月二十六日　　　　日本庆应三年

4.2.2 概数

数字连用表示的概数、含"几"的概数，应采用汉字数字。

示例：三四个月　　　一二十个　　　四十五六岁　　　五六万套
五六十年前　　几千　　二十几　　一百几十　　几万分之一

4.2.3 已定型的含汉字数字的词语

汉语中长期使用已经稳定下来的包含汉字数字形式的词语，应采用汉字数字。

示例：万一　　　　　　一律　　　　　　　一旦
三叶虫　　　　　四书五经　　　　　星期五
四氧化三铁　　　八国联军　　　　　七上八下
一心一意　　　　不管三七二十一　　一方面
二百五　　　　　半斤八两　　　　　五省一市

五讲四美　　　　相差十万八千里　　　八九不离十
白发三千丈　　　　不二法门　　　　　二八年华
五四运动　　　　　"一·二八"事变　　"一二·九"运动

4.3 选用阿拉伯数字与汉字数字均可

如果表达计量或编号所需要用到的数字个数不多, 选择汉字数字还是阿拉伯数字在书写的简洁性和辨识的清晰性两方面没有明显差异时, 两种形式均可使用。

示例1：17号楼（十七号楼）　　　　3倍（三倍）
　　　 第5个工作日（第五个工作日）
　　　 100多件（一百多件）　　　20余次（二十余次）
　　　 约300人（约三百人）　　　40左右（四十左右）
　　　 50上下（五十上下）　　　 50多人（五十多人）
　　　 第25页（第二十五页）　　 第8天（第八天）
　　　 第4季度（第四季度）　　　第45份（第四十五份）
　　　 共235位同学（共二百三十五位同学）
　　　 0.5（零点五）　　　　　　76岁（七十六岁）
　　　 120周年（一百二十周年）　1/3（三分之一）
　　　 公元前8世纪（公元前八世纪）
　　　 20世纪80年代（二十世纪八十年代）
　　　 公元253年（公元二五三年）
　　　 1997年7月1日（一九九七年七月一日）
　　　 下午4点40分（下午四点四十分）
　　　 4个月（四个月）　　　　　12天（十二天）

如果要突出简洁醒目的表达效果, 应使用阿拉伯数字; 如果要突出庄重典雅的表达效果, 应使用汉字数字。

示例2：北京时间2008年5月12日14时28分

十一届全国人大一次会议（不写为"11届全国人大1次会议"）

六方会谈（不写为"6方会谈"）

在同一场合出现的数字，应遵循"同类别同形式"原则来选择数字的书写形式。如果两数字的表达功能类别相同（比如都是表达年月日时间的数字），或者两数字在上下文中所处的层级相同（比如文章目录中同级标题的编号），应选用相同的形式。反之，如果两数字的表达功能不同，或所处层级不同，可以选用不同的形式。

示例3：2008年8月8日　二〇〇八年八月八日（不写为"二〇〇八年8月8日"）

第一章　第二章……第十二章（不写为"第一章　第二章……第12章"）

第二章的下一级标题可以用阿拉伯数字编号：2.1，2.2，……

应避免相邻的两个阿拉伯数字造成歧义的情况。

示例4：高三3个班　高三三个班（不写为"高33个班"）

高三2班　　高三（2）班（不写为"高32班"）

有法律效力的文件、公告文件或财务文件中可同时采用汉字数字和阿拉伯数字。

示例5：2008年4月保险账户结算日利率为万分之一点五七五零（0.015750%）

35.5元（35元5角　三十五元五角　叁拾伍圆伍角）

5　数字形式的使用

5.1　阿拉伯数字的使用

5.1.1　多位数

为便于阅读，四位以上的整数或小数，可采用以下两种方式分节：

——第一种方式：千分撇

整数部分每三位一组，以","分节。小数部分不分节。四位以内的整数可以不分节。

示例1：624,000　92,300,000　19,351,235.235767　1256

——第二种方式：千分空

从小数点起，向左和向右每三位数字一组，组间空四分之一个汉字，即二分之一个阿拉伯数字的位置。四位以内的整数可以不加千分空。

示例2：55 235 367.346 23　98 235 358.238 368

注：各科学技术领域的多位数分节方式参照GB 3101—1993的规定执行。

5.1.2 纯小数

纯小数必须写出小数点前定位的"0"，小数点是齐阿拉伯数字底线的实心点"."。

示例：0.46不写为.46或0。46

5.1.3 数值范围

在表示数值的范围时，可采用浪纹式连接号"～"或一字线连接号"—"。前后两个数值的附加符号或计量单位相同时，在不造成歧义的情况下，前一个数值的附加符号或计量单位可省略。如果省略数值的附加符号或计量单位会造成歧义，则不应省略。

示例：-36～-8℃　400—429页　100—150 kg　12 500～20 000元

9亿～16亿（不写为9～16亿）

13万元～17万元（不写为13～17万元）

15%～30%（不写为15～30%）

$4.3×10^6$～$5.7×10^6$（不写为4.3～$5.7×10^6$）

5.1.4 年月日

年月日的表达顺序应按照口语中年月日的自然顺序书写。

示例1：2008年8月8日　1997年7月1日

"年""月"可按照GB/T 7408—2005的5.2.1.1中的扩展格式,用"-"替代,但年月日不完整时不能替代。

示例2：2008-8-8　　1997-7-1
　　　　8月8日(不写为8-8)　2008年8月(不写为2008-8)

四位数字表示的年份不应简写为两位数字。

示例3："1990年"不写为"90年"

月和日是一位数时,可在数字前补"0"。

示例4：2008-08-08　　1997-07-01

5.1.5 时分秒

计时方式既可采用12小时制,也可采用24小时制。

示例1：11时40分(上午11时40分)
　　　　21时12分36秒(晚上9时12分36秒)

时分秒的表达顺序应按照口语中时、分、秒的自然顺序书写。

示例2：15时40分　　14时12分36秒

"时""分"也可按照GB/T 7408—2005的5.3.1.1和5.3.1.2中的扩展格式,用":"替代。

示例3：15:40　　14:12:36

5.1.6 含有月日的专名

含有月日的专名采用阿拉伯数字表示时,应采用间隔号"·"将月、日分开,并在数字前后加引号。

示例："3·15"消费者权益日

5.1.7 书写格式

5.1.7.1 字体

出版物中的阿拉伯数字,一般应使用正体二分字身,即占半个汉字位置。

示例：234　　57.236

5.1.7.2 换行

一个用阿拉伯数字书写的数值应在同一行中，避免被断开。

5.1.7.3 竖排文本中的数字方向

竖排文字中的阿拉伯数字按顺时针方向转90度。旋转后要保证同一个词语单位的文字方向相同。

示例：

> 示例一
> 雪花牌BCD188型家用电冰箱容量是一百八十八升，功率为一百二十五瓦，市场售价两千零五十元，返修率仅为百分之零点一五。
>
> 示例二
> 海军J12号打捞救生船在太平洋上航行了十三天，于一九九〇年八月六日零时三十分返回基地。

5.2 汉字数字的使用

5.2.1 概数

两个数字连用表示概数时，两数之间不用顿号"、"隔开。

示例：二三米　一两个小时　三五天　一二十个　四十五六岁

5.2.2 年份

年份简写后的数字可以理解为概数时，一般不简写。

示例："一九七八年"不写为"七八年"

5.2.3 含有月日的专名

含有月日的专名采用汉字数字表示时，如果涉及一月、十一月、十二月，应用间隔号"·"将表示月和日的数字隔开，涉及其他月份时，不用间隔号。

示例:"一·二八"事变 "一二·九"运动 五一国际劳动节

5.2.4 大写汉字数字

——大写汉字数字的书写形式

零、壹、贰、叁、肆、伍、陆、柒、捌、玖、拾、佰、仟、万、亿

——大写汉字数字的适用场合

法律文书和财务票据上,应采用大写汉字数字形式记数。

示例:3,504元(叁仟伍佰零肆圆)

39,148元(叁万玖仟壹佰肆拾捌圆)

5.2.5 "零"和"〇"

阿拉伯数字"0"有"零"和"〇"两种汉字书写形式。一个数字用作计量时,其中"0"的汉字书写形式为"零",用作编号时,"0"的汉字书写形式为"〇"。

示例:"3052(个)"的汉字数字形式为"三千零五十二"(不写为"三千〇五十二")

"95.06"的汉字数字形式为"九十五点零六"(不写为"九十五点〇六")

"公元2012(年)"的汉字数字形式为"二〇一二"(不写为"二零一二")

5.3 阿拉伯数字与汉字数字同时使用

如果一个数值很大,数值中的"万""亿"单位可以采用汉字数字,其余部分采用阿拉伯数字。

示例1:我国1982年人口普查人数为10亿零817万5 288人

除上面情况之外的一般数值,不能同时采用阿拉伯数字与汉字数字。

示例2:108可以写作"一百零八",但不应写作"1百零8""一百08"

4 000可以写作"四千",但不应写作"4千"

GB 3100—93

国际单位制及其应用

(国家技术监督局 1993 年 12 月 27 日发布,1994 年 7 月 1 日实施)

引 言

本标准等效采用国际标准 ISO 1000:1992《SI 单位及其倍数单位和一些其他单位的应用推荐》,参照采用国际计量局《国际单位制(SI)》(1991 年第 6 版)。

本标准是目前已制定的有关量和单位的一系列国家标准之一,这一系列标准是:

GB 3100 国际单位制及其应用;

GB 3101 有关量、单位和符号的一般原则;

GB 3102.1 空间和时间的量和单位;

GB 3102.2 周期及其有关现象的量和单位;

GB 3102.3 力学的量和单位;

GB 3102.4 热学的量和单位;

GB 3102.5 电学和磁学的量和单位;

GB 3102.6 光及有关电磁辐射的量和单位;

GB 3102.7 声学的量和单位;

GB 3102.8 物理化学和分子物理学的量和单位;

GB 3102.9 原子物理学和核物理学的量和单位;

GB 3102.10 核反应和电离辐射的量和单位;

GB 3102.11 物理科学和技术中使用的数学符号;

GB 3102.12 特征数；

GB 3102.13 固体物理学的量和单位。

国际单位制是我国法定计量单位的基础，一切属于国际单位制的单位都是我国的法定计量单位。

除特别说明的以外，本标准给出的计量单位均为我国法定计量单位。

1 主题内容与适用范围

本标准列出了国际单位制（SI）的构成体系，规定了可以与国际单位制并用的单位以及计量单位的使用规则。

本标准适用于国民经济、科学技术、文化教育等一切领域中使用计量单位的场合。

2 国际单位制的构成

2.1 国际单位制（Le Système International d′Unités）及其国际简称SI是在1960年第11届国际计量大会上通过的。

2.2 国际单位制的构成

国际单位制（SI）
- SI单位
  - SI基本单位（见表1）
  - SI导出单位
    - 包括SI辅助单位在内的具有专门名称的SI导出单位（见表2、表3）
    - 组合形式的SI导出单位
- SI单位的倍数单位

2.3 SI单位是国际单位制中由基本单位和导出单位构成一贯单位制的那些单位。除质量外，均不带SI词头（质量的SI单位为千克）。关于一贯单位制的详细说明见GB 3101《有关量、单位和符号的一般原则》。

2.4 国际单位制的单位包括SI单位以及SI单位的倍数单位。

2.5 SI单位的倍数单位包括SI单位的十进倍数和分数单位。

3 SI单位

3.1 SI基本单位

国际单位制以表1中的七个基本单位为基础，其定义见附录B（参考件）。

表1 SI基本单位

量的名称	单位名称	单位符号
长度	米	m
质量	千克（公斤）	kg
时间	秒	s
电流	安[培]	A
热力学温度	开[尔文]	K
物质的量	摩[尔]	mol
发光强度	坎[德拉]	cd

注：
1 圆括号中的名称，是它前面的名称的同义词，下同。
2 无方括号的量的名称与单位名称均为全称。方括号中的字，在不致引起混淆、误解的情况下，可以省略。去掉方括号中的字即为其名称的简称。下同。
3 本标准所称的符号，除特殊指明外，均指我国法定计量单位中所规定的符号以及国际符号，下同。
4 人民生活和贸易中，质量习惯称为重量

3.2 SI导出单位

导出单位是用基本单位以代数形式表示的单位。这种单位符号中的乘和除采用数学符号。例如速度的SI单位为米每秒（m/s）。属于这种形式的单位称为组合单位。

某些SI导出单位具有国际计量大会通过的专门名称和符号，见表2和表3。使用这些专门名称并用它们表示其他导出单位，往往更为方便、准确。如热和能量的单位通常用焦耳（J）代替牛顿米（N·m），电阻率的单位通常用欧姆米（Ω·m）代替伏特米每安培（V·m/A）。

SI单位弧度和球面度称为SI辅助单位,它们是具有专门名称和符号的量纲一的量的导出单位。在许多实际情况中,用专门名称弧度(rad)和球面度(sr)分别代替数字1是方便的。例如角速度的SI单位可写成弧度每秒(rad/s)。

表2　包括SI辅助单位在内的具有专门名称的SI导出单位

量的名称	SI 导出单位		
	名称	符号	用 SI 基本单位和 SI 导出单位表示
[平面]角	弧度	rad	1 rad=1 m/m = 1
立体角	球面度	sr	1 sr=1 m^2/m^2 = 1
频率	赫[兹]	Hz	1 Hz = 1 s^{-1}
力	牛[顿]	N	1 N = 1 kg · m/s^2
压力,压强,应力	帕[斯卡]	Pa	1 Pa = 1 N/m^2
能[量],功,热量	焦[耳]	J	1 J=1 N · m
功率,辐[射能]通量	瓦[特]	W	1 W=1 J/s
电荷[量]	库[仑]	C	1 C = 1 A · s
电压,电动势,电位,(电势)	伏[特]	V	1 V = 1 W/A
电容	法[拉]	F	1 F = 1 C/V
电阻	欧[姆]	Ω	1 Ω = 1 V/A
电导	西[门子]	S	1 S = 1 $Ω^{-1}$
磁通[量]	韦[伯]	Wb	1 Wb = 1 V · s
磁通[量]密度,磁感应强度	特[斯拉]	T	1 T = 1 Wb/m^2
电感	亨[利]	H	1 H = 1 Wb/A
摄氏温度	摄氏度	℃	1 ℃ =1 K
光通量	流[明]	lm	1 lm=1 cd · sr
[光]照度	勒[克斯]	lx	1 lx=1 lm/m^2

表3 由于人类健康安全防护上的需要而确定的具有专门名称的 SI导出单位

量的名称	SI 导出单位		
	名称	符号	用 SI 基本单位和 SI 导出单位表示
[放射性]活度	贝可[勒尔]	Bq	$1\ Bq=1\ s^{-1}$
吸收剂量 比授[予]能 比释动能	戈[瑞]	Gy	$1\ Gy=1\ J/kg$
剂量当量	希[沃特]	Sv	$1\ Sv=1\ J/kg$

用SI基本单位和具有专门名称的SI导出单位或（和）SI辅助单位以代数形式表示的单位称为组合形式的SI导出单位。

3.3 SI单位的倍数单位

表4给出了SI词头的名称、简称及符号（词头的简称为词头的中文符号）。词头用于构成倍数单位（十进倍数单位与分数单位），但不得单独使用。

词头符号与所紧接的单位符号[①]应作为一个整体对待，它们共同组成一个新单位（十进倍数或分数单位），并具有相同的幂次，而且还可以和其他单位构成组合单位。

例1：$1\ cm^3=(10^{-2}\ m)^3=10^{-6}\ m^3$

例2：$1\ \mu s^{-1}=(10^{-6}\ s)^{-1}=10^6\ s^{-1}$

例3：$1\ mm^2/s=(10^{-3}\ m)^2/s=10^{-6}\ m^2/s$

例4：10^{-3} tex 可写为 mtex

不得使用重叠词头，如只能写nm，而不能写mμm。

注：由于历史原因，质量的SI单位名称"千克"中，已包含SI词头"千"，所以质量的倍数单位由词头加在"克"前构成。如用毫克（mg）而不得用微千克（μkg）。

---

① 这里的单位符号一词仅指SI基本单位和SI导出单位，而不是组合单位整体。

表4　SI词头

因数	词头名称		符号
	英文	中文	
10^{24}	yotta	尧[它]	Y
10^{21}	zetta	泽[它]	Z
10^{18}	exa	艾[可萨]	E
10^{15}	peta	拍[它]	P
10^{12}	tera	太[拉]	T
10^{9}	giga	吉[咖]	G
10^{6}	mega	兆	M
10^{3}	kilo	千	k
10^{2}	hecto	百	h
10^{1}	deca	十	da
10^{-1}	deci	分	d
10^{-2}	centi	厘	c
10^{-3}	milli	毫	m
10^{-6}	micro	微	μ
10^{-9}	nano	纳[诺]	n
10^{-12}	pico	皮[可]	p
10^{-15}	femto	飞[母托]	f
10^{-18}	atto	阿[托]	a
10^{-21}	zepto	仄[普托]	z
10^{-24}	yocto	幺[科托]	y

4　SI单位及其倍数单位的应用

4.1 SI单位的倍数单位根据使用方便的原则选取。通过适当的选择，可使数值处于实用范围内。

4.2 倍数单位的选取，一般应使量的数值处于0.1~1 000之间。

例1： 1.2×10^4 N 可写成 12 kN

例2： 0.003 94 m 可写成 3.94 mm

例3： 1 401 Pa 可写成 1.401 kPa

例4： 3.1×10^{-8} s 可写成 31 ns

在某些情况下，习惯使用的单位可以不受上述限制。

如大部分机械制图使用的单位用毫米，导线截面积单位用平方毫米，领土面积用平方千米。

在同一量的数值表中，或叙述同一量的文章里，为对照方便，使用相同的单位时，数值范围不受限制。

词头h（百）、da（十）、d（分）、c（厘）一般用于某些长度、面积和体积单位。

4.3 组合单位的倍数单位一般只用一个词头，并尽量用于组合单位中的第一个单位。

通过相乘构成的组合单位的词头通常加在第一个单位之前。

例如：力矩的单位kN·m，不宜写成N·km。

通过相除构成的组合单位，或通过乘和除构成的组合单位，其词头一般都应加在分子的第一个单位之前，分母中一般不用词头，但质量单位kg在分母中时例外。

例1：摩尔热力学能的单位kJ/mol，不宜写成J/mmol。

例2：质量能单位可以是kJ/kg。

当组合单位分母是长度、面积和体积单位时，分母中可以选用某些词头构成倍数单位。

例如：体积质量的单位可以选用g/cm^3。

一般不在组合单位的分子分母中同时采用词头。

4.4 在计算中,为了方便,建议所有量均用SI单位表示,将词头用10的幂代替。

4.5 有些国际单位制以外的单位,可以按习惯用SI词头构成倍数单位,如MeV,mCi,mL等,但它们不属于国际单位制。见附录A(补充件)第6栏。

摄氏温度单位摄氏度,角度单位度、分、秒与时间单位日、时、分等不得用SI词头构成倍数单位。

5 单位名称

5.1 表1至表3规定了单位的名称及其简称。它们用于口述,也可用于叙述性文字中。

5.2 组合单位的名称与其符号表示的顺序一致,符号中的乘号没有对应的名称,除号的对应名称为"每"字,无论分母中有几个单位,"每"字只出现一次。

例如:质量热容的单位符号为J/(kg·K),其名称为"焦耳每千克开尔文",而不是"每千克开尔文焦耳"或"焦耳每千克每开尔文"。

5.3 乘方形式的单位名称,其顺序应为指数名称在前,单位名称在后,指数名称由相应的数字加"次方"二字构成。

例如:截面二次矩的单位符号为m^4,其名称为"四次方米"。

5.4 当长度的二次和三次幂分别表示面积和体积时,则相应的指数名称分别为"平方"和"立方",其他情况均应分别为"二次方"和"三次方"。

例如:体积的单位符号为m^3,其名称为"立方米",而截面系数的单位符号虽同是m^3,但其名称为"三次方米"。

5.5 书写组合单位的名称时,不加乘或(和)除的符号或(和)其他符号。

例如：电阻率单位符号为Ω·m，其名称为"欧姆米"，而不是"欧姆·米""欧姆-米"" [欧姆] [米] "等。

6 单位符号

6.1 单位符号和单位的中文符号的使用规则

6.1.1 单位和词头的符号用于公式、数据表、曲线图、刻度盘和产品铭牌等需要明了的地方，也用于叙述性文字中。

6.1.2 本标准各表中所给出的单位名称的简称可用作该单位的中文符号（简称"中文符号"）。中文符号只在小学、初中教科书和普通书刊中在有必要时使用。

6.1.3 单位符号没有复数形式，符号上不得附加任何其他标记或符号（参阅GB 3101的3.2.1）。

6.1.4 摄氏度的符号℃可以作为中文符号使用。

6.1.5 不应在组合单位中同时使用单位符号和中文符号；例如：速度单位不得写作km/小时。

6.2 单位符号和中文符号的书写规则

6.2.1 单位符号一律用正体字母，除来源于人名的单位符号第一字母要大写外，其余均为小写字母（升的符号L例外）。

例：米（m）；秒（s）；坎 [德拉]（cd）；

安 [培]（A）；帕 [斯卡]（Pa）；韦 [伯]（Wb）等。

6.2.2 当组合单位是由两个或两个以上的单位相乘而构成时，其组合单位的写法可采用下列形式之一：

N·m; N m

注：第二种形式，也可以在单位符号之间不留空隙。但应注意，当单位符号同时又是词头符号时，应尽量将它置于右侧，以免引起混淆。如mN表示毫牛顿而非指米牛顿。

当用单位相除的方法构成组合单位时,其符号可采用下列形式之一:

$$\text{m/s;} \quad \text{m} \cdot \text{s}^{-1}; \quad \frac{\text{m}}{\text{s}}$$

除加括号避免混淆外,单位符号中的斜线(/)不得超过一条。在复杂的情况下,也可以使用负指数。

6.2.3 由两个或两个以上单位相乘所构成的组合单位,其中文符号形式为两个单位符号之间加居中圆点,例如:牛·米。

单位相除构成的组合单位,其中文符号可采用下列形式之一:

$$\text{米/秒;} \quad \text{米} \cdot \text{秒}^{-1}; \quad \frac{\text{米}}{\text{秒}}$$

6.2.4 单位符号应写在全部数值之后,并与数值间留适当的空隙。

6.2.5 SI词头符号一律用正体字母,SI词头符号与单位符号之间,不得留空隙。

6.2.6 单位名称和单位符号都必须作为一个整体使用,不得拆开。如摄氏度的单位符号为℃。20摄氏度不得写成或读成摄氏20度或20度,也不得写成20°C,只能写成20 ℃。

7 可与国际单位制单位并用的我国法定计量单位

7.1 由于实用上的广泛性和重要性,可与国际单位制单位并用的我国法定计量单位列于表5中。

表5 可与国际单位制单位并用的我国法定计量单位

量的名称	单位名称	单位符号	与SI单位的关系
时间	分	min	1 min=60 s
	[小]时	h	1 h = 60 min=3 600 s
	日,(天)	d	1 d=24 h=86 400 s
[平面]角	度	°	1°=(π/180) rad
	[角]分	′	1′=(1/60)°=(π/10 800) rad
	[角]秒	″	1″=(1/60)′=(π/648 000) rad

量的名称	单位名称	单位符号	与 SI 单位的关系
体积	升	L,(l)	$1\ L = 1\ dm^3 = 10^{-3}\ m^3$
质量	吨 原子质量单位	t u	$1\ t = 10^3\ kg$ $1\ u \approx 1.660\ 540 \times 10^{-27}\ kg$
旋转速度	转每分	r/min	$1\ r/min = (1/60)\ s^{-1}$
长度	海里	n mile	$1\ n\ mile = 1\ 852\ m$ （只用于航行）
速度	节	kn	$1\ kn = 1\ n\ mile/h = (1\ 852/3\ 600)\ m/s$ （只用于航行）
能	电子伏	eV	$1\ eV \approx 1.602\ 177 \times 10^{-19}\ J$
级差	分贝	dB	
线密度	特［克斯］	tex	$1\ tex = 10^{-6}\ kg/m$
面积	公顷	hm²	$1\ hm^2 = 10^4\ m^2$

注：
1 平面角单位度、分、秒的符号，在组合单位中应采用(°)、(′)、(″)的形式。例如，不用°/s 而用(°)/s。
2 升的符号中，小写字母 l 为备用符号。
3 公顷的国际通用符号为 ha

7.2 根据习惯，在某些情况下，表5中的单位可以与国际单位制的单位构成组合单位。例如，kg/h, km/h。见附录A（补充件）第5与第6栏。

7.3 根据《全面推行我国法定计量单位的意见》中"个别科学技术领域中，如有特殊需要，可使用某些非法定计量单位，但也必须与有关国际组织规定的名称、符号相一致"的原则，ISO 1000及ISO 31所提出的暂时可使用的其他单位列于GB 3102和本标准附录A（补充件）。

附录A　SI单位的十进倍数与分数单位及可并用的某些其他单位示例

（补充件）

本附录给出了常用的大多数量的SI单位的十进倍数与分数单位以及可以使用的某些其他单位的示例。它只给以选择而并非限制，在各个技术领域中，以同样的方式表示量值当然是有益的。对于某些需要

（例如，在科学和教育中的应用），选择SI单位的十进倍数与分数单位，比在下列表中的示例有更大的灵活性。

在GB 3102.1 ~ 3102.13 中的项号	量	SI 单位	SI 单位的倍数单位的选择	由于实用中的重要性或由于专门领域的需要得到CIPM承认的SI以外的单位		备注和有关用于专门领域的单位的介绍
				单位	（5）栏的倍数单位	
(1)	(2)	(3)	(4)	(5)	(6)	(7)
第I部分：GB 3102.1《空间和时间的量和单位》						
1-1	[平面]角 angle, plane angle	rad 弧度 (radian)	mrad μrad	°（度），$1° = \dfrac{\pi}{180}$ rad ′（分），$1′ = (1/60)°$ ″（秒），$1″ = (1/60)′$		当弧度不适用时，推荐使用冈（gon=grade）及其分数单位。gon（冈），$1\,\text{gon} = \dfrac{\pi}{200}$ rad 在SI单位栏中，括号内为单位的英文名称，下同
1-2	立体角 solid angle	sr 球面度 (steradian)				
1-3.1	长度 length	m 米 (metre)	km cm mm μm nm pm fm			1 n mile= 1 852 m（准确值）
1-5	面积 area	m^2	km^2 dm^2 cm^2 mm^2			hm^2（公顷），$1\,hm^2 = 10^4\,m^2$ 公顷的国际符号为ha

在 GB 3102.1~3102.13 中的项号	量	SI 单位	SI 单位的倍数单位的选择	由于实用中的重要性或由于专门领域的需要得到 CIPM 承认的 SI 以外的单位		备注和有关用于专门领域的单位的介绍
				单位	（5）栏的倍数单位	
（1）	（2）	（3）	（4）	（5）	（6）	（7）
1-6	体积 volume	m^3	dm^3 cm^3 mm^3	L，（l）（升），$1\ L = 10^{-3}\ m^3 = 1\ dm^3$	hL，$1\ hL = 10^{-1}\ m^3$ cL，$1\ cL = 10^{-5}\ m^3$ mL，$1\ mL = 10^{-6}\ m^3 = 1\ cm^3$	1964 年国际计量大会宣布升（L）可以作为立方分米（dm^3）的专门名称，并建议在高精度时不要使用升
1-7	时间 time	s 秒（second）	ks ms μs ns	d（日），$1\ d = 24\ h$（准确值） h（小时），$1\ h = 60\ min$（准确值） min（分），$1\ min = 60\ s$（准确值）		其他单位，例如星期、月和年（a）是通常使用的单位
1-8	角速度 angular velocity	rad/s				
1-10	速度 velocity	m/s		km/h，$1\ km/h = \dfrac{1}{3.6}\ m/s$ m/h		1 kn=1.852 km/h（准确值）= 0.514 444 m/s 关于小时，参阅 1-7

在 GB 3102.1～3102.13 中的项号	量	SI 单位	SI 单位的倍数单位的选择	由于实用中的重要性或由于专门领域的需要得到 CIPM 承认的 SI 以外的单位		备注和有关用于专门领域的单位的介绍
				单位	（5）栏的倍数单位	
(1)	(2)	(3)	(4)	(5)	(6)	(7)
1-11.1	加速度 acceleration	m/s^2				

第Ⅱ部分：GB 3102.2《周期及其有关现象的量和单位》

2-3.1	频率 frequency	Hz 赫[兹]（Hertz）	THz GHz MHz kHz			
2-3.2	旋转频率 rotational frequency	s^{-1}		min^{-1}		转每分(r/min)和转每秒(r/s)大量用于旋转机械[1]。关于分，参阅1-7
2-4	角频率 angular frequency	rad/s				

1）参阅国际电工委员会出版物 27-1（1971）

第Ⅲ部分：GB 3102.3《力学的量和单位》

3-1	质量 mass	kg 千克（kilogram）	Mg g mg μg	t（吨），1 t = 10^3 kg		
3-2	体积质量 volumic mass，[质量]密度 density, mass density	kg/m^3	Mg/m^3 或 kg/dm^3 或 g/cm^3	t/m^3 或 kg/L	g/mL g/L	关于升，参阅1-6

在 GB 3102.1～3102.13 中的项号	量	SI 单位	SI 单位的倍数单位的选择	由于实用中的重要性或由于专门领域的需要得到 CIPM 承认的 SI 以外的单位		备注和有关用于专门领域的单位的介绍
				单位	（5）栏的倍数单位	
（1）	（2）	（3）	（4）	（5）	（6）	（7）
3-5	线质量 lineic mass， 线密度 linear density	kg/m	mg/m			1 tex=10^{-6} kg/m 单位 tex 用于纺织工业
3-7	转动惯量， （惯性矩） moment of inertia	kg·m²				
3-8	动量 momentum	kg·m/s				
3-9.1	力 force	N 牛顿 （newton）	MN kN mN μN			
3-11	动量矩 moment of momentum， 角动量 angular momentum	kg·m²/s				
3-12.1	力矩 moment of force	N·m	MN·m kN·m mN·m μN·m			
3-15.1	压力，压强 pressure	Pa 帕[斯卡] （pascal）	GPa MPa kPa hPa mPa μPa			bar（巴）， 1 bar = 10^5 Pa 1 mbar = 1 hPa

在 GB 3102.1 ～3102.13 中的项号	量	SI 单位	SI 单位的 倍数单位 的选择	由于实用中的重要性或由于专门领域的需要得到 CIPM 承认的 SI 以外的单位		备注和有关用于专门领域的单位的介绍
				单位	(5)栏的倍数单位	
(1)	(2)	(3)	(4)	(5)	(6)	(7)
3-15.2	正应力 normal stress	Pa	GPa MPa kPa			
3-23	[动力]粘度 viscosity, dynamic viscosity	Pa·s	mPa·s			P（泊）[1], 1 cP=1 mPa·s
3-24	运动粘度 kinematic viscosity	m^2/s	mm^2/s			St(斯[托克斯])[1], 1 cSt = 1 mm^2/s
3-25	表面张力 surface tension	N/m	mN/m			
1) 它们属于 CGS 制单位，不应与 SI 单位并用						
3-26.1 和 3-26.2	能[量] energy, 功 work	J 焦[耳] (joule)	EJ PJ TJ GJ MJ kJ mJ			
3-27	功率 power	W 瓦[特] (watt)	GW MW kW mW μW			
第Ⅳ部分：GB 3102.4《热学的量和单位》						
4-1	热力学温度 thermody- namic temperature	K 开[尔文] (kelvin)				

在 GB 3102.1 ~3102.13 中的项号	量	SI 单位	SI 单位的倍数单位的选择	由于实用中的重要性或由于专门领域的需要得到 CIPM 承认的 SI 以外的单位		备注和有关用于专门领域的单位的介绍
				单位	(5) 栏的倍数单位	
(1)	(2)	(3)	(4)	(5)	(6)	(7)
4-2	摄氏温度 Celsius temperature	℃ 摄氏度 (degree Celsius)				摄氏温度等于两热力学温度之差 $t=T-T_0$。 $T_0=273.15$ K
4-3.1	线[膨]胀系数 linear expansion coefficient	K^{-1}				
4-6	热 heat, 热量 quantity of heat	J		EJ PJ TJ GJ MJ kJ mJ		
4-7	热流量 heat flow rate	W		kW		
4-9	热导率, (导热系数) thermal conductivity	W/(m·K)				
4-10.1	传热系数 coefficient of heat transfer	W/(m²·K)				
4-15	热容 heat capacity	J/K		kJ/K		
4-16.1	质量热容 massic heat capacity	J/(kg·K)		kJ/(kg·K)		
4-18	熵 entropy	J/K		kJ/K		

在 GB 3102.1 ～3102.13 中的项号	量	SI 单位	SI 单位的倍数单位的选择	由于实用中的重要性或由于专门领域的需要得到 CIPM 承认的 SI 以外的单位		备注和有关用于专门领域的单位的介绍
				单位	（5）栏的倍数单位	
（1）	（2）	（3）	（4）	（5）	（6）	（7）
4-19	质量熵 massic entropy	J/(kg·K)	kJ/(kg·K)			
4-21.2	质量热力学能 massic thermodynamic energy	J/kg	MJ/kg kJ/kg			
第 V 部分：GB 3102.5《电学和磁学的量和单位》						
5-1	电流 electric current	A 安［培］ （ampere）	kA mA μA nA pA			
5-2	电荷［量］ electric charge, quantity of electricity	C 库［仑］ （coulomb）	kC μC nC pC	A·h, 1 A·h = 3.6 kC		
5-3	体积电荷 volumic charge, 电荷［体］密度 volume density of charge, charge density	C/m³	GC/m³ 或 C/mm³ MC/m³ 或 C/cm³ kC/m³ mC/m³ μC/m³			

在GB 3102.1～3102.13中的项号	量	SI单位	SI单位的倍数单位的选择	由于实用中的重要性或由于专门领域的需要得到CIPM承认的SI以外的单位		备注和有关用于专门领域的单位的介绍
				单位	（5）栏的倍数单位	
（1）	（2）	（3）	（4）	（5）	（6）	（7）
5-4	面积电荷 areic charge，电荷面密度 surface density of charge	C/m²	MC/m² 或 C/mm² C/cm² kC/m² mC/m² µC/m²			
5-5	电场强度 electric field strength	V/m	MV/m kV/m 或 V/mm V/cm mV/m µV/m			
5-6.1 5-6.2 5-6.3	电位，（电势）electric potential 电位差,（电势差），电压 potential difference, tension, 电动势 electromotive force	V 伏[特] (volt)	MV kV mV µV			
5-7	电通[量]密度 electric flux density	C/m²	C/cm² kC/m² mC/m² µC/m²			
5-8	电通[量] electric flux	C	MC kC mC			

在 GB 3102.1～3102.13 中的项号	量	SI 单位	SI 单位的倍数单位的选择	由于实用中的重要性或由于专门领域的需要得到 CIPM 承认的 SI 以外的单位		备注和有关用于专门领域的单位的介绍
				单位	(5) 栏的倍数单位	
(1)	(2)	(3)	(4)	(5)	(6)	(7)
5-9	电容 capacitance	F 法[拉] (farad)	mF μF nF pF			
5-10.1	介电常数，(电容率) permittivity	F/m	μF/m nF/m pF/m			
5-13	电极化强度 electric polarization	C/m²	C/cm² kC/m² mC/m² μC/m²			
5-14	电偶极矩 electric dipole moment	C·m				
5-15	面积电流 areic electric current，电流密度 electric current density	A/m²	MA/m² 或 A/mm² A/cm² kA/m²			
5-16	线电流 lineic electric current，电流线密度 linear electric current density	A/m	kA/m 或 A/mm A/cm			

国际单位制及其应用 327

在 GB 3102.1 ～ 3102.13 中的项号	量	SI 单位	SI 单位的倍数单位的选择	由于实用中的重要性或由于专门领域的需要得到 CIPM 承认的 SI 以外的单位		备注和有关用于专门领域的单位的介绍
				单位	（5）栏的倍数单位	
(1)	(2)	(3)	(4)	(5)	(6)	(7)
5-17	磁场强度 magnetic field strength	A/m	kA/m 或 A/mm A/cm			
5-18.1	磁位差，（磁势差） magnetic potential difference	A	kA mA			
5-19	磁通[量]密度 magnetic flux density, 磁感应强度 magnetic induction	T 特[斯拉] （tesla）	mT μT nT			
5-20	磁通[量] magnetic flux	Wb 韦[伯] （weber）	mWb			
5-21	磁矢位，（磁矢势） magnetic vector potential	Wb/m	kWb/m 或 Wb/mm			
5-22.1 5-22.2	自感 self inductance 互感 mutual inductance	H 亨[利] （henry）	mH μH nH pH			
5-24.1	磁导率 permeability	H/m	μH/m nH/m			
5-27	[面]磁矩 magnetic moment, electromagnetic moment	A·m²				

在 GB 3102.1 ~ 3102.13 中的项号	量	SI 单位	SI 单位的倍数单位的选择	由于实用中的重要性或由于专门领域的需要得到 CIPM 承认的 SI 以外的单位		备注和有关用于专门领域的单位的介绍
				单位	(5)栏的倍数单位	
(1)	(2)	(3)	(4)	(5)	(6)	(7)
5-28	磁化强度 magnetization	A/m	kA/m 或 A/mm			
5-29	磁极化强度 magnetic polarization	T	mT			
(IEC 出版物 27-1: 1971, 第 86 条)	磁偶极矩 mgnetic dipole moment	N·m²/A 或 Wb·m				
5-33	[直流]电阻 resistance (to direct current)	Ω 欧[姆] (ohm)	GΩ MΩ kΩ mΩ μΩ			
5-34	[直流]电导 conductance (to direct current)	S 西[门子] (siemens)	kS mS μS			
5-36	电阻率 resistivisy	Ω·m	GΩ·m MΩ·m kΩ·m Ω·cm mΩ·m μΩ·m nΩ·m			也可以使用 $\dfrac{\Omega \cdot mm^2}{m}$ (= 10^{-6} Ω·m= μΩ·m)
5-37	电导率 conductivity	S/m	MS/m kS/m			
5-38	磁阻 reluctance	H⁻¹				
5-39	磁导 permeance	H				

国际单位制及其应用 329

在GB 3102.1~3102.13中的项号	量	SI 单位	SI 单位的倍数单位的选择	由于实用中的重要性或由于专门领域的需要得到CIPM承认的SI以外的单位		备注和有关用于专门领域的单位的介绍
				单位	(5)栏的倍数单位	
(1)	(2)	(3)	(4)	(5)	(6)	(7)
5-44.1	阻抗,（复[数]阻抗）impedance,(complex impedance)	Ω	MΩ kΩ mΩ			
5-44.2	阻抗模,（阻抗）modulus of impedance,(impedance)					
5-44.3	[交流]电阻 resistance (to alternating current)					
5-44.4	电抗 reactance					
5-45.1	导纳,（复[数]导纳）admittance,(complex admittance)	S	kS mS μS			
5-45.2	导纳模,(导纳) modulus of admittance,(admittance)					
5-45.3	[交流]电导 conductance (for alternating current)					
5-45.4	电纳 susceptance					

在 GB 3102.1~3102.13 中的项号	量	SI 单位	SI 单位的倍数单位的选择	由于实用中的重要性或由于专门领域的需要得到 CIPM 承认的 SI 以外的单位		备注和有关用于专门领域的单位的介绍
				单位	（5）栏的倍数单位	
（1）	（2）	（3）	（4）	（5）	（6）	（7）
5-49	[有功]功率 active power	W	TW GW MW kW mW μW nW			在电力技术中，有功功率用瓦［特］(W)表示，视在功率 (apparent power) 用伏［特］安［培］(V·A)表示，无功功率 (reactive power) 用乏 (var) 表示
5-52	[有功]电能[量] active energy	J	TJ GJ MJ kJ	W·h 1 W·h = 3.6 kJ（准确值）	TW·h GW·h MW·h kW·h	关于小时，参阅 1-7
第Ⅵ部分：GB 3102.6《光及有关电磁辐射的量和单位》						
6-3	波长 wavelength	m	μm nm pm			
6-7	辐［射］能 radiant energy	J				
6-10	辐［射］功率 radiant power, 辐［射能］通量 radiant energy flux	W				

国际单位制及其应用 331

在 GB 3102.1～3102.13 中的项号	量	SI 单位	SI 单位的倍数单位的选择	由于实用中的重要性或由于专门领域的需要得到 CIPM 承认的 SI 以外的单位		备注和有关用于专门领域的单位的介绍
				单位	（5）栏的倍数单位	
（1）	（2）	（3）	（4）	（5）	（6）	（7）
6-13	辐［射］强度 radiant intensity	W/sr				
6-14	辐［射］亮度，辐射度 radiance	W/（sr·m²）				
6-15	辐［射］出［射］度 radiant exitance	W/m²				
6-16	辐［射］照度 irradiance	W/m²				
6-29	发光强度 luminous intensity	cd 坎［德拉］（candela）				
6-30	光通量 luminous flux	lm 流［明］（lumen）				
6-31	光量 quantity of light	lm·s				1 lm·h=3 600 lm·s （准确值）
6-32	［光］亮度 luminance	cd/m²				
6-33	光出射度 luminous exitance	lm/m²				
6-34	［光］照度 illuminance	lx 勒［克斯］（lux）				
6-35	曝光量 light exposure	lx·s				

在 GB 3102.1~3102.13 中的项号	量	SI 单位	SI 单位的倍数单位的选择	由于实用中的重要性或由于专门领域的需要得到 CIPM 承认的 SI 以外的单位		备注和有关用于专门领域的单位的介绍
				单位	（5）栏的倍数单位	
(1)	(2)	(3)	(4)	(5)	(6)	(7)
6-36.1	光视效能 luminous efficacy	lm/W				
第Ⅶ部分：GB 3102.7《声学的量和单位》						
7-1	周期 period, periodic time	s		ms μs		
7-2	频率 frequency	Hz		MHz kHz		
7-5	波长 wavelength	m		mm		
7-8	体积质量 volumic mass,［质量］密度 mass density, density	kg/m³				
7-9.1 7-9.2	静压 static pressure,（瞬时）声压 (instantaneous) sound pressure	Pa		mPa μPa		
7-11	（瞬时）［声］质点速度 (instantaneous) sound particle velocity	m/s		mm/s		

在 GB 3102.1~3102.13 中的项号	量	SI 单位	SI 单位的倍数单位的选择	由于实用中的重要性或由于专门领域的需要得到 CIPM 承认的 SI 以外的单位		备注和有关用于专门领域的单位的介绍
				单位	(5)栏的倍数单位	
(1)	(2)	(3)	(4)	(5)	(6)	(7)
7-13	(瞬时)体积流量,(体积速度) (instantaneous) volume flow rate, volume velocity	m^3/s				
7-14.1	声速,(相速) velocity of sound, (phase velocity)	m/s				
7-16	声功率 sound power	W	kW mW μW pW			
7-17	声强[度] sound intensity	W/m^2	mW/m^2 $μW/m^2$ pW/m^2			
7-18.1	声阻抗 acoustic impedance	$Pa·s/m^3$				
7-27.1	力阻抗 mechanical impedance	$N·s/m$				
7-32.1	声阻抗率 specific acoustic impedance	$Pa·s/m$				
7-33	声压级 sound pressure level					B(贝[尔]) dB(分贝), $1\ dB = 10^{-1}\ B$

在 GB 3102.1〜3102.13 中的项号	量	SI 单位	SI 单位的倍数单位的选择	由于实用中的重要性或由于专门领域的需要得到 CIPM 承认的 SI 以外的单位		备注和有关用于专门领域的单位的介绍
				单位	（5）栏的倍数单位	
(1)	(2)	(3)	(4)	(5)	(6)	(7)
7-35	声功率级 sound power level					B（贝［尔］）dB（分贝），$1\ dB = 10^{-1}\ B$
7-46	隔声量 sound reduction index					B（贝［尔］）dB（分贝），$1\ dB = 10^{-1}\ B$
7-47	吸声量 equivalent absorption area of a surface or object	m^2				
7-48	混响时间 reverberation time	s				
第Ⅷ部分：GB 3102.8《物理化学和分子物理学的量和单位》						
8-3	物质的量 amount of substance	mol 摩［尔］(mole)	kmol mmol μmol			
8-5	摩尔质量 molar mass	kg/mol	g/mol			
8-6	摩尔体积 molar volume	m^3/mol	dm^3/mol cm^3/mol	L/mol		关于升，参阅 1-6
8-7.1	摩尔热力学能 molar thermodynamic energy	J/mol	kJ/mol			
8-8.1	摩尔热容 molar heat capacity	J/(mol·K)				

国际单位制及其应用 335

在GB 3102.1~3102.13中的项号	量	SI 单位	SI 单位的倍数单位的选择	由于实用中的重要性或由于专门领域的需要得到CIPM承认的SI以外的单位		备注和有关用于专门领域的单位的介绍
				单位	(5)栏的倍数单位	
(1)	(2)	(3)	(4)	(5)	(6)	(7)
8-9	摩尔熵 molar entropy	J/(mol·K)				
8-13	B 的浓度,concentration of B, B 的物质的量浓度 amount-of-substance concentration of B	mol/m³	mol/dm³ 或 kmol/m³	mol/L		关于升,参阅1-6
8-16	溶质 B 的质量摩尔浓度 molality of solute B	mol/kg	mmol/kg			
8-39	扩散系数 diffusion coefficient	m²/s				
8-41	热扩散系数 thermal diffusion coefficient	m²/s				
第Ⅸ部分: GB 3102.9《原子物理学和核物理学的量和单位》						
9-29.2	质量亏损 mass defect	kg		u（原子质量单位）,1 u ≈ 1.660 540×10⁻²⁷ kg		
9-36	[放射性]活度 activity	Bq 贝可[勒尔] becquerel	MBq kBq			Ci（居里）,1 Ci= 3.7×10¹⁰ Bq
9-37	质量活度 massic activity, 比活度 specific activity	Bq/kg	MBq/kg kBq/kg			

在 GB 3102.1 ~ 3102.13 中的项号	量	SI 单位	SI 单位的倍数单位的选择	由于实用中的重要性或由于专门领域的需要得到 CIPM 承认的 SI 以外的单位		备注和有关用于专门领域的单位的介绍
				单位	（5）栏的倍数单位	
（1）	（2）	（3）	（4）	（5）	（6）	（7）
9-39	半衰期 half-life	s	ms	d h		a（年）及小时和日参阅 1-7

第Ⅹ部分：GB 3102.10《核反应和电离辐射的量和单位》

10-1	反应能 reaction energy	J		eV（电子伏），1eV ≈ 1.602 177 × 10^{-19} J	GeV MeV keV	
10-50.2	吸收剂量 absorbed dose	Gy 戈［瑞］ (gray)	mGy			rad（拉德），1 rad = 10^{-2} Gy
10-52	剂量当量 dose equivalent	Sv 希［沃特］ sievert	mSv			rem（雷姆），1 rem = 10^{-2} Sv
10-57	照射量 exposure	C/kg	mC/kg			R（伦琴），1 R = 2.58× 10^{-4} C/kg

第ⅩⅡ部分：GB 3102.12《特征数》

12-1	雷诺数 Reynolds number	1				倍数用 10 的方次表示，例如，$Re=1.32\times10^3$
12-6	马赫数 Mach number	1				

第ⅩⅢ部分：GB 3102.13《固体物理学的量和单位》

13-17	态密度 density of states	J^{-1}/m^3		eV^{-1}/m^3		

在GB 3102.1~3102.13中的项号	量	SI 单位	SI 单位的倍数单位的选择	由于实用中的重要性或由于专门领域的需要得到CIPM承认的SI以外的单位		备注和有关用于专门领域的单位的介绍
				单位	(5)栏的倍数单位	
(1)	(2)	(3)	(4)	(5)	(6)	(7)
13-20	霍尔系数 Hall coefficient	m³/C				
13-21	热电动势 thermoelectro-motive force	V	mV			
13-24	汤姆逊系数 Thomson coefficient	V/K	mV/K			
13-28.2	禁带宽度 gap energy	J	fJ aJ	eV		关于电子伏，参阅 10-1
13-36.1	居里温度 Curie temperature	K				

附录B 国际单位制基本单位的定义（参考件）

基本单位

米

米是光在真空中（1/299 792 458）s时间间隔内所经路径的长度。

［第 17 届 CGPM（1983）］

千克

千克是质量单位，等于国际千克原器的质量。

［第 1 届 CGPM（1889）和第 3 届 CGPM（1901）］

秒

秒是铯-133原子基态的两个超精细能级之间跃迁所对应的辐射

的9 192 631 770个周期的持续时间。

［第13届 CGPM（1967），决议1］

安培

安培是电流的单位。在真空中，截面积可忽略的两根相距1 m的无限长平行圆直导线内通以等量恒定电流时，若导线间相互作用力在每米长度上为2×10^{-7} N，则每根导线中的电流为1 A。

［CIPM（1946），决议2。第9届 CGPM（1948）批准］

开尔文

热力学温度开尔文是水三相点热力学温度的1/273.16。

［第13届 CGPM（1967），决议4］

注：

1. 第13届CGPM（1967，决议3）还决定单位开尔文与符号K用于表示温度间隔或温度差。

2. 除以开尔文表示的热力学温度（符号T）外，也使用按式$t=T-T$。所定义的摄氏温度（符号t），式中T_0=273.15 K。单位"摄氏度"等于单位"开尔文"；"摄氏度"是表示摄氏温度时，用来代替"开尔文"的一个专门名称。但是摄氏温度间隔或摄氏温度差可以用摄氏度表示，也可以用开尔文表示。

摩尔

摩尔是一系统的物质的量，该系统中所包含的基本单元数与0.012 kg碳-12的原子数目相等。在使用摩尔时，基本单元应予指明，可以是原子、分子、离子、电子及其他粒子，或是这些粒子的特定组合。

［第 14 届 CGPM（1971），决议3］

坎德拉

坎德拉是一光源在给定方向上的发光强度，该光源发出频率为540×10^{12} Hz的单色辐射，且在此方向上的辐射强度为（1/683）W/sr。

[第 16 届 CGPM（1979），决议3]

附加说明：

本标准由全国量和单位标准化技术委员会提出并归口。

本标准由全国量和单位标准化技术委员会秘书处负责起草。

本标准主要起草人赵彤、姜云祥、杜荷聪。

GB 3101—93

有关量、单位和符号的一般原则

（国家技术监督局 1993 年 12 月 27 日发布，
1994 年 7 月 1 日实施）

引 言

本标准等效采用国际标准ISO 31-0:1992《量和单位 第零部分：一般原则》。

本标准是目前已经制定的有关量和单位的一系列国家标准之一，这一系列国家标准是：

GB 3100 国际单位制及其应用；

GB 3101 有关量、单位和符号的一般原则；

GB 3102.1 空间和时间的量和单位；

GB 3102.2 周期及其有关现象的量和单位；

GB 3102.3 力学的量和单位；

GB 3102.4 热学的量和单位；

GB 3102.5 电学和磁学的量和单位；

GB 3102.6 光及有关电磁辐射的量和单位；

GB 3102.7 声学的量和单位；

GB 3102.8 物理化学和分子物理学的量和单位；

GB 3102.9 原子物理学和核物理学的量和单位；

GB 3102.10 核反应和电离辐射的量和单位；

GB 3102.11 物理科学和技术中使用的数学符号；

GB 3102.12 特征数；

GB 3102.13 固体物理学的量和单位。

上述国家标准贯彻了《中华人民共和国计量法》、《中华人民共和国标准化法》、国务院于1984年2月27日公布的《关于在我国统一实行法定计量单位的命令》和《中华人民共和国法定计量单位》。

1 主题内容与适用范围

本标准规定了各科学技术领域使用的量、单位和符号的一般原则。其中包括物理量、方程式、量和单位、一贯单位制,特别是国际单位制的原则说明。

本标准适用于各科学技术领域。

2 量和单位

2.1 物理量、单位和数值

在GB 3101和GB 3102.1～3102.13中只处理用于定量地描述物理现象的物理量。物理量可分为很多类,凡可以相互比较的量都称为同一类量,例如:长度、直径、距离、高度和波长等就是同一类量。在同一类量中,如选出某一特定的量作为一个称之为单位的参考量,则这一类量中的任何其他量,都可用这个单位与一个数的乘积表示,而这个数就称为该量的数值。

例:钠的一条谱线的波长为:

$$\lambda = 5.896 \times 10^{-7} \text{ m}$$

λ为物理量波长的符号,m为长度单位米的符号,而5.896×10^{-7}则是以米作单位时,这一波长的数值。

按量和单位的正规表达方式,这一关系可以写成

$$A = \{A\} \cdot [A]$$

式中，A 为某一物理量的符号，$[A]$ 为某一单位的符号，而 $\{A\}$ 则是以单位 $[A]$ 表示量 A 的数值。对于矢量和张量，其分量亦可按上述方式表示。

如将某一量用另一单位表示，而此单位等于原来单位的 k 倍，则新的数值等于原来数值的 $1/k$ 倍。因此作为数值和单位的乘积的物理量，与单位的选择无关。

例：把波长的单位由 m 改成 nm，为原单位 m 的 10^{-9} 倍，使量的数值为用 m 表示时的量的数值的 10^9 倍，于是，

$$\lambda = 5.896 \times 10^{-7} \text{ m} = 5.896 \times 10^{-7} \times 10^9 \text{ nm} = 589.6 \text{ nm}$$

关于数值表示法的说明：

为了区别量本身和用特定单位表示的量的数值，尤其是在图表中用特定单位表示的量的数值，可用下列两种方式之一表示：

a. 用量与单位的比值，例如：$\lambda/\text{nm} = 589.6$；

b. 把量的符号加上花括号，并用单位的符号作为下标，例如：$\{\lambda\}_{\text{nm}} = 589.6$。

但是，第一种方式较好。

2.2 量和方程

2.2.1 量的数学运算

两个或两个以上的物理量，只要都属于可相比较的同一类量，就可以相加或相减。

一物理量可按代数法则与另外的物理量相乘或相除。A 和 B 两个量的乘积和商应满足下列关系：

$$AB = \{A\}\{B\} \cdot [A][B]$$

$$\frac{A}{B} = \frac{\{A\}}{\{B\}} \cdot \frac{[A]}{[B]}$$

因此，乘积$\{A\}\{B\}$为量AB的数值$\{AB\}$，而乘积$[A][B]$为量AB的单位$[AB]$。同样，商$\{A\}/\{B\}$为量A/B的数值$\{A/B\}$，而商$[A]/[B]$为量A/B的单位$[A/B]$。

例：作匀速运动的质点的速度v为：

$$v = l/t$$

式中，l为在时间间隔t内所经过的距离。

因此，若质点在时间间隔$t=2\text{ s}$内所经过的距离$l=6\text{ m}$，则速度v等于：

$$v = \frac{l}{t} = \frac{6\text{ m}}{2\text{ s}} = 3\frac{\text{m}}{\text{s}}$$

指数、对数和三角函数等函数中的变量，都是数、数值或量的量纲一的组合（参阅2.2.6）。

例：$\exp(W/kT)$，$\ln(p/\text{kPa})$，$\sin \alpha$，$\sin(\omega t)$

注：两个同一类量的比和该比的函数，如该比的对数，都是不同的量。

2.2.2 量方程式和数值方程式

在科学技术中所用的方程式有两类：一类是量方程式，其中用物理量符号代表量值（即数值×单位）；另一类是数值方程式。数值方程式与所选用的单位有关，而量方程式的优点是与所选用的单位无关。因此，通常都优先采用量方程式。

例：在2.2.1条中已给出的一个简单的量方程式：

$$v = l/t$$

如分别用千米每小时、米和秒作为速度、长度和时间的单位，则可导出下列数值方程式：

$$\{v\}_{\text{km/h}} = 3.6\{l\}_{\text{m}}/\{t\}_{\text{s}}$$

在此方程中所出现的数字"3.6"是由所选择的特定单位造成的。如作另外的选择,则此数字即随之改变。如在此方程式中删去表明单位符号的下标,则得:

$$\{v\}=3.6\{l\}/\{t\}$$

这是一个不再与所选用的单位无关的方程式,所以不宜使用。如果要采用数值方程式,则在文中必须指明单位。

2.2.3 经验常量或常数

根据经验得出的关系常采用某些物理量的数值方程式表示,它与具体物理量的单位有关。这种数值间的经验关系式也可以转换为包含一个或多个经验常量的量方程式,这种量方程式的优点是方程式的形式与单位的选择无关。但是,与采用其他物理量的情况一样,方程式中的经验常量的数值与所用的单位有关。

例:在某观测点有几个单摆,每个单摆的长度 l 和周期 T 的测量结果可以表示为一个量方程式:

$$T = C \cdot l^{1/2}$$

式中,经验常量 C 为:

$$C = 2.006 \text{ s/m}^{1/2}$$

理论表明:$C = 2\pi g^{-1/2}$,式中 g 为当地自由落体加速度。

2.2.4 量方程式中的数字因数

量方程式有时包含数字因数,这些数字因数与方程式中量的定义有关。

例1:质量为 m,速度为 v 的质点的动能 E_k 为:

$$E_k = \frac{1}{2}mv^2$$

例2：半径为r的球体在电容率为ε的介质中的电容C为：

$$C = 4\pi\varepsilon r$$

2.2.5 量制和量的方程式；基本量和导出量

物理量是通过描述自然规律的方程式或定义新量的方程式而相互联系的。为制定单位制和引入量纲的概念，通常把某些量作为互相独立的，即把它们当作基本量，而其他量则根据这些基本量来定义，或用方程式来表示。后者称为导出量。

用多少或用哪些量作为基本量，只是一个选择问题。

在GB 3101和GB 3102.1～3102.13中所包括的全部物理量，都是以七个基本量即长度、质量、时间、电流、热力学温度、物质的量和发光强度为基础的。

2.2.6 量的量纲

任一量Q可以用其他量以方程式的形式表示，这一表达形式可以是若干项的和，而每一项又可表示为所选定的一组基本量$A, B, C, \cdots$的乘方之积，有时还乘以数字因数ζ，即：

$$\zeta A^\alpha B^\beta C^\gamma \cdots$$

而各项的基本量组的指数$(\alpha, \beta, \gamma, \cdots)$则相同。

于是，量Q的量纲可以表示为量纲积

$$\dim Q = A^\alpha B^\beta C^\gamma \cdots$$

式中，A, B, C, $\cdots$表示基本量$A, B, C, \cdots$的量纲，而$\alpha, \beta, \gamma, \cdots$则称为量纲指数。

所有量纲指数都等于零的量，往往称为无量纲量。其量纲积或量纲为$A^0 B^0 C^0 \cdots = 1$。这种量纲一的量表示为数。

例：若以L，M和T分别表示三个基本量长度、质量和时间的量纲，则功的量纲可表示为dim $W = L^2MT^{-2}$,其量纲指数为2,1与–2。

在以七个基本量:长度、质量、时间、电流、热力学温度、物质的量和发光强度为基础的量制中,其基本量的量纲可分别用L,M,T,I,Θ,N和J表示,而量Q的量纲则一般为:

$$\dim Q = L^{\alpha}M^{\beta}T^{\gamma}I^{\delta}\Theta^{\varepsilon}N^{\zeta}J^{\eta}$$

例:

量	量纲
速度	LT^{-1}
角速度	T^{-1}
力	LMT^{-2}
能	L^2MT^{-2}
熵	$L^2MT^{-2}\Theta^{-1}$
电位	$L^2MT^{-3}I^{-1}$
介电常数,(电容率)	$L^{-3}M^{-1}T^4I^2$
磁通量	$L^2MT^{-2}I^{-1}$
照度	$L^{-2}J$
摩尔熵	$L^2MT^{-2}\Theta^{-1}N^{-1}$
法拉第常数	TIN^{-1}
相对密度	1

在GB 3101和 GB 3102.1～3102.13中,各物理量的量纲均未明确指出。

2.3 单位
2.3.1 一贯单位制

单位可以任意选择,但是,如果对每一个量都独立地选择一个单位,则将导致在数值方程中出现附加的数字因数。

不过可以选择一种单位制,使包含数字因数的数值方程式同相应的量方程式有完全相同的形式,这样在实用中比较方便。对有关量制及其方程式而言,按此原则构成的单位制称为一贯单位制,简称为一贯制。在一贯制的单位方程中,数字因数只能是1。SI就是这种单位制。

对于特定的量制和方程系,获得一贯单位制,应首先为基本量定义基本单位,然后根据基本单位通过代数表示式为每一个导出量定义相应的导出单位。该代数表示式,由量的量纲积(见2.2.6)以基本单位的符号替换基本量纲的符号得到。特别是,量纲一的量得到单位1。在这样的一贯单位制中,用基本单位表示的导出单位的式中不会出现非1的数字因数。

量	方程式	量纲	导出单位符号
速度	$v = \mathrm{d}l/\mathrm{d}t$	LT^{-1}	m/s
力	$F = m\mathrm{d}^2l/\mathrm{d}t^2$	MLT^{-2}	kg·m/s²
动能	$E_k = \frac{1}{2}mv^2$	ML^2T^{-2}	kg·m²/s²
势能	$E_p = mgh$	ML^2T^{-2}	kg·m²/s²
能	$E = \frac{1}{2}mv^2 + mgh$	ML^2T^{-2}	kg·m²/s²
相对密度	$d = \dfrac{\rho}{\rho_0}$	1	1

2.3.2 SI单位及其十进倍数和分数单位

国际单位制(Système International d'Unités)这一名称和它的国

际简称SI,是1960年第11届国际计量大会通过的。

这一单位制中包括:

——基本单位

——包括辅助单位在内的导出单位

它们一起构成一贯制的SI单位。

有关国际单位制的全面介绍,见GB 3100。

2.3.2.1 基本单位

表1列出了7个基本单位。

表1 SI基本单位

量的名称	单位名称	单位符号
长度	米	m
质量	千克(公斤)	kg
时间	秒	s
电流	安[培]	A
热力学温度	开[尔文]	K
物质的量	摩[尔]	mol
发光强度	坎[德拉]	cd

2.3.2.2 包括辅助单位在内的导出单位

按照下列方式进行符号替换,可从量纲积得到用基本单位表示的一贯制导出单位:

$$L \to m$$

$$M \to kg$$

$$T \to s$$

$$I \to A$$

$$\Theta \to K$$

$$N \to mol$$

$$J \to cd$$

1960年,国际计量大会将弧度和球面度两个SI单位划为"辅助单位"。

量	单位名称	单位符号
平面角	弧度	rad
立体角	球面度	sr

1980年,国际计量委员会决定,将国际单位制的辅助单位归类为无量纲导出单位。平面角和立体角的一贯制单位是数字1。在许多情况下,用专门单位弧度(rad)和球面度(sr)则比较合适。

例如:

量	用七个基本单位(以及辅助单位)表示的SI单位符号
速度	m/s
角速度	rad/s 或 s^{-1}
力	$kg \cdot m/s^2$
能	$kg \cdot m^2/s^2$
熵	$kg \cdot m^2/(s^2 \cdot K)$
电位	$kg \cdot m^2/(s^3 \cdot A)$
介电常数,(电容率)	$A^2 \cdot s^4/(kg \cdot m^3)$
磁通量	$kg \cdot m^2/(s^2 \cdot A)$
照度	$cd \cdot sr/m^2$
摩尔熵	$kg \cdot m^2/(s^2 \cdot K \cdot mol)$
法拉第常数	$A \cdot s/mol$
相对密度	1

有些导出单位有专门名称和符号,其中经国际计量大会通过的列于表2和表3中。

表2 包括SI辅助单位在内的具有专门名称的SI导出单位

量的名称	SI 导出单位		
	名称	符号	用 SI 基本单位和 SI 导出单位表示
[平面]角	弧度	rad	1 rad = 1 m/m = 1
立体角	球面度	sr	1 sr =1 m^2 /m^2 =1
频率	赫[兹]	Hz	1 Hz = 1 s^{-1}
力	牛[顿]	N	1 N =1 kg·m/s^2
压力,压强,应力	帕[斯卡]	Pa	1 Pa=1 N/m^2
能[量],功,热量	焦[耳]	J	1 J =1 N·m
功率,辐[射能]通量	瓦[特]	W	1 W=1 J/s
电荷[量]	库[仑]	C	1 C =1 A·s
电压,电动势,电位,(电势)	伏[特]	V	1 V =1 W/A
电容	法[拉]	F	1 F =1 C/V
电阻	欧[姆]	Ω	1 Ω =1 V/A
电导	西[门子]	S	1 S =1 Ω^{-1}
磁通[量]	韦[伯]	Wb	1 Wb =1 V·s
磁通[量]密度,磁感应强度	特[斯拉]	T	1 T =1 Wb/m^2
电感	亨[利]	H	1 H = 1 Wb/A
摄氏温度	摄氏度[1)]	C	1 C = 1 K
光通量	流[明]	lm	1 lm = 1 cd·sr
[光]照度	勒[克斯]	lx	1 lx=1 lm/m^2

1) 摄氏度是用来表示摄氏温度值时单位开尔文的专门名称(参阅 GB 3102.4 中 4-1.a 和 4-2.a)

表3 由于人类健康安全防护上的需要而确定的具有专门名称的 SI 导出单位

量的名称	SI 导出单位		
	名称	符号	用 SI 基本单位和 SI 导出单位表示
[放射性]活度	贝可[勒尔]	Bq	1 Bq=1 s^{-1}
吸收剂量 比授[予]能 比释动能	戈[瑞]	Gy	1 Gy=1 J/kg
剂量当量	希[沃特]	Sv	1 Sv=1 J/kg

在组合形式的单位中，用专门名称和符号往往是有益的。

例1：利用导出单位焦耳（1 J = 1 $m^2 \cdot kg \cdot s^{-2}$）可以写出下列量的单位

量	SI单位符号
摩尔熵	$J \cdot K^{-1} \cdot mol^{-1}$

例2：利用导出单位伏特（1 V =1 $m^2 \cdot kg \cdot s^{-3} \cdot A^{-1}$）可以写出下列量的单位

量	SI单位符号
介电常数,(电容率)	$s \cdot A \cdot m^{-1} \cdot V^{-1}$

2.3.2.3 SI 词头

为了避免过大或过小的数值，在SI的单位中，还包括SI单位的十进倍数和分数单位，它们是利用表4的词头（SI词头）加在SI单位之前构成的。

表4 SI词头

因 数	词头名称 英文	词头名称 中文	符 号
10^{24}	yotta	尧[它]	Y
10^{21}	zetta	泽[它]	Z
10^{18}	exa	艾[可萨]	E
10^{15}	peta	拍[它]	P
10^{12}	tera	太[拉]	T
10^{9}	giga	吉[咖]	G
10^{6}	mega	兆	M
10^{3}	kilo	千	k
10^{2}	hecto	百	h
10^{1}	deca	十	da
10^{-1}	deci	分	d
10^{-2}	centi	厘	c
10^{-3}	milli	毫	m
10^{-6}	micro	微	μ
10^{-9}	nano	纳[诺]	n
10^{-12}	pico	皮[可]	p
10^{-15}	femto	飞[母托]	f
10^{-18}	atto	阿[托]	a
10^{-21}	zepto	仄[普托]	z
10^{-24}	yocto	幺[科托]	y

词头的使用见3.2.4条。

2.3.3 单位一

任何量纲一的量的SI一贯单位都是一，符号是1。在表示量值时，它们一般并不明确写出。

例：折射率 $n=1.53×1 = 1.53$

对于某些量，单位1是否用专门名称，取决于具体情况。

例：平面角 $\alpha = 0.5$ rad $= 0.5$

立体角 $\Omega = 2.3$ sr $= 2.3$

场量级差 $L_F = 12$ Np $= 12$

单位一不能用符号1与词头结合，以构成其十进倍数或分数单位，而是用10的幂表示。

有时，用百分符号%代替数字0.01。

例：反射系数 $r = 0.8 = 80\%$

注：

1 在某些地方，用符号‰（每千）代替数字0.001，应避免用这一符号。

2 由于百分和千分是纯数字，质量百分或体积百分的说法在原则上是无意义的。也不能在单位符号上加其他信息，如%（m/m）或%（V/V）。正确的表示方法是：质量分数为0.67或质量分数为67%；体积分数为0.75或体积分数为75%。质量分数和体积分数也可以这样表示，例如 5 μg/g和4.2 ml/m³。

不能使用ppm，pphm和ppb这类缩写。

2.3.4 其他单位制和杂类单位

力学中的CGS制单位是一贯制的，其三个基本量为长度、质量和时间，相应的基本单位为：

厘米

克

秒

实际上，这一单位制由于增加了开尔文、摩尔和坎德拉作为基本量热力学温度、物质的量和发光强度的基本单位而扩大了。

根据量制与方程式的选择，电学和磁学的单位在CGS制中按几种方式来规定。详细资料见GB 3102.5附录A。

CGS制导出单位的专门名称和符号,如达因(dyn)、尔格(erg)、泊(P)、斯托克斯(St)、高斯(G)、奥斯特(Oe)和麦克斯韦(Mx)等,都不得与SI并用。

在GB 3102.1~3102.13中,CGS制导出单位的专门名称在附录中给出。这些附录是参考件,它们不是标准技术内容的补充。

当然,还有一些国家选定的非SI的法定计量单位。其中,分、小时和电子伏是国际计量大会允许与SI并用的单位。表5列出了这些单位。

表5 可与国际单位制单位并用的我国法定计量单位

量的名称	单位名称	单位符号	与 SI 单位的关系
时间	分	min	1 min =60 s
	[小]时	h	1 h=60 min = 3 600 s
	日,(天)	d	1 d=24 h= 86 400 s
[平面]角	度	°	1° = (π/180) rad
	[角]分	′	1′ = (1/60)° = (π/10 800) rad
	[角]秒	″	1″ = (1/60)′ = (π/648 000) rad
体积	升	l, L	1 l=1 dm^3 = 10^{-3} m^3
质量	吨	t	1 t =10^3 kg
	原子质量单位	u	1 u ≈ 1.660 540 × 10^{-27} kg
旋转速度	转每分	r/min	1 r/min= (1/60) s^{-1}
长度	海里	n mile	1 n mile = 1 852 m(只用于航行)
速度	节	kn	1 kn =1 n mile/h = (1 852/3 600) m/s(只用于航行)
能	电子伏	eV	1 eV ≈ 1.602 177 × 10^{-19} J
级差	分贝	dB	
线密度	特[克斯]	tex	1 tex = 10^{-6} kg/m
面积	公顷	hm^2	1 hm^2 = 10^4 m^2

注:
1 平面角单位度、分、秒的符号,在组合单位中应采用(°)、(′)、(″)的形式。例如,不用°/s而用(°)/s。
2 升的两个符号属同等地位,可任意选用。
3 公顷的国际通用符号为 ha

3 关于符号和数字印刷方面的规定
3.1 量的符号
3.1.1 符号

量的符号通常是单个拉丁或希腊字母，有时带有下标或其他的说明性标记。无论正文的其他字体如何，量的符号都必须用斜体印刷，符号后不附加圆点（正常语法句子结尾标点符号除外）。

注：

1 量的符号见 GB 3102.1~3102.10、GB 3102.12 和 GB 3102.13。

2 矢量和其他非标量的符号在GB 3102.11中给出。

3 有时用由两个字母构成的符号表示量的量纲一的组合（如雷诺数Re）。如果这种由两个字母所构成的符号在乘积中作为因数出现，则它与其余符号之间应留一空隙。

3.1.2 下标印刷方面的规则

如在某些情况下，不同的量有相同的符号或是对一个量有不同的应用或要表示不同的值，可采用下标予以区分。

根据下列原则印刷下标：

表示物理量符号的下标用斜体印刷。

其他下标用正体印刷。

例：

正体下标	斜体下标
C_g（g：气体）	C_p（p：压力）
g_n（n：标准）	$\Sigma_n a_n \theta_n$（n：连续数）
μ_r（r：相对）	$\Sigma_x a_x b_x$（x：连续数）
E_k（k：动的）	g_{ik}（i, k：连续数）
χ_e（e：电的）	p_x（x：x轴）
$T_{1/2}$（1/2：一半）	I_λ（λ：波长）

注:

1 用作下标的数应当用正体印刷,表示数的字母符号一般都应当用斜体印刷。

2 关于下标的应用,可参阅GB 3102.6和GB 3102.10的特殊说明。

3.1.3 量的符号组合;量的基本运算

如果量的符号组合为乘积,其组合可用下列形式之一表示:

$ab, a\ b, a \cdot b, a \times b$

注:

1 在某些领域,例如在矢量分析中,$a \cdot b$与$a \times b$有区别。

2 关于数的相乘见3.3.3条。

如果一个量被另一个量除,可用下列形式之一表示:

$\frac{a}{b}$,a/b或写作a和b^{-1}之积,如$a \cdot b^{-1}$

此方法可以推广于分子或分母或两者本身都是乘积或商的情况。但在这样的组合中,除加括号以避免混淆外,在同一行内表示除的斜线(/)之后不得有乘号和除号。

例:

$$\frac{ab}{c} = ab/c = abc^{-1}$$

$$\frac{a/b}{c} = (a/b)/c = ab^{-1}c^{-1},但不得写成\ a/b/c;$$

$$然而 \frac{a/b}{c/d} = \frac{ad}{bc}$$

$$\frac{a}{bc} = a/(b \cdot c) = a/bc,但不得写成\ a/b \cdot c$$

在分子和分母包含相加或相减的情况下,如果已经用圆括号(或方括号、或花括号),则也可以用斜线。

例:

$(a+b)/(c+d)$意为$\frac{a+b}{c+d}$;括号是必需的。

$a+b/c+d$ 意为 $a+\frac{b}{c}+d$；但为了避免发生误解，可写成 $a+(b/c)+d$

括号也可以用于消除由于在数学运算中使用某些标志和符号而造成的混淆。

3.2 单位的名称和符号

3.2.1 单位的符号

本标准只推荐使用GB 3100中所规定的符号。

在某些必须使用中文符号的情况下，可按GB 3100的规定构成中文符号。

单位的中文名称构成原则见GB 3100。

在印刷中，无论其他部分的字体如何，单位符号都应当用正体印刷。在复数时，单位符号的字体不变。除正常语法句子结尾的标点符号外，单位符号后不得附加圆点。单位符号应当置于量的整个数值之后，并在其间留一空隙。

在单位符号上附加表示量的特性和测量过程信息的标志是不正确的(参阅GB 3100的6.1.3)。

例：

应是 $U_{max} = 500$ V（不是 $U = 500$ V_{max}）

单位符号一般用小写字母印刷。如果单位名称来源于人名，则其第一个字母用大写字母印刷。

例：

  m（米）

  s（秒）

  A（安培）

  Wb（韦伯）

3.2.2 单位的符号组合

当组合单位由两个或两个以上的单位相乘而构成时，应当以下列形式之一表示：

$$N \cdot m, N\,m$$

注：第二种形式也可以写成中间不留空隙，但如果单位之一的符号也是词头的一种符号时，就必须特别注意。例如 mN 表示毫牛顿，而不是米牛顿。

当组合单位由一个单位除以另一个单位构成时，应当以下列形式之一表示：

$$\frac{m}{s}, m/s, m \cdot s^{-1}。$$

除加括号以避免混淆外，在同一行内的斜线（/）之后不得有乘号或除号。在复杂情况下应当用负数幂或括号。

3.2.3 SI 词头的印刷和使用

词头的符号应当用正体印刷，它与单位符号之间不留空隙。

不许用重叠词头。

词头符号与紧接的单个单位符号构成一个新的（十进倍数或分数）单位符号，它可以取正数或负数幂，也可以与其他单位符号组合，构成组合单位符号，参阅 3.2.2。

例：

$$1\,cm^3 = (10^{-2}\,m)^3 = 10^{-6}\,m^3$$
$$1\,\mu s^{-1} = (10^{-6}\,s)^{-1} = 10^6\,s^{-1}$$
$$1\,kA/m = (10^3\,A)/m = 10^3\,A/m$$

注：由于历史原因，质量的基本单位名称千克中含有词头"千"。质量的十进倍数和分数单位由词头加在"克"字之前构成，例如毫克（mg），而非微千克（μkg）。

SI 词头的使用规则以及中文词头符号的使用规则见 GB 3100。

3.3 数

3.3.1 数的印刷

数一般应当用正体印刷。

为使多位数字便于阅读，可将数字分成组，从小数点起，向左和向右每三位分成一组，组间留一空隙，但不得用逗号、圆点或其他方式。

数的具体书写与印刷应符合GB/T 1.1—1993《标准化工作导则 第1单元：标准的起草与表述规则 第1部分：标准编写的基本规定》。

3.3.2 小数记号

小数记号是位于底线上的圆点。在用外文书写的文件中，小数记号可用逗号。

如果数的量级小于1，则小数记号前面应当加零。

注：按ISO理事会的决议，ISO文件中的小数记号是逗号，但承认圆点也可作为小数点使用。

当整理版面需要调整字间间隙时，数值的应有间隙不得改变。

3.3.3 数的相乘

数字相乘的记号是"×"或居中圆点。

注：

1 在用外文书写的文件中，如果用居中圆点作为相乘的记号，则用逗号作为小数记号。

2 在我国数字间的相乘用"×"。

3.4 量的表示法

表示量值时，单位符号应当置于数值之后，数值与单位符号间留一空隙。据此，必须指出，在表示摄氏温度时，摄氏度的符号℃的前面应留空隙。唯一例外为平面角的单位度、分和秒，数值和单位符号之间不留空隙。

如果所表示的量为量的和或差,则应当加圆括号将数值组合,置共同的单位符号于全部数值之后或写成各个量的和或差。

例:

$$l = 12 \text{ m} - 7 \text{ m} = (12 - 7) \text{ m} = 5 \text{ m}$$

$$t = 28.4 \text{ ℃} \pm 0.2 \text{ ℃} = (28.4 \pm 0.2) \text{℃ (不得写成 } 28.4 \pm 0.2 \text{ ℃)}$$

$$\lambda = 220 \times (1 \pm 0.02) \text{ W/(m·K)}$$

3.5 化学元素和核素的符号

化学元素符号应当用罗马(正)体书写,符号后不得附加圆点(句子结尾的正常标点除外)。

例:

$$\text{H} \quad \text{He} \quad \text{C} \quad \text{Ca}$$

化学元素符号的完整表格列于 GB 3102.8 的附录 A(补充件)和 GB 3102.9 的附录 A(补充件)中。

说明核素或分子的附加下标或上标,应当具有下列意义和位置:

核素的核子数(质量数)表示在左上标位置,例如:

$$^{14}\text{N}$$

分子中核素的原子数表示在右下标位置,例如:

$$^{14}\text{N}_2$$

质子数(原子序数)可在左下标位置指明,例如:

$$_{64}\text{Gd}$$

如有必要,离子态或激发态可在右上标位置指明。

例:

离子态

$$\text{Na}^+$$

$$PO_4^{3-} \text{ 或 } (PO_4)^{3-}$$

电子激发态

$$He^*, NO^*$$

核激发态

$$^{110}Ag^*, ^{110}Ag^m$$

3.6 数学记号和符号

物理科学和技术中使用的数学记号和符号见GB 3102.11。

3.7 希腊字母（正体与斜体）

alpha	Α	α	*Α*	*α*
beta	Β	β	*Β*	*β*
gamma	Γ	γ	*Γ*	*γ*
delta	Δ	δ	*Δ*	*δ*
epsilon	Ε	ε	*Ε*	*ε*
zeta	Ζ	ζ	*Ζ*	*ζ*
eta	Η	η	*Η*	*η*
theta	Θ	ϑ, θ	*Θ*	*ϑ, θ*
iota	Ι	ι	*Ι*	*ι*
kappa	Κ	κ	*Κ*	*κ*
lambda	Λ	λ	*Λ*	*λ*
mu	Μ	μ	*Μ*	*μ*
nu	Ν	ν	*Ν*	*ν*
xi	Ξ	ξ	*Ξ*	*ξ*
omicron	Ο	ο	*Ο*	*ο*
pi	Π	π	*Π*	*π*
rho	Ρ	ϱ, ρ	*Ρ*	*ϱ, ρ*
sigma	Σ	σ	*Σ*	*σ*
tau	Τ	τ	*Τ*	*τ*
upsilon	Υ	υ	*Υ*	*υ*

phi	Φ	φ, ϕ	*Φ*	*φ, ϕ*
chi	X	χ	*X*	*χ*
psi	Ψ	ψ	*Ψ*	*ψ*
omega	Ω	ω	*Ω*	*ω*

附录A 物理量名称中所用术语的规则(参考件)

A0 引言

当一物理量无专门名称时，其名称一般是一个与系数(coefficient)、因数或因子(factor)、参数或参量(parameter)、比或比率(ratio)、常量或常数(constant)等术语组合的名称。与此类似，比(specific)、密度(density)、摩尔[的](molar)等术语也加于物理量名称中，以表示其他相关量或导出量。如同选择适当的符号一样，物理量的命名也需要某种规则。

本规则既不企图作为硬性规定，也不企图消除已与各种学术语言融在一起的常有的分歧。

但是，有一个使用这些术语的规则，看来还是有用的。因为对特定量，按此规则，可根据所用名称提供更多的关于此量性质的信息。希望在引进量的新名称时能遵守这些规则；在修订旧术语和构成新术语时，能仔细检查与这些规则的分歧。

注：本附录中的多数例子是从现存实际中选取的，并不企图作出建议。

A1 系数(coefficients)，因数或因子(factors)

在一定条件下，如果量A正比于量B，则可以用乘积关系式$A = kB$表示，式中作为乘数出现的量k常称为系数、因数或因子。

A1.1 如果量A和量B具有不同量纲，则用系数这一术语。

例：

霍尔系数(Hall coefficient)：A_H $\qquad E_H = A_H(\boldsymbol{B} \times \boldsymbol{J})$

线[膨]胀系数（linear expansion coefficient）：α_l　　$\mathrm{d}l/l = \alpha_l \,\mathrm{d}T$

扩散系数（diffusion coefficient）：D　　$\boldsymbol{J} = -D\,\mathrm{grad}\,n$

注：有时用术语模量（modulus）代替术语系数。

例：

弹性模量（modulus of elasticity）：E　　$E = \sigma/\varepsilon$

A1.2 如果两个量具有相同的量纲，则用因数或因子（factor）这一术语。因此，因数或因子为一量纲一的乘数。

例：

耦合因数（coupling factor）：k　　$L_{12} = k\sqrt{L_1 L_2}$

品质因数（quality factor）：Q　　$|X| = QR$

摩擦因数（friction factor）：μ　　$F = \mu F_n$

A2 参数或参量（parameters），数（numbers），比或比率（ratios）

A2.1 物理量的组合，例如在方程式中出现的那种，常被视为构成新的量。这种量有时称为参数或参量（parameters）。

例：

格林爱森参数（Grüneisen parameter）：γ　　$\gamma = \alpha_V/\kappa c_V \rho$

A2.2 某些物理量的量纲一的组合，例如在描述传输现象中出现的那种，称为特征数（characteristic numbers），并在名称中带有数（number）这一字。

例：

雷诺数（Reynolds number）：Re　　$Re = \rho v l/\eta$

普朗特数（Prandtl number）：Pr　　$Pr = \eta c_p/\lambda$

A2.3 由两个量所得的量纲一的商，常称为比[率]（ratios）。

例：

热容比（heat capacity ratio）：γ　　$\gamma = c_P/c_V$

热扩散比（thermal diffusion ratio）：k_T　　$k_T = D_T/D$

迁移率比（mobility ratio）：b $b = \mu_- / \mu_+$

注：

1 小于1的比［率］有时用分数（fraction）这一术语。

　　例：

　　质量分数（mass fraction）：ω_B $\omega_B = m_B / \Sigma_A m_A$

　　敛积分数（packing fraction）：f $f = \Delta_r / A$

2 有时用率（index）代替比［率］（ratio）。不推荐扩大此用法。

　　例：

　　折射率（refractive index）：n $n = c_0 / c$

A3 级（levels）

量F和该量的参考值F_0之比的对数，称为"级"。

　　例：

　　场量级（level of field quantity）：L_F $L_F = \ln(F/F_0)$

A4 常量或常数（constants）

A4.1 一物理量如果在任何情况下均有同一量值，则称为普适常量或普适常数（universal constant）。除非有专用名称，否则，此名称均含有"常量或常数"这一术语。

　　例：

　　引力常量（gravitational constant）：G

　　普朗克常量（Planck constant）：h

A4.2 一特定物质的物理量如果在任何情况下均有同一量值，则称为物质常量（constant of matter）。除非有专用名称，否则，此名称也含有"常量"这一术语。

　　例：

　　某特定核素的衰变常量（decay constant for a particular nuclide）：λ

A4.3 仅在特定条件下保持量值不变，或由数学计算得出量值的其他物理量，有时在名称中也含有"常量或常数"这一术语，但不推荐扩大此用法。

例：

化学反应的标准平衡常数（standard equilibrium constant for a chemical reaction）（它随温度而变）：$K^{\ominus}$

某特种晶格的马德隆常量（Madelung constant for a particular lattice）：α

A5 常用术语

A5.1 形容词"质量[的]（massic）"或"比（specific）"加在量的名称之前，以表示指该量被质量除所得之商。

例：

质量热容（massic heat capacity），
比热容（specific heat capacity）：c $\qquad c=C/m$

质量体积（massic volume），
比体积（specific volume）：v $\qquad v=V/m$

质量熵（massic entropy），
比熵（specific entropy）：s $\qquad s=S/m$

质量[放射性]活度（massic activity），
比[放射性]活度（specific activity）：a $\qquad a=A/m$

A5.2 形容词"体积[的]（volumic）"或术语"密度（density）"加在量的名称上，以表示该量被体积除所得之商（参阅A5.4）。

例：

体积质量（volumic mass）
[质量]密度（mass density）：ρ
$$\rho=m/V$$

体积电荷（volumic charge）
电荷密度（charge density）：ρ
$$\rho=Q/V$$

体积能[量]（volumic energy）
能[量]密度（energy density）：ω
$$\omega=W/V$$

体积数（volumic number）
数密度（number density）：n
$$n=N/V$$

A5.3 形容词"线（lineic）"或术语"线密度（linear ... density）"加在量的名称上，表示该量被长度除所得之商。

例：

线质量（lineic mass）
[质量]线密度（linear mass density）：ρ_l
$$\rho_l=m/l$$

线电流（lineic current）
电流线密度（linear current density）：A
$$A=I/b$$

注：术语"线（linear）"常单独加在量的名称上，以区别类似的量。

例：

平均[直]线范围（mean linear range）：R $\quad R=\Sigma R_i/n$

平均质量范围（mean mass range）：R_ρ $\quad R_\rho=R\rho$

线膨胀系数（linear expansion coefficient）：α_l $\alpha_l = l^{-1} dl/dT$

体膨胀系数（cubic expansion coefficient）：α_v $\alpha_v = V^{-1} dV/dT$

线衰减系数（linear attenuation coefficient）：μ $\mu = -J^{-1} dJ/dx$

质量衰减系数（mass attenuation coefficient）：μ_m $\mu_m = \mu/\rho$

A5.4 形容词"面积（areic）"或术语"面密度（surface ... density）"加在量的名称上，以表示该量被面积除所得之商。

例：

面质量（areic mass），

［质量］面密度（surface mass density）：ρ_A $\rho_A = m/A$

面电荷（areic charge），

电荷面密度（surface charge density）：σ $\sigma = Q/A$

术语"密度（density）"加在表示通量（或流量）的名称上，以表示该量被面积除所得之商（参阅A5.2）。

例：

热流［量］密度（density of heat flow rate）：q $q = \Phi/A$

电流密度（electric current density）：J $J = I/A$

磁通［量］密度（magnetic flux density）：B $B = \Phi/A$

A5.5 术语"摩尔［的］（molar）"加在量的名称前，表示该量被物质的量除所得之商。

例：

摩尔体积（molar volume）：V_m $V_m = V/n$

摩尔热力学能（molar thermodynamic energy）：U_m $U_m = U/n$

摩尔质量（molar mass）：M $M = m/n$

A5.6 术语"浓度（concentration）"常加在量的名称上（特别是对混合物中的某种物质），用以表示该量被总体积除所得之商。

例：

B 的 [物质的量] 浓度（(amount-of-substance) concentration of B）：c_B

$$c_B = n_B/V$$

B 的分子浓度（molecular concentration of B）：C_B

$$C_B = N_B/V$$

B 的质量浓度（mass concentration of B）：ρ_B

$$\rho_B = m_B/V$$

术语"光谱密集度（spectral concentration）"用以表示光谱分布函数（参阅 GB 3102.6 的引言）。

附录B 数的修约规则（参考件）

B0 在数据处理中，常遇到一些准确度不相等的数值，此时如果按一定规则对数值进行修约，既可节省计算时间，又可减少错误。

B1 修约的含义是用一称做修约数代替一已知数，修约数来自选定的修约区间的整数倍。

例：

修约区间：0.1

整数倍：12.1，12.2，12.3，12.4 等。

修约区间：10

整数倍：1 210，1 220，1 230，1 240 等。

B2 如果只有一个整数倍最接近已知数，则此整数倍就认为是修约数。

例：

（1）修约区间：0.1

已知数	修约数
12.223	12.2
12.251	12.3

已知数	修约数
12.275	12.3

（2）修约区间：10

已知数	修约数
1 222.3	1 220
1 225.1	1 230
1 227.5	1 230

B3 如果有两个连续的整数倍同等地接近已知数，则有两种不同的规则可以选用。

规则A：选取偶数整数倍作为修约数。

例：

（1）修约区间：0.1

已知数	修约数
12.25	12.2
12.35	12.4

（2）修约区间：10

已知数	修约数
1 225.0	1 220
1 235.0	1 240

规则B：取较大的整数倍作为修约后的数。

例：

（1）修约区间：0.1

已知数	修约数
12.25	12.3
12.35	12.4

（2）修约区间：10

已知数	修约数
1 225.0	1 230
1 235.0	1 240

注:通常规则A较为可取,例如它在处理一系列测量数据时有特殊的优点,可使修约误差最小。规则B广泛用于计算机。

B4 用上述规则作多次修约时,可能会产生误差。因此推荐一次完成修约。

例:12.251应修约成12.3,而不是第一次修约成12.25,然后修约成12.2。

B5 上述规则只用在对选择修约数没有特别规定的情况。例如,在考虑安全需要或已知极限的情况下,最好只按一个方向修约。

B6 必须指明修约区间。

附录C 有关量和单位国际组织(参考件)

C1 国际计量局—国际计量大会—国际计量委员会

国际计量局(BIPM)是根据1875年5月20日在巴黎签署的"米制公约"而成立的,它坐落在法国巴黎近郊布雷多依宫的领地内,由米制公约成员国共同分担经费。截止到1992年1月1日,共有47个成员国。国际计量局的任务是保证物理计量在世界范围的统一。

国际计量局在国际计量委员会(CIPM)的直接监督下工作,国际计量委员会由来自不同成员国的18位科学家组成。

国际计量委员会是在国际计量大会(CGPM)的领导下工作,国际计量大会包括所有米制公约成员国代表,每4年召开一次大会,国际计量大会的职责是:

进行必要的磋商,确保国际单位制(SI)(由米制而来)的推广和进步;

确认新的基本量的定义;

采纳有关国际计量局的组织和发展的重要决定。

自1927年,国际计量委员会已设立8个咨询委员会,咨询委员会就专门问题向国际计量委员会提出建议,就协调各自领域进行的国际工作提出设想。

C2 国际法制计量组织—国际法制计量局—国际法制计量委员会

国际法制计量组织(OIML)依据国际协议于1955年成立,截止到1992年1月1日,共有49个成员国和34个通讯成员国。这一政府间组织的主要目的是:

确定法制计量的一般原则;

研究法制计量的法规特点的问题;

建立起草计量仪器法规的模式。

这个组织的组成是:

国际法制计量局(BIML),它设在法国巴黎;

国际法制计量委员会(CIML);

国际法制计量大会和其他技术委员会(通信员秘书处和报告秘书处)。

C3 国际标准化组织—国际标准化组织第12技术委员会

国际标准化组织(ISO)是各国标准机构的一个国际性协会。它成立于1946年。国际标准化组织的成员为各国的国家标准组织。截止到1991年12月31日,共有72个会员和18个通讯成员。

国际标准化组织中央秘书处协调国际标准化组织的活动,它设在瑞士的日内瓦。

为了制定国际标准,国际标准化组织领导着174个技术委员会(TCs),630个分委员会(SCs)和1 827个工作组(WGs)(截止到1991年12月)。

通过国际标准化组织技术委员会的工作,共制定了约8 200个国际标准出版物。国际标准化组织技术委员会和分委员会的秘书处分布在国际标准化组织的成员中。

国际标准化组织第12技术委员会——ISO/TC 12,量、单位、符号、换算因数,是国际标准化组织负责科学技术领域中量和单位国际标准的专门委员会。国际标准化组织第12技术委员会成立于1947年,秘书处设在丹麦。1982年,该秘书处迁至瑞典。

国际标准ISO 31(共14部分)和ISO 1000及ISO标准手册2是该委员会的工作成果。

C4 国际电工委员会—国际电工委员会第25技术委员会

国际电工委员会(IEC)成立于1906年,它是电工和电子工程的世界标准的权威。截止到1992年1月1日,国际电工委员会由42个国家的国家委员会组成。

国际电工委员会中央办公室设在瑞士的日内瓦,与国际标准化组织中央秘书处为邻。

84个技术委员会、117个分委员会和750个工作组负责起草标准。

国际电工委员会第25技术委员会——IEC/TC 25,量和单位及它们的符号,负责准备电工技术的量和单位国际标准。这些标准涉及它们的定义、名称、字母符号和使用,它们之间的关系,以及与它们一起使用的记号和符号。

出版物:IEC 27,电工技术中使用的字母符号,第1到第4部分。

C5 国际纯粹与应用物理联合会—符号、单位和名词

国际纯粹与应用物理联合会(IUPAP)于1922年在布鲁塞尔成立。它的目标是:

在物理领域加强国际合作;

促进符号、单位、名词和标准使用的国际统一。

国际纯粹与应用物理联合会由各国国家委员会组成。截止到

1992年1月1日,国际纯粹与应用物理联合会共有43个成员国。全体大会指导联合会的工作,指定执行委员会和设立与联合会工作相关的委员会。

1931年,为了在符号、单位和名词领域促进国际统一和制定国际建议,成立了符号、单位和名词委员会(SUN委员会)。1978年,国际纯粹与应用物理联合会决定将符号、单位和名词委员会与原子质量和基本常量委员会合并。最新的出版物是1987年出版、代替U.I.P.20(1978)的I.U.P.A.P.-25(1987):物理学中的符号、单位、名词和基本常量。

C6 国际纯粹与应用化学联合会——名词和符号综合委员会

国际纯粹与应用化学联合会(IUPAC)于1919年成立,是科学学科之一的化学的国际组织。它的任务是:

促进成员国化学家之间的持续合作;

研究在纯粹与应用化学中需要规范、标准化和编纂的重要国际课题;

与其他研究化学特性的国际组织的合作;

促使纯粹与应用化学在所有领域的发展。

截止到1992年1月1日,共有44个成员国和13个观察员身份的国家。国际纯粹与应用化学联合会还有一接纳5 000多名化学家的会员计划。每2年举行一次的全体大会指导国际纯粹与应用化学联合会的工作,指定执行委员会和设立相应的委员会。

国际纯粹与应用化学联合会的秘书处设在英国牛津。

国际纯粹与应用化学联合会在世界上被认为是化学名词、术语、符号、元素和相关物质的摩尔质量的国际权威。它的物理化学部第I.1委员会——关于符号、术语和单位,主要负责提出与ISO/TC 12 工作相关的建议,但其他委员会(特别是临床化学部第VII.2委员会)也从事这方面的工作。名词和符号综合委员会(IDCNS)协调他们的工作。

出版物:物理化学中的量、单位和符号(1988)。

附加说明:
本标准由全国量和单位标准化技术委员会提出并归口。
本标准由全国量和单位标准化技术委员会秘书处负责起草。
本标准主要起草人姜云祥、赵彤、杜荷聪、赵燕。

GB/T 14706—93

校对符号及其用法

(国家技术监督局1993年11月16日批准,1994年7月1日实施)

1 主题内容与适用范围

本标准规定了校对各种排版校样的专用符号及其用法。

本标准适用于中文(包括少数民族文字)各类校样的校对工作。

2 引用标准

GB 9851 印刷技术术语

3 术语

3.1 校对符号 proofreader's mark

以特定图形为主要特征的、表达校对要求的符号。

4 校对符号及用法示例

编号	符号形态	符号作用	符号在文中和页边用法示例	说明
			一、字符的改动	
1		改正	增高出版物质量。 改革开放	改正的字符较多,圈起来有困难时,可用线在页边画清改正的范围 必须更换的损、坏、污字也用改正符号画出
2		删除	提高出版物物质量。	
3		增补	要搞好校工作。	增补的字符较多,圈起来有困难时,可用线在页边画清增补的范围
4		改正上下角	16 = 4 H2SO4 尼古拉费欣 0.25+0.25=0.5 举例 2×3=6 X:Y=1:2	

编号	符号形态	符号作用	符号在文中和页边用法示例	说　　明
二、字符方向位置的移动				
5		转　正	字符颠要转正。	
6		对　调	认真经验总结 认真验结总	用于相邻的字词 用于隔开的字词
7		接　排	要重视校对工作， 提高出版物质量。	
8		另起段	完成了任务。明年……	
9		转　移	校对工作，提高出 版物质量要重视 "以上引文均见中文新版《 列宁全集》。 编者　年　月 …… 各种编委：	用于行间附近的转移 用于相邻行首末衔接字符的推移 用于相邻页首末衔接行段的推移
10	或	上下移	序号　名　称　数量 01　显微镜　2	字符上移到缺口左右水平线处 字符下移到箭头所指的短线处
11	或	左右移	要重视校对工 作，提高出版物质量。 3 4　5,6　5 欢呼　歌　唱	字符左移到箭头所指的短线处 字符左移到缺口上下垂直线处 符号画得太小时，要在页边重标
12		排　齐	校对工作非 常重要。 必须提高印刷 质量，缩短印制周 期。国家标准	
13		排阶梯形	RH₀	

校对符号及其用法　377

编号	符号形态	符号作用	符号在文中和页边用法示例		说　明
14	↑	正图			符号横线表示水平位置，竖线表示垂直位置，箭头表示上方
三、字符间空距的改动					
15	∨ >	加大空距	←一、校对程序→ 校对胶印读物、影印书刊的注意事项：	∨ >	表示在一定范围内适当加大空距　横式文字画在字头和行头之间
16	∧ <	减小空距	二、校对程　序 校对胶印读物、影印书刊的注意事项：	∧ <	表示不空或在一定范围内适当减小空距　横式文字画在字头和行头之间
17	♯ ⊧ ⫪ ⩨	空1字距 空1/2字距 空1/3字距 空1/4字距	第一章校对职责和方法 1. 责任校对	♯ ⩨	多个空距相同的，可用引线连出，只标示一个符号
18	Y	分开	Good morning!	Y	用于外文
四、其　他					
19	△	保留	认真搞好校对工作。		除在原删除的字符下画△外，并在原删除符号上画两竖线
20	○=	代替	○色的程度不同，从淡○色到深○色具有多种层次，如天○色、湖○色、海○色、宝○色……	○=蓝	同页内有两个或多个相同的字符需要改正的，可用符号代替，并在页边注明
21	○○○	说明	第一章　校对的职责　改黑体		说明或指令性文字不要圈起来，在其字下画圈，表示不作为改正的文字。如说明文字较多时，可在首末句三字下画圈

5 使用要求

5.1 校对校样,必须用色笔(墨水笔、圆珠笔等)书写校对符号和示意改正的字符,但是不能用灰色铅笔书写。

5.2 校样上改正的字符要书写清楚。校改外文,要用印刷体。

5.3 校样中的校对引线要从行间画出。墨色相同的校对引线不可交叉。

附录A 校对符号应用实例(参考件)

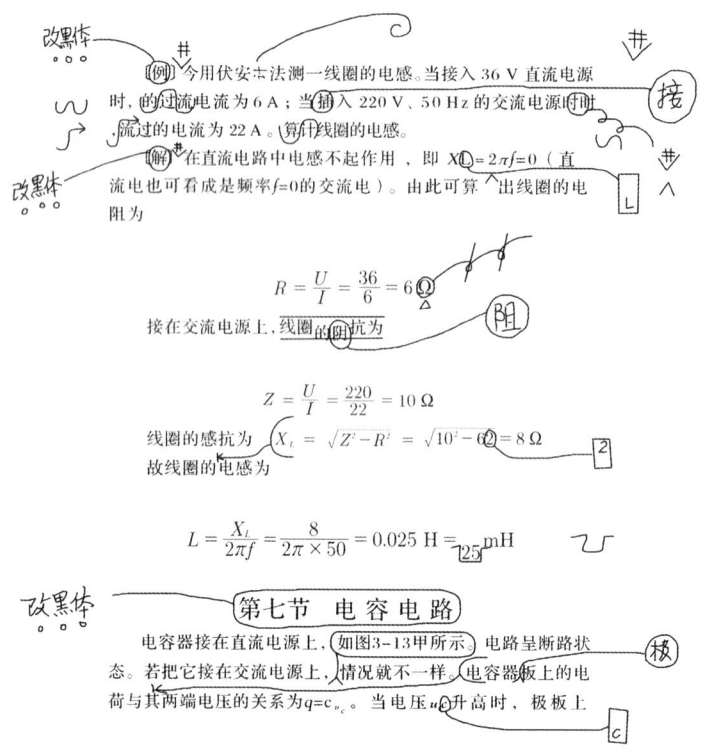

附加说明:

本标准由中华人民共和国新闻出版署提出。

本标准由全国印刷标准化技术委员会归口。

本标准由人民出版社负责起草。

图书编校质量差错认定细则
（修订版）

（中国出版工作者协会校对研究委员会1998年9月28日发布，2005年6月修订）

一 总则

第一条 为了贯彻实施新闻出版署发布的《图书质量保障体系》和《图书质量管理规定》，做好图书编校质量检查和评比工作，特对图书中常见的文字、词语、语法、标点符号、数字用法、量和单位、版面格式等方面的差错，提出一个便于操作的认定细则，供出版管理部门及各出版社参考。

第二条 版面编排格式的判别，以《图书书名页》（GB/T 12450—1990）、《文后参考文献著录规则》（GB/T 7714—1987）等国家标准为依据。标点符号正误的判别，以《标点符号用法》（GB/T 15834—1995）为依据。数字用法正误的判别，以《出版物上数字用法的规定》（GB/T 15835—1995）为依据。规范汉字正误的判别，以国家语言文字工作委员会1986年重新发表的《简化字总表》，1955年文化部和中国文字改革委员会联合发布的《第一批异体字整理表》（少数字后来有调整），1988年国家语言文字工作委员会、中华人民共和国新闻出版署联合发布的《现代汉语通用字表》为依据。异形词正误的判别，以教育部、国家语言文字工作委员会发布的《第一批异形词整理表》为依据。汉语拼音拼写错误的判别，以《汉语拼音正词法基本规则》（GB/T

16159—1996)、《中文书刊名称汉语拼音拼写法》(GB/T 3259—1992)、《中国人名汉语拼音字母拼写法》和《中国地名汉语拼音字母拼写规则（汉语地名部分）》等为依据。自然科学名词正误的判别，以1990年国家科委、中国科学院、国家教委、新闻出版署联合发布的《关于使用全国自然科学名词审定委员会公布的科技名词的通知》为依据。量和单位正误的判别，以1993年国家技术监督局公布的国家标准《量和单位》(GB 3100～3102—1993)为依据。语言文字正误的判别，以《现代汉语词典》(2002年增补本)、《新华字典》(1998年修订本)等常用工具书为参考依据。

第三条 语言文字现象是复杂的，科学知识是无穷的，因此，本细则不可能涵盖各类问题，只列举图书中常见的一些差错，以期举一反三。为便于评比操作，有些不宜计错的情形也一并择要列出。

二 文字

第四条 文字差错包括错别字、多字、漏字、颠倒字、已明令停止使用的异体字、不符合《现代汉语通用字表》字形规定的旧字形，以及汉语拼音和外文等方面的差错。

第五条 错别字是错字和别字的合称。错字，指像字但不是字，规范字典里查不出的字；别字，指把甲字写成乙字，规范字典里虽然有，但用在这里不当的字。

第六条 错字虽然与正字形似，但不是字，比较容易判别；而别字则不同，或者形似，或者音同，或者义近，似是而非，判别并不是那么容易的。因此，判别别字，要从字义入手。现将常见的词语中一些较难界定的别字列举如下（括号里的字是错的）：

和蔼（霭），安（按）装，酒吧（巴），暴（爆）发户，炮（爆）羊肉，凋敝（蔽），奴颜婢（卑）膝，金碧（壁）辉煌，明辨（辩）是非，辨（辩）析，辨

（辩）证施治，心胸褊（偏）狭，针砭（贬）时弊，治标（表）不治本，濒（频）临，赌博（赙），脉搏（博、膊），按部（步）就班，战略部（布）署，兴高采（彩）烈，璀璨（灿），最高检察（查）院，察（查）言观色，惊诧（咤），一刹（霎）那，万古长（常）青，不齿（耻）于人类，相形见绌（拙），川（穿）流不息，串（窜）门，吹毛求疵（刺），氽（川）丸子，精粹（萃），催（摧）化剂，戴（带）罪立功，虎视眈眈（耽），担（耽）心，殚（惮）精竭虑，好搭档（挡），大排档（挡），挡（当）车工，变速挡（档），到（倒）底怎么样，马镫（蹬），真谛（缔），玷（沾）污，间谍（牒），通牒（谍），大名鼎鼎（顶），装订（钉）书籍，纱锭（绽），度（渡）假村，举一反（返）三，成绩斐（蜚）然，凑份（分）子，省份（分），年份（分），水分（份），分（份）量，名分（份），分（份）内，分（份）外，辈分（份），竹竿（杆），麦秆（杆），金刚（钢），横膈（隔）膜，沟（勾）通信息，勾（沟）结敌人，变卦（挂），诡（鬼）计多端，走上正轨（规），灌（贯）输，坩埚（锅），震撼（振憾），浩瀚（翰），引吭（亢）高歌，随声附和（合），和（合）盘托出，哄（轰）堂大笑，内讧（哄），变幻（换）莫测，《黄（皇）帝内经》，皇皇（煌）巨著，彗（慧）星，融会（汇）贯通，诨（浑）号，候（后）补委员，负笈（籍）从师，不假（加）思索，汗流浃（夹）背，戛（嘎）然而止，佼佼（姣）者，挖墙脚（角），直截（接）了当，电介（解）质[指绝缘体]，电解（介）质[指导电体]，噤（禁）若寒蝉，尽（仅）管，陷阱（井），不胫（径）而走，腈（睛）纶，赳赳（纠）武夫，抉（决）择，诀（决）别，勘（堪）探，堪（勘）舆，戡（堪）乱，中肯（恳），抠（扣）字眼，蜡（腊）染，蜡（腊）纸，谰（烂）言，滥（烂）调，同等学力（历），再接再厉（励），黄连（莲）素，链（连）霉素，项链（练），黄粱（梁）美梦，寥寥（廖）无几，鳞（麟）次栉比，棉铃（蛉）虫，蒸馏（溜）水，流（留）芳百世，螺（罗）丝钉，温情脉脉（默），贸（冒）然，笑眯眯（咪），甜言蜜（密）语，弥（迷）天大谎，沉涸（缅）酒色，一文不名（明），没（末）落，墨（默）守成规，拇（姆）指，百衲（纳）本，唯唯诺诺（喏），呕（沤）心沥血，如法炮（泡）制，赔（陪）礼道歉，抨（评）击，裨（俾）益，偏僻（辟），癖（僻）好，平（凭）添，风尘仆仆（扑），大器（气）晚成，青（清）山绿水，山清（青）水秀，屈（曲）指可数，一阕（阙）词，声名鹊（雀）起，发轫（韧），杂糅（揉），繁文缛（褥）节，偌（喏）大年纪，砂（沙）轮，霎（刹）时间，少（稍）安毋躁，威慑（摄），革命圣（胜）地，旅游胜（圣）地，长盛（胜）不衰，各行其是（事），招工启事（示），神气十（实）足，首（手）屈一指，金银首（手）饰，抒（舒）情，精神矍铄（烁），追溯（朔），唢（哨）呐，鞭挞（鞑），碳（炭）元素，煤炭（碳），碳（炭）素钢，一摊（滩）泥，前提（题），提（题）纲，字帖（贴），铤（挺）而走险，走投（头）无路，抟（搏）土造人，高品位（味），任人唯（为）贤，魁梧（武），好高骛（鹜）远，趋之若鹜（骛），文恬武嬉（嘻），袄（袄、妖）教，安详（祥），销（消）声匿迹，元宵（霄）节，通宵（霄）达旦，威胁（协），别出心（新）裁，锦绣（秀）河山，麦锈（绣）病，戊戌（戍）变法，栩栩（诩）如生，寒暄（喧），宣（渲）泄，主旋（弦）律，徇（循）私，赝（膺）品，集腋（掖）成裘，谒（竭）见，神采奕奕（弈），弈（奕）棋，肄（肆）业，圯（圮）上老人，优（忧）柔寡断，给予（于），予（于）以表扬，滥竽（芋）充数，竭泽而渔（鱼），鱼（渔）肉百姓，左右逢源（圆），世外桃源（园），芸芸（纭）众生，雍容（荣）华贵，书札（扎），敲诈（榨）勒索，明火执仗（杖），膨胀（涨），缜（慎）密，旁征（证）博引，卷帙（秩）浩繁，仗义执（直）言，养殖（植）业，学以致（至）用，树脂（酯），硫酸二甲酯（脂），摩肩接踵（踪），文绉绉（诌），高瞻远瞩（嘱），一炷（柱）香，编纂（篡），康庄（壮）大道，急躁（燥），恣（姿）意妄为，诅（咀）咒。

第七条　图书中应当使用《简化字总表》规定的简化字，不得使用已经废止的《第二次汉字简化方案（草案）》（1977年）中的简化字。横线左侧的字不能作为横线右侧的字的简化字：代—戴，付—副，干—赣，笈—籍，亍—街，兰—蓝，篮，令—龄，另—零，欠—歉，蒜—算，仃—停，太—泰，午—舞，圹—塘，予—预，迂—遇，园—圆，正—整，咀—嘴等等。"桔"（音jié）不是"橘"的简化字，只用于"桔梗""桔槔"，不能代替"橘"字。

第八条　1986年重新发表的《简化字总表》对几个字作了调整。该表的说明中指出："原《简化字总表》中的个别字，作了调整。'叠''覆''像''囉'不再作'迭''复''象''罗'的繁体字处理。……'囉'依简化偏旁'罗'类推简化为'啰'。'瞭'字读'liǎo'（了解）时，仍简作'了'，读'liào'（瞭望）时作'瞭'，不简作'了'。"据此，"叠"字的"重叠"（一层加一层）义，例如"叠石为山""层见叠出""折叠""叠床架屋""叠翠""叠罗汉""叠印""叠韵""叠嶂""叠彩山"等词语，不得使用"迭"字。"覆"字的翻倒义，如"覆巢""覆灭""覆亡""覆辙""覆被"等词语，不得使用"复"字。"像"字用于人物图像、好像、相似等义，例如"肖像""录像""相像""好像""像话""像样"等词语，不得使用"象"字。"啰嗦"的"啰"和作为助词的"啰"，不可使用"罗"字。此外，"藉"简化为"借"，如"藉口""凭藉"应作"借口""凭借"；但"慰藉""狼藉"的"藉"仍用"藉"。"萧条""萧索"的"萧"没有简化为"肖"；用于姓氏，随原稿，不计错。

第九条　凡用繁体字排版的图书，在用简化字本翻排繁体字本时，必须对应准确。特别是那些古代就有、现在作为简化字的传承字，在翻排繁体字本时不得误用，如："党项"的"党"不得用"黨"，"长征"的"征"不得用"徵"，洞山良价（人名，佛教曹洞宗的创始人之一，"价"，音jiè）的"价"不得用"價"，"南宫适"（人名）的"适"（音kuò）不得用"適"，"万俟"（姓氏，音Mòqí）的"万"不得用"萬"，"体夫"（抬棺材的人）的"体"（音bèn）不得用'體'，"人云亦云"的

"云"不得用"雲",姓种的"种"(音Chóng)不得用"種",作为乐器的"筑"不得用"築",允准的"准"不得用"準","窗明几净"的"几"不得用"幾","白术"的"术"(音zhú)不得用"術",等等。误用的繁体字应视为错字。

第十条 文化部和文字改革委员会于1955年12月发布的《第一批异体字整理表》,要求从1956年2月1日起在全国实施,规定"从实施之日起,全国出版的报纸、杂志、图书一律停止使用表中括弧内的异体字。但翻印古书须用原文原字的,可作例外。""停止使用的异体字中,有用作姓氏的,在报刊图书中可以保留……"随后,国家语委根据实施过程中各方面的反映,1956年3月恢复"阪、挫"2字。1986年10月恢复"䜣、谳、晔、詟、诃、鳝、绌、划、鲙、诓、雒"11字。1988年3月恢复"翲、邱、於、澹、骼、彷、菰、澴、徼、薰、黏、桉、愣、晖、凋"15字。3次共恢复28字,这些字不作为异体字对待。

此外,根据实际情况,本细则再放宽两点:一是引用古籍的文字,尽可能使用通用字,但个别容易引起歧义的可使用异体字;二是该《整理表》中原只限于姓氏使用异体字,用在名字中也不计错。如:镕、淼、喿、邨、珮等。

第十一条 根据国家教委和国家语委1988年7月公布的《汉语拼音正词法基本规则》的要求,汉语拼音的拼写以词为单位连写,如:"中国社会科学院"应拼写为"Zhongguo Shehui Kexueyuan",不可拼写为"ZhongguoShehuiKexueyuan",也不可拼写为"Zhong Guo She Hui Ke Xue Yuan"。转行规则参照英文,必须在一个完整的音节处转行,并加转行线"-"(占一个汉字的1/3)。

三 词语

第十二条 词语误用的根本原因是误解词义。如:"截至1997

年12月底"的"截至"不能使用"截止","报名日期1月30日截止"的"截止"不能使用"截至";"公民的权利与义务"的"权利"不能使用"权力","最高国家权力机关是全国人民代表大会"的"权力"不能使用"权利";"招工启事"的"启事"不能使用"启示","战争启示录"的"启示"不能使用"启事";"老师爱护学生"的"爱护"不能使用"爱戴";"随声附和"的"附和"不能使用"符合";等等。因为"截至"与"截止"、"权利"与"权力"、"启事"与"启示"、"爱护"与"爱戴"、"附和"与"符合"的含义是不同的,误用了就不能正确地表情达意。类似的误用词语还有,有利—有力,以至—以致,合龙—合拢,化装—化妆,经纪—经济,学历—学力,反应—反映,检察—检查,查看—察看,服法—伏法,处置—处治,品味—品位,等等。

第十三条 异形词是现代汉语书面语中并存并用的同音(声、韵、调完全相同)、同义(理性意义、色彩意义和语法意义完全相同)而书写形式不同的词语。图书编校时遇到异形词应使用《第一批异形词整理表》里的推荐形式。例如(括号内是淘汰的形式):按语(案语)、百废俱兴(百废具兴)、本分(本份)、笔画(笔划)、参与(参预)、成分(成份)、赐予(赐与)、戴孝(带孝)、淡泊(澹泊)、订单(定单)、订户(定户)、订婚(定婚)、订阅(定阅)、分量(份量)、丰富多彩(丰富多采)、复信(覆信)、告诫(告戒)、过分(过份)、轰动(哄动)、角色(脚色)。《第一批异形词整理表》未收的异形词可以采用《现代汉语词典》的推荐形式。如果没有采用《现代汉语词典》的推荐形式,也不扣分。

第十四条 误用成语的实质是破坏了成语结构的定型性和意义的完整性。结构的定型性,是说成语的构成成分和构成方式比较固定,使用时不能随意改动。如:"有的放矢"不能说成"有的放箭","万紫千红"不能说成"千紫万红","源远流长"不能改为"渊远流长","意气风发"不能改为"意气奋发","明日黄花"不能改为"昨日黄花",等等。意义的完整性,是说成语的意义不是它的构成成分的简单相加,而是由构成成分的意义经过概括而形成的、带有比喻和形容的性质。下面几种情形应按误用词语处理,每处计1个差错。

(一)意义理解错误。例如:

1. 不少前往泉州旅游、观光的海外游客乘车行驶在无树的公路上,任凭风尘、烈日的侵袭,纷纷摇头叹息,叹为观止。("叹为观止"是用来赞美看到的事物好到了极点的。)

2. 在成都地区的考古发掘中,至今还没有发现第二座惠陵古冢,应该说,刘备墓在成都已无可厚非了。("无可厚非"意思是没有可以过分责难的,应改为"毫无疑义"。)

3. 这一次扑灭森林大火,解放军又一次首当其冲。("首当其冲"意思是处于冲要位置首先被冲击,与"冲锋在前"的含义完全不同。)

(二)把成语拆开使用而导致不当。例如:

1. 大凡热心荐贤的人,也总是十分爱贤。不因求全而责备,不因小过而废之。("求全责备"不能拆开。)

2. 他的作品,既不矫揉,也不造作。("矫揉造作"形容过分做作、极不自然,不能拆开。)

第十五条 使用缩略语要防止造成误解。每篇文章首见时最好使用全称,以后可使用缩略语。但应注意有些词是不能省略的,如"省人大常委会主任",不能缩略为"省人大主任",因为作为省级最高权力机关的人大会议,只有执行主席,它的常委会才有主任的职务。使用缩略语不恰当一般不计错,但省略掉必要成分,已经构成知识性差错,就要计错了。

第十六条 人名、地名、单位名称要正确。外国人名(知名度高的)的译名采用通用的译法或者通行的写法。知名度不高的一般可参照新华社译名手册译出。国内外地名的写法以中国地图出版社出版的最新地图和地名录为准。小的地名应冠以省、市、地区名称,小单位应冠以大的地域和上一级领导单位名称。译名不合常规和无法判断地域的地名和单位名,应当计错。

四 语法

第十七条 图书中常见的语法差错,大致可以分为:词性误用,数量表达混乱,指代不明,虚词使用不当,搭配不当,成分残缺,等等。

第十八条 词性误用。例如:

1. 画家田雨霖义务为学生讲座。("讲座"是名词,应改为动词"讲课"。)

2. 运输企业的代表向乘客坦诚了春运的苦衷。("坦诚"是形容词,应改为动词"说出"。)

3. 他由于顶不住压迫而丧失了原则。("压迫"是动词,应改为名词"压力"。)

第十九条 数量表达混乱。例如:

1. 三名重伤的战士们在接受手术。("战士"前面有了数量词"三名",后面就不能有"们"。)

2. 去年,有13个海岛人均收入超过千元以上。("超过"后面应该是确定的数,而"千元以上"是不确定的。)

3. 由于化疗药物反应,朱鹏的白血球指数比正常值少三倍。(表示数量的减少,不能用倍数,只能用分数。本句可以改为"只是正常值的1/3"。)

第二十条 指代不明。例如:

1. 张总经理和李总工程师正在讨论一个技术改造项目,他同意他的看法。(两个"他",不知道哪个是指张总经理,哪个是指李总工程师。)

2. 外电报道：深圳一动物园有人向游客出售活鸡，让他们抛给老虎和狮子活活吃掉。他们呼吁"制止这种残忍的活动"。（两个"他们"指代不同。应把第2个"他们"改为"有关人士"一类的词语。）

3. 对于学习较差的学生决不能采用体罚或变相体罚的办法。这对于调动学生的学习积极性是不利的。（"这"指代的是前面的句子，结果句子的意思和作者要表达的正好相反。可以把"这"改为"体罚或变相体罚"。）

第二十一条 虚词使用不当。例如：

1. 每隔一段时间，他们就组织人员昼夜观察，对大熊猫发出的每一个声音都记录下来。（"对"要改为"把"。）

2. 法制报要向读者宣传国家的法规法纪，首先报纸自己要遵纪守法，这样，报纸才有感召力。否则报纸让别人学法守法，而办报却违法犯法，就是失职。（"否则"的意思是"如果不这样，那么就……"。要把"否则"改为"如果"。或改为"否则就是失职"。）

3. 现场嘉宾和观众对他的机智和幽默报以了会心的掌声。（"以"是介词，后面不能有助词"了"。）

第二十二条 搭配不当。例如：

1. 目前我国城市分布很不均匀，东部沿海一带有城市275座，而西部地区城市数量较少，这不利于减少东西部差距。（"减少"和"差距"不搭配。可以把"减少"改为"缩小"。）

2. 在香山老人的传说里，曹雪芹的足迹走遍了香山。（"足迹"和"走遍"不搭配。可以把"走遍"改为"遍布"。）

3. 他们说服了老师的劝阻。（"说服"和"劝阻"不搭配。可以改为"说服了进行劝阻的老师"。）

第二十三条 成分残缺。例如：

1. 我国入世在即，入世后必将为我国国民经济提供更大的发展空间。(缺主语。去掉"后",让"入世"作主语。)

2. 盗版盗印是近些年图书库存积压不断攀升的重要原因之一。(缺动词。在"近些年"后面加上"造成"。)

五 标点符号

第二十四条 1995年12月国家技术监督局发布的国家标准《标点符号用法》,是判别标点符号正误的依据。

第二十五条 句号(。)表示陈述句末尾的停顿,是句末点号,只能用在句子的末尾,而不能用在句子的里面。句号的误用主要有两种情形。

(一)是句子而不用句号断句。常见一段文字一逗到底。例如:

已经25岁了,我终于成为专业合唱队的演员,遗憾的是没唱几年歌,领导却让我改唱评戏,由于唱法路子不对而毁了嗓子,我被迫含着眼泪离开了舞台。(这一段文字有三个句子,"演员"和"评戏"后的逗号应改为句号。)

(二)不是句子而用了句号。把一个句子拆成几个句子。例如:

1. 电视短剧《荷花》通过一个卖扇子的小女孩同小偷勇敢斗争的故事。表现了小女孩的纯洁、善良、勇敢的性格。反映了小女孩高尚的情操和美好的心灵。(这是一个复句,前两个句号应改为逗号。)

2. 产生经费紧张的原因,一个是实在缺得多。另一个是在经费使用效率上也存在一些问题。(这是一个复句,第一个句号应改为逗号。)

第二十六条 逗号(,)表示句子内部的一般性停顿。逗号的误用有两种情形。

(一)不该停顿的地方用了逗号。例如:

总之,这部文集,触及了当代一系列重大的学术问题,相信有心的读者,会从中得到深刻的启示。("文集"和"读者"后面的逗号应删。)

(二)该停顿的地方没用逗号。例如:

我在武汉听了毛委员演说三个月之后又在郑州听到谭延闿对湖南农民运动的恶毒攻击……("演说"的后面应该加逗号。)

第二十七条　分号(;)表示复句内部并列分句之间的停顿。判别分号用法正误,要掌握3条原则:(1)从停顿的长短看,句号>分号>逗号>顿号;(2)分号不用在普通单句中;(3)分号一般用在并列复句里,被分号隔开的各分句中,至少有一组内部有逗号。分号的误用主要有4种情形。

(一)并列词语间误用分号。并列词语间的停顿要用顿号或逗号,不能用分号。例如:

《湖畔》中人物的对话;《鲜花开放的地方》中环境的点染;《大钱饺子》里的铺叙议论,都十分富有特色。(并列短语作主语,短语内的两个分号都应改为逗号。)

(二)非并列关系的单重复句内分句间误用分号。非并列关系的多重复句的第一层可以使用分号,为的是分清分句间的结构关系。单重复句不存在这个问题,所以不能使用分号。例如:

去年12月13日,在河北省香河县公安局的配合下,通州区公安局破获了盗窃高压输电线路铁塔塔材的案件;抓获犯罪分子二十余人。(分号应改为逗号。)

(三)不在第一层的并列分句间误用了分号。分句间用不用分号,要看并列分句是不是在第一层上,不在第一层上就不能用分号。例如:

对于一切犯错误的同志,要历史地全面地评价他们的功过是非,不要一犯错误就全盘否定;也不要纠缠历史上发生过而已经查清的问题。(第一层分界在"功过是非"的后面。"不要……"与"也不要……"之间不能用分号。分号应改为逗号。）

（四）两个句子间误用分号。例如：

这样的豪言壮语，究竟出自谁人之口呢？不是别人，正是林彪；它是否合乎马克思主义呢？它是赤裸裸的反马克思主义的谬论。（"林彪"后面的分号应改为句号。）

第二十八条 顿号（、）表示句子内部并列词语之间的停顿。用顿号隔开的并列词语可以充当各种句法成分。并列词语间的停顿，也可以用逗号。停顿较长时用逗号，停顿较短时用顿号，难以分清长短时，一般用顿号。顿号的误用主要有5种情形。

（一）非并列词语间误用顿号。例如：

这几年，报刊上报道的因主持正义、被顶头上司打击报复的人，也不是个别的。（"因主持正义"与"被顶头上司打击报复"不是并列关系，而是因果关系，中间不应该用顿号。可以改为"因主持正义而被顶头上司打击报复"。）

（二）没有停顿的并列词语间误用顿号。例如：

他们过着牛、马不如的生活。（"牛马"中间没有停顿，不应该用顿号。）

（三）不同层次的停顿都使用顿号，混淆了结构层次。例如：

中央顾问委员会秘书长、国家体委顾问荣高棠、国家体委主任李梦华和中华全国体育总会主席钟师统等应邀参加十佳运动员评选揭晓和发奖大会。（3位领导人的名字，构成第一层的并列关系，荣高棠的两个职衔构成第二层的关系。第一层用逗号，第二层用顿号，不能都用顿号。）

（四）相邻数字连用表示概数时，不能用顿号隔开。例如：

我们曾经去过六、七个这样的购物中心，看到二、三十位老人……（两个顿号都应该去掉。）

（五）在一些序次语的后面误用了顿号。例如：

第一、第二、首先、其次、（顿号应改为逗号。）

（一）、（二）、（三）、（1）、（2）、（3）、①、②、③、（序次语既然用了括号，或者本身就是圈码，后边就不必再加顿号。）

1、2、3、A、B、C、（顿号应改为下脚圆点。）

第二十九条 问号（？）主要用来表示疑问句末尾的停顿。问号还用来表示设问句、反问句末尾的停顿。问号的误用主要是把非疑问句误作疑问句。这种情况多发生在有"谁""哪""什么""怎么""怎样"等疑问词和带有"是……还是"疑问结构的句子里。例如：

1. 他不得不认真思考企业的生产为什么会滑坡？怎样才能扩大产品的销路？（第1个问号应改为逗号，句末的问号应改为句号。）

2. 关于什么是智力？国内外争论多年也没有定论。（前面的问号应改为逗号。）

3. 他独自走着，低着头，分不清天上下的是雨，是雪，还是雪珠儿？（句末的问号应改为句号。）

第三十条 叹号（！）主要用来表示感叹句末尾的停顿。例如：为祖国的繁荣昌盛而奋斗！语气强烈的祈使句、陈述句和反问句末尾的停顿也应该使用叹号。叹号的误用多发生在语气舒缓的祈使句、陈述句和反问句中。例如：

1. 小李，你还是多休息几天再上班吧！（这是一个语气舒缓的祈使句，句末叹号应改为句号。）

2. 实践告诉我们：只有开拓技术市场，实行技术商品化，才能使科学技术迅速转化为生产力！（这是一个语气舒缓的陈述句，句末叹号应改为句号。）

第三十一条 冒号（：）表示提示性话语之后的停顿，用来提起下文。冒号的误用表现为5种情形。

（一）"某某说"插在引文的中间，"说"字后面用了冒号。例如：

"唔。"老张一面听，一面应，一面伸手过来说："你给我吧。"（"说"字后面的冒号应改为逗号。）

（二）在没有停顿的地方用了冒号。例如：

我跳下车来，说了声："忠爷爷再见！"就往家里走去。（"说了声"后面的冒号应删去。）

（三）在一个句子里出现了两重冒号。例如：

也还有另一种观点：当作品涉及某些阴暗现象的时候，有的同志会说："你写的现象虽然是真实的，但要考虑文艺的党性原则。"（第一个冒号应改为句号。）

（四）该用冒号的地方没用冒号。例如：

企业长期亏损，出路只有一条，改革。（提示性话语"出路只有一条"后面的逗号应改为冒号。）

（五）冒号（：）误为比号（∶）。

第三十二条 引号（横行为""''，竖行为﹃﹄﹁﹂）的作用有三个：一是把引文和本文区别开来；二是标明具有特殊含义的词语；三是标明需要着重论述的对象。为了分清引文的层次，横行引文规定第一层引文用双引号，引文中的引文用单引号；竖行引文规定第一层引文用双引号（或单引号），引文中的引文用单引号（或双引号）。引号的误用有5种情形。

（一）上下引号不配套，即：有上引无下引或有下引无上引，单双引混用，上下引一顺，等等。

（二）竖行引文引号单双引号次序混乱（即一会儿先双后单，一会儿又先单后双），都属于差错。

（三）引文末尾标点位置混乱。例如：

1. 古人云："多行不义必自毙"。（引文完整而独立，末尾的句号应放在引号里面。)

2. 大革命虽然失败了,但火种犹存。共产党人"从地下爬起来,揩干净身上的血迹,掩埋好同伴的尸首,他们又继续战斗了。"(引文不独立,末尾的句号应放在引号外面。)

(四)转述的文字加了引号。例如:

老太太说,"她儿子是个工人,出来好几年了,她是第一次来抚顺。"(删去引号,或将引号内第三人称的"她"改为第一人称的"我"。)

(五)带有特殊含义(比喻义或贬义)的词语末加引号。例如:

自私,不听从合理的指导,没有自尊心,都是性格上很大的弱点。这些弱点都是老牌的慈母送给她们孩子的恩物。("慈母"和"恩物"都带有贬义,应当加引号。)

第三十三条 书名号(《 》〈 〉)是表示文化精神产品的专名号。书名号的误用主要是使用范围扩大化。

(一)书名(包括篇名)、报纸名(包括板块、栏目名)、期刊名(包括栏目名),以及其他文化精神产品(电影、戏剧、乐曲、舞蹈、摄影、绘画、雕塑、工艺品、邮票、相声、小品等)的题目可用书名号,非文化精神产品不能使用书名号。例如:物质产品名、商品名、商标名、课程名、证件名、单位名、组织名、奖项名、活动名、展览名、集会名、称号名等等,均不能使用书名号,用了要计错。

(二)丛书名要使用书名号,如《五角丛书》《当代农村百事通丛书》。

(三)书名号里面的名称要与实际名称相符。如《人民邮电》报,《求是》杂志。

第三十四条 括号([ ]( ))的功能是对正文的补充和注释。括号的误用,除了不配套外就是位置不适当。

(一)句内括号放在了句外。例如:

唯心论历来反映剥削阶级的利益,代表剥削阶级的意识形态,是"反动派的武器,反动派的宣传工具"。(列宁:《我们的取消派》)(括号应当放在句号前面。)

(二)括号离开了被注释的文字。例如:

不久,国民议会迁到法皇的内宫凡尔赛去(在巴黎城西南18公里)。(括号应放在"去"字前面。)

第三十五条 省略号(……)标明行文中省略了的文字。省略号的误用,除了形状不合规定(不是6个连点)外,还有两种情形。

(一)省略号前后保留了不应该使用的顿号、逗号、分号。例如:

写到这里,赵朴老的神采又活现在我的眼前,与他相关的好几件事又从记忆中浮出……。(省略号后的句号应删去。)

(二)省略号与"等""等等"并用。例如:

在另一领域中,人却超越了自然力,如飞机、火箭、电视、计算机……等等。("等等"和句号,应当删去。)

第三十六条 连接号的形式为一字线"—"(占一个字的位置)。连接号还有另外3种形式,即长横"——"(占两个字的位置)、半字线"-"(占半个字的位置)和浪纹"～"(占一个字的位置)。要注意区分它们的使用场合,相同场合前后不一致的计错。

(一)连接两个相关的名词构成一个意义单位,用一字线。如:原子—分子论,中国—芬兰协会。(也可以用半字线,但不要用长横)

(二)连接相关的地点、时间表示走向或起止,用一字线。如:北京—上海特快列车,鲁迅(1881—1936)。(前者也可以用长横,后者也可以用浪纹,但不要用半字线)

(三)连接相关的汉字或外文和阿拉伯数字表示产品型号,用一字线。如:TPC—3海底光缆,东方红—75型拖拉机。(也可以用半字线)

(四)标准代号。如:《标点符号用法》GB/T 15834—1995,国内

统一刊号CN 11—1102/I。(用了半字线也不算错,但不要用长横)

(五)连接相关的阿拉伯数字表示范围,用浪纹。如:2 500万元～3 000万元,-36℃～-8℃。(也可以用一字线,但不要用半字线或长横)

第三十七条 间隔号(·)用在被隔开的词语中间。间隔号的误用有两种情形。

(一)间隔号误为顿号。例如:

大卫、李嘉图(误用了顿号就成为两个人了。)

(二)间隔号误为下脚圆点。例如:

"3.15"消费者日(误用了下脚圆点就成了小数点。)

第三十八条 破折号(——)标明行文中解释说明的语句。破折号的误用有4种情形。

(一)破折号的前后两部分所指不相同。例如:

他久久地凝视着庭园中央——这张X光片子的主人。("庭园中央"与"这张X光片子的主人"所指的概念不相当。)

(二)补充说明前未用破折号。例如:

二氧化碳和水在合成车间,叶绿体里发生奇妙的变化。("合成车间"就是"叶绿体",且语义的重点在后者,所以,"合成车间"后面的逗号应改为破折号。)

(三)破折号误为两个一字线(——)、四个半字线(----)或一个化学单键号(—)。

(四)破折号不能误作一字线或半字线。

第三十九条 省年号(')使用高撇号,用于省年形式,如1998年写作"'98"。这是近年来从国外引进的一种符号,中文常用于"标题式"的名称中。例如"'98春节联欢晚会"。省年号的误用有两种情形。

(一)省年号(')误置于年份后面。例如:

98'春节联欢晚会。

（二）省年号后面误加了"年"字。例如：

'98年春节联欢晚会。

六 数字

第四十条 1995年12月国家技术监督局发布的国家标准《出版物上数字用法的规定》指出，阿拉伯数字笔画简单，结构科学，形象清晰，组数简短，应当广泛应用。实施过程中碰到一些问题，归纳起来就是，什么情况下应当用阿拉伯数字，什么情况下不能用阿拉伯数字。

（一）应当使用阿拉伯数字的：

1. 物理量量值中的数字，如1 m（1米）、3 kg（3千克）、5 d（5天）、20 ℃（20摄氏度）、0.5 A（0.5安）、25 mol（25摩）。

2. 非物理量量词（计数单位）前的数字，如3人、50元、100根。

3. 计数的数值，如正负整数（3，−6）、小数（0.28）、分数（1/3）、百分数（96.25%）、比例（3∶7）及一部分概数（10多、500余、3 000左右）。

4. 公历世纪、年代、年、月、日、时刻。

5. 代号、代码和序号中的数字，如GB 3100—1993、国办发[1998]3号文件、ISBN 7-303-04761-X、HP-3 000型电子计算机、第1卷、第18届年会。

（二）必须使用汉字数字的：

1. 定型的词、词组、成语、惯用语、缩略语或具有修辞色彩的词语中作为语素的数字。

2. 相邻数字连用表示的概数和带"几"字的概数。如七八个人、五十四五岁、十几、三千几百。

3. 非公历纪年一律用汉字数字，但应采用阿拉伯数字括注公历。

4. 含有月日简称表示事件、节日和其他意义的词组中的数字，应使用汉字数字。当涉及1月、11月、12月时，应用间隔号"·"将表示月和日的数字隔开，并外加引号；涉及其他月份时，不用间隔号。

5. 古籍中的数字。

6. 文学著作一般使用汉字数字，但也可以适当使用阿拉伯数字，如公历世纪、年代、年、月、日、时刻，计量或计数单位前的数字，纯数字等。

7. 竖排文字中的数字，除与字母连用可顺时针转90°排外，一律改用汉字数字。

（三）阿拉伯数字的书写规则：

1. 为使多位数字便于阅读，可将数字分成组，从小数点起，向左或向右每3位分成1组，组间留一空隙（约为1个汉字的1/4），但不得用逗号、圆点或其他方式。非科技出版物也可不分节。

2. 纯小数必须写出小数点前用以定位的"0"。

3. 阿拉伯数字不得与除万、亿及法定计量单位词头外的汉字数字连用。如453 000 000可写成45 300万或4.53亿或4亿5 300万，但不能写作4亿5千3百万；三千元可写成3 000元或0.3万元，但不能写成3千元；三千米可写成3千米，这里的"千"是词头。

4. 一个用阿拉伯数字书写的数值（包括小数和百分数）不能拆开转行。

5. 表示用阿拉伯数字书写的数值范围，使用浪纹号"～"。如：$10\%\sim20\%$，$(2\sim6)\times10^3$或$2\times10^3\sim6\times10^3$，30～40 km（也可写成30 km～40 km）。

七　量和单位

第四十一条　除古籍和文学书籍外，所有出版物特别是教科书和科技书刊,在使用量和单位的名称、符号、书写规则时,都应符合1993年国家技术监督局发布的国家标准《量和单位》(GB 3100～3102—1993)的规定。

第四十二条 使用不规范的量名称,主要表现在:使用已废弃的旧名称,同一个名称出现多种写法,使用自造的名称,等等。

(一)使用已废弃的旧名称。例如(括号里是废弃的):质量(重量,但人民生活和贸易中质量仍可按习惯称为重量);体积质量,密度或相对体积质量,相对密度(比重);质量热容,比热容(比热);质量定压热容,比定压热容(定压比热容,恒压热容);电流(电流强度);物质的量(摩尔数,克原子数,克分子数,克离子数,克当量);B的质量分数(重量百分数,质量百分比浓度);B的体积分数(体积百分比浓度,体积百分含量);B的浓度,B的物质的量浓度(摩尔浓度,体积克分子浓度,当量浓度);粒子注量(粒子剂量);[放射性]活度(放射性强度,放射性)。

(二)同一名称出现多种书写法,这是不能允许的。例如:吉布斯自由能(吉卜斯自由能),阿伏加德罗常数(阿伏伽德罗常数,阿佛加德罗常数)。

(三)使用以"单位+数"构成的名称。例如:长度叫"米数",时间叫"秒数",装载质量叫"吨数",功率叫"瓦数",物质的量叫"摩尔数",等等。

第四十三条 量符号的使用不规范,表现为6种情形:

(一)量符号错用了正体字母。国标规定:量符号必须使用斜体,对于矢量和张量,还应使用黑斜体;只有pH是例外。实际上,有的全部使用正体,有的时而正体、时而斜体,这都是不能允许的。

(二)没有使用国际规定的符号。例如:质量的规范符号是m,但常见用W,P,Q,μ等表示;阿伏加德罗常数的符号为L或N_A,而一

些课本中用 N 或 N_0。

（三）用多个字母构成一个量符号。例如：用 IAT 作为内部空气温度的量符号，用 CHT 作为临界高温的量符号，实际上二者都是3个单词的缩写。有些书刊把输入功率表示成Pi，输出功率表示成Po，也是不对的，规范的表示应分别为 P_i 和 P_o。

（四）把化学元素符号作量符号使用。例如："$H_2:O_2=2:1$"，这是不规范的表示方式。正确的表示方式为：

指质量比，应为$m(H_2):m(O_2)=2:1$；

指体积比，应为$V(H_2):V(O_2)=2:1$。

（五）把量符号当作纯数使用。如"物质的量为n mol"，正确的表示为："物质的量为 n，单位用 mol"。

（六）量符号的下标不规范，主要表现为：没有优先采用国标规定的下标，正斜体混乱，大小写混乱。

1. 没有采用国际已规定的下标，有的用量名称的汉语拼音缩写作下标，有的甚至用汉字作下标。如：辐射能，国标规定的符号为E_R，但有的书刊用E_F，有的干脆用$E_{辐}$，这些都是不规范的。

2. 正斜体混乱。凡量符号和代表变动性数字、坐标轴名称及几何图形中表示点线面体的字母作下标，采用斜体；其他情况为正体。例如：体胀系数α_V（V为体积量符号）；电能W_i（$i=1,2,3\cdots$）（i代表变动性数字）；力的y分量F_y（y为坐标轴符号）；$\triangle ABC$的面积$S_{\triangle ABC}$。

3. 大小写混乱。区别大小写的规则为：量符号作下标，其字母大小写同原符号；来源于人名的缩写作下标用大写正体；不是来源于人名的缩写作下标，一般都用小写正体。

第四十四条 单位名称书写错误。主要表现在对相除组合单位和乘方形式的单位名称书写错误。

（一）相除组合单位名称与其符号的顺序不一致，名称中的"每"

字多于1个。例如：速度单位m/s的名称是"米每秒"，而不是"秒米""米秒""每秒米""秒分之米"；质量热容单位J/(kg·K)的名称是"焦耳每千克开尔文"或"焦每千克开"，而不是"焦耳每千克每开尔文"或"焦每千克每开"。

（二）乘方形式的单位名称错误。例如：截面系数单位m^3的名称是"三次方米"，而不是"米三次方""米立方""立方米"；面积单位m^2的名称是"平方米"，而不是"二次方米""米平方""米二次方""平方"。

（三）在组合单位名称中加了符号。例如：摩尔体积单位m^3/mol的名称是"立方米每摩尔"或"立方米每摩"，而不是"立方米/摩尔""立方米/每摩尔""米³/每摩""米³摩⁻¹"等。

第四十五条 单位中文符号的书写和使用不准确。主要表现在：把名称或不是中文符号的"符号"当中文符号使用，组合单位中既有国际符号又有中文符号，非普及性书刊中使用了中文符号，等等。

（一）把单位的名称作为中文符号使用。例如：单位N·m的中文符号是"牛·米"，而不是"牛米"或"牛顿米"。

（二）使用既不是单位名称也不是中文符号的"符号"，如"牛顿/平方米"的写法是错误的。如果是压强单位的名称，则应为"牛顿每平方米"或"牛每平方米"；如果是压强单位的中文符号，则应为"牛/米²"或"牛·米⁻²"。类似的错误用法还有："千克/摩尔"应为"千克/摩"，"焦耳/开尔文"应为"焦/开"，"立方米/秒"应为"米³/秒"，"安培每米²"应为"安/米²"，"韦伯·米⁻¹"应为"韦·米⁻¹"，"瓦开⁻¹"应为"瓦·开⁻¹"。

（三）组合单位中2种符号并用。例如：速度单位不应写作"km/时"，而应写作"km/h"或"千米/时"；流量单位不应写作"m³/分"，而应写作"m³/min"或"米³/分"；用药量单位不应写作"mg/

（kg·天）",而应写作"mg/(kg·d)"或"毫克/(千克·天)"。

（四）非普及性书刊和高中以上教科书使用单位的中文符号或名称。按国标要求，非普及性书刊和高中以上教科书在表达量值时都应使用单位的国际符号，如把m、K、min、Hz、Ω、m/s^{2}分别写作米、开、分、赫、欧、米/秒^{2}是违反国标规定的，中文符号只在小学、初中教科书和普通书刊中在有必要时使用。

第四十六条　单位国际符号书写和使用错误。主要表现为如下7个方面：

（一）单位符号错用了斜体字母。

（二）单位符号的大小写错误。国标规定，一般单位符号为小写体（只有升的符号例外，可用大写体L），来源于人名的单位符号其首字母大写。常见错误如：把m（米）、s（秒）、t（吨）、lx（勒）分别写成M、S、T、Lx；把Pa（帕）、W（瓦）、Hz（赫）分别写成pa、w、HZ或H$_z$。

（三）把单位英文名称的非标准缩写或全称作为单位符号使用，如把min（分）、s（秒）、d（天）、h（小时）、a（年）、lx（勒）、r/min（转每分）分别写成m、sec、day、hr、y或yr、lux、rpm。

（四）把ppm、pphm、ppb、ppt等表示数量份额的缩写字作为单位符号使用。应改用它们分别代表的数值10^{-6}（美、法等国）或10^{-12}（英、德等国）、10^{-12}（美、法等国）或10^{-18}（英、德等国）。

（五）相除组合单位中的斜线"/"多于1条。例如把服药量的单位mg/(kg·d)和血管阻力单位kPa·s/L错误地表示为mg/kg/d和kPa/L/s。

（六）对单位符号进行修饰，主要表现是：加下标，在组合单位中插入说明性字符，修饰单位1等。例如：

1. 把最小电流表示为 I=3 A_{min}，正确表示应为 I_{min}=3 A。

2. 把Pb的质量浓度为0.1 mg/L表示为0.1 mg（Pb）/L或0.1 mg 铅/L，规范表示应为 ρ（Pb）=0.1 mg/L。

3. 把Ca的质量分数表示为Ca为25%（m/m）或Ca为25%（W/W），规范表示应为 w（Ca）=25%。

4. 使用习惯上常用的经过修饰的单位符号，如标准立方米Nm^3、m_n^3，标准升NL、L_n，正确的符号应为立方米m^3，升L或l。

（七）书写量值时，数值与单位符号间未留适当空隙，或把单位插在数值中间，如：15mol应为15 mol，1m75应为1.75 m或175 cm，10s01应为10.01 s。

第四十七条 SI词头符号的书写和使用不正确。主要表现为：词头大小写混淆，独立使用，重叠使用，对不许采用词头的单位加了词头，对乘方形式的单位加错了词头等。

（一）混淆大小写。20个SI词头中，代表的因数 $\geq 10^6$ 的7个词头M（兆）、G（吉）、T（太）、P（拍）、E（艾）、Z（泽）、Y（尧）要采用大写正体，代表的因数 $\leq 10^3$ 的13个词头k（千）、h（百）、da（十）、d（分）、c（厘）、m（毫）、μ（微）、n（纳）、p（皮）、f（飞）、a（阿）、z（仄）、y（幺）要采用小写正体。

（二）独立使用。词头只有跟单位结合才有意义，如10 μm不得写作10 μ，5 MΩ不得写作5 M。

（三）重叠使用。例如mμm、mμs、μμF、μkg、kMW应分别改为nm、ns、pF、mg、GW。

（四）对不许加词头的单位°（度）、′（[角]分）、″（[角]秒）、d（天）、h（时）、min（分）、r/min（转每分）、n mile（海里）、kn（节）等加了词头。

（五）对乘方形式的单位加错了词头。例如：把7 200 m^3/d错写成

7.2 km^3/d，把10 000 000 m^{-2}错写成10 Mm^{-2}，正确的表示应分别为7.2 dam^3/d和10 mm^{-2}。

第四十八条 使用非法定单位或已废弃的单位名称。主要表现为以下4种情形：

（一）使用市制单位，如尺、寸、担、斤、两、钱、亩等。在普通书刊特别是以农民为读者对象的书刊中，在表达小面积时还可以使用"亩"，但要括注法定计量单位"公顷"。

（二）使用早已停用的"公字号"单位。除公斤、公里、公顷以外的所有"公字号"单位都应停止使用，如公尺（米、m）、公分（厘米、cm）、公亩（百平方米、100 m^2）、公升（升、L）、公方（立方米、m^3）、公吨（吨、t）等（括号中为法定名称及符号）。公斤、公里也不要用于教科书中，而应分别改用千克 kg、千米 km。

（三）使用英制单位。英制单位是必须废弃的。当确有必要出现英制单位时，一般采用括注的形式，如51 cm（20 英寸）。

（四）使用CGS制中有专门名称的导出单位及其他杂类单位。这些常见废弃单位及其换算因数如下表所示：

单位名称	符 号	换算因数
微（米）	μ	1 μ = 1 μm
费密	Fermi	1 Fermi = 10^{-15} m = 1 fm
达因	dyn	1 dyn = 10^{-5} N
千克力	kgf	1 kgf = 9.806 65 N
吨力	tf	1 tf = 9.806 65 kN
标准大气压	atm	1 atm = 101.325 kPa
工程大气压	at	1 at = 9.806 65×10^4 Pa
托	Torr	1 Torr = 133.322 Pa
毫米汞柱	mmHg	1 mmHg = 133.322 Pa
毫米水柱	mmH$_2$O	1 mmH$_2$O = 9.806 65 Pa
泊	P	1 P = 0.1 Pa·s

单位名称	符 号	换算因数
斯[托克斯]	St	1 St = 1 cm²/s
西西	cc	1 cc = 1 mL
丹尼尔	den	1 den = (1/9) tex
兰氏度	°R	1 °R = (5/9) K
华氏度	°F	$\dfrac{t_F}{°F} = \dfrac{9}{5}\dfrac{T}{K} - 459.67$
道尔顿	D, Da	1 D = 1 u
[米制]克拉	carat	1 carat = 200 mg
尔格	erg	1 erg = 10^{-7} J
卡	cal	1 cal = 4.186 8 J
大卡,千卡	kcal	1 kcal = 4.186 8 kJ
度(电能)		1 度 = 1 kW·h
[米制]马力		1 马力 = 735.499 W
辐透	ph	1 ph = 10^4 lx
熙提	sb	1 sb = 10^4 cd/m²
尼特	nt	1 nt = 1 cd/m²
屈光度	D	1 D = 1 m^{-1}
奥斯特	Oe	1 Oe ≙ 79.578 A/m
高斯	Gs	1 Gs ≙ 10^{-4} T
麦克斯韦	Mx	1 Mx ≙ 10^{-8} Wb
体积克分子浓度	M	1 M = 1 mol/L
当量浓度	N	

第四十九条 在图、表等中在用特定单位表示量的数值时未采用标准化表示方式。国标规定了2种方式：即 a.用量和单位的比值；b.把量的符号加上花括号，并用单位的符号作为下标，并建议采用第1种方式。例如：$v/(\text{m}\cdot\text{s}^{-1})$ 或 $v/(\text{m/s})$，而不表示成 "$v(\text{m/s})$" 或 "$v, \text{m/s}$" 的形式。如有需要也可以表示成 $\dfrac{v}{\text{m}\cdot\text{s}^{-1}}$ 或 $\dfrac{v}{\text{m/s}}$ 的形式，但水平分式线不能省略。

第五十条 数理公式和数学符号的书写或使用不正确。主要表现在字母、符号的正、斜体混淆，数理公式的转行不符合规定等。

（一）该用正体的字母用了斜体。例如：对其值不变的数学常数e（=2.718 281 8…）、π（=3.141 592 6…）、i（=$\sqrt{-1}$，电工学中常用j），已定义的算子符号div（散度）、d（微分号）、Δ（有限增量符号）、δ（变分号）等，有特殊含义的缩写字max（极大值）、Re（实部）、T（转置）、Rt（直角）、ASA（角边角）等，使用了斜体字母。

（二）该用斜体的字母用了正体。例如：对变数x、y，函数f，$\varphi(t)$，Ψ_i中变动的附标i，几何图形中表示点线面体的字母（像点P、线段CD、平面Σ、$\triangle ABC$、三棱锥P-ABC）等，使用了正体字母。

（三）数理公式转行不符合规定。新标准规定："当一个表示式或方程式需断开、用2行或多行来表示时，最好在紧靠其中记号=，+，—，±，∓，×，·或/后断开，而在下一行开头不应重复这一记号。"例如：

$$ax+by-cz=$$
$$m-n+p。$$

（四）其他常见错误，如下表所示：

名称、含义	正确符号	错误符号
比例号	∶	∶
数值范围	～	—、、——
约等于	≈	≃、≒、～
渐近等于	≃	～、≌
角括号	〈 〉	＜ ＞
远小于	≪	《
远大于	≫	》
余切	cot α	ctg α
x 的反余切	arccot x	arcctg x
x 的反正弦	arcsin x	$\sin^{-1} x$
x 的常用对数	lg x	log x
$m×n$ 型矩阵	$A=\begin{pmatrix} A_{11} & \cdots & A_{1n} \\ \vdots & & \vdots \\ A_{m1} & \cdots & A_{mn} \end{pmatrix}$	$A=\begin{pmatrix} A_{11} & \cdots & A_{1n} \\ A_{m1} & \cdots & A_{mn} \end{pmatrix}$、$A=\begin{pmatrix} A_{11} & \cdots & A_{1n} \\ \cdots\cdots\cdots \\ A_{m1} & \cdots & A_{mn} \end{pmatrix}$

八　版面格式

第五十一条　版面格式是图书的包装形式，但它又不是单纯的形式。图书的版面格式应当体现美观、实用、准确3个原则。不同的版面有着不同的格式，从封面、书名页、目录、书眉、标题、注释、插图、表格、索引，一直到正文，都有着不同的格式，审校版面格式与正文内容具有同等重要的意义。

第五十二条　封面（包括包封），是图书的外包装，除应体现美观、实用、准确三原则外，还应按照常规和法定要求，在固定的位置刊登书名、著译者名、出版者名、条码、定价、国际标准书号等项内容。编校者除保证各种版面格式和内容准确外，还应使其相关项目保持一致。

第五十三条　根据国家标准《图书书名页》（GB/T 12450—1990）的规定，图书正文之前必须设置载有书名信息的书名页。书名页包括主书名页和附书名页。主书名页正面必须提供书名、著作责任者、出版者等信息，位于单数页码面。主书名页背面必须提供图书的版权说明、在版编目数据和版本记录等信息，位于双数页码面。凡不严格执行本标准的图书应当计错 。

第五十四条　目录，是图书内容体系的缩影，除要求标题、作者名、附缀页码必须与正文一致外，本身还须眉目清楚，即从字体、字号和版面格式3个方面体现标题体系。例如：同一级题字体字号要一致，无题序的题目转行要缩进1字排，副标题也要缩进1字排，等等。

第五十五条　书眉，是正文章节变化的反映，除必须与正文章节标题文字保持一致外，还有其固定的版面格式，即双数页码排第1级题，单数页码排第2级题（如无第2级题，单双页码均可排第1级题）；同一面上有两个第2级题时，应排后出现的；眉题一般排在外版口一侧或居中排。

第五十六条　标题，是反映图书内容的纲，而且是成体系的。标题的格式应以不同的字体、字号、占行、位置等来体现其隶属关系。较长标题转行时不应割裂词汇，更不应因转行而产生歧义或相反义。此外，还应避免出现"背题"，即题目下无正文的现象。

第五十七条 注释，是对正文的解释和交代。版面格式有夹注、脚注、篇末或书末注3种。脚注格式最复杂，编校者必须根据正文版面的实际变化，调整脚注的顺次和版面格式，使之与正文注码对口。篇末注中的"见本书页码"要特别注意核对准确。书末注中附缀的正文页码，也要核对准确。

第五十八条 插图，是图书的重要内容，分为随文插图和单页插图两种。随文插图的位置要根据设计标注核对准确。要特别注意插图与正文内容的衔接问题，图的位置一般不要超前，可以略微拖后，但不能超越本节范围。有说明文字的，一般排在图下或图的侧面，要特别注意核对图与文是否配套，防止张冠李戴。图中人物的左右应依读者立场来分。跨页图必须双码跨单码。横置图一律朝向左侧，即反时针转90°。图的顺序号应按章编排。此外，还要防止图的倒置和反片。

第五十九条 表格，是图书内容的一种重要表现形式。表格的格式一般是先排表序、表题，然后排表头、横竖表线、数字、注释、资料来源等。表序一般以章节顺序和表格顺序组成；表头有横竖两种，必要时可以互换；项目中的隶属关系要清晰，小项目要缩格排；续表必须加排表头；跨页表必须双页跨单页；表中数字一般以末位数对齐，注意不要错格。

第六十条 索引，一般分为人名、地名、文献、主题或名目4种。索引的编排一般按笔画或拼音顺序，也有用四角号码的。无论哪一种编排方法，都应注意笔画、拼音和号码的准确无误。特别要核对准确条目的附缀正文页码；正文页码有变动，要相应改正索引的附缀页码。

第六十一条 学术性专著文后参考文献，必须根据国家标准《文后参考文献著录规则》(GB/T 7714—1987)进行编排,不合要求的可以适当计错。文献如为专著,其著录项目的格式为:主要责任者. 其他责任者(供选择). 版本. 出版地：出版者. 出版年. 页码。文献如为期刊中析出的文章,其著录项目和格式为:主要责任者. 题名. 期刊名,出版年,卷号(期号)：页码。例如：

刘少奇. 论共产党员的修养. 修订2版. 北京：人民出版社,1962.76

华罗庚,王元. 论一致分布与近似分析：数论方法(Ⅰ). 中国科学,1973(4)：339~357

第六十二条 清样页码(包括边码),要着重(或反复)清点,有暗码的要在清样上标明"暗××页"。

第六十三条 正文版面格式,应注意：另面、另页、暗码的编排,段落的另起和接排,引文的缩格或变换字体要前后一致,内文中的空行、空字等等,都要校对准确。

九 附则

第六十四条 图书编校质量差错计算方法按照2004年12月24日新闻出版总署发布的《图书质量管理规定》附件《图书编校质量差错率计算方法》执行。

第六十五条 本细则力求照顾到各个学科,但是,所列举的问题远不可能涵盖所有内容,比如,自然科学名词、学科符号、外文、译名差错的判别依据,事实性、知识性、一般政治性差错的判别依据等,由于资料的不足和技术上的困难而暂缺。各地区、各出版社可根据实际情况,制定自己的差错认定细则。

第六十六条 本细则由中国出版工作者协会校对研究委员会拟制,并邀请国家语言文字工作委员会、北京大学、北京师范大学的若干专家参与审定。

报纸编校质量评比差错认定细则*

第一章 总则

第1条 为使报纸编校质量评比工作公开、公平、公正，使内部评判的标准具有一致性和可操作性，根据新闻出版署发布的《报纸管理暂行规定》和《报纸质量管理标准（试行）》的基本精神制订本细则。

第2条 报纸编校质量评比有两项内容：第一，依法出版情况评比。主要检查是否坚持正确的办报方针、宗旨和舆论导向，是否按照《报纸管理暂行规定》刊登了国内统一刊号、邮发代号、通讯地址、联系电话、出版期号、印刷厂、广告经营许可证（编号）、报纸单价，是否按照《广告法》和有关法规经营广告业务，禁止有偿新闻和违法广告。第二，语言文字编校质量评比。依据新闻出版署和国家语委发布的《出版物汉字使用管理规定》和其他有关规范，主要审查在用字、词语、语法、标点、数字、计量单位、格式、文风等方面存在的问题。

第3条 评比总分为100分。其中，依法出版情况满分为20分，凡某项不符合要求，根据扣分标准直接从总分20分中扣除，不另行折算；语言文字编校质量评比满分为80分，按差错率换算最后的得分。评比结果公布：（1）依法出版情况得分，（2）语言文字编校质量得分，（3）总分，（4）名次。

第4条 评审工作要坚持原则、严肃认真、一丝不苟，做到：有错必纠，不搞迁就；有理有据，不"想当然"；评出的优秀，让各报社心悦诚服；指出的错误，让当事人不持异议。

---

* 厉兵教授执笔，原载1997年4月9日《新闻出版报》。

第5条 评审过程中如有疑难问题,首先由评委查阅有关的文件或工具书,或者向有关部门咨询;未能解决的,提交评审小组讨论;如果仍有争议,提交评委全体会议讨论裁定。

第二章 依法出版

第6条 凡有违背"四项基本原则"和"两为"方针内容的报纸,一律以不合格论,不再进行其他项目的评比。

第7条 因技术性差错导致政治性错误的,每项视情节轻重扣5~8分。

第8条 没有注明国内统一刊号、邮发代号、通讯地址、联系电话、出版期号、印刷厂、广告经营许可证(编号)、报纸单价(即"八必登")的,每项各扣1分。

第9条 所刊载的内容严重超越版面分工范围的,扣5分。

第10条 违反《报纸质量管理标准(试行)》的其他错误由评委提出,交评委全体会议讨论处理。

第三章 语言文字编校质量

第11条 语言文字现象是复杂的,本细则只能列举报纸常见的错误供参考,不可能涵盖各类问题。语言文字的运用,有正误之分,有优劣之分。作为报纸编辑,应追求准确无误、尽善尽美;作为质量评比,主要是检查和纠正那些违反有关规范的、违反出版惯例的、不合常识的错误。

第12条 语言文字正误的判别,以国家的语言文字各项规定为依据。字词正误的判别,以《现代汉语词典》1996年版为首选工作范本,并适当参照1983年版。标点符号正误的判别,以GB/T 15834—1995《标点符号用法》为依据;数字用法正误的判别以GB/T 15835—1995

《出版物上数字用法的规定》为依据;知识性问题以《辞海》(1989)和《中国大百科全书》等权威的工具书为依据。

第13条　所抽查的报纸中任何一处(包括由客户提供胶片的广告),出现了属于编校质量评比范围内的错误,均判作"差错"。差错依性质确定扣分标准。出现在标题上的差错,扣分按正文同类差错的三倍计。本细则所举的例子前面标有"＊"号的,均为差错示例。

第14条　差错率的计算公式:差错率=(因差错被扣除的总分÷所抽查版面的总字数)×100%。

第15条　版面字数的计算。对开版:使用5号字的,头版为8 000字,其他版为10 000字。四开版分别减半。半版或半版以上是广告或图片的版面另行估算。

第四章　文字

第16条　文字差错包括错字、别字、繁体字、异体字、漏字、多字、字序颠倒等。

第17条　文字差错一处扣1分。同一版有两处或两处以上相同的差错,扣2分。如有整句或整段文字排重的,一处扣3分。

第18条　报纸上应使用规范的简化字,不得使用已废止的《第二次汉字简化方案(草案)》(1977)中的简化字。以下汉字必须严格区别:象—像,迭—叠,了—瞭,罗—啰,复—覆,桔—橘,兰—蓝,予—预,咀—嘴,欠—歉,付—傅/副,借—藉,令—龄。

第19条　报纸上不得使用繁体字。除广告中企业和产品商标经注册的定型标志外,繁体字一律按差错处理。

第20条　报纸上不得使用异体字。但本着实事求是的精神,人名(特别是古代人名)中的异体字允许使用。如:

坤(堃)、奔(犇)、昆(崑)、梁(樑)、哲(喆)、升(昇)、照(炤)、苏（甦）、和（龢）、沾（霑）、渺（淼）。

第21条 报纸上不得使用已废止的旧字形。使用排版系统字库（如目前流行的一种圆角字）中不符合国家标准的汉字字形，以差错论处。一般的变形美术字在字形规范方面不作严格要求。旧字形举例：

旧 字 形：**眞鎭滾謠視拼紐吳喚廊贈說令零返耕差爭角綠喩旣黃敢**
标准字形：**真镇滚谣视拼纽吴唤廊赠说令零返耕差争角绿喻既黄敢**

第22条 一些形近、音近、义近的汉字常容易用混，必须严格区别。如：矫—骄—娇，尝—赏—偿，两—俩，度—渡，涵—缅，镑—磅，霭—蔼，暄—喧，绌—拙—咄，缭—撩—潦，姗—跚，署—暑，寥—廖，掬—鞠，胫—径，缉—辑，埔—浦—蒲，瘙—骚—搔，贯—惯，符—苻，藉—籍，弛—驰，震—振，燥—躁，惋—婉—宛，陡—徙—徒，宵—霄，戛—嘎，鹜—鹜，壁—璧，梁—粱，涨—胀，梢—捎—稍，嘻—嬉—喜，赝—膺，赃—脏，摹—摩，秆—杆，郎—朗，采—彩，炷—柱—拄，辐—幅—副，聩—馈，分—份，朔—溯，慨—概，蜡—腊，睢—雎，孚—负—赋，黏—粘—沾，跨—垮，碳—炭，脂—酯，洲—州，拥—涌，茸—苴，菏—荷—苛，戴—带—代，跤—交，账—帐，颗—棵，鱼—渔。

下列例子中括号里的词形是错误的：家具（傢俱），安排（按排），戛然（嘎然），陷阱（陷井），沿用（延用），赋予（赋于），参与（参予），拼搏（拚搏），拼凑（拚凑），麻风病（麻疯病），刹那间（霎那间），霎时间（刹时间），直截了当（直接了当），铤而走险（挺而走险）。

第23条 用计算机临时造字要合乎规范。要弄清所造的字是否为繁体字、异体字和自造简化字。如："憇"字是"憩"的异体字，"蕋"是"蕊"的异体字，"噹"已经简化作"当"。

第五章　词语

第24条　词语差错一处扣1分。同一版有两处或两处以上相同的差错，扣2分。

第25条　注意正确地区别使用以下词语：

截止—截至，学历—学力，权力—权利，有利—有力，不利—不力，其间—期间，以至—以致，融会—融汇，合龙—合拢，化装—化妆，经纪—经济，启示—启事，事务—事物，阻击—狙击，蒸气—蒸汽，传诵—传颂，反应—反映，察看—查看，上缴—上交，处置—处治。

第26条　关于同义异形词。提倡使用《现代汉语词典》首选的词形。以下各组例子中，前者为首选的词形：装潢—装璜，仓促—仓猝，粗鲁—粗卤，措辞—措词，倒霉—倒楣，抹杀—抹煞，烦琐—繁琐，轱辘—轱轳，皇历—黄历，思维—思惟，夙愿—宿愿，取消—取销，糟蹋—糟踏，成分—成份，身份—身分，给予—给与，订阅—定阅，希罕—稀罕，其他—其它，车厢—车箱，烂漫—烂熳，宏图—鸿图/弘图，名副其实—名符其实，归真返璞—归真返朴。

第27条　不应使用生造的词语和生造的缩略语。不合适的缩略语的例子如：多种经营→多经｜街道居委会→街居｜评选合格党员→评格｜开展业务→展业｜宣传贯彻→宣贯｜贯彻ISO 9000系列国际标准→贯标｜劳动服务公司→劳司｜达到并超过→达超｜创造出新水平高水平→创新高。

第28条　文章中使用专名的缩略形式时，除人们非常熟悉的（如鞍钢、欧盟）以外，应先交代较详的名称（标题上可先出现缩略形式，但正文里要交代较详的名称）。一份报纸中同一个专名，较详的称谓要前后一致，缩略的形式也要前后一致。

第29条　人名、地名要正确。国内外地名的写法以中国地图出版社最新的地图和地名录为准。不为广大读者知悉的小地名,应根据报纸发行的区域,冠以适当的大的地名。国外名人的中文译名以《辞海》和《中国大百科全书》为准。

第30条 不提倡使用生僻的方言词语。但这类词语只要用字正确,不予计错。

第31条 中文报纸不宜过滥地夹用外文。必须使用外文时,除了人们比较熟悉的(如CT、DNA)以外,外文在文章中第一次出现时,要有相应的汉译。是括注外文还是括注汉译,全报要一致。外文移行要符合规则。

第32条 外文、少数民族拼音文字和汉语拼音,一个词(普通词、专有名词、缩略语)里头,拼写错误(包括大小写错误)不论几处,均按一处扣分。

第六章 语法

第33条 不合语法的句子,平常称作"病句"。语言是发展的,有些"病句",语言学界尚存争议。一个具体句子,是否以病句定论,需要有充分的依据。评审时,主要将那些不存在争议的病句判作差错。

第34条 一处病句扣2分。

第35条 病句的类型很多,同一个病句,从不同的角度分析,可能归类也不同。这里选择报纸上几种典型的病句列举如下:

(一)用词不当

*在县长的一再压力下,银行无奈,最后只得给他们贷款三十万元。

*如今,裕安大厦已成为安徽省和各地市接轨浦东的重要载体。

(二)主语残缺

*1996年的税收财务物价大检查取消自查阶段,直接进入重点检

查,不禁拍手叫好。

*在他们的辛勤工作下,使这些外商消除了思想顾虑,积极投资于当地的开发建设。

*去年以来,由于日方在对历史问题的认识和钓鱼岛问题上接连采取错误举措,使中日关系正常发展受到严重干扰。

(三)宾语残缺

*这个集团目前已成为拥有11个专业公司、2个研究所、3个生产厂,现有固定资产6500万元。

(四)搭配不当

*加快高等教育事业发展的规模和速度。

*急忙中,衣服、手掌被峭壁乱石划破、划伤,可他全然不顾。

(五)词序不当

*太监是我国封建皇宫中特有的产儿,是被阉割过的封建帝王的奴仆。

(六)重复累赘

*这种新型筑路材料,用于高等级公路上作过湿土路基用料,效果很好。

*在一些地方,"上司"吃拿卡要的现象很严重,基层干部们对此不胜其扰。

(七)句式杂糅

*客房内均设有闭路电视、国际国内直拨电话、音响、房间酒吧等应有尽有。

(八)关联不当

*这种飞机因氧化剂比燃料重八倍,因此,起飞时的重量大大减轻。

(九)不合事理

＊截至1996年6月1日，乌克兰境内的核武器已全部运往俄罗斯销毁，销毁工作将在乌克兰专家的监督下进行。

＊他是大秦铁路工地上的风云人物，之所以远近闻名，不仅在于他自荐当队长、全国新长征突击手，还在于人们对他的一些争议。

＊工商局经济检查科根据举报的线索，仅用32个小时就查获了这起假冒名牌商品案，查扣假茅台481箱计5772瓶，价值126.98万元。

第七章　标点符号

第36条　标点符号的作用，有正误之分与优劣之分。可用标点也可不用标点的地方，可用这种标点也可用那种标点的地方，一般属于优劣之争，不予计较。应该用标点而没有用，应该用这种标点而用了那种标点，应该把标点放在这里而放在了那里，则属于错误。评判时应严格要求，不可降低标准。

第37条　标点差错不论类型是否相同，每处均扣0.5分。

第38条　以下几种情形是报纸不应该错但又极容易错的，须严格把关。

（一）问号

虽然有"谁""什么""怎么"等疑问词，但全句并不是疑问句，末尾不能用问号。

＊他不得不认真思考企业的生产为什么会滑坡？怎样才能扩大产品的销路？

（二）顿号

1.并列成分中又有另一层次的并列成分时，不能一概用顿号。

＊全国人大常委会又颁布了禁毒决定，对制造、贩卖、运输、非法持有毒品、非法种植罂粟、大麻等毒品原植物、引诱、教唆他人吸食、注射毒品等，都作了严厉的处罚规定。

2.相邻的数字连用表示一个概数,不能用顿号隔开。

*我们曾去过六、七个这样的购物中心,看到有二、三十位老人买这种健身器。

3.相邻的数字连用表示的略语,可以用顿号隔开。如:

省委负责同志向退居二、三线的老同志介绍了我省明年经济建设的总体规划。

(三)分号

1.被分号分隔的分句中不能出现句号(即"以小包大")。

*他在会上要求全省各部门、各单位接收和安排好今年的大中专毕业生。国有大中型企业应积极接收计划分配的毕业生,并尽可能地多收一些。这对企业今后的长远发展大有好处,是储备人才,积攒后劲;中央单位,和地方企事业单位一样,也有义务接收大中专毕业生。规模大的中央单位消化能力强,应该多接收一些;"三资"企业、股份制企业、乡镇企业,也要积极接收应届大中专毕业生。

2.分号不能用在普通单句中。

*报名者请携带户口簿;身份证;高中毕业证书;体检证明;两张二寸近期免冠照片。

*今年全公司要继续走"少投入、多产出;以适用技术服务于农"的路子。

(四)冒号

提示性词语后面无停顿,相呼应的是引语后的宾语,这个提示性词语后面不能用冒号。

*厂领导及时提出:"以强化管理抓节约挖潜、以全方位节约促成本降低、以高质量低成本开拓市场增效益"的新思路。

(五)引号

1.引语被当作完整独立的话语来用,句末标点应放在引号里面。

＊古人曰："多行不义必自毙"。

2.引语被作为作者的话的组成部分，句末标点应放在引号外面。

＊大革命虽然失败了，但火种犹存。共产党人"从地下爬起来，揩干净身上的血迹，掩埋好同伴的尸首，他们又继续战斗了。"

3.横排和竖排的引号都要外双内单，即：引号里面还有引号时，外面一层用双引号，里面一层用单引号。

（六）括号

括号里的话如果是注释句子里某个词语，括号要紧贴在被注释的词语之后。

＊如果国家主权遭到贬损或剥夺，个人的一切就将失去保障（包括人权在内）。

（七）省略号

1.省略号前面的话用了句号、叹号、问号，说明前面是完整的句子，这个句末点号应予保留；如果前面是顿号、逗号、分号，这个句中点号不保留。省略号后面的标点，一般不用，因为连文字都省略了，标点符号自然也可以不要。

＊雄伟庄严的人民大会堂，是首都最著名的建筑之一，……。那壮丽的廊柱，淡雅的色调，以及四周层次繁多的建筑立面，组成了一幅绚丽的图画。

2.省略号不得与"等"或"等等"并用。

＊在另一领域中，人却超越了自然力，如飞机、火箭、电视、计算机……等等。

（八）书名号

1.除了书名、报纸名、刊物名、篇章名可用书名号以外，下列文化产品名称也可以用书名号：

影片《红高粱》|小提琴协奏曲《梁祝》|独舞《月光下》|黑白摄

影《救死扶伤》|董希文的《开国大典》|石雕《和平》|湘绣《龙凤呈祥》|特种邮票《中国皮影》|相声《钓鱼》|小品《英雄母亲的一天》|报纸上《人民子弟兵》专栏|北京文艺台《周末三人谈》专题节目

2.书名号里面的名称要与原名相符，如：不应把"《人民邮电》报"标点作"《人民邮电报》"。合适的缩略形式可以使用，如《毛选》四卷本、《沙》剧。

3.不能使用书名号的情形：

＊《长征二号》运载火箭|《永久牌》自行车|《桑塔那》轿车|颁发《身份证》|持有《经营许可证》|办理《营业执照》|住在《北京饭店》|室内乐队《爱乐女》|荣获《百花奖》|《喜乐杯》足球赛|《科技日语速成班》招生|召开《'96油画艺术研讨会》|《法国近代艺术展览》开幕

4.丛书的标点。早年习惯上用书名号（如《万有文库》《四部丛刊》等）。现在的丛书最好使用引号而不使用书名号。丛书名为一个词的，连同"丛书"加引号，如"五角丛书""妇女丛书"；丛书名为短语的，只把这个短语加引号，如"当代农村百事通"丛书、"从小爱科学"丛书。

5.教科书名称用书名号，而课程名称不用书名号。如：这学期开设微积分课，需要买一本高等教育出版社出版的《微积分》。

6.报社（报纸编辑部）和杂志社（杂志编辑部）的名称，如果着眼于单位，不用书名号更好。如：《讽刺与幽默》是人民日报办的漫画增刊|新闻出版报邀请首都部分出版单位负责人座谈。如果报刊名称易与普通名词混同，一般要加书名号。如：《山西青年》向"一稿多投"宣战|《少男少女》请宏志班学生在广州作报告。

（九）序号的标点

"第一""第二""第三"后面用逗号；"一""二""三"后面用顿

号;"1""2""3"和"A""B""C"后面用齐线黑点。带了括号的序号,后面不得再加顿号、逗号之类。

(十)"'97"这种形式是从英文出版物引进的,可以使用,这里的高撇号"'"习惯上称作"省字号"。这种形式限用于某项活动"标题式"的名称中,如"'97全国足球甲A联赛"。"'97"这种形式不可替代"1997年"用于一般的年代表述(如作时间状语)。

"'97年""'97年度"中的"年""年度"是多余的。

(十一)"g/cm^3"中的斜线,是科技符号中的"除号",不属于标点符号。凡是复合量词(如:人次、架次、人公里、吨公里),不可用斜线除号分隔(如:吨/公里)。

(十二)标点符号位置禁则。

1.句号、问号、叹号、逗号、顿号、分号和冒号不应居一行之首。

2.引号、括号、书名号的前一半不应居一行之末,后一半不应居一行之首。

3.句末省略号不应独居下一行之首。

4.破折号和省略号不能断开分居一行之末、一行之首。破折号不应排作"— —"。

第八章 数字用法

第39条 数字用法着重检查:(1)处理是否得体,(2)是否保持局部统一,(3)带有计量单位的量值(横排)是否用了阿拉伯数字,(4)一个用阿拉伯数字书写的量值是否移行了。

第40条 数字差错一处扣0.5分,同一版有两处或两处以上同类型的差错扣1分。

第41条 以下几种情形是报纸不应该错但又极容易错的,须严格把关。

(一) 使用阿拉伯数字不得体。

＊西峡人戏称"5000轻骑闹山乡"。(应作"五千")

＊开发范围跨津冀鲁三省市的20几个区县。(应作"二十几")

(二) 同类情形在同一篇文章中体例不一致。

＊一一〇九钻井队……1211钻井队……六根枕木……7辆载重汽车……400多元……一千多美元……四分之一……1/3……

(三) 使用阿拉伯数字,夹用汉字"十、百、千、十万、百万、千万、十亿、百亿、千亿"记位,如:5千公斤|7百万人口|3千亿元|2万8千6百多亩。但出版界使用的"千字"是唯一的例外。至于"百米、千克、千米、千瓦、兆赫"中的"百、千、兆"属于计量单位中的词头,性质不同。

(四) 单位名称中的数字代码,用汉字还是阿拉伯数字(如301医院/三〇一医院),以"名从主人"为原则,但全文前后要统一。标题可根据排版需要予以变通。

(五) 汉文数码"〇"、拉丁字母"O"、阿拉伯数字"0"要避免混同。

第九章 计量单位

第42条 计量单位差错一处扣1分。同一版有两处或两处以上相同的差错,扣2分。

第43条 要使用法定计量单位,不使用非法计量单位,如:公尺、公分、立方公尺、公升。但文学作品(包括老百姓口头语引语)和历史资料,可以出现"里""尺""斤""英寸"之类的计量单位。如:扯了六尺花布|离县城15里地|小猪崽刚买来时才二十来斤|一口气吃了八两馒头|家里换上了一台20英寸的彩电|要节约每一度电。

第44条 不得使用已废除的计量单位旧译名用字。如:浬(应用"海里"),哩(必要时用"英里"),呎(必要时用"英尺"),吋(必要时用"英寸"),唡(必要时用"盎司"),瓩(应用"千瓦")。

第45条 要正确使用计量单位符号,注意词头符号和单位符号的大小写。如:m(米),cm(厘米),km(千米),g(克),kg(千克,公斤),t(吨),A(安[培]),W(瓦[特]),kW(千瓦[特]),Hz(赫[兹]),MHz(兆赫[兹]),V(伏[特]),dB(分贝),min(分)。

第46条 表示参数范围的数值应按国家有关的标准处理。如:

63%～68%(不写作63～68%);

−15～−8℃;

155～220公斤(亦可写作155公斤～220公斤);

8万～11万吨(不写作8～11万吨);

包装外形尺寸为400mm×200mm×300mm(不写作400×200×300mm)。

第十章　标题与引文

第47条 标题制作要题文相符,要准确、鲜明、生动。

第48条 标题应避免不适当的移行,如:(1)把一个词拆开,分在两行;(2)把助词"的"移到下一行行首;(3)由于句读不明而产生歧义。凡有严重歧义的标题,一处扣2～3分。如:

| 外交部发言人沈国放说
中国对美再次袭击
伊拉克深表不满 | ○短讯荟萃
山西人口报请
读者"挑毛病" | □信息集锦
苏州局限时装
电话说到做到 |

第49条 引文(尤其是引用马克思主义经典著作和古代名著),应注意核实,以保证准确无误。

第50条 由引用造成的差错(如丢字、多字、标点错误或曲解),按同类型差错的两倍计错。

第十一章　知识性问题

第51条　知识性差错可能涉及各个领域。这里仅举几例：

＊福建有名山曰雁荡山。（雁荡山在浙江省）

＊春分刚过，离惊蛰还有十几天。（二十四节气中，春分在惊蛰后面）

＊这种食品中含有维生素、蛋白质、氨基酸等多种元素。（维生素、蛋白质、氨基酸都不是元素）

＊由于某些"左"的错误，特别是十年动乱中的"苦迭打"，作者和评论工作者之间存在着很深的裂痕。（"苦迭打"不是残酷打击的意思）

第52条　知识性差错一处扣2.5分。同一版有两处或两处以上相同的错误，扣5分。

第十二章　文风

第53条　提倡准确、鲜明、生动的文风，忌假大空"八股腔"，忌花里胡哨、似是而非的"花腔"，忌流里流气、粗俗不堪的"痞子腔"。目前尤其要反对"花腔"，即堆砌辞藻、故弄玄虚，看似漂亮深沉但无论从内容上还是文法上都经不起推敲的文字。

第54条　文风问题要从一篇文章的总体上去衡量。要把正当地运用修辞手段跟文风不正区别开来。不能用新闻写作的要求去要求文学作品。文学作品为了取得艺术效果，可以创造性地使用文学语言。

第55条　一篇文章如确属文风不正，扣3～5分。

GB/T 30240.1—2013

公共服务领域英文译写规范
第1部分:通则

(中华人民共和国国家质量监督检验检疫总局、中国国家标准化管理委员会2013年12月31日发布,2014年7月15日实施)

前 言

GB/T 30240《公共服务领域英文译写规范》与公共服务领域日文、韩文、俄文等译写规范共同构成关于公共服务领域外文译写规范的系列国家标准。

GB/T 30240《公共服务领域英文译写规范》分为以下部分:
——第1部分:通则;
——第2部分:交通;
——第3部分:旅游;
——第4部分:文化娱乐;
——第5部分:体育;
——第6部分:教育;
——第7部分:医疗卫生;
——第8部分:邮政电信;
——第9部分:餐饮住宿;
——第10部分:商业金融。

本部分为GB/T 30240的第1部分。

本部分按照GB/T 1.1—2009给出的规则起草。

本部分由教育部语言文字信息管理司提出并归口。

本部分主要起草单位：上海市语言文字工作委员会、北京市语言文字工作委员会、江苏省语言文字工作委员会、上海师范大学、上海外国语大学、北京外国语大学、南京大学。

本部分主要起草人：张民选、柴明颎、丁言仁、潘文国、戴曼纯、姚锦清、白殿一、张日培、王守仁、杨永林、陈新仁、杨晓荣、王银泉、乌永志、戴宗显、刘民钢、林元彪、孙小春、王育伟。

1　范围

GB/T 30240的本部分规定了公共服务领域英文翻译和书写的相关术语和定义、译写原则、译写方法和要求、书写要求等。

本部分适用于公共服务领域中场所和机构名称、公共服务信息的英文译写。

2　规范性引用文件

下列文件对于本文件的应用是必不可少的。凡是注日期的引用文件，仅注日期的版本适用于本文件。凡是不注日期的引用文件，其最新版本（包括所有的修改单）适用于本文件。

GB/T 10001（所有部分）　标志用公共信息图形符号

GB/T 16159　汉语拼音正词法基本规则

GB 17733　地名　标志

汉语拼音方案（1958年中华人民共和国第一届全国人民代表大会第五次会议审议通过）

3　术语和定义

下列术语和定义适用于本文件。

3.1 场所和机构名称　names of public places and institutions

公共服务领域中具有对外服务功能的公共场所、经营机构、管理机构、企事业单位等的名称。

3.2 专名　specific terms

场所和机构名称中用于与同类别、同属性的其他场所或机构相区别,具有唯一性特征的部分。

3.3 通名　generic terms

场所和机构名称中标示场所或机构的类别和属性,不具有唯一性特征的部分。

3.4 公共服务信息　public service information

为满足人们活动需要,在公共服务领域中提供的功能设施、警示警告、限令禁止、指示指令和说明提示等服务信息。

4　译写原则

4.1　合法性

4.1.1 公共服务领域英文译写应符合我国语言文字法律法规的规定,在首先使用我国语言文字的前提下进行。

4.1.2 党政机关名称的英文译写用于对外交流,不得用于机关名称标牌。

4.1.3 地名的罗马字母拼写应符合我国语言文字和地名管理法律法规的规定。作为公共服务设施的台、站、港、场,以及名胜古迹、纪念地、游览地、企业事业单位等名称,根据对外交流和服务的需要,可以用英文对其含义予以解释。地名标志应执行GB 17733。

4.1.4 公共服务领域英文译写应符合我国标准化法律法规的规定,公共服务信息在GB/T 10001中已经规定了图形符号的,应首先按照标准的规定使用公共信息图形标志。

4.1.5 汉语拼音的使用应符合《汉语拼音方案》及GB/T 16159的规定,

可以不标声调符号。

4.2 规范性

4.2.1 公共服务领域英文译写应符合英文使用规范以及英文公示语的文体要求。

4.2.2 公共服务领域英文译写应准确表达我国语言文字原文的含义。

4.2.3 公共服务信息应根据信息的内容和意图等意译，并尽量使用英语国家同类信息的习惯用语，一般不按原文文面直译。如："安全线"应译作 Yellow Line 或 Red Line，"油漆未干"应译作 Wet Paint。

4.3 服务性

4.3.1 公共服务领域英文译写应根据对外服务的实际需要进行。

4.3.2 公共服务领域英文译写应通俗易懂，便于理解，避免使用生僻的词语和表达方法。

4.4 文明性

公共服务领域英文译写应用语文明，不得出现有损我国和他国形象或有伤民族感情的词语，也不得使用带有歧视色彩或损害社会公共利益的译法。如："老弱病残孕专座"应译作 Priority Seating 或 Courtesy Seat（其中 Seat 应视情况选用单数或复数形式）。

5 译写方法和要求

5.1 场所和机构名称

5.1.1 总则

场所和机构名称应区分专名、通名、修饰或限定成分，分别使用汉语拼音和英文进行拼写或翻译。

5.1.2 专名

5.1.2.1 专名一般使用汉语拼音拼写。如：同仁医院 Tongren Hospital。

5.1.2.2 来源于英文的专名，直接使用原文。如：希尔顿酒店 Hilton Hotel。

5.1.2.3 有实际含义、并需要向服务对象特别说明其含义的专名,可使用英文翻译。如:因藏有玉佛而得名的上海玉佛寺译作 Jade Buddha Temple。

5.1.3 通名

5.1.3.1 通名一般使用英文翻译。如:华联超市 Hualian Supermarket。

5.1.3.2 专名是单音节时,其通名部分可视作专名的一部分,先与专名一起用汉语拼音拼写,然后用英文重复翻译。如:豫园 Yuyuan Garden。

5.1.3.3 通名在原文中省略的,应视情况补译。如:梅园村(饭店名)Meiyuancun Restaurant。

5.1.4 修饰或限定成分

5.1.4.1 行政区划限定成分

行政区划限定成分用汉语拼音拼写,如:北京 Beijing。但表示国家和大区的,使用英文翻译,如:华北 North China。

作为限定成分,行政区划名中的"省""市""区""县""乡(镇)"等可以省去不译。但在党政机关名称中,以及在名称相同、行政层级不同而易产生混淆的情况下,应当用英文译出,如"吉林省"和"吉林市"可分别译作 Jilin Province 和 Jilin Municipality。

5.1.4.2 序列、方位、属性、特点等修饰成分

用英文翻译,如:北京南站(火车站)Beijing South Railway Station。但名称主体已失去原属性特点的,可用汉语拼音拼写,如:西安交通大学 Xi'an Jiaotong University。

5.1.5 例外情况

现用英文译名不符合前述规定,但已经约定俗成的,可沿用其习惯的译写方法。如:中山陵 Dr. Sun Yat-sen's Mausoleum。

5.2 公共服务信息

5.2.1 总则

公共服务信息使用英文翻译。

5.2.2 功能设施信息

5.2.2.1 应区分功能设施信息的不同使用场合采取不同的译法。如"残障人士专用设施"：在标示其"残障人士专用"的功能时可译作 Disabled Only，如图1；在指示其所处方位时则应采用"Accessible + 设施名"的译写方法，如图2。

残疾人卫生间
Disabled Only

注：采用此译法制作的标志设置于该设施所在位置，以提示"残障人士专用"。
图1　"残疾人卫生间"英文译法 1

残疾人卫生间
Accessible Toilet →

注：采用此译法制作的标志用于指示设施名称及其所处的位置。
图2　"残疾人卫生间"英文译法 2

5.2.2.2 标有阿拉伯数字的功能设施，采用"设施名+阿拉伯数字"的译写方法。如：2号看台 Platform 2；3号登机口 Gate 3。

5.2.3 警示警告信息

5.2.3.1 一般性警示事项译作 Mind... 或 Watch... 或 Beware of...。如：当心碰头 Mind Your Head；注意脚下、当心踏空、当心台阶 Watch Your Step。

5.2.3.2 可能导致重大人身伤害、需要突出警示的警告事项使用CAUTION翻译。如：小心烫伤（指开水）CAUTION//Hot Water（"//"表示应当换行，下同）。

5.2.3.3 直接关系生命财产安全、需要引起高度注意的警告事项使用 WARNING 或 DANGER 翻译。如：当心触电 DANGER//High Voltage。

5.2.4 限令禁止信息

5.2.4.1 劝阻性事项译作 Please Do Not... 或 Thank You for Not-ing。如：请勿吸烟 Thank You for Not Smoking。

5.2.4.2 禁止性事项译作 Do Not...或 No-ing或...Not Allowed。如：禁止吸烟、不准吸烟 No Smoking。

5.2.4.3 直接关系生命财产安全、需要严令禁止的事项可译作 ...Forbidden 或 ...Prohibited。如：严禁携带（燃放）烟花爆竹 Fireworks Prohibited。

5.2.5 指示指令信息

5.2.5.1 指示指令信息一般用祈使句或短语翻译。如：小草有生命，君子足留情 Keep off the Grass。

5.2.5.2 非强制性指示提醒事项，为使语气委婉，可以使用Please引导。如：请节约用水 Please Save Water 或 Please Conserve Water。

5.2.5.3 要求指令性事项以译出指令的内容为主。如：旅客通道，保持畅通 Keep Clear，"保持畅通"必须译出，"旅客通道"可不译出。

5.2.5.4 直接关系生命财产安全、需要强令执行的事项可以使用Must翻译。如：必须戴安全帽 Head Protection Must Be Worn 或 All Personnel Must Wear a Hard Hat。

5.2.6 说明提示信息

应保持译文简洁，以使所要说明和提示的信息一目了然。

5.2.7 通用类公共服务信息的具体译法

通用类公共服务信息的具体译法参见附录A。

5.3 词语选用和拼写方法

5.3.1 同一事物或概念，英语国家用不同词语表达的，选择国际上更为通用的英文词语。

5.3.2 同一词语，在英语国家有不同拼写方法的，选择国际上更为通用的拼写方法。

5.3.3 同一场所中的词语选用和拼写方法应保持一致。

5.4 语法和格式

5.4.1 译文应正确使用人称、时态、单复数。

5.4.2 可数名词明确指向单个对象时使用单数，指向一个以上对象或者对象不明确时使用复数。

5.4.3 采用缩写形式应符合国际惯例。使用序数词的，可缩写作 1st、2nd 等。

6 书写要求

6.1 总则

公共服务领域中场所和机构名称、公共服务信息的英文书写应符合英语国家公共标志中的书写规范和使用习惯。

6.2 大小写

6.2.1 短语、短句字母全部大写或者所有单词的首字母大写。如：不准停车，只可上下旅客 DROP-OFF & PICK-UP ONLY 或 Drop-Off & Pick-Up Only。

6.2.2 长句中第一个单词、所有实义词、4个及4个以上字母组成的虚词、换行以后的行首词的首字母大写。如：请随手关灯 Turn off Lights Before You Leave。

6.2.3 需要特别强调的警示性、提示性独词句，字母全部大写。如：禁止通行 STOP。

6.2.4 由警示语和警示内容两部分组成的语句，警示语字母全部大写。如图3：

```
┌─────────────────────┐
│    水深危险！        │
│    WARNING          │
│    Deep Water       │
└─────────────────────┘
```

图3　"水深危险！"英文译写法

6.2.5 使用连字符"-"连接两个单词时,连字符后面如果是实词则首字母大写,如果是虚词则首字母小写。如:送货上门(直销)Door-to-Door Delivery。

6.3 标点符号

6.3.1 一般不使用标点符号。但长句结尾处可用句号,分句或平行短语之间应使用逗号。如:严禁携带易燃、易爆、有毒物等违禁品 Flammable, Explosive, Poisonous and Other Illegal Articles Strictly Prohibited。

6.3.2 需要加以警示、强调时可使用感叹号。

6.4 字体

应使用相当于汉字黑体的没有衬线的等线字体,如Arial字体。

6.5 空格

6.5.1 单词内部的字母之间不空格。单词与单词之间空一格。

6.5.2 逗号、句号后空一格。

6.5.3 撇号(')出现在一个单词中间时前后均不空格,如:旅客的车票(单数)Passenger's Ticket;出现在词末时,后空一格,如:女中(高中)Girls' High School。

6.5.4 连字符(-)前后不空格。

6.6 换行

6.6.1 一般不换行。但由警示语和警示内容两部分组成的语句,警示语和警示内容应当分行书写。

6.6.2 需要换行的,断行时应保持单词以及意义单位的完整,如:遇有火灾请勿使用电梯 Do Not Use Elevator in Case of Fire,应在 Do Not Use Elevator 和 in Case of Fire 两个意义单位之间断行(换行后in首字母应大写作In)。

6.6.3 需要换行的长句排版时不得使用两端对齐。

附录A （资料性附录）通用类公共服务信息英文译法示例

表A.1～表A.5给出了通用类的公共服务信息英文译法示例,各表的英文中"或"表示可选择的其他译法,"/"表示可替换的其他词语,"//"表示书写时应当换行,"（　）"中的内容表示可根据实际情况选择译出或不译出。

A.1 功能设施信息

表A.1　功能设施信息英文译法示例

序号	中文	英文
	（安全保卫、消防类）	
1	保安室；门卫室；值班岗亭	Security 或 Security Booth/Guard/Office/Room
2	疏散示意图	Evacuation Chart
3	疏散通道	Evacuation Route
4	应急避难场所	Emergency Shelter
5	紧急疏散集合地	Evacuation Assembly Area
6	紧急呼叫点	Emergency Call
7	紧急报警器	Emergency Alarm
8	火情警报；火情警报器	Fire Alarm
9	灭火器	Fire Extinguisher
10	消防车	Fire Engine

序号	中文	英文
11	消防软管卷盘	Fire Hose Reel
12	消火栓	Fire Hydrant
13	消火栓箱	Fire Hydrant Box
14	消防逃生通道	Fire Escape
15	消防通道	Fire Lane
16	消防应急面罩	Fire Mask
17	烟感探头	Smoke Detector
	（公共卫生类）	
18	洗手间；卫生间；厕所；盥洗室	Toilet 或 Restroom 或 Washroom 或 W. C.
19	男厕所	Men 或 Gents
20	女厕所	Women 或 Ladies
21	收费厕所	Pay Toilet
22	非水冲座便器（无需冲水）	No-Flush Toilet
23	干手机	Hand Dryer
24	更换尿布处	Baby Change 或 Baby Changing Station
25	有人；使用中	Occupied
26	无人；未使用	Vacant
27	伸手出水	Automatic Tap
28	踏板放水	Pedal to Operate
29	自动冲洗	Automatic Flush
30	清洁中	Cleaning in Progress
31	垃圾桶；废物箱	Rubbish (Bin)
32	可回收垃圾箱	Recyclable (Bin)
33	可回收物（垃圾箱）	Recyclables
34	不可回收垃圾箱	Non-Recyclable (Bin)
35	不可回收物（垃圾箱）	Non-Recyclables
36	垃圾车	Garbage Truck
37	清洁车	Street Sweeper/Cleaner 或 Road Sweeper/Cleaner

序号	中文	英文
38	垃圾房	Garbage Room
	（通讯类）	
39	电话亭（间）	Telephone Booth
40	插卡式公用电话；磁卡电话	Phone Card Only
41	内线电话	Internal Call(s)
42	外线电话	External Call(s)
43	应急电话；紧急呼救电话	Emergency Telephone
44	电话查号台	Telephone Directory Assistance
45	电话区号	Area Code
46	电话收费标准	Call Rates
47	通话时间	Call Duration
48	服务热线	Service Hotline 或 Hotline
49	订票热线；票务热线	Booking Hotline
50	投诉电话；投诉热线	Complaints Hotline
51	紧急救护电话：120	Ambulance: 120
52	紧急求助电话：110	Emergency: 110
53	邮政服务	Postal Service
54	邮政编码	Postal Code
	（医疗急救类）	
55	医务室	Clinic
56	急救室；急救中心	Emergency (Center) 或 First Aid (Center)
	（无障碍设施类）	
57	无障碍（设施）	Wheelchair Accessible
58	残疾人厕所	Accessible Toilet/Restroom/Washroom 或 Disabled Only
59	残疾人电梯	Disabled Only 或 Accessible Elevator/Lift
60	老弱病残孕专座	Priority Seating 或 Courtesy Seat(s)
	（寄存类）	
61	储物柜；存包处	Lockers

序号	中文	英文
62	免费存包处	Free Lockers
63	自助寄存柜	Self-Service Lockers
64	行李寄存处	Luggage/Baggage Deposit
	（进口、出口、门）	
65	进口；入口	Entrance
66	东（南/西/北）进口	East/South/West/North Entrance
67	出口；安全门	Exit
68	东（南/西/北）出口	East/South/West/North Exit
69	火警出口	Fire Exit
70	紧急出口	Emergency Exit
71	边门	Side Door
72	玻璃门	Glass Door
73	旋转门	Revolving Door
74	自动门	Automatic Door
75	出门按钮	Press to Exit
76	拉（门）	Pull
77	推（门）	Push
	（电梯、楼梯、楼层、通道）	
78	电梯	Elevator 或 Lift
79	扶梯；自动扶梯	Escalator
80	观光电梯	Sightseeing/Observation Elevator/Lift
81	贵宾电梯	VIP Only 或 VIP Elevator/Lift
82	员工电梯	Staff Only 或 Staff Elevator/Lift
83	货梯	Freight Elevator/Lift
84	步行梯；楼梯	Stairs
85	一/二/三/四/五层（地上）	1F/2F/3F/4F/5F 或 L1/L2/L3/L4/L5
86	一/二/三/四/五层（地下）	B1/B2/B3/B4/B5
87	楼层示意图	Floor Layout 或 Floor Plan

序号	中文	英文
88	地下通道	Underpass
89	优先通道	Priority Lane
	（功能区域）	
90	等候区	Waiting Area
91	服务区	Service Area
92	禁烟区；无烟区	Non-Smoking Area
93	吸烟区	Smoking Area
	（功能处所）	
94	礼堂	Auditorium
95	多功能厅	Function Hall
96	休息室	Lounge
97	贵宾休息室	VIP Only 或 VIP Lounge
98	会议室	Conference Room 或 Meeting Room
99	吸烟室	Smoking Room
100	复印室	Copy Room
101	棋牌室	Chess and Cards Room
102	阅览室	Reading Room
103	值班室	Duty Room
104	地下室	Basement
	（餐饮场所）	
105	餐厅	Restaurant
106	咖啡馆；咖啡厅	Coffee Shop 或 Café
107	西餐厅	Western Restaurant
108	快餐吧	Snack Bar 或 Snacks
109	酒吧	Bar
	（仪器设备）	
110	配电间	Switch Room 或 Switching Room
111	设备间	Equipment Room

序号	中文	英文
112	开水间	Hot Water Room
113	冷冻机房	Refrigeration Room 或 Refrigerating Room
114	新风机房	Ventilation Room
115	温度调节	Temperature Control
116	风量调节	Fan Control
	（接待与问询服务类）	
117	前台；接待；总服务台	Reception
118	服务处；服务中心	Service Center
119	服务台	Service Desk
120	顾客服务中心（客服中心）	Customer Service Center
121	问讯处	Enquiry 或 Information
122	商务中心	Business Center
123	预订处	Reservation
	（票务服务类）	
124	票务服务（售、退、补票等综合服务）	Ticket Service
125	补票处	Fare Adjustment
126	预订票取票处	Ticket Claim
127	退票处	Refund
128	优惠票窗口	Discount Ticket
129	此票不能使用（检票机上提示信息）	Ticket Invalid
130	凭票入场	Admission by Ticket Only
131	当日有效	Valid Only on Day of Issue
	（信息公告类）	
132	布告栏；公告栏；留言板	Bulletin Board 或 Message Board
133	示意图	Diagram 或 Sketch Map
134	价目表	Price List
135	时刻表	Timetable

序号	中文	英文
136	意见箱	Suggestions & Complaints (Box)
	（更衣、试衣、衣帽寄存）	
137	衣帽间；存衣处	Cloakroom
138	试衣间	Fitting Room
139	更衣室	Locker Room
140	男更衣室	Men's Locker Room
141	女更衣室	Women's Locker Room
142	员工更衣室	Staff Locker Room 或 Staff Lockers
	（缴费、价格类）	
143	缴费窗口；缴费处	Pay Here 或 Cashier
144	收银台；结账处	Cashier
145	外币兑换处	Currency Exchange 或 Foreign Exchange
146	投币口	Coin Slot
147	收费标准	Rates
148	单价	Unit Price
149	优惠价格	Discount Price
150	售完（售罄）	Sold Out
151	赠品	Complimentary
152	在此刷卡	Swipe Your Card Here
153	余额不足	Insufficient Balance
	（自助设备）	
154	自动充值机	Add Value Machine
155	自动检票机	Self-Service Check-in
156	自动售货机	Vending Machine
157	自助查询机	Self-Service Information
	（停车场、库）	
158	停车场	Parking (Lot)
159	地下停车场	Underground Parking

序号	中文	英文
160	临时停车场	Temporary Parking
161	全日(昼夜)停车场	24-Hour Parking
162	免费停车场	Free Parking
163	停车场入口	Parking Entrance
164	停车位	Parking Space
165	车位已满	Full
166	计时停车	Metered Parking
167	停车时限：××分钟	××-Minute Parking
168	停车收费标准	Parking Rates
	(其他)	
169	饮用水	Drinking Water
170	非饮用水	Not for Drinking
171	行李手推车	Luggage/Baggage Cart
172	雨伞架	Umbrella Stand
173	自行车停放架	Bicycle Racks
174	自行车租车处	Bicycle Rental

A.2 警示警告信息

表A.2 警示警告信息英文译法示例

序号	中文	英文
1	当心台阶；当心踏空；注意脚下	Mind/Watch Your Step
2	当心碰撞	Beware of Collisions
3	小心障碍	Beware of Obstruction
4	小心碰头	Mind Your Head
5	小心玻璃(指玻璃门)	CAUTION//Glass Door
6	小心烫伤(开水)	CAUTION//Hot Water
7	小心灼伤	CAUTION//Hot Surface

序号	中文	英文
8	小心滑倒（地面建筑材质本身较光滑）	CAUTION//Slippery
9	小心地滑（地面有水）	CAUTION//Wet Floor
10	注意安全，请勿靠近	CAUTION//Keep Away
11	注意防火	CAUTION//Fire Risk 或 CAUTION//Fire Hazard
12	当心触电	DANGER//High Voltage
13	当心剧毒	DANGER//Highly Toxic 或 DANGER//Toxic Hazard
14	小心落水	WARNING//Deep Water
15	当心坠落	WARNING//Be Careful Near the Edge

A.3 限令禁止信息

表A.3 限令禁止信息英文译法示例

序号	中文	英文
	（劝阻类信息）	
1	请勿触碰	Please Do Not Touch
2	请勿打扰	Please Do Not Disturb
3	请勿倚靠车门	Please Do Not Lean on Door
4	请勿遗忘随身物品	Please Do Not Leave Your Belongings Behind
5	请勿践踏草坪	Please Keep off the Grass
6	请勿喧哗；保持安静	Please Keep Quiet
7	请勿使用手机	Please Keep Your Mobile Phone Switched off
8	请勿吸烟	Thank You for Not Smoking
	（禁止类信息）	
9	不得乱扔垃圾	No Littering
10	不得随地吐痰	No Spitting
11	不得躺卧	No Lying Down Here
12	不准停车或候客，只可上下旅客	Pick-up and Drop-off Only//No Parking

序号	中文	英文
13	不准停放自行车	No Bicycle Parking
14	不准穿越（指行人）	No Pedestrian Crossing
15	不准带入食品和饮料	No Food or Drinks Inside
16	不准遛狗	No Dogs
17	未成年人不得入内	Adults Only
18	遇有火灾不得使用电梯	Do Not Use Elevator in Case of Fire
19	消防通道，不得占用	Fire Lane//Do Not Block 或 Fire Lane//Keep Clear
20	禁止车辆停留	No Stopping
21	禁止泊车	No Parking 或 No Parking at Any Time
22	禁止外来车辆停放；专用车位	Reserved Parking 或 Permit Parking Only
23	禁止机动车通行	No Motor Vehicles
24	禁止驶入	Do Not Enter 或 No Entry
25	禁止摄影	No Photography 或 No Photos
26	禁止摄像	No Videoing
27	禁止使用闪光灯	No Flash
28	禁止录音	No Recording
29	禁用手机	No Mobile Phones
30	禁止宠物入内	No Pets Allowed
31	禁止轮滑	No Roller Skating
32	禁止攀爬	No Climbing
33	禁止入内	No Admittance 或 No Entry
34	禁止狩猎	No Hunting
35	禁止跳下站台	Do Not Jump off the Platform
36	禁止吸烟	No Smoking
37	禁止游泳	No Swimming
38	禁止刻画	No Graffiti
39	禁止跨越	No Crossing
40	禁止手扶	No Holding

序号	中文	英文
41	禁止张贴广告	No Posters
42	非本单位车禁止入内; 外部车辆请勿进入	Authorized Vehicles Only
43	非机动车禁止入内	Motor Vehicles Only
44	非火警时请勿挪用	Fire Emergency Only
45	非紧急情况不得停留	Emergency Stop Only
46	非特许人员严禁入内	Authorized Personnel Only
47	非请勿入; 员工专用; 闲人免进; 顾客止步	Staff Only
	（严禁类信息）	
48	严禁通行	Access Prohibited
49	严禁明火	Open Flames Prohibited
50	严禁烟火	Smoking or Open Flames Prohibited
51	严禁携带、燃放烟花爆竹	Fireworks Prohibited
52	严禁携带爆炸物	Explosives Prohibited
53	严禁携带易燃、易爆、有毒物等违禁品	Flammable, Explosive, Poisonous and Other Illegal Articles Strictly Prohibited

A.4 指示指令信息

表A.4 指示指令信息英文译法示例

序号	中文	英文
	（提醒类信息）	
1	请爱护公共设施	Please Show Respect for Public Property 或 Please Protect the Property
2	请爱护古迹; 请保护古迹	Please Show Respect for Historic Site 或 Please Protect Our Historic Site
3	请爱护林木	Please Show Respect for Trees 或 Please Protect Our Trees
4	请保管好个人物品	Please Do Not Leave Your Personal Belongings Unattended
5	请出示证件	Please Show Your ID

序号	中文	英文
6	贵重物品请自行妥善保管	Please Keep Your Valuables With You
7	请节约用水	Please Conserve Water 或 Please Save Water
8	请紧握扶手	Please Hold Handrail
9	请排队（上车）	Please Line up (for Boarding)
10	请在此等候	Please Wait Here
11	请在黄线外等候	Please Wait Behind the Yellow Line
12	请找工作人员协助	Please See Staff for Assistance
13	请关闭手机	Please Switched off Your Mobile Phone
14	请看管好您的小孩	Please Do Not Leave Your Child Unattended
15	请走旋转门	Please Use Revolving Door
	（指令类信息）	
16	保持畅通	Keep Clear
17	便后请冲洗	Flush After Use
18	火警压下；火警时压下	Press in Case of Fire
19	紧急出口，保持通畅	Emergency Exit/Keep Clear
20	紧急时击碎玻璃	Break Glass in Emergency
21	紧急时请按按钮	Press Button in Emergency
22	请靠右站立	Keep Right
23	请绕行	Detour
24	请随手关灯	Turn off Lights Before You Leave
25	请系好安全带	Fasten Seat Belt
26	请在此开票	Invoice Claim
27	请在此排队	Line Forms Here
28	请遵守场内秩序	Keep Order
29	随手关门	Close the Door Behind You
30	投入硬币	Insert Coin
31	易碎物品请轻拿轻放	FRAGILE//Handle with Care

序号	中文	英文
	（强令类信息）	
32	必须戴安全帽	Head Protection Must Be Worn 或 All Personnel Must Wear a Hard Hat
33	必须系安全带	Seat Belt Must Be Fastened
34	必须下车推行	Cyclists Must Dismount
35	员工返岗前必须洗手	Employees Must Wash Hands Before Returning to Work

A.5 说明提示信息

表A.5 说明提示信息英文译法示例

序号	中文	英文
	（安检信息提示）	
1	安全检查	Security Check
2	安全须知	Safety Instructions
3	行李安检	Luggage/Baggage Inspection
	（时间信息提示）	
4	标准时间	Standard Time
5	格林尼治时间	Greenwich Mean Time
6	当地时间	Local Time
7	办公时间	Office Hours
8	工作时间；营业时间	Office Hours 或 Business Hours
	（开放、营业或关闭信息提示）	
9	二十四小时营业	24-Hour Service 或 Open 24 Hours
10	节假日不办理（不营业）	Closed on Weekends and Public Holidays
11	节假日照常营业	Open on Weekends and Public Holidays
12	施工期间，恕不开放	Construction in Progress//Temporarily Closed
13	暂停服务；临时关闭	Temporarily Closed
14	正常开放	Open

序号	中文	英文
15	正在检修，请您稍候	Maintenance in Progress//Please Wait
16	正在维修	Under Repair
	（道路交通信息提示）	
17	道路交通信息	Traffic Information
18	此路不通	No Through Road 或 Dead End
19	此路封闭	Road Closed
	（限制信息提示）	
20	限乘15人	Maximum Capacity: 15 Persons
21	限乘人数	Maximum Capacity
22	限制重量	Maximum Weight
	（参观导向信息提示）	
23	游客须知；游园须知	Park Rules and Regulations
24	您所在的位置	You Are Here
25	参观路线	Visitor Route
26	至（某场所）	To (...)
	（问候语及其他服务信息提示）	
27	欢迎多提宝贵意见	Your Comments Are Welcome
28	欢迎光临	Welcome
29	谢谢合作	Thank You for Your Cooperation
30	广播寻人寻物	Paging Service
31	失物招领	Lost & Found

GB/T 9704—2012

党政机关公文格式

(中华人民共和国国家质量监督检验检疫总局、中国国家标准化管理委员会 2012 年 6 月 29 日发布,2012 年 7 月 1 日实施)

前 言

本标准按照GB/T 1.1—2009给出的规则起草。

本标准根据中共中央办公厅、国务院办公厅印发的《党政机关公文处理工作条例》的有关规定对GB/T 9704—1999《国家行政机关公文格式》进行修订。本标准相对GB/T 9704—1999主要作如下修订：

a) 标准名称改为《党政机关公文格式》，标准英文名称也作相应修改；

b) 适用范围扩展到各级党政机关制发的公文；

c) 对标准结构进行适当调整；

d) 对公文装订要求进行适当调整；

e) 增加发文机关署名和页码两个公文格式要素，删除主题词格式要素，并对公文格式各要素的编排进行较大调整；

f) 进一步细化特定格式公文的编排要求；

g) 新增联合行文公文首页版式、信函格式首页、命令（令）格式首页版式等式样。

本标准中公文用语与《党政机关公文处理工作条例》中的用语一致。

本标准为第二次修订。

本标准由中共中央办公厅和国务院办公厅提出。

本标准由中国标准化研究院归口。

本标准起草单位：中国标准化研究院、中共中央办公厅秘书局、国务院办公厅秘书局、中国标准出版社。

本标准主要起草人：房庆、杨雯、郭道锋、孙维、马慧、张书杰、徐成华、范一乔、李玲。

本标准代替了GB/T 9704—1999。

GB/T 9704—1999的历次版本发布情况为：

——GB/T 9704—1988。

1　范围

本标准规定了党政机关公文通用的纸张要求、排版和印制装订要求、公文格式各要素的编排规则，并给出了公文的式样。

本标准适用于各级党政机关制发的公文。其他机关和单位的公文可以参照执行。

使用少数民族文字印制的公文，其用纸、幅面尺寸及版面、印制等要求按照本标准执行，其余可以参照本标准并按照有关规定执行。

2　规范性引用文件

下列文件对于本标准的应用是必不可少的。凡是注日期的引用文件，仅所注日期的版本适用于本标准。凡是不注日期的引用文件，其最新版本（包括所有的修改单）适用于本标准。

GB/T 148　印刷、书写和绘图纸幅面尺寸

GB 3100　国际单位制及其应用

GB 3101　有关量、单位和符号的一般原则

GB 3102（所有部分）　量和单位

GB/T 15834　标点符号用法

GB/T 15835　出版物上数字用法

3 术语和定义

下列术语和定义适用于本标准。

3.1 字　word

标示公文中横向距离的长度单位。在本标准中,一字指一个汉字宽度的距离。

3.2 行　line

标示公文中纵向距离的长度单位。在本标准中,一行指一个汉字的高度加3号汉字高度的7/8的距离。

4 公文用纸主要技术指标

公文用纸一般使用纸张定量为60 g/m^2～80 g/m^{2}的胶版印刷纸或复印纸。纸张白度80%～90%,横向耐折度≥15次,不透明度≥85%,pH值为7.5～9.5。

5 公文用纸幅面尺寸及版面要求

5.1 幅面尺寸

公文用纸采用GB/T 148中规定的A4型纸,其成品幅面尺寸为:210 mm×297 mm。

5.2 版面

5.2.1 页边与版心尺寸

公文用纸天头(上白边)为37 mm±1 mm,公文用纸订口(左白边)为28 mm±1 mm,版心尺寸为156 mm×225 mm。

5.2.2 字体和字号

如无特殊说明,公文格式各要素一般用3号仿宋体字。特定情况可以作适当调整。

5.2.3 行数和字数

一般每面排22行，每行排28个字，并撑满版心。特定情况可以作适当调整。

5.2.4 文字的颜色

如无特殊说明，公文中文字的颜色均为黑色。

6 印制装订要求

6.1 制版要求

版面干净无底灰，字迹清楚无断划，尺寸标准，版心不斜，误差不超过1 mm。

6.2 印刷要求

双面印刷；页码套正，两面误差不超过2 mm。黑色油墨应当达到色谱所标BL100%，红色油墨应当达到色谱所标Y80%、M80%。印品着墨实、均匀；字面不花、不白、无断划。

6.3 装订要求

公文应当左侧装订，不掉页，两页页码之间误差不超过4 mm，裁切后的成品尺寸允许误差±2 mm，四角成90º，无毛茬或缺损。

骑马订或平订的公文应当：

a）订位为两钉外订眼距版面上下边缘各70 mm处，允许误差±4 mm；

b）无坏钉、漏钉、重钉，钉脚平伏牢固；

c）骑马订钉锯均订在折缝线上，平订钉锯与书脊间的距离为3 mm～5 mm。

包本装订公文的封皮（封面、书脊、封底）与书芯应吻合、包紧、包平、不脱落。

7 公文格式各要素编排规则

7.1 公文格式各要素的划分

本标准将版心内的公文格式各要素划分为版头、主体、版记三部分。公文首页红色分隔线以上的部分称为版头;公文首页红色分隔线(不含)以下、公文末页首条分隔线(不含)以上的部分称为主体;公文末页首条分隔线以下、末条分隔线以上的部分称为版记。

页码位于版心外。

7.2 版头

7.2.1 份号

如需标注份号,一般用6位3号阿拉伯数字,顶格编排在版心左上角第一行。

7.2.2 密级和保密期限

如需标注密级和保密期限,一般用3号黑体字,顶格编排在版心左上角第二行;保密期限中的数字用阿拉伯数字标注。

7.2.3 紧急程度

如需标注紧急程度,一般用3号黑体字,顶格编排在版心左上角;如需同时标注份号、密级和保密期限、紧急程度,按照份号、密级和保密期限、紧急程度的顺序自上而下分行排列。

7.2.4 发文机关标志

由发文机关全称或者规范化简称加"文件"二字组成,也可以使用发文机关全称或者规范化简称。

发文机关标志居中排布,上边缘至版心上边缘为35 mm,推荐使用小标宋体字,颜色为红色,以醒目、美观、庄重为原则。

联合行文时,如需同时标注联署发文机关名称,一般应当将主办机关名称排列在前;如有"文件"二字,应当置于发文机关名称右侧,以联署发文机关名称为准上下居中排布。

7.2.5 发文字号

编排在发文机关标志下空二行位置，居中排布。年份、发文顺序号用阿拉伯数字标注；年份应标全称，用六角括号"〔〕"括入；发文顺序号不加"第"字，不编虚位（即1不编为01），在阿拉伯数字后加"号"字。

上行文的发文字号居左空一字编排，与最后一个签发人姓名处在同一行。

7.2.6 签发人

由"签发人"三字加全角冒号和签发人姓名组成，居右空一字，编排在发文机关标志下空二行位置。"签发人"三字用3号仿宋体字，签发人姓名用3号楷体字。

如有多个签发人，签发人姓名按照发文机关的排列顺序从左到右、自上而下依次均匀编排，一般每行排两个姓名，回行时与上一行第一个签发人姓名对齐。

7.2.7 版头中的分隔线

发文字号之下4 mm处居中印一条与版心等宽的红色分隔线。

7.3 主体

7.3.1 标题

一般用2号小标宋体字，编排于红色分隔线下空二行位置，分一行或多行居中排布；回行时，要做到词意完整，排列对称，长短适宜，间距恰当，标题排列应当使用梯形或菱形。

7.3.2 主送机关

编排于标题下空一行位置，居左顶格，回行时仍顶格，最后一个机关名称后标全角冒号。如主送机关名称过多导致公文首页不能显示正文时，应当将主送机关名称移至版记，标注方法见7.4.2。

7.3.3 正文

公文首页必须显示正文。一般用3号仿宋体字，编排于主送机关名称下一行，每个自然段左空二字，回行顶格。文中结构层次序数依次可以用"一、""（一）""1.""（1）"标注；一般第一层用黑体字、第二层用楷体字、第三层和第四层用仿宋体字标注。

7.3.4 附件说明

如有附件，在正文下空一行左空二字编排"附件"二字，后标全角冒号和附件名称。如有多个附件，使用阿拉伯数字标注附件顺序号（如"附件：1.××××××"）；附件名称后不加标点符号。附件名称较长需回行时，应当与上一行附件名称的首字对齐。

7.3.5 发文机关署名、成文日期和印章

7.3.5.1 加盖印章的公文

成文日期一般右空四字编排，印章用红色，不得出现空白印章。

单一机关行文时，一般在成文日期之上、以成文日期为准居中编排发文机关署名，印章端正、居中下压发文机关署名和成文日期，使发文机关署名和成文日期居印章中心偏下位置，印章顶端应当上距正文（或附件说明）一行之内。

联合行文时，一般将各发文机关署名按照发文机关顺序整齐排列在相应位置，并将印章一一对应、端正、居中下压发文机关署名，最后一个印章端正、居中下压发文机关署名和成文日期，印章之间排列整齐、互不相交或相切，每排印章两端不得超出版心，首排印章顶端应当上距正文（或附件说明）一行之内。

7.3.5.2 不加盖印章的公文

单一机关行文时，在正文（或附件说明）下空一行右空二字编排发文机关署名，在发文机关署名下一行编排成文日期，首字比发文机关署名首字右移二字，如成文日期长于发文机关署名，应当使成文日期右空二字编排，并相应增加发文机关署名右空字数。

联合行文时，应当先编排主办机关署名，其余发文机关署名依次向下编排。

7.3.5.3 加盖签发人签名章的公文

单一机关制发的公文加盖签发人签名章时,在正文(或附件说明)下空二行右空四字加盖签发人签名章,签名章左空二字标注签发人职务,以签名章为准上下居中排布。在签发人签名章下空一行右空四字编排成文日期。

联合行文时,应当先编排主办机关签发人职务、签名章,其余机关签发人职务、签名章依次向下编排,与主办机关签发人职务、签名章上下对齐;每行只编排一个机关的签发人职务、签名章;签发人职务应当标注全称。

签名章一般用红色。

7.3.5.4 成文日期中的数字

用阿拉伯数字将年、月、日标全,年份应标全称,月、日不编虚位(即1不编为01)。

7.3.5.5 特殊情况说明

当公文排版后所剩空白处不能容下印章或签发人签名章、成文日期时,可以采取调整行距、字距的措施解决。

7.3.6 附注

如有附注,居左空二字加圆括号编排在成文日期下一行。

7.3.7 附件

附件应当另面编排,并在版记之前,与公文正文一起装订。"附件"二字及附件顺序号用3号黑体字顶格编排在版心左上角第一行。附件标题居中编排在版心第三行。附件顺序号和附件标题应当与附件说明的表述一致。附件格式要求同正文。

如附件与正文不能一起装订,应当在附件左上角第一行顶格编排公文的发文字号并在其后标注"附件"二字及附件顺序号。

7.4 版记

7.4.1 版记中的分隔线

版记中的分隔线与版心等宽，首条分隔线和末条分隔线用粗线（推荐高度为0.35 mm），中间的分隔线用细线（推荐高度为0.25 mm）。首条分隔线位于版记中第一个要素之上，末条分隔线与公文最后一面的版心下边缘重合。

7.4.2 抄送机关

如有抄送机关，一般用4号仿宋体字，在印发机关和印发日期之上一行，左右各空一字编排。"抄送"二字后加全角冒号和抄送机关名称，回行时与冒号后的首字对齐，最后一个抄送机关名称后标句号。

如需把主送机关移至版记，除将"抄送"二字改为"主送"外，编排方法同抄送机关。既有主送机关又有抄送机关时，应当将主送机关置于抄送机关之上一行，之间不加分隔线。

7.4.3 印发机关和印发日期

印发机关和印发日期一般用4号仿宋体字，编排在末条分隔线之上，印发机关左空一字，印发日期右空一字，用阿拉伯数字将年、月、日标全，年份应标全称，月、日不编虚位（即1不编为01），后加"印发"二字。

版记中如有其他要素，应当将其与印发机关和印发日期用一条细分隔线隔开。

7.5 页码

一般用4号半角宋体阿拉伯数字，编排在公文版心下边缘之下，数字左右各放一条一字线；一字线上距版心下边缘7 mm。单页码居右空一字，双页码居左空一字。公文的版记页前有空白页的，空白页和版记页均不编排页码。公文的附件与正文一起装订时，页码应当连续编排。

8 公文中的横排表格

A4纸型的表格横排时,页码位置与公文其他页码保持一致,单页码表头在订口一边,双页码表头在切口一边。

9 公文中计量单位、标点符号和数字的用法

公文中计量单位的用法应当符合GB 3100、GB 3101和GB 3102（所有部分），标点符号的用法应当符合GB/T 15834,数字用法应当符合GB/T 15835。

10 公文的特定格式

10.1 信函格式

发文机关标志使用发文机关全称或者规范化简称,居中排布,上边缘至上页边为30 mm,推荐使用红色小标宋体字。联合行文时,使用主办机关标志。

发文机关标志下4 mm处印一条红色双线（上粗下细），距下页边20 mm处印一条红色双线（上细下粗），线长均为170 mm,居中排布。

如需标注份号、密级和保密期限、紧急程度,应当顶格居版心左边缘编排在第一条红色双线下,按照份号、密级和保密期限、紧急程度的顺序自上而下分行排列,第一个要素与该线的距离为3号汉字高度的7/8。

发文字号顶格居版心右边缘编排在第一条红色双线下,与该线的距离为3号汉字高度的7/8。

标题居中编排,与其上最后一个要素相距二行。

第二条红色双线上一行如有文字,与该线的距离为3号汉字高度的7/8。

首页不显示页码。

版记不加印发机关和印发日期、分隔线,位于公文最后一面版心内最下方。

10.2 命令(令)格式

发文机关标志由发文机关全称加"命令"或"令"字组成,居中排布,上边缘至版心上边缘为20 mm,推荐使用红色小标宋体字。

发文机关标志下空二行居中编排令号,令号下空二行编排正文。

签发人职务、签名章和成文日期的编排见7.3.5.3。

10.3 纪要格式

纪要标志由"××××××纪要"组成,居中排布,上边缘至版心上边缘为35 mm,推荐使用红色小标宋体字。

标注出席人员名单,一般用3号黑体字,在正文或附件说明下空一行左空二字编排"出席"二字,后标全角冒号,冒号后用3号仿宋体字标注出席人单位、姓名,回行时与冒号后的首字对齐。

标注请假和列席人员名单,除依次另起一行并将"出席"二字改为"请假"或"列席"外,编排方法同出席人员名单。

纪要格式可以根据实际制定。

11 式样

A4型公文用纸页边及版心尺寸见图1;公文首页版式见图2;联合行文公文首页版式1见图3;联合行文公文首页版式2见图4;公文末页版式1见图5;公文末页版式2见图6;联合行文公文末页版式1见图7;联合行文公文末页版式2见图8;附件说明页版式见图9;带附件公文末页版式见图10;信函格式首页版式见图11;命令(令)格式首页版式见图12。

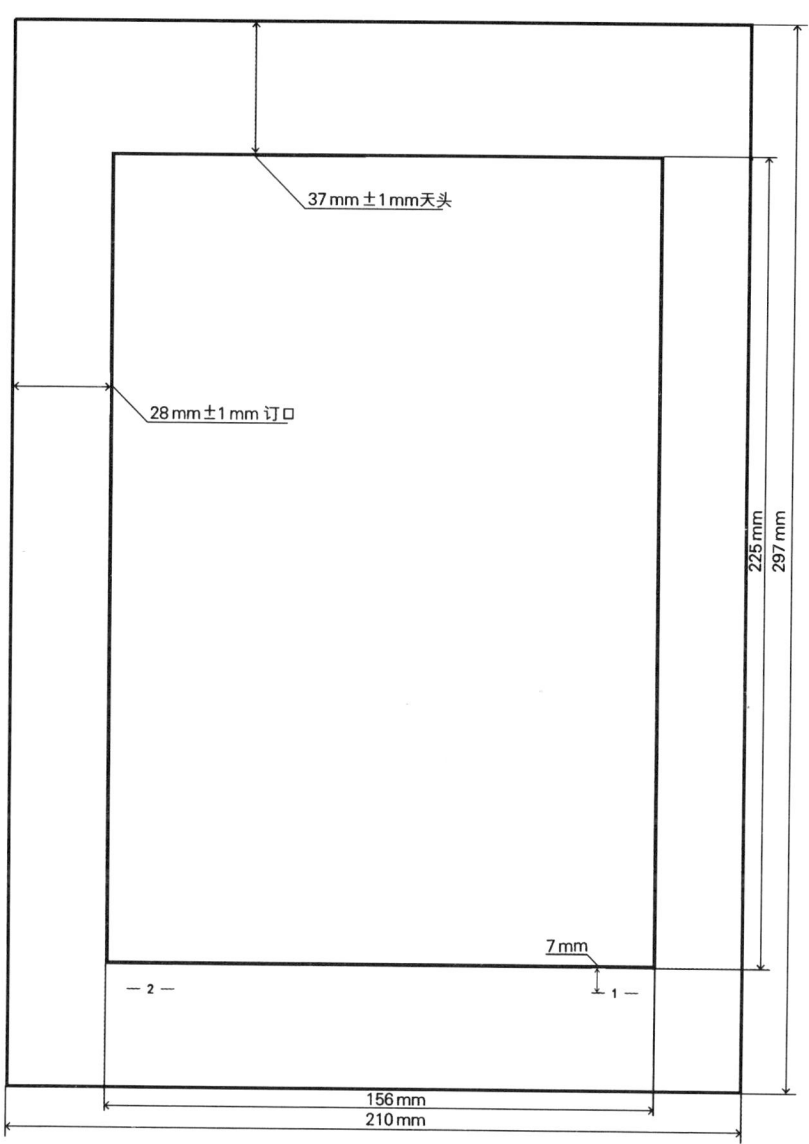

图 1 A4 型公文用纸页边及版心尺寸*

* 因本书开本所限,图形按比例缩印。后图同。仅供参考。

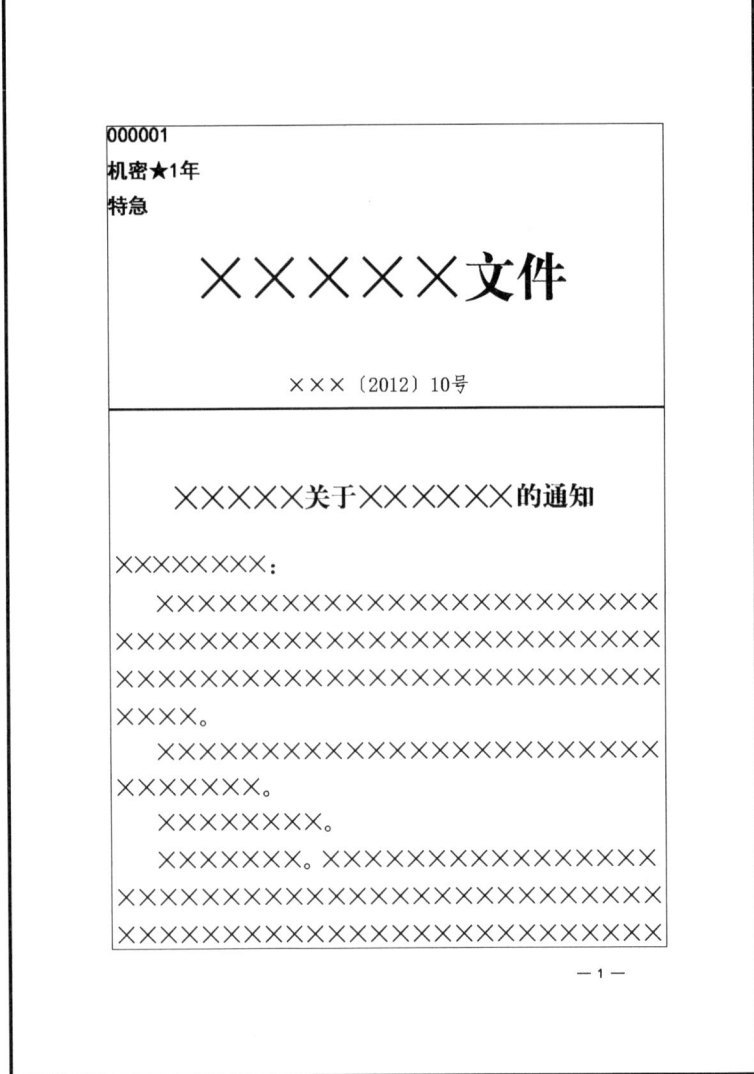

图 2 公文首页版式

注：版心实线框仅为示意，在印制公文时并不印出。

党政机关公文格式 461

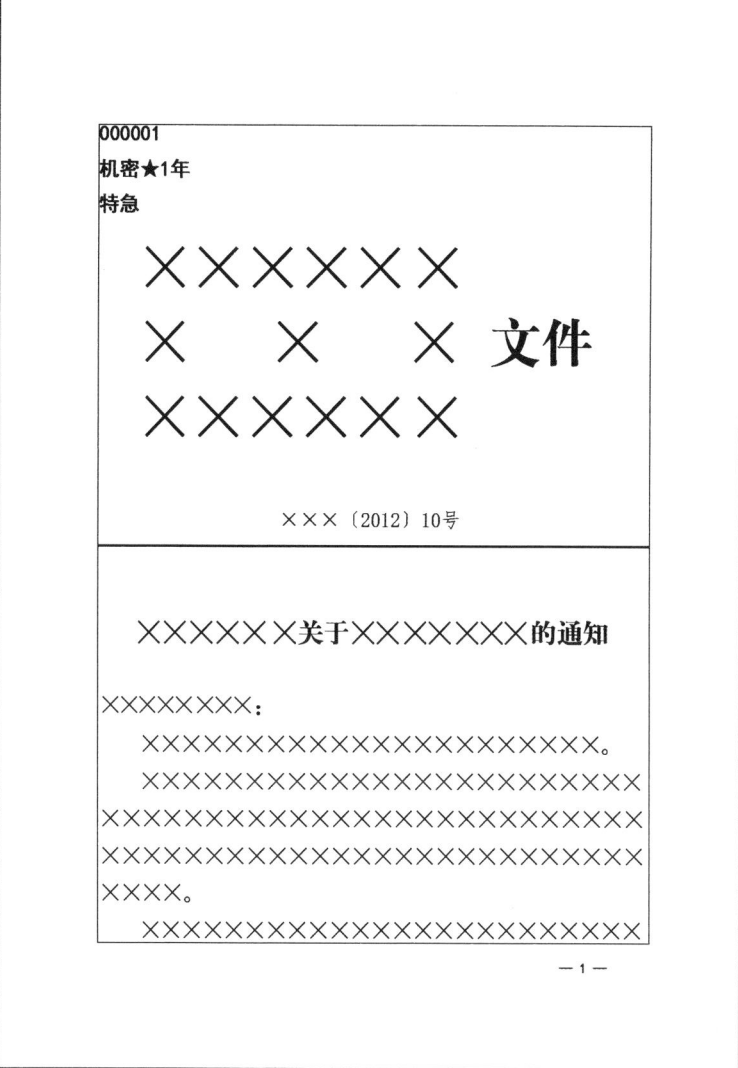

图 3 联合行文公文首页版式 1

注：版心实线框仅为示意，在印制公文时并不印出。

462　常用语言文字规范手册

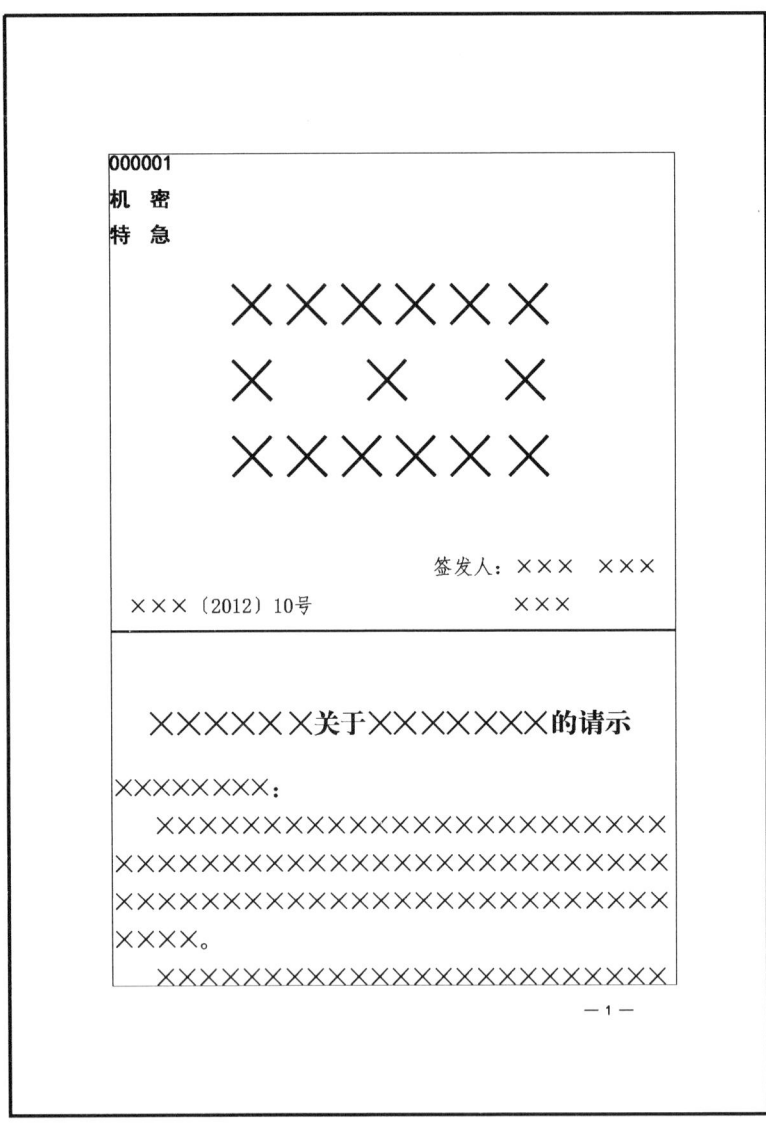

图 4　联合行文公文首页版式 2

注：版心实线框仅为示意，在印制公文时并不印出。

党政机关公文格式　463

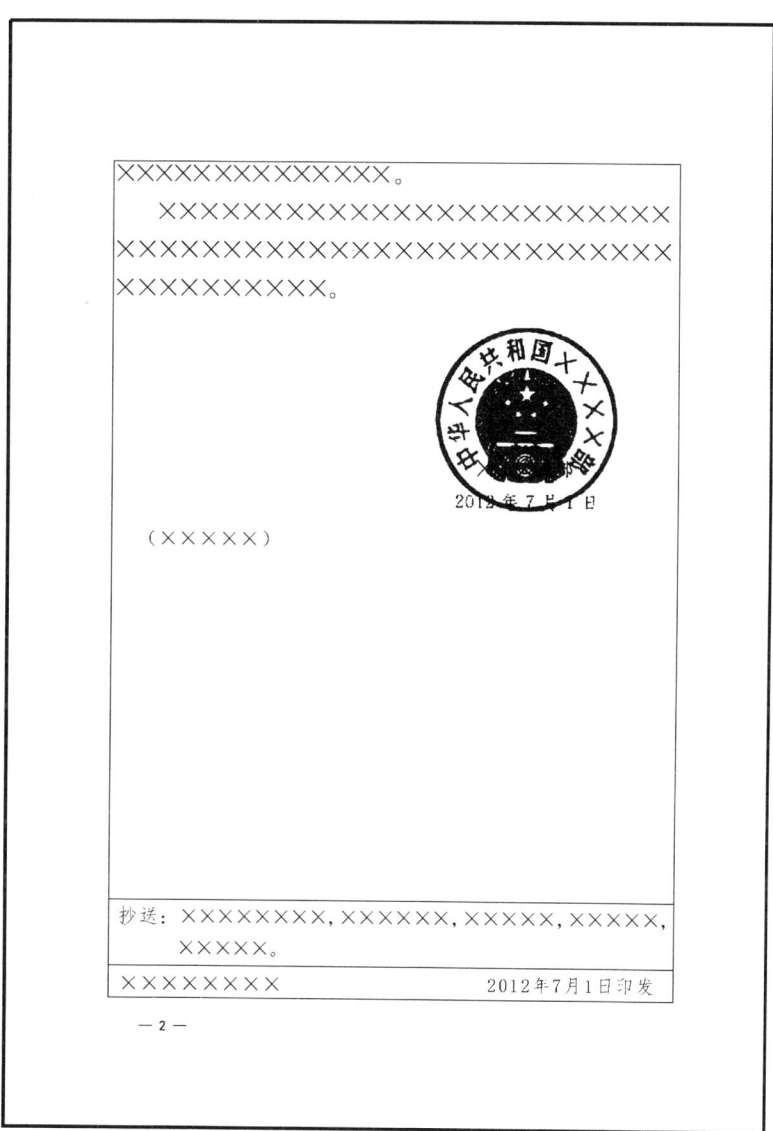

图 5　公文末页版式 1

注：版心实线框仅为示意，在印制公文时并不印出。

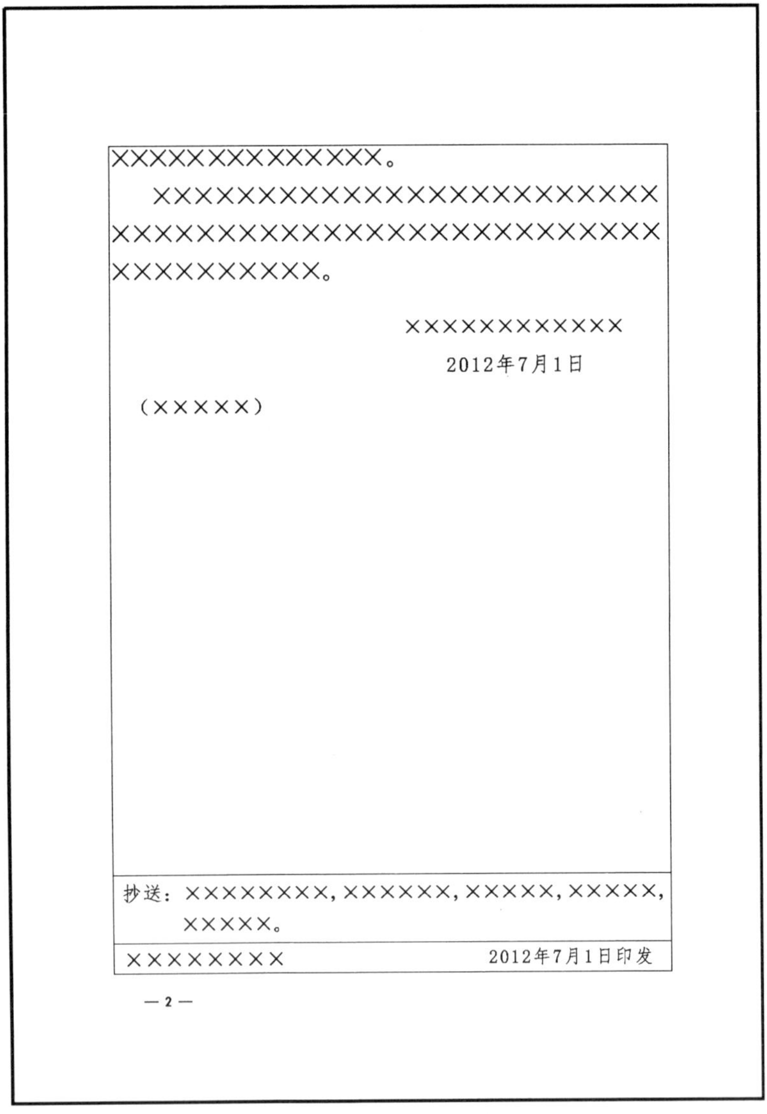

464　常用语言文字规范手册

```
×××××××××××××。
    ××××××××××××××××××
×××××××××××××××××××××
×××××××××。
                    ×××××××××××
                    2012年7月1日
（×××××）




抄送：×××××××，××××××，×××××，×××××，
    ×××× 。
×××××××         2012年7月1日印发
```
— 2 —

图 6　公文末页版式 2

注：版心实线框仅为示意，在印制公文时并不印出。

党政机关公文格式 465

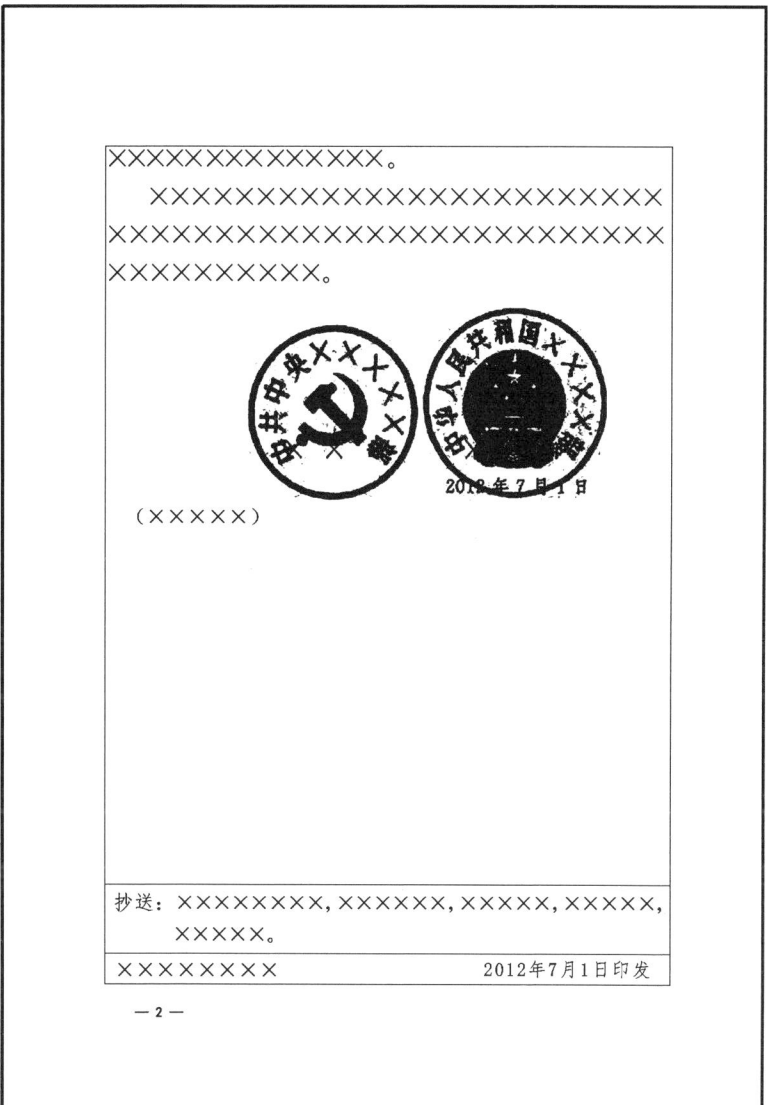

图 7 联合行文公文末页版式 1

注：版心实线框仅为示意，在印制公文时并不印出。

466　常用语言文字规范手册

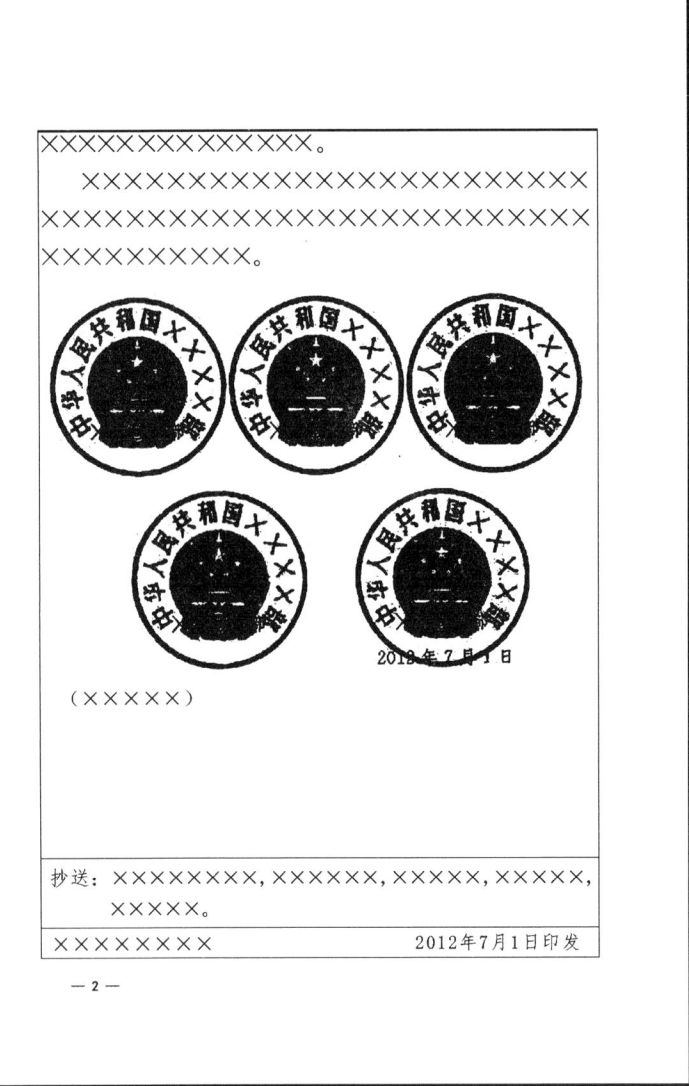

图 8　联合行文公文末页版式 2

注：版心实线框仅为示意，在印制公文时并不印出。

党政机关公文格式 467

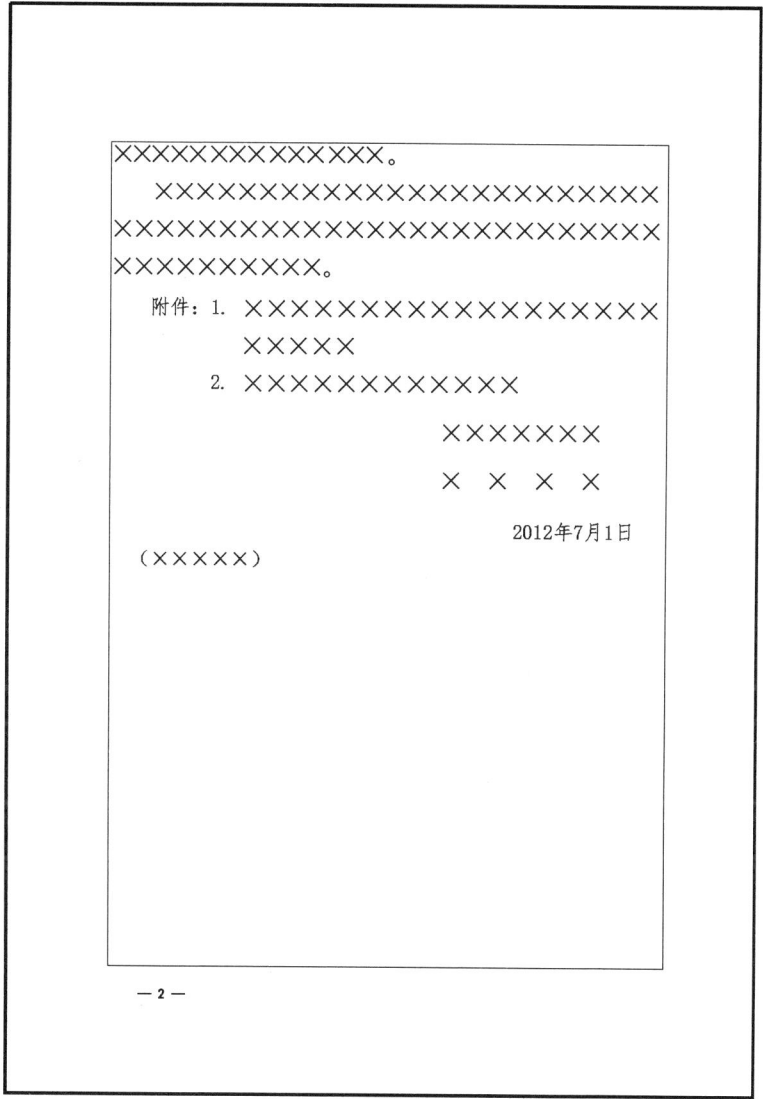

图 9 附件说明页版式

注：版心实线框仅为示意，在印制公文时并不印出。

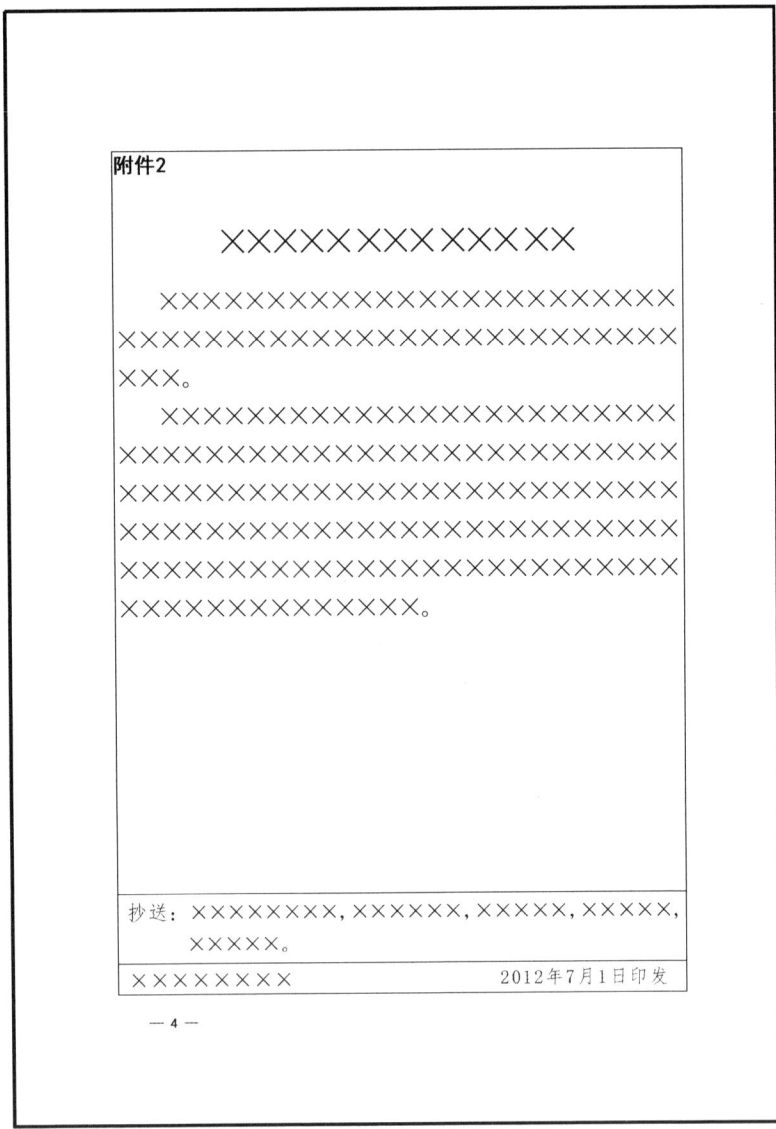

图 10　带附件公文末页版式

注：版心实线框仅为示意，在印制公文时并不印出。

中华人民共和国×××××部

000001　　　　　　　×××〔2012〕10号
机　密
特　急

×××××关于×××××××的通知

×××××××：
　　××。
　　×××。
　　××。

图 11　信函格式首页版式

注：版心实线框仅为示意，在印制公文时并不印出。

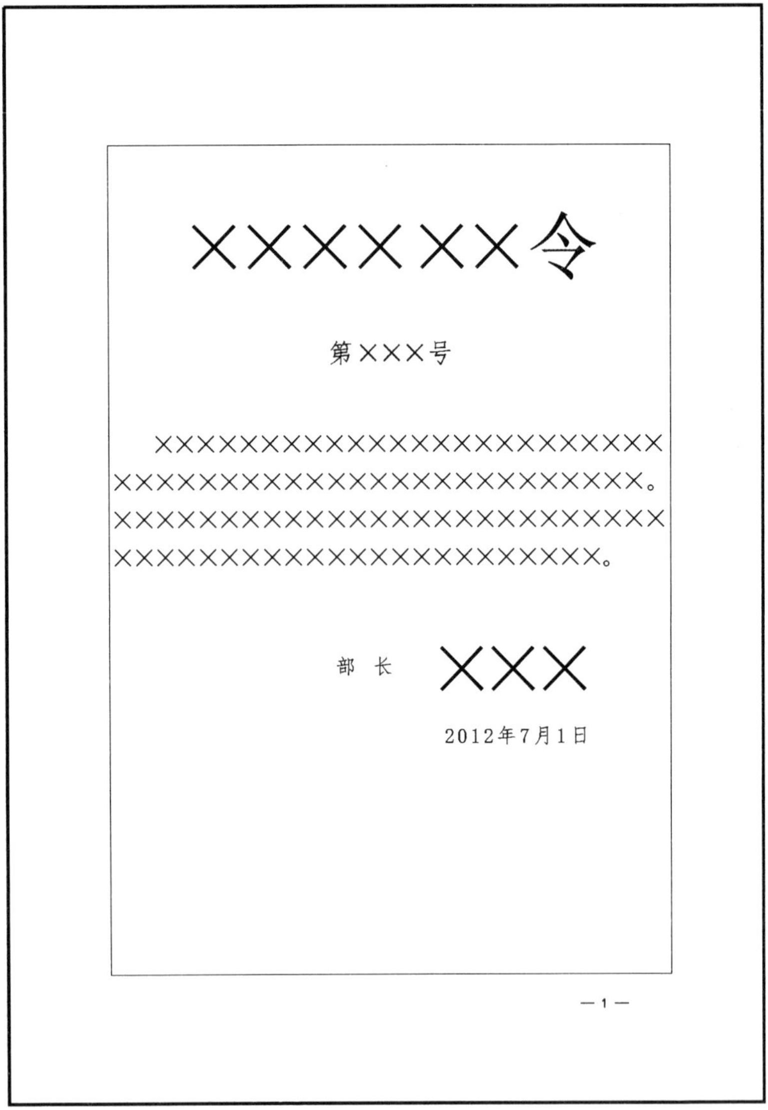

图 12　命令（令）格式首页版式

注：版心实线框仅为示意，在印制公文时并不印出。